本庄日記

本庄繁

原書房

この本は、一九六七年、原書房刊の、明治百年史叢書第13巻を新装復刊し、普及版としたものである。

侍従武官長時代の本庄大将

関東軍司令官時代の本庄中将

昭和七年二月十七日の建国会議記念撮影。
左より馬占山、張景恵、煕洽、臧式毅の各氏。
中央は本庄軍司令官、そのうしろ石原中佐。

奉天軍司令部に於て兵団長会同記念撮影

〔写真上〕 国際聯盟調査員リットン卿とともに(昭和7年4月)

〔写真左〕 関東軍布告

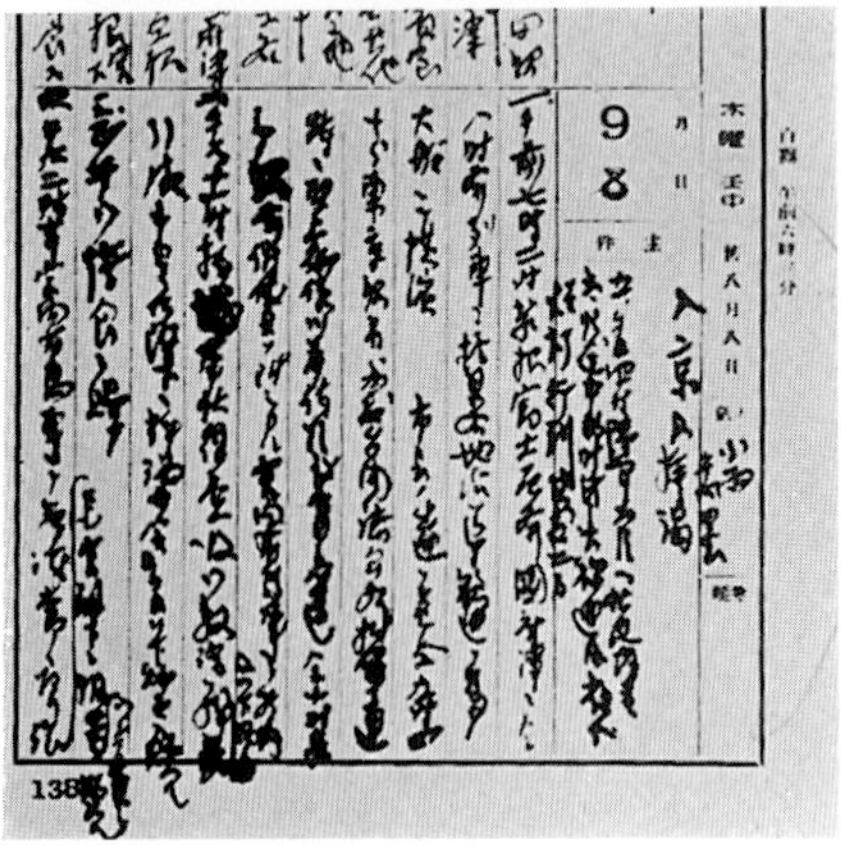

9月8日の日記

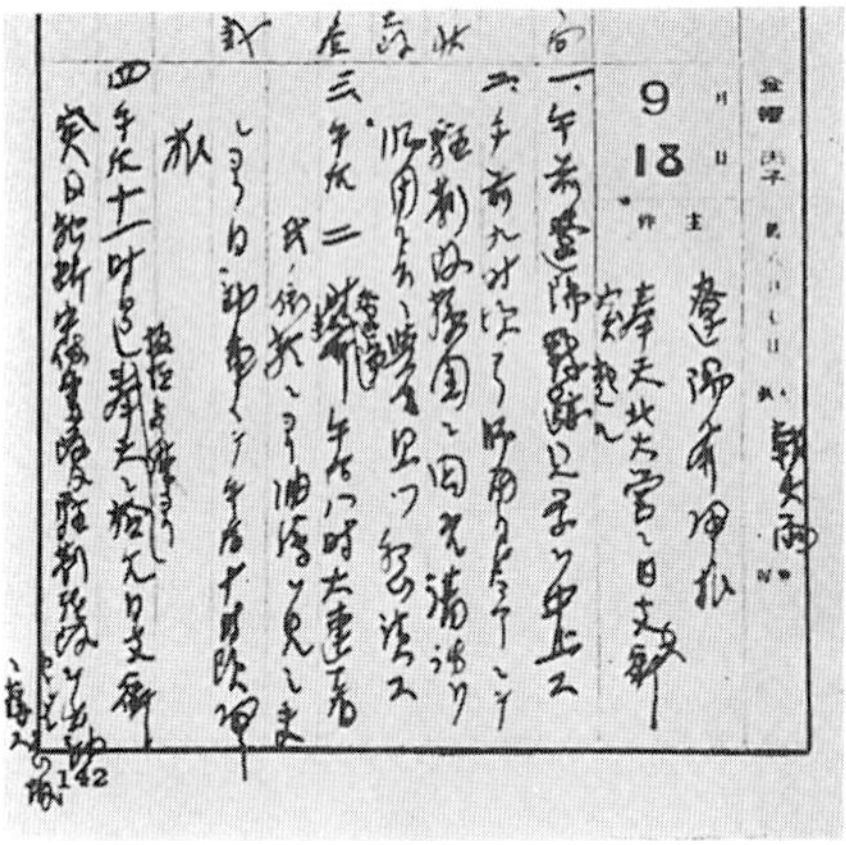

9月18日の日記

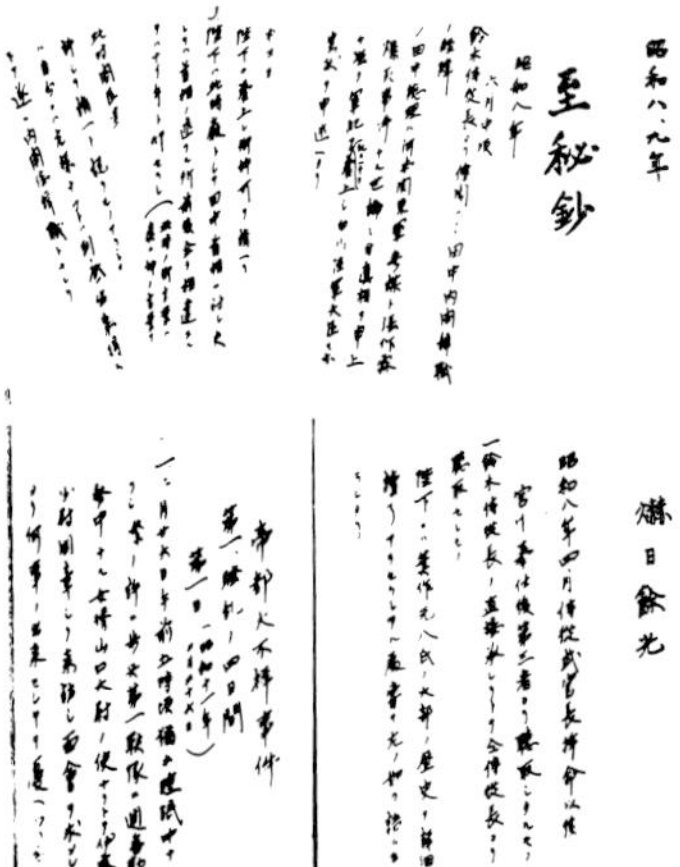

本庄日〔手〕記の全容

資料解説

一　本庄大将とその日記

陸軍大将本庄　繁は兵庫県出身、陸軍士官学校第九期生であり、荒木貞夫、真崎甚三郎、阿部信行、松井石根とともに、いわゆる第九期五大将の一人であった。そして次の軍歴が示すように、当時における陸軍切っての支那通でもあった。

明治三十一年六月二十七日　歩兵少尉
明治四十年十二月　陸軍大学校卒業
明治四十一年九月十二日　参謀本部付
明治四十二年五月二十日　歩兵少佐
明治四十四年（辛亥革命）　上海駐在
大正　二　年六月十七日　兼補陸軍大学校兵学教官
大正　四　年六月十四日　歩兵中佐
同　年七月二十三日　欧州へ出張
大正　七　年六月十日　歩兵大佐
同　年同　日　参謀本部課長（支那課）
大正　八　年四月一日　歩兵第十一聯隊長
大正　十　年五月一日　向う二ヵ年間張作霖顧問として応聘許可
大正十一年八月十五日　陸軍少将
大正十三年八月二十日　応聘解約、同日歩兵第四旅団長
大正十四年五月一日　支那在勤帝国公使館付武官
昭和　二　年三月五日　陸軍中将
昭和　三　年二月二十九日　第十師団長
昭和　六　年八月一日　関東軍司令官
昭和　七　年八月九日　軍事参議官
昭和　八　年四月六日　侍従武官長
同　年六月十九日　陸軍大将
昭和十一年三月二十三日　待命
同　年四月二十二日　予備役
昭和十三年四月十八日　軍事保護院総裁
昭和二十年五月十九日　枢密顧問官
同　年十一月二十日　自刃

現在本庄家に遺つている本庄将軍の日記は、大正十四年から昭和二十年にいたるまでの全部で、口絵にあるようなポケット型当用日記である。そしてさらに、昭和八年四月侍従武官長として側近に奉仕してからの「奉仕日記」の分は、別に抜萃清書した上、「至秘鈔」、「爀日餘光」および「帝都大不祥事件」の三部に整理してあつた。

本書においては前記のうち、「満洲事変日記（関東軍司令官在職間）」と別に整理された三部を収録した。関東軍司令官としての同将軍の動静には今日まで多分に疑問が持たれていたのであるが、本書によつてすつかり氷解するとともに、第一級資料としての価値も絶大と確信する。また側近奉仕三部作にいたつては、あの日本の激動期に直面された天皇のお姿が痛いほど鮮烈に画かれている。したがつてこの書によつて、天皇に関する多くの巷説はみごとに粉砕されるのではないかと思う。それだけに各界各層の待望久しいものでもあつた。

ただ折角の本庄家御厚意にも拘わらず、日誌の読解困難のため、その一部のみの発表にとどめざるを得なかつたことはいかにも残念であり、読者各位にも相済まない次第であるが、いずれ他日を期するの止むない事情を了承していただきたい。なお本庄日記原文はすべて、句読点、濁点および半濁点なしの片仮名文である。しかし本書載録にあたつては、大部を平仮名になおし、句読点および濁点等をつけたが、一部は原文の体裁を尊重して、片仮名のままとし、必要な個所には〔　〕内に補注を加えた。

本庄大将は終戦の年の昭和二十年十一月二十日、覚悟の自刃を遂げたが、その前日の左記記事をもつて、自らの一生とながくつづいた日記とも別れを告げたのであつた。

十一月十九日　晴　寒暖普

一、マ司令部より航空気製作及研究を全面的に禁止方指令す。

二、一〇、〇〇補導会に於て、民族研究会との懇談会を開く。王子製紙の足立正、明治乳業会社々長の植垣弥一〔?〕郎、ヤマト種苗農具会社々長の石田増之助氏各氏及豊田海軍大将等来会す。

三、此日、マ司令部より荒木、本庄、小磯、松井、真崎、南、松岡、久原、白鳥、鹿子木、葛生氏の逮捕方を指令し来るとの情報あり。次でラヂオ、新聞に発表す。

二　満洲事変の資料と解説

〃日本と満蒙〃それは明治維新以来即ち近代日本の宿命的課題であり、不離の命題でもあつた。従つて西郷の征韓論以来日本の内治外交は、この問題によつて大きくゆさぶられて推移した。日清、日露両役における国家民族の生命を賭した角遂流血はいわずもがな、明治後期以降満蒙独立運動に挺進活動した多くの志士烈士の事蹟も忘れてはならないものがあり、近くは昭和初期において、二次にわたる山東出兵から張作霖爆死事件すら惹起した。

以上は、すべてこれ満洲事変の前史的史実であるといえる。しかく因由するところ遠く、そして深刻である。しかし到底そこまでさかのぼつて叙述することはできない。したがつてここでは、本庄日記・満洲事変に記載されている史実の理解に資するため、張作霖爆死事件後着任した石原莞爾中佐参謀時代から本庄軍司令官離任までの資料を、若干の解説を加えながら巻末に「満洲事変関係資料」として収載した。もちろんその焦点は陸軍特に関東軍にしぼつたつもりである。

（島田俊彦）

目次

資料解説

第一部　満洲事変

第二部　至　秘　鈔

第三部　嫐　日　余　光

第四部　帝都大不祥事件

付録・満洲事変関係資料

第一部　満洲事変

関東軍司令官拝命就任

自 昭和六年七月十三日
至 昭和六年九月十七日

七月十三日 月曜 雨

一、午前八時より午前十一時まで、団隊長戦術に臨む。

二、午前十一時二十九分姫路駅通過の宇垣朝鮮総督を停車場に見送る。

岡山県知事及岡山市長等出迎ふ。此時総督より予の身上に付、旅順行内定を告ぐ。

三、午後一時北条口東部郷軍会副会長改発正也氏　分会旗の御礼に来る。

七月十四日 火曜 曇

一、午前八時三十分より、偕行社に於ける団隊長戦術に臨む。

二、午後七時より雲松寺へ松雲に付画を学ぶ。

七月十五日 水曜 曇

一、午前八時三十分より偕行社に於ける団隊長戦術に臨む。正午終了。

二、午後二時半、古川少将来訪に付、午後五時より同浩中尉を招き夕飯を供す　。

三、鈴木貞一中佐より関東軍転任を内報し来る。

四、午後四時伊田大佐来訪。

七月十六日 木曜

一、午前八時三十分より偕行社に於ける団隊長戦術に臨む。正午終る。
二、午後二時過古川少将司令部に来訪、次で官邸に帰り令息浩中尉を招致し父子へ夕食を供す。午後六時父子共辞去す。古川少将は上京、兵営存置問題に付ての模様を話さる。
三、午後四時伊田大佐来訪。

七月十七日　金曜　雨

将校団長図上戦術終了、団隊長其他の懇親会を為す

一、午前将校団長図上戦術終了、最終日の総評を為す。
二、午後〇時三十分右戦術に参加の団隊長各部長（獣医部長、矢島経理部長の外斉藤主計正、加藤軍医正、代理として出席）憲兵隊長、伊藤病院長、林聯隊区司令官等一同を偕行社に招待す。（鈴木率道中佐の指導を謝し団隊長懇親の意味の下に）
三、此日管内将校整理者の内命到達す。
四、午後七時より谷口氏方に至り茶を学ぶ。

七月十八日　土曜　雨

歩兵第十聯隊戦歿者慰霊会

一、午後二時船端本徳寺に於て歩兵第十聯隊戦歿者慰霊会あり。日露戦当時の小野寺少将を筆頭とし、老将軍多数及遺族多数参拝す。
二、午後八時頃より雲松寺に至り画を学ぶ。

七月十九日　日曜　雨

神戸に於ける前田卯之助氏の招待会に臨む

一、午前八時竹内方山来訪。
二、午前八時半安藤紀三郎少将来訪。
三、午前九時陸軍省及内務省に出入する雑誌国防時報の記者島崎英世来訪。
四、午前より午後三時三十分頃に亘り、雲松寺に画を学ぶ。
五、午後四時三十分姫路駅発、安藤少将と共に三宮に至

り同所に於ける前田卯之助夫婦の招待会に臨む。来会者郷友約三十名、午後八時発、午後十時帰姫。

七月二十日　月曜　雨

海軍簡閲点呼視察

此日八月異動の内報到る

一、午前六時五十分発、飾磨港に至り海軍簡閲点呼を軍艦天竜に見る。点呼人員五十四名、点呼官班目海軍大佐、正午辞去、帰姫。
二、午前十時加藤道隆師、辻春太郎、渡瀬忠夫、上仲重太郎氏と共に祝賀の意味にて来訪、辻氏のみ宿泊。
三、午後〇時半砲兵聯隊に至り、鈴木孝雄大将の来営に挨拶、又停車場に見送る。
四、午後七時高松宮殿下を姫路駅に見送る。
五、午後四時三十分長嶺氏来訪。

七月二十一日　火曜　雨

一、午前九時辻春太郎氏辞去す。
二、午前八時三十分頃、祥雲画伯、大仙和尚来訪。
三、午前九時迄福井治六少佐来訪挨拶、同情の至り牛島氏に紹介す。
四、午後一時より姫路市外八代坪田氏方に至り祥雲揮毫の画を賞す。午後五時帰来。

七月二十二日　水曜　晴曇

一、午後師団司令部にて各方面依頼の揮毫を為す。
二、午後五時半井上清少佐来訪、専属副官の事に付注意し呉る〔れる〕。
三、午後一時より五時まで師団司令部にて写字。
四、午後六時三十分楽園に於ける丹波会に臨み、郷友十数名と会食し揮毫す。

七月二十三日　木曜　曇天

一、午前九時頃関東軍副官の内命を受けたる住友大尉挨拶の為め来訪。
二、午後一時より午後六時三十分頃まで写字（師団司令

部にて）
三、午後八時西村中佐来遊（士官学校へ転任内命あり）

七月二十四日　金曜　曇
一、午前五時頃杉本少尉来訪。
二、午前八時三十分頃奥井善左衛門（旧歩兵第二十聯隊兵卒）来遊。
三、午後荷造り準備

七月二十五日　土曜　雨
一、午後岡山練兵場に於ける陛下御親閲の碑に碑文を書す。（師団司令部にて）

七月二十六日　日曜　大雨
三草戦跡視察　西脇故前田軍曹の墓に詣　中谷少将薨去
一、午前六時半発森下副官、高須賀主計正等を伴ひ加東郡に至り、逢来、天熊、大西、長谷川氏の案内にて三草戦跡を見、大池堀築工事を見、孝行田を見、後三草小学校に休憩。
二、三草より西脇町に至り忠魂碑に詣で、故軍曹前田忠太郎氏の墓に詣で、後西脇小学校にて休憩、午後六時帰姫。
三、午後六時三十分、中谷少将死去にて、梅子と共に同家に至り、午後十一時納棺の式を終り帰宅。

七月二十七日　月曜　晴
一、午前八時迄祥雲画伯来り画を教ゆ。
二、午前十時迄脇田国蔵夫妻来訪（旧第二十聯隊兵卒）転勤を祝す。
三、午後四時半頃、雲松寺に至り画を学ぶ。
四、午後三時半、善勝寺和尚来訪梅に按摩す。
五、午前十一時頃住友夫人来訪
六、午後八時頃より十時頃まで中谷邸に赴く。

七月二十八日　火曜　半晴半曇

故中谷中将葬儀

一、午後二時故中谷中将葬儀を偕行社にて施行、之に先ち岡知事勅使として中谷邸に向ふ。
偕行社告別式場には、岡知事代理として学務部長参列。

二、午後八時須藤栄之助少佐、九州に於ける陸大学生の卒業参謀旅行に参列の為め出張の途次立寄る。

七月二十九日　水曜　雨

一、午前十時過藤田順主計監和歌浦より満州事情を告ぐべく来訪、午餐を共にす。（官邸にて）

二、午後一時中山経理部長、藤田に会ふべく来訪。

三、午後二時過井上一葉氏来訪快談して帰る。（揖保に居住）

四、午後三時羽田喜一郎父子、伯母と共に来訪一泊。

五、午後四時山口一太郎来訪、午後八時辞去。

六、午後九時井上大尉（茂）来訪。

七、午後五時雲松寺にて祥雲会の連中予の為に送別会を開く。約一時間之に臨む。

七月三十日　木曜　曇

一、午前二時羽田喜一郎去る。

二、申送りの為め師団司令部師団長室を整頓す。

三、故前田軍曹（西脇）親戚のものの為め写字。

四、午後七時頃山崎先生宅を訪ふ。

七月三十一日　金曜　曇

軍司令官、師団長会議の為め上京の途に就く

一、午前十時高橋三渓師来訪、御別れとして真諦院の為め読経し呉る。

二、午前九時過関東軍参謀板垣大佐着姫、満州の事情を聴き午食を官邸に共にす。

三、午後三時広瀬中将来姫、師団司令部にて申送りを為す。

四、午後五時より広瀬中将、板垣大佐、参謀長島少将、

高級副官、竹内少佐、来島大尉等偕行社に会食す。
五、午得七時十五分姫路発、広瀬中将、板垣大佐、竹内少佐等と共に上京の途に就く。

八月一日　土曜　晴

軍司令官に補せらる　官記拝受　葉山御用邸に拝趨拝謁

一、午前八時三十分東京駅着、大滝、二郎、大工等に迎へらる。直にステーションホテルに投宿、途中より同行の佐藤子之助中将も同宿。
二、午前九時宿を出て陸軍省に立寄り、午前十時首相官邸に至り、軍司令官に就任の官記を受く。夫より陸軍省に帰り大臣に、参謀本部に至り総長に挨拶す。
三、午前十一時親任親補のもの一同自動車にて葉山に至り、午餐を賜はりたる後、聖上陛下に拝謁御礼言上、又同所別室にて閑院宮大宮殿下に拝謁御礼言上。
四、午後三時葉山を辞し、帰途各宮家に伺候御礼言上、午後五時過帰宿。
五、午後五時半満州日報記者山田敏文氏来訪、午後十一時に磯谷大佐来訪。

八月二日　日曜　晴

一、午前七時、山口一太郎来訪、午前八時岩田愛之助氏来訪、同時前第四中学校配属将校北条（藤吉）少佐来訪次で古川岩太郎、徳田安太郎氏来訪
二、午前九時発北条少佐と共に第四中学校長保井氏を目白に訪ふ。次で根岸佶氏を訪ふ、帰途三木軍医正を大久保に訪ふ。
三、正午頃青山邸に至り仏参、帰途本郷家を訪ふ、夫より山口勝邸を訪ふ。
四、午後三時中野に至り建築中の家を見、一太郎夫妻、一雄等来集、夕食後午後八時帰宿。

八月三日　月曜　晴暖

参謀本部会議

一、午前八時三十分参謀本部参集、総長訓示、次長の軍

備整理に対する説明、第二部長の講演あり。後ち総長より三軍司令官に対し注意あり、情勢判断等を精読方に付。

二、正午参謀本部にて昼食の後、真崎中将より東京に於ける裏面の空気を聴く。

三、午後一時宿に帰る。岡村〔寧次〕補任課長来訪、青年将校の策動及要枢の人事に付聴く。斉藤奨君来訪。

四、午後三時発、中野に至り、山口と共に偕行社に立寄り室借りに付き聴く。

五、午後六時より、大臣官邸にて三長官の招宴に臨む。

六、午後八時より芝湖月に於ける次官、次長及満蒙研究者の会食に臨み、正子帰る。

八月四日 火曜 曇暖

陸軍省会議 東京発

一、午前八時三十分より陸軍省にて会議

二、正午大臣官邸にて食事

三、午後懇談後大臣より満州事情の話あり、

四、午後三時帰宿、鈴木中佐、板垣大佐来訪、論議長時に亘る。

五、古川少将来宿、榊原来宿、一雄等来訪。

六、午後八時二十分東京駅発、〔二字不明〕□□令嬢夫妻同車。

八月五日 水曜 曇暖

姫路帰着

一、午前十時一分帰姫、各隊長出迎ふ。

二、正午師団司令部にて司令部将校より送別会を受け、記念品を送らる。

三、午後より正子頃に亘り祝電祝詞等の整理を為す。

四、午後太田時雄夫妻、末広歯科医来訪。

八月六日 木曜 晴暖

祖父母及女中二名午前四時二十分発上京

一、午前十一時師団司令部に至り、司令部将校一同に告別。

二、同時司令部将校一同撮影。

三、正午過偕行社に至り、在姫衛戍地将校一同に告別後

衛戍将校一同より送別宴。

四、午後六時偕行社にて地方官民一同より予及長家少将、柳、大島両大佐の為め送別宴を開催し呉る。

五、午後二時より市役所へ挨拶、尚中務氏宅及丸山中佐方訪問。

八月七日　金曜　快晴暑

一、午前十時半官邸を出る（梅及三之は一歩先自動車）、儀仗騎兵は邸前に整列、衛戍部隊は官邸前より御幸通中頃まで堵列す。祝砲規定通り、発車、凡て公式に礼を受く。

二、午前十一時十分多数官民見送を受け発車す。来島夫妻子供と共に大阪まで見送る。加古川、明石にては在郷軍人代表者の見送りを受く。大阪にて春田氏、羽田〔春か〕喜太郎等見送る。

三、午後一時四十分京都着、幸田大佐あり早速師団自動車にて明治大帝の廟に詣る。桃山御陵参拝、午後三時大阪駅。

四、午後三時二十六分京都発拓植駅に至り、鳥羽行列車に乗り換え、車中井上一夫（会計検査院検査官）と邂逅。

五、午後七時二見着、朝日館に投宿。

八月八日　土曜　午前小雨午後晴

伊勢大神宮参拝

一、午前七時頃二見浦町海岸を三之と散歩、二見岩に参拝。

二、午前九時四十五分発自動車にて山田内宮大神宮に来拝、正式参拝を為す。神官大鳥居前に出迎ひ洗手を捧ぐ。大神楽を奉納す。

三、午前十一時外宮豊受大神宮に参拝す。正式参拝、神官鳥居前に手洗を捧ぐ。

四、午後一時五分山田発、午後三時二十九分名古屋着松本方に宿す。

八月九日　日曜　晴酷暑

着　京

一、午前八時十五分名古屋発上京、午後四時過東京駅着家族は東中野に直行、予は偕行社に立寄り板垣大佐と会商、午後六時東中野に帰る。
二、午後七時須藤夫婦来訪。

八月十日 月曜 晴

一、此日終日偕行社にあり。
二、佃信夫、広江少将、山田満州日報記者、重藤〔千秋〕課長等来訪。
三、午後七時より梅子と町野氏方訪問、午後十一時頃帰宅。

八月十一日 火曜 晴大暑

参謀本部訪問

一、老父母大滝氏の許で世話になることとす。
二、午前参謀本部次長、各部長を訪問す。
三、午後六時より麻布材木町南圃園にて佃信夫、五百木良三、岩田愛之助、井上清純氏等の招待を受く。

八月十二日 水曜 晴夕雨

陸相訪問

一、午前九時陸相を官邸に訪問し、色々説明を聴く。
二、次で林桂少将及中村人事局長を訪ひ。
三、正午過帝国ホテルで大倉喜七郎、門野重九郎氏等に招かる、林少将在席。
四、午後三時過より田代少将及永田軍事課長等の来訪を受く。
五、午後六時町野夫人来訪。
六、午後七時山口中将を梅と共に其邸に訪ふ。

八月十三日 木曜 晴酷暑

陸軍省訪問 登志子三年祭

一、午前八時発梅子と共に、故本郷大将邸を訪ひ、未亡人に面会慰問す。後故大将仏霊を拝吊す。
二、午前十時陸軍省に杉山次官、小磯〔軍務〕局長を訪ひ、満州問題に付意見を聞く。

三、午後小畑敏四郎大佐、榊原政雄氏等来訪。
四、午後三時半武藤〔信義〕教育総監を訪ふ。
五、午後六時頃武蔵小金井に至り、家族親戚のものと多摩墓地に詣で、登志子三年祭を営む。終りて山口一太郎の世話にて多摩川鮎料理に右一同を招く。

八月十四日　金曜　晴酷暑

外務省訪問

一、午前八時発先づ河合大将を訪ひ、次で大学病院に福田大将を訪ふ。
二、午前十時より外務省、亜細亜局長、永井次官、幣原大臣、矢吹政務次官、田中参与官等を訪問。
三、午後本郷中佐来訪。
四、午後七時頃より親戚のもの多数来訪、田島孝寛、山崎義雄、加島義彦、喜代子夫妻、加島武夫、杉本覇、山崎姉等。

八月十五日　土曜　晴蒸熱

菱刈大将より申継
東京発赴任の途に就く

一、午前九時海軍省に大臣、次官を、軍令部に部長及次長を訪問。
二、午前十時十五分菱刈大将東京駅帰着を駅に迎へ、直に同大将新借家に至り申継を受く。
三、正午三井主計総監を、次で有富〔間〕氏を訪ふ。
四、午後山口一太郎夫妻来訪。
五、午後七時三十分東京駅発、家族のもの、親戚のもの、亜細亜局長代理、陸軍省副官、田昌、菱刈大将等見送る。

八月十六日　日曜　雨

神戸出帆　正午出帆す

一、午前七時五十五分三宮着。田島学務部長、　庄野課長の出迎へを受く。
二、三宮駅着直に県庁自動車にて、住吉大林氏宅に上原元帥を訪ふ。会談約一時間。
三、午前十時前岡知事を其官邸に訪ふ。松井〔石根〕中将官邸に来り、更に之を兵庫波止場に見送り、夫より午前十一時乗船。
四、午前十一時乗船、古川町長、島少将、平野参謀長、森下大佐、来島副官、小松中佐、稲垣少将、岡知事、庄野課長。小野氏等見送る。

八月十七日　月曜　曇

玄海航行
一、午前八時門司着。
二、予備沢田鉄造ウラル丸にて帰朝中、態々船に来訪、満州状況を話す。
三、午後一時門司出帆
四、二等船客寺島善八氏来談、拓植の事に付話す。

八月十八日　火曜　雨

木浦南西に仮泊
此日朝鮮多島海に避難す。（木浦の南西二五メートル薪島附近に仮泊）
低気圧の為め黄海荒る。

八月十九日　水曜　晴

黄海航行
一、午前四時木浦南西仮泊地出帆、黄海航行。昨日の暴風に似ず海上極めて平穏。

八月二十日　木曜　快晴炎暑

大連上陸
旅順着　式後一場の訓示を為し終って
官邸に着
一、午前七時大連港に着、直に上陸、満鉄社長、副社長以下大連知名の士多数の出迎を受け、駅に小憩の後、関東倉庫に立寄り休息昼食す。
二、午後〇時三十分大連発汽車にて旅順着、爰に又関東庁各局長以下多数の出迎を受け、旅順衛戍部隊の堵列の礼を受け、其より白玉山に詣ず。
三、午後三時頃軍司令部着、各文武官の伺候。
四、午後六時幕僚と会食。

八月二十一日　金曜　晴炎暑

参謀長其他より状況聴取　関東庁訪問

一、午前九時軍司令部に到り、参謀長外各部長の報告を受け、終りて軍司令部内各室巡視。
二、午前十一時三十分関東庁訪問、各部長、各課長に挨拶。
三、午後一時内務局長挨拶に来る。

八月二十二日　土曜　曇夜小雨　蒸

旅順各隊巡視

一、午前八時三十分より、憲兵隊、法務局、要塞司令部、重砲大隊、歩兵第三十聯隊、旧市街憲兵隊及関東衛戍病院を巡視す。
二、午後二時頃高畠護郎、森定太郎両氏来訪、来る廿七日大連、奉天に於て、廿八日旅順に於て、中村震太郎追悼会を催す旨通報す。
午後三時半頃参謀長を招致し、右を伝へ、中村警務局長に通知せしむ。

八月二十三日　日曜　曇涼

一、午前九時より乗馬にて砲台を見、午前十一時過帰来。
二、午後一時憲兵隊長来訪。

八月二十四日　月曜　晴

一、午前八時二十分発、板垣参謀、有富副官と共に大連に至り、関東倉庫、大連憲兵隊を巡視し、夫より大連神社、忠霊塔に詣で、満鉄本社を訪い、十河、大森、竹中各理事其他に挨拶。
二、正午関東倉庫にて大連在住現役将校十七八名と会食し、後高柳少将を訪ひ、午後四時過帰旅。

八月二十五日　火曜　雨

旅大官民招待

一、午後六時より旅大官民を招待、新任披露を為す。約三百名を招待せしが、雨天に拘らず約二百九十名来集。

八月二十六日　水曜　雨

柴山顧問張学良の伝言を為す

一、午前十時過奉天顧問柴山少佐来訪、種々事情を聞く。尚張学良の伝言を受け、回答を為す。

二、午前十一時過土肥原機関長来衙、各幕僚と共に事情を聞く。

二、午後四時過柴山顧問再び官邸に来訪、種々注意を与へ、土産物を托す。

八月二十七日　木曜　快晴

旅順官民より招待

一、午前十一時頃「ポルトガル」巡洋艦長前夜嵐に遭ひ旅順港に避難し来りし、挨拶に来る。

二、午前九時半より土肥原に詳細注意を与ふ。

三、午後六時より旅順官民二百数十名の招待を受け、午後八時終了。

此朝午前三、四時頃珍敷〔めずらしく〕登志子の夢を見る。

八月二十八日　金曜　快晴

一、午前十時より武田参謀に付動員の説明を聞く。

二、午前十一時より片倉大尉に付洮南中村大尉事件を聞き、参謀長列席対策を研究す。

三、午後五時より坪井大佐来訪。

八月二十九日　土曜　曇

幕僚に満州時局対策を指示す

一、朝乗馬山中散歩

二、午前支那馬に代ゆべき日本馬を見る。

三、午前参謀長及板垣大佐に満州時局対策に付て根本方針を語る。

四、午後三時板垣大佐来訪、高山公通氏の策謀を語る。

八月三十日　月曜　晴

一、午前八時より小松大尉の案内にて第一太陽溝、第二太陽溝堡塁を見る。

二、大連野田市郎来り、油絵肖像描写を依頼す。午後三時頃帰り去る。

三、午後六時過偕行社常務理事青木少佐及恒吉副官来訪。

八月三十一日　月曜　晴

一、午前十一時「ハルビン」機関沢田〔茂〕大佐転任帰途の途次、来旅挨拶。

二、午後六時より官邸にて右大佐招待。

九月一日　火曜　曇

三之四中入学

一、午前十時より石原参謀より作戦に付聴く。

二、午後一時より各参謀と共に、沢田大佐より北満の事情を聴く。

三、午後八時より石原中佐の来訪を求め、満蒙解決に関し意見を聴く。

四、此日三之〔みつゆき―三男〕、四中臨時入校試験合格。

九月二日　水曜　風雨

一、午前六時厚東中将長女死去同情に堪へず。午後一時其宅に吊ふ。

二、午後二時大城戸2D経理部長及上野2D参謀長申告に来訪。

九月三日　木曜　晴

一、午前十時奉天宮川氏来訪

二、午前十一時半より、洮南満鉄公所長河野氏の談を聞く。

三、午後二時より厚東司令官長女の告別式に赴く。香花十円を捧ぐ。

四、午後七時過より、関東庁三浦内務部長を其宅に訪問す。

九月四日　金曜　午前晴午後曇

一、午後一時半より住友副官を随へ大連に行き、野田蘇南氏の雲水菴にて油絵の「モデル」となる。雲水料理の馳走に預る。岡田猛馬氏の説を聞き、快感を覚ゆ。

二、右途中、満鉄技術局に斯波博士を訪問す。

三、午後十一時発、野田夫妻を伴ひ帰る。

九月五日　土曜　朝雨後晴

此日到達の九月二日附大朝の対支論説大いに強硬となるを喜ぶ

一、午前中野〔良夫〕大尉より兵站、通信等に付て聞く。

二、午前十一時半伍堂満鉄理事来訪、昭和製鋼に付て話さる。

三、午前九時前野田氏予の乗馬を「モデル」として油絵を画く。午食を共にして帰る。

四、此朝老女中として「田辺フミ」参りしも、東京よりの電報にて保留す。

九月六日　日曜　晴

一、午前九時家原二等軍医正来り、健康診断を致し呉る。異状なし。

二、午前十一時片倉大尉来り、中村事件を報ず。

三、午前十一時三十分、鷲沢與四二、竹島克己来訪に付、黄金山旅舘に至り会食、板垣大佐同行。帰途板垣と官邸にて時局を談ず。

四、午後一時大滝剛一来訪、午後八時去る。

五、午後十時過、板垣大佐、片倉大尉来る。中村事件に付打電。

九月七日　月曜　晴

守備地巡視の為め旅順発大石橋に向ふ

一、午前七時過旅順発、大連乗り換へ、大石橋に向ふ。〇時五十分大石橋着、儀仗隊、堵列部隊の前を守備大隊に至り、岩田隊長の報告、各将校へ面謁の後、各室其他を巡視、午後二時三十分宿に帰る。宿にも儀仗隊あり、入宿す。（梅廼家宿泊）

二、午後五時より大石橋小学校にて、在留官民を招待す。在営　揚県長及白公安局長来席。

三、午後四時過橋本第二部長、南方より旅行し来り、立寄り意見を交換す。

九月八日　火曜　雨

海城砲兵隊及鞍山守備隊巡視

一、午前七時過大石橋発海城に向ふ。二宮憲兵隊長同事〔ママ〕に在り、同八時三十分海城着。砲兵儀仗隊に誘導され、砲兵隊に至り報告を聞き、各隊及病院を巡視。

此朝、兵営を去る千米位の処に馬賊現はれ、支那人六名を拉捕し去る。

二、正午海城居留民及将校を招待す。

三、午後一時半海城発、同二時過鞍山着、守備歩兵第六大隊を巡視。（近江屋投宿）

四、午後五時より、鞍山小学校にて居留民及将校を招待す。

九月九日　水曜　晴

鞍山より連山関に行く

一、午前九時より鞍山製鉄所を見る。梅根課長に案内せられ、各所を見たる後事務所にて久留島課長より活動写真にて大孤山採砿方法の説明を聞く。

二、正午右製鉄所倶楽部にて昼食の饗応を受く。

三、午後二時五分鞍山発、煙台にて中隊の敬礼を受け、蘇家屯にて乗換へ、本渓湖中隊の敬礼を受け、午後六時十一分連山関着、板津大隊長以下同隊の儀仗兵、堵列兵の儀式を受け、兵営に入る。

四、午後六時三十分より沿線各地の居留民及将校を招待す。

九月十日　木曜　晴

連山関より奉天着

一、午前八時三十分連山関守備隊将校集会場〔所〕宿舎を出て同隊及病院巡視。

二、午前十時十二分発奉天に向ふ。駅に在留民及小学校生徒整列着連の時と同じ。

三、車中も于国翰及船津辰一郎氏と偶然邂逅。

四、午後一時奉天着多数知人に迎へられ、儀仗隊及堵列隊の前を通過、奉天神社、忠霊塔に参拝。夫より憲兵隊、守備隊を巡視、次で病院巡視。

五、午後六時半より大和ホテルに居留民を招待、終りて林総領事より粋山に招かる。船津、木村君等同席。

九月十一日　金曜　雨

奉天より鉄嶺へ

一、午前八時より知人の訪問を受く。（武内　　、平手和尚、山本一郎等）午前九時頃発特務機関に至り、花谷の報告を聞き、次で総領事館に至り林総領事に挨拶し、一旦瀋陽館に帰る。奉天駅にて同機関区々長安原滝次郎と会す。安原少将の甥なり。

二、午前十時過多数の知人に見送られ、奉天発午後一時鉄嶺着、多数出迎へを受く。次で守備歩兵第五大隊工兵中隊、病院、関東倉庫支庫、兵器部出張所等を巡視、旅館松花ホテルに入る。

三、午後五時より守備隊将校集会場〔所〕にて官民招待、鉄岺県長、祖昌団県長、佟開原県長等来会。

九月十二日　土曜　晴午後夕立

鉄嶺より公主嶺へ

一、午前八時鉄嶺発、開原、四平街、郭家店を過ぎ午前十一時四十分公主嶺着、多数軍隊、在留民の出迎を受け、儀仗、堵列隊の礼を受け、旅館丸福に入る。

二、午後二時二十分より独立守備隊司令部及守備〔歩兵〕第一大隊及分院を巡視、午後三時二十分宿舎に帰る。

三、午後六時より将校集会所にて地方在留民の主なるもの及将校を招待す。

四、食後森〔連〕守備隊司令官来訪

九月十三日　日曜　曇涼

公主嶺より長春へ

一、午前八時より公主嶺農事試験場見学、同九時頃より騎兵第二聯隊の中隊を巡視す。終りて一旦帰宿。
二、午前十一時四十六分多数の在留民及将校等の見送りを受け公主嶺発、午後一時長春着、将校及右の見送りを受け、又儀仗堵列の下に直ちに守備歩兵第一大隊第四中隊、長春分院及憲兵分隊巡視、午後三時過終了、満州屋に入る。
三、午後五時より将校集会場〔所〕に於て居留邦人及支那人を招待す。（支那側は徐鎮守備参謀一名）
四、午後三時頃より百武中佐、大迫中佐の報吉を聞く。
五、板垣大佐其他の参謀、今田顧問、佐伯少佐等午後八時過着。

九月十四日　月曜　晴夕雨

長春駐劄隊検閲

一、午前八時満州屋発駐劄隊将校集会場〔所〕に至り、旅団長の情況報告を聞き、次で状況を与へ、出動演習及貨車乗込演習を為す。此間新築兵営を巡視す。
二、午後一時より旅団長統裁の図上戦術を実施せしめ、終りて山砲教練を見る。
三、午後三時過帰宿
四、午後七時過高原〔軍〕医正、長谷部〔昭信〕少将夫妻、大島〔陸太郎〕大佐、若松〔晴司〕中佐等来訪。

九月十五日　火曜　晴

長春より奉天へ

一、午前八時三十分長春発、途中鉄道より又于国翰と同車、午後一時二十分奉天着。
二、停車場より直ちに歩兵第二十九聯隊に至り中隊教練を検閲し、午後三時頃終了。途中宮川氏宅に立寄り、一旦宿に帰り、渡亮之介氏の来訪を受く。
三、午後六時二十分発、再び歩兵第二十九聯隊に至り、同隊、独立守備隊、憲兵隊、特務機関の夜間出動準備の演習をなし、午後八時終る。

九月十六日 水曜 午前暴雨午後雨

奉天駐剳隊検閲

一、午前八時発、歩兵第二十九聯隊の検閲を見る。当初は装甲自動車隊、次で山砲の演習を見る。午前十時三十分頃終了、将校一同に一場の訓辞を為し宿に帰る。

二、午後一時三十分奉天発、同二時二十分遼陽着、多門〔二郎〕師団長外各将校、居留民、遼陽知事等の出迎を受け、儀仗隊堵列の儀式を受け、師団司令部に至り伺候式を受く。各将校に一場の挨拶を為し、夫より遼陽衛戍病院及同憲兵分隊を視察す。旅舘遼塔ホテル。

三、遼陽着後、伺候式前、納骨祠に詣で、出身聯隊戦歿者を吊ふ。

四、午後六時より偕行社に於て官民を招待す。終りて多門師団長の玉家における招宴に臨む。丁度来遼の鈴木〔荘六〕大将を招待す。

九月十七日 木曜 晴

遼陽部隊検閲

一、午前六時五十分遼陽停車場に、長春に向つて出発の鈴木大将を見送る。

二、午前九時過より師団司令部に至り、師団長の状況報告を聞く。次で白塔公園附近に於て大隊長の実施する現地戦術を見、正午偕行社にて昼食。

三、午後一時より師団司令部にて、天野〔六郎〕旅団長統裁の図上戦術を検閲す。

四、午後三時より、出動演習を実施す。

柳條湖事件と武力発動

自　昭和六年九月十八日
至　昭和六年十月二十日

九月十八日　金曜　朝大雨

遼陽発帰旅

奉天北大営に日支兵衝突起る

一、午前遼陽戦跡見学を中止す。

二、午前九時頃より師団司令部にて、駐剳隊検閲に関する講評を師団長へ与へ、且つ懇談す。

三、午後二時遼陽発、午後八時大連着。〔野田〕氏の依頼により油絵を見る。夫より自動車にて午後十時頃帰旅。

四、午後十一時過、板垣参謀より奉天に於ける日支衝突及独断守備歩兵隊及駐剳聯隊を出動せしめたる急報に接す。

九月十九日　土曜　晴

一、午前〇時司令部に出頭（之より先き第二師団の奉天出動を電話にて令す）、各幕僚を集め、全線同時出動、奉軍攻撃を命ず。

次で司令部は直に奉天に出動に決し、一旦帰宅諸準備を為し、午前三時三十分各幕僚及歩兵第三十聯隊と共に出発す。（旅順駅）

二、午後〔前〕十二時過奉天着、一旦停車場に休憩の上、午後二時発直に東拓楼上の軍司令部に至る。

三、午後六時軍務を終り、瀋陽舘に帰る。

四、払暁、我軍北大営を占領し、正午頃奉天城占領、次で東大営まで占領。

五、此日長春の攻撃最も激烈

九月二十日　日曜　晴

一、午前八時三十分薄来訪、奉天に於ける居留民有志（前夜開催）の意見の猛烈なりしを説く。
二、午後二時過、鈴木大将東拓司令部に来訪せられ実況を話す。
三、午後十一時頃より、第二師団主力を吉林に出すべき事に付午前三時迄論議し、遂に同意を与ふ。吉林居留民より出兵援護を依頼し来りしに拠る。
四、午後朝鮮軍飛行機、偵察爆撃各八台到着。

九月二十一日　月曜　晴温暖

一、此日奉天城内民政を布く。市民漸次安堵。
二、午前九時鈴木大将出発、副官をして見送らしむ。
三、午前伍堂理事、林総領事来訪。
四、午後〇時建川少将来訪、食事を共にし、午後三時発帰京。
五、午後一時発、新義州待期の朝鮮旅団来満に、軍司令部独断決せらる。
六、午後三時過より板垣参謀等と戦線巡視。
七、第二師主力、午前九時発吉林に向ふ。夕頃先頭部隊吉林に入る。午後六時吉林を占領す。
八、奉天、長春戦斗に於ける我死傷実に二百強、午後八時奉天有志大会員来り、軍司令部に祝意を表す。

九月二十二日　火曜　晴温暖

一、午前八時過渡少佐来訪
二、午前十時半木村理事、伍堂来訪。満鉄総裁の軍隊慰問の辞を伝へ、且つ輸送の事を話し帰る。
三、午後二時過鎌田弥助氏来訪。午後三時より奉天衛戍病院の負傷兵慰問。
四、午後八時鉄道関係安達中佐及新聞掛の松井中佐、平田少佐来訪。
五、午後七時頃柴山顧問来り、東京の空気を伝ふ、及大臣の伝言を述ぶ。

九月二十三日　水曜　晴温暖

一、午前九時頃柴山顧問来訪詳細話す。

二、午前十時粟屋大佐来訪
三、午後一時三十分嘉村旅団長来訪
四、同時松井常三郎氏来訪
五、午後三時木村理事の来訪を求め、負傷者慰問に対する希望を述ぶ。
六、午後四時安藤〔利吉〕兵務課長来訪
七、午後八時佐野経理部長、二宮憲兵課長の来訪を求め、状況を聞く。

九月二十四日　木曜　晴温暖

一、午前九時土肥原大佐来訪、市長の事を話す。
二、午前十一時林総領事来訪、陸軍の不満を釈明す。
三、午後二時木村理事来訪、電報の件に付釈明す。
四、午後一時高崎貴族院議員来訪、議員団視察の事に付相談す。
五、午後一時五十分岡田猛馬来訪
六、午後八時読売土岐直彦、時事三島寿樹、国民の三浦悦郎氏同宿に付来談。

九月二十五日　金曜　晴温暖

貴族院議員一行招待

一、午前十時英国 attache ソウスヒール大佐来訪、正午に至る。
二、午後一時、大村得太郎張公権〔?〕を伴れ来る。
三、午後三時鎌田来訪に付、張作霖遺骸の事を依頼す。
四、午後六時岡田猛馬来訪
五、午後六時過中屋重業来訪、張学良呼戻を乞ふ。
六、午後八時より貴族院議員大久保子爵一行を招待（大和ホテルにて）

九月二十六日　土曜　晴温暖

一、午前九時土肥原を招致、市政の状況を聞く。
二、午前十一時拓務省書記官笹川恭三郎氏来訪
三、午前十時川本大倉代表来訪、支那側独立の意志を伝ふ。
四、午前十一時半鎌田氏来訪、張使〔ママ〕遺骸の事を語る。

五、午後三時飯島慶三氏来訪
六、午後三時半雑誌琢磨の記者山崎慶一郎氏来訪
七、午後六時上田俠、萩原昌彦氏来訪、治安維持等の事に付語る。
八、午後八時日本通信記者及川六三四氏来訪
九、午後八時半後藤理事、木村理事来訪、森独〔連〕立守備隊司令官も同席。

九月二十七日　日曜　曇稍涼

江口満鉄副総裁と懇談

一、午前九時江口満鉄副総裁来訪、軍に対する慰問を受け、終りて時局対策懇談、同村上鉄道部長の挨拶を受く。
二、午前十一時満鉄社員代表として、鉄道部電気課長山岡信夫、外事課長奥村慎次氏外二名慰問の為め来訪、五、〇〇〇円を軍に送らる。
三、午後二時頃、日本航空輸送会社麦田平雄大連支所長飛行機と共に来り挨拶す。操縦士美濃勇一と同行。
四、午後三時過石光中将、永雄策郎、吉井清春と共に来訪。
五、午後五時哈市より中町香橘〔?〕氏来訪、午後六時過石光中将再訪懇談。
六、午後八時、読売記者中尾竜夫氏来訪懇談。

九月二十八日　月曜　曇涼

此日大臣より飛行便来り種々策動を戒む

一、午前九時三十分より林総領事来訪、満蒙独立運動に付談ずる所あり。
二、午後二時頃橋本〔虎之助〕部長参謀三名携へ来着。
三、午後一時河本静夫来訪、次で松井常三郎、明石東次郎大佐来訪。
四、午前十一時頃、森独立守備隊司令官及二宮憲兵隊長来訪、治安維持の事を談ず。
五、午後四時満蒙商工会議所会頭連打揃来訪、村井会頭代理挨拶。
六、午後六時半より橋本少将と会食。
七、菊地秋四郎、平野武七、蒙古独立運動建策の為め来訪。

九月二十九日　火曜　晴

一、午後三時頃安田鉄之助氏来訪、東京の空気を伝ふ。
二、午前十一時頃奉天居留民代表慰問の為め来訪。
三、午前十時過石本鏆太郎氏来訪
四、午後夕参謀長と会食
五、午前十時、英国 attache ソヒール帰京に付来訪。

九月三十日　水曜　晴

此日大臣より飛行便来る
新政府樹立援助を厳禁

一、午前九時頃石光中将来訪
二、午前十時、首藤満鉄理事、伍堂理事来訪。
三、午前十一時、川本静夫及鎌田弥介君来訪。
四、午前十時五十分、大連市会代表慰問の為め来訪、次で遼陽居留民会代表、全満土木建築協会長柳谷氏来訪。
五、午後二時伍堂理事と旅館にて懇談。
六、橋本少将及参謀長と共に意見交換。

十月一日　木曜　晴

一、午前十一時中谷警務局長来訪（塚本長官代表）
二、午後一時半林総領事来訪
三、午後二時三十分朝鮮銀行理事色部貢来訪
四、午後三時太平洋会議代表佐原篤介氏来訪
五、午後七時より林総領事、中谷局長を三宅参謀長、橋本少将と共に招待。

十月二日　金　晴

一、午前八時三十分伍堂理事来訪、満鉄総裁決意の程を語り、五日来訪の旨を告ぐ。
二、午前九時、一日付第十一師団長に栄転せる厚東中将挨拶に来る。
三、午前九時三十分矢野恒太氏来訪、宇垣大将の書面を

托す。
四、午前十時、永山旅順市長慰問の為め来る。
五、午前十一時三十分、松井中将紹介の笹目氏来訪。
六、午後二時三十分、全満地方委員代表謝意を表し来る。
七、午後三時過渋澤正雄氏来訪

十月三日　土曜　晴

一、午前九時三十分土肥原来り、市政に付説明す。
二、午前十時十河理事来訪
三、午前十一時佐々木弥市来訪
四、午前十一時半小谷節夫氏来訪
五、午後参謀長、板垣大佐、橋本少将と、来る五日、内田満鉄社長来奉の際に於ける研究を為す。
六、午後十時参謀長、有富副官長春に於ける英霊祭の為め出発す。
七、午後十時、熙洽代表張燕卿来訪。

十月四日　日曜　晴

皇后陛下戦傷者へ繃帯下賜

一、午前九時皇后陛下の戦傷者に対し繃帯下賜に付、陸軍省の矢田副官来奉、軍司令部で儀式を挙行。
二、右繃帯を旅順、遼陽、鉄嶺病院長に分配授与。
三。午前十一時深沢元吉林領事来訪
四、同十一時三十分、池田正賢〔?〕医士張学良夫人の依頼にて品物受領を希望し来り、元帥府の張家の私物を全部送る事に決定す。
五、午後三時三十分石光中将来訪
六、午後四時三十分、久保田海軍中佐奉天駐留を命ぜられ来奉。

十月五日　月曜　晴

一、午前中は参謀長及橋本閣下を招き、内田社長来奉の際に於ける談話要旨を語り、之を纏めしめる事とす。
二、午前八時卅分、土肥原大佐を招き、市政の状況を聞く。
三、午後一時二十分より独立守備第二大隊戦死者新関〔?〕伍長外一名の、忠霊塔前に於ける追悼式に臨む。

四、午前十一時森中将来訪

十月六日　火曜　晴

午後二時より内田総裁と語る

一、午前八時三十分天津上田雅郎来訪
二、午前九時半、二等主計正森武夫東京より関東軍司令部附として到着。
三、午前十一時、宮崎繁三郎少佐哈市より来る。
四、正午土肥原大佐来り、市政状況を語る。
六、午後二時より司令部にて内田総裁と懇談、終りて軍各課長、満鉄理事等と会同懇談。
七、午後六時より大和ホテルにて内田総裁の招宴。

十月七日　水曜　曇

柳條溝及北大営視察

一、午前八時三十分より鮮銀理事色部貢氏来訪
二、午前九時三十分奉天駅発、軽油動車にて満鉄総裁一行と共に、北大営鉄道破壊点を見帰来、兵工廠及飛行場を視る。
三、午後三時、間島駐在河野歩兵少佐来訪。
四、午後三時四十分山ノ井橋太郎来訪
五、午後三時三十分野田蘭蔵来訪
六、午後四時、向坊勧業会社長礼に来る。

十月八日　木曜　晴

満鉄社長と熟議

一、午前八時三十分宮川氏来訪
二、午前九時より約一時間半、満鉄社長と時局懇談。
三、午前十二時過上田雅郎氏と会し、同人帰津。
四、午前十一時四十分桜井関東庁逓信局長来訪
五、午後八時岩間徳也来訪

十月九日　金曜　晴

一、午前八時過より鉄嶺忠魂碑の題字を書す
二、午前十時石光中将来訪
三、午後一時五十分東洋煙草株式会社重役松尾晴見来訪

四、午後三時廿五分帰朝の内田総裁を見送る
五、午後五時二十分佐藤安之助少将来訪
六、午後八時以後柳井領事と会談

十月十日　土曜　晴

一、午前三時、橋本少将長春に向け出発。
二、午後二時三十分安田中佐帰国に付来訪
三、午前八時、橋本、三宅両少将を召し、司令部執務の事を研究す。
四、午後五時五十分、一郡益太郎青島居留民団行政委員（張宗昌一派）来訪。
五、午後六時半より総領事夫妻に招かる。森島夫妻及住友副官列席。

十月十一日　日曜　晴

一、午前十時三十分日本国粋会会長中安信三郎外数名来訪
二、午後三時三十分松木俠嘱託と会談
三、午後六時三十分、大谷要塞司令官及二宮憲兵隊長を招待会食す。
四、午前十時西班牙上海総領事「フェラー」来訪
五、午前十一時過北京英国書記生二名来訪

十月十二日　月曜　晴

関東長官来訪

一、午後一時民政党代議士作田高太郎、松尾四郎、小山倉之助、戸田由美氏慰問の為め内地より来着。
二、午後四時塚本長官慰問旁来訪
三、午後六時半より塚本長官、大和ホテルに軍部の重なるもの及領事舘員を招待。
四、午後十時佐藤少将大連に向ふ為め来訪

十月十三日　火曜　晴

一、午前八時、松岡洋右派遣の金内良輔氏に会見。
二、午前九時半大津吉之助氏を呼び、五太々等の依頼による荷物の事等を説明す。

三、午前十時五分川島浪速氏、粛親王の孫連坦〔?〕、廉子を伴ひ来る。
四、午前十一時、河本大作氏より内地状況を聞く。
五、午後一時斉藤恒中将来訪
六、午前十時半大島高精氏来訪
七、橋本少将第一線視察より帰来
八、参謀長に、司令部内統制の事を話す。

十月十四日　水曜　晴

長春、吉林等第一線視察

一、午前六時五十五分奉天発、午後一時長春着、前線軍状視察、民政党作田代議士一行四名も同行、着後直ちに病院に至り傷病兵を見舞ふ。夫より南嶺兵営附近に於ける戦跡及寛城子戦跡を視察す。
二、此日遼河の東、京奉線の北に残兵多数ありとの情報により、討伐実施の処退却後にて、五名を射殺せるのみ。

十月十五日　木曜　晴

吉林訪問

一、午前八時三十分長春発、同十一時三十分吉林着。警備司令部に至り天野旅団長の報告を受け、終了後満鉄公所に至り、司令官、各隊長、領事、三橋等を招待。
二、午後三時長官公所に至り、熙洽に面会、同三時三十分歩兵第卅聯隊、総領事館、北大営の独立守備中隊等を訪問巡視、午後四時三十分終了。
三、午後五時五十分吉林発、同八時五十五分長春帰着、此の夕金肇東、多門師団長等と会見。

十月十六日　金曜　晴夜半風雨

長春より帰奉

一、午前八時三十分長春発、公主嶺にて森守備隊司令官と会見、四平街迄懇談。
車中出口日出麿と会見。
二、午後一時二十分奉天帰着
三、午後二時より板垣、竹下等を招き、地方自治会等の暴状、権益獲得案に付て注意す。

四、午後四時三十分橋本少将と会見、同少将帰朝に付会談。午後六時三十分同少将の為め別宴。
五、此日張家の荷物を発送

十月十七日　土　晴

一、午前九時、大河内子爵一行の貴族院議員来訪。
二、午前九時三宅参謀長出発安東へ、侍従武官を迎ふ。
三、午前十一時本庄文敬氏来訪
四、午後二時半拓植新聞社長吉武源五、大井大将の紹介にて来訪。
五、午後四時半名村大毎特派員来訪
六、午後三時二十分発橋本少将帰朝
七、午後七時土井少将、島本中佐来訪。
八、此日東京に於て少壮将校不穏事件あり、之に伴ひ、関東軍独立の徴ありとて差控ゆべく電報し来る。
此晩関東軍不穏電、余り馬鹿らしく直ちに返電を発送す。

十月十八日　日曜　晴

此日満洲事件発端の一周月なり
川岸侍従武官来奉聖旨令旨を賜はる

一、午前六時二十分、奉天停車場に川岸侍従武官を迎ふ。
二、午前九時、明治三十七八年忠魂碑前に侍従武官　聖旨令旨伝達式執行。
三、午前十時過、大崎禎寿より王慈棟の伝言を聞く。
四、午前十一時十分、戦跡視察の米国の哈市総領事ハンソン及日本駐在米大使舘書記官ソウスベリー来訪。
五、午後一時三十分赤池貴族院議員来訪
六、午後四時川岸侍従武官と会談
七、午後六時三十分より大和ホテルにて、貴族院議員一行を招待。
八、午後九時、全満〔満洲〕青年連盟代表新井一〔紀？〕氏と会見。

十月十九日　月曜　晴

一、午前九時航空隊第十中隊（戦斗機）の将校朝鮮へ帰還し、同第九中隊（偵察機）将校来奉各挨拶を為す。
二、午前九時卅分山本主計正(帰京)、杉浦主計正来任挨拶。
三、午前十時五十分頃戸田代議士、次で服部代議士来訪。
四、午後二時四十分、二宮憲兵隊長を招致し、市内警備の状況を聞く。
五、午後六時三十分川岸侍従武官招宴会食

十月二十日　火曜　晴

一、午前九時二十分上田雅郎来訪、李景林の信書を伝ふ。
二、午前十時三十分嘉村少将来訪、状況報告。
三、午前十一時松井常三郎来訪
四、午後一時三十分林総領事来訪
五、午後六時三十分、市政公所を支那人に引継に付、従前の各関係邦人を招待。
六、午後九時松井清助氏を招き、蒙古状況を聞く。

事変の進展と戦局の拡大

自昭和六年十月二十一日
至昭和六年十二月三十一日

十月二十一日　水曜　晴

一、午前八時四十五分発、川岸侍従武官北方に向ひ奉天駅発を見送る。
二、午前十時上田統来訪、治安維持会顧問の事に付話す。
三、午前十一時十分伊国 attache 二名来訪。
四、午後一時白川〔義則〕閣下を停車場に出迎へ、引続き司令部にて関東軍、中央部と離脱に付会談、馬鹿気たる話。
五、午後一時十五分、大毎楢崎、阿部特別慰問使来訪。
六、午後二時駒井嘱託申告
七、午後三時省政府日本顧問等挨拶
八、午後三時二十分全満鮮居留民会代表来訪挨拶

十月二十二日　木曜　晴

一、午前九時、今村〔均〕大佐の来訪を乞ひ、東京の模様を聞く。
二、午前十時、土肥原大佐引率市政公所日本人挨拶に来る。（課長を止めし人）
三、午後一時過、黒龍省に行く林義秀少佐来訪。
四、午後三時東本願寺慰問隊渡辺円流氏、鈴木大将の紹介にて来る。記念撮影。
五、午後五時大和ホテルに白川大将訪問懇談の後、午後六時三十分頃より瀋陽館にて大将、参謀長と会食。

十月二十三日　金曜　晴

一、午前十時より忠霊塔前に於ける招魂祭に参列（白川大将も同様参列）、此時飛行隊特務曹長墜死。
二、午後〇時四十分、筑紫中将の紹介にて、山崎光明及佐藤弥七大佐来訪。
三、午後一時、吉林居留民会長三橋政明及児玉多一氏居留民を代表し、決議及御礼の為め来る。
四、午後一時過より午後二時三十分迄、政策に付会議。
五、午後三時十五分、大毎楢崎、阿部氏ら来訪。
六、午後三時三十分、大和ホテルに於ける満鉄主催の活動写真を見る。
七、午後五時より今村大佐と懇談、次で土岐子爵と懇談。
八、午後五時三十分より林総領事の白川大将招宴に臨む。
九、午後九時過渡部昌〔?〕勁来訪

十月二十四日　土曜　晴

一、午前六時、白川大将北方視察の途に上る。
二、午前九時半より金井博士と懇談
三、午前十一時、全鮮時局大会満洲派遣員藤村忠助氏等来訪、次で営口塩務局船津文雄氏来訪。
四、午後一時三十分貴族院議員黒木三次氏来訪
五、午後二時半在露書記官天羽氏来訪
六、午後三時過渡瀬二郎氏来訪
七、午後四時山田久太郎氏来訪
八、午後六時半、飯島慶三氏及江藤豊二氏夫人来訪、同七時三十分三谷憲兵分隊長来訪。

十月二十五日　日曜　晴寒

此朝始めて小雪を見る
土肥原大佐を天津に出すに付招致懇談
一、午後一時森川千丈氏来訪
二、午後二時江藤源九郎少将、国粋大衆党笹川良一氏来訪。
三、同二時半湯玉麟顧問高原清一郎来訪

四、午後三時十分、満鉄総務部次長山崎元幹、宇佐見哈市公所長と共に来訪。
五、午後四時半、第二師団管下慰問団代表五名来訪。
六、午後七時色部及阿比留氏来談

十月二十六日　月曜　晴

一、午前九時三十分石光閣下来談
二、午後一時中野市政公所顧問来談、市政の状況を聞く。
三、午後二時山田久太郎来訪
四、午後二時半青木大蔵国庫課長
五、午後三時大連商業学校長友木驍氏来訪
六、午後四時倫敦デリーメール北京駐在通信員インペ来訪

十月二十七日　火曜　晴

一、午前九時飯島来訪、同四十分上田統氏来訪、袁金鎧辞意の事を伝ふ。
二、午前十一時駒井囑託来訪
三、同十二時磯部検三氏来訪
四、同十二時三十分鴨緑江採木公司八木文〔元ヵ〕八氏来訪
五、午後一時二十分、川岸侍従武官を停車場に見送る。
六、午後二時、大朝特別慰問使原田棟一郎氏外二名、慰問の為め来訪。
七、午後二時過筑紫熊七中将来訪
八、午後四時二十分上田統を引見、袁の件回答。
九、午後六時三十分白川大将閣下の招宴に臨む。宴後同大将及今村大佐と同十一時まで語る。

十月二十八日　水曜　晴

一、午前八時三十分、今村大佐帰朝に付会見。
二、同九時三十分小西外史来訪
三、同十時、白川大将を大和ホテルに訪ふ。
四、午後一時二十五分白川大将大連に向つて出発、同三時今村大佐出発帰朝。
五、午後二時衆議院議員団長由谷義治外十名（内松谷与二郎無産議員あり）来訪、二時間説明を為す。

六、午後四時、満鉄病院歯科医に行く。
七、午後七時半松木嘱託来訪

十月二十九日　木曜　晴

一、午前九時二十分、歯科医に行く。
二、此日、鄭通線修理の命令を出す。
三、午前十時三十分林総領事来訪
四、午前十一時半筑紫閣下来訪
五、午後一時宍浦天津駐屯軍副官来訪
六、午後二時半、福島県代表慰問に来る。
七、午後六時半より筑紫閣下と会食

十月三十日　金曜　晴

此日江橋修理の命令を出す

一、午前九時半歯科医に行く
二、午前十一時、前市政公所関係者に対する感謝状及記念品目録を呈す。
三、午前十二時英国武官エレジヤ少佐来訪
四、午後〇時半、英国から帰朝の小野原中佐及仏国から帰朝の田中航空少佐来訪。
五、午後一時宮城県代表慰問使四名来訪
六、午後一時四十分、陸軍省人事局倉本大尉事務打合せの為め来訪。
七、午後三時袁金鎧、闞爾和等来訪
八、午後四時哈市宇佐美氏来訪

十月三十一日　土曜　晴

一、午前九時高柳中将、岩井少将来訪。
二、午前十時石本鑽太郎、斎藤鷲太郎来訪、上京し時局懇談会として出発。
三、〔原文抹消〕
四、午後二時政友会代議士浜田国松、宮川一貫、今井健彦来訪。
五、午後二時三十分、満鉄病院歯科に行、完成。
六、午後六時児玉代議士宿へ来訪
七、午後七時中西敏憲氏来談
八、午後八時四十分磯部検三氏来訪、恭親王樹立を語る、之を中止せしむ。

十一月一日 日曜 晴暖

一、午前九時三十分、浜田国松氏外政友会代議士四名慰問の為め来訪。
二、午後〇時五十分、宮川、張海鵬の小供を伴ひ来る。
三、午後一時二十分、多門、森両中将を招致懇談。
四、午後三時二十分、白川大将旅順より帰る。
五、午後六時三十分白川大将を主賓とし、多門、森其他と会し、小宴、記念撮影、宴後白川大将と懇談。

十一月二日 月曜 晴暖

此日嫩江架橋援護運動開始
白川大将出奉帰朝

一、午前九時四十五分、白川大将司令部に挨拶に来訪、各部長に挨拶。
二、午前十一時四十分山西理事を招き、上海大平洋議会議―重大化して満洲に招致。
三、午後三時二十五分、白川大将の出奉帰国を停車場に見送る。
四、午後六時江藤源九郎少将来訪
五、午後七時野崎誠近〔道？〕氏、殷執政の内命を帯びて来訪。
六、午後八時岩間徳也氏、張作相の実況を伝ふ。

十一月三日 火曜 晴暖

一、午前九時明治節に付、記念碑前にて司令部職員一同遙拝式。
二、午前十時森田茂外五名、京都市代表として来訪。
三、午前十一時原野軍医勲章授与式
四、午前十一時十分美座憲兵大尉を招き、社会民主党の事を聞き、夜分又来訪せしむ。
五、午前十一時三十分、于冲漢引見。
六、午前十一時五十分社民党島中雄三、片山哲、小池四郎来訪。
七、午後二時、朝鮮軍神田参謀来訪。
八、午後二時半佃老来訪
九、東京日出女子校代表慰問の為め来訪（校長、女学生

二〕

十、午後四時、米国ニューヨークタイムス社アーベント氏、ロバートソン氏来訪。

十一、午後七時吉林張燕卿氏来訪、日本行挨拶。

十一月四日　水曜　晴

嫩江支隊と黒軍と衝突

一、午前八時小西外史来訪、板垣に命じ、旅費三百円を与ふ。
二、同八時四十分、磯部氏、紀平、桂香五を伴ひ来る。
三、同九時二十分野崎誠近来訪
四、午前十一時大連妙法寺富高氏来訪
五、午前十一時半、全弼勲、段執政の使として来る。
六、午後二時、奉天祭場にて鮮人不幸者の慰霊祭あり。
七、午後三時半藤田九一郎来訪
八、此日午後、嫩江支隊黒軍に抵抗力なき意志を表示、此を信じ前進し大損害を受く。直に長谷部少将の指揮にて攻撃開始す。

十一月五日　木曜　晴

参謀総長関東軍及隷下部隊の一部を掌る旨、前例により御委任を受くとの統帥権を紊せし命令来る

一、午前五時、長谷部支隊へ注意方参謀長に告ぐ。
二、午前十一時石光閣下来訪、詳細説明す。
三、午後一時金井博士より袁金鎧の事を聞く。
四、午後一時三十分林総領事来訪
五、午後三時四十分修養団爪生喜三郎氏来訪
六、此日、参謀総長より、御委任を受け、関東軍及隷下部隊指揮の一部を掌るとの命令来り、次で嫩江支隊掩護隊の陣地を示し来る。統帥権を破る甚し。
七、午後五時三十分、筑紫、石光両中将を招く。

十一月六日　金曜　晴

一、此朝、嫩江支隊苦戦の報に接し、第二師団長に更に増加部隊を引率せしめ、漱江へ至り、同地部隊を併せ

指揮すべきを命ず。
二、参謀総長、大臣へ、戦況に基く情況変化により、斉々哈爾に進出すべき意見を具申す。
三、午前十一時石本恵吉〔?〕男来訪
四、午後一時半関東庁田辺秘書課長来訪
五、午後二時筑紫閣下来訪
六、午後七時、総長より軍の意見を採用せる電報着。
七、午後十時、嫩江支隊敵陣を奪取するの報あり。第二師団の前進を止め、次で帰還を命ず。

十一月七日　土曜　晴

此日、総長の軍司令官に命令の件に付質問書に対する回答、第一部長より参謀長宛来る
一、午前九時、今村陪次郎（篠山出身）欧米視察帰朝の途、奉天に立寄る。
二、午前十一時、上田統、全満日本人大会開催の事に付来訪。
三、正午過金井博士、升元、甘粕等、袁金鎧等に付要求したる声明の事片付きしとて来訪。
四、午後一時半自治指導員に挨拶す。
五、午後三時二十五分石光中将出発帰朝
六、午後四時より英米両国新聞記者来訪。北支那デリーニュース主筆ハワード。デリーニュース、キヤプスタン。

十一月八日　月曜　晴

一、午前九時吉村透なる人、池田、本庄鶴栄氏の送物たる御神符を届け呉る。
二、午前十一時岡田広〔有?〕氏来訪
三、午後三時日本新聞通信社柿本邇彦氏来訪
四、午後四時半、大蔵公望氏、張作相利用の件に付来訪。
五、午後六時四十分三谷分隊長来訪
六、午後八時長春分会長四谷友太郎氏来訪、次で武内朝日記者来訪。

十一月九日　月曜　晴

天津暴動、此日昂々渓南方黒軍増加、
其他匪賊の状勢に鑑み、一師団増援を
要請す

一、午前十一時、山東居留民代表津下信義外二名、慰問の為め来訪。
二、午後一時趙性根中将来訪
三、午後一時三十分佃信夫氏来訪に付、此夜出発帰朝を乞ふ。同翁出発せらる。
四、午後三時五十分神田少佐来訪
五、午後七時三十分、武内朝日記者を招き、大朝、大毎にて国際連盟へ打電を乞ふ。
六、午後九時二十分岡田広〔有?〕氏来訪
七、八日晩より九日朝に至り、天津に暴動起る。

十一月十日　火曜　晴

此日省政府開庁式終了

一、朝奉天神社に参拝
二、午前十時大倉組重役島岡龍太郎、木渓湖理事鮫島宗平氏等来訪。
三、午前十時半本門法華宗管長代理三好顕性氏等慰問の為めに来訪。
四、午前十一時高木陸郎氏来訪。
五、午前十一時五十分浜田国松、宮川一貫等政友代議士来訪。
六、午後〇時四十分、岡田猛馬氏に、二宮次長宛の親書を托す。
七、午後二時筑紫中将来訪に付、直に赴連、内田満鉄社長の来奉を請はしむ。
八、此日、第二師管在郷軍人代表として柴山中将来訪。

十一月十一日　水曜　曇

一、午前九時十分、此日帰朝すべき宮越正良氏来訪。
二、午前十時半、愛国婦人会代表内山大将夫人訓子及宗像夫人等来訪。
三、午後十二時森島領事を招致、中央へ黒省〔黒龍江省〕攻撃の止むべからざるを打電。
四、午後一時十分百武中佐より報告を聞く。昨夜来訪、此日午後三時出発。
五、午後二時、故栗原少佐以下五名の慰霊祭に参列。
六、午後三時十五分、多門中将と将来の打合せを為す。
七、午後七時森司令官来訪。

十一月十二日 木曜 晴

此日次官及次長の来電あり、総長の意志に反し昂々渓敵陣地攻撃に決す
一、午前十時四十五分東京市会議員一行慰問の為め来訪
二、午前十一時三十分平壌海軍燃料所海軍少将伊地知四郎氏来訪
三、午前十一時四十分林総領事来訪、時局を談じ、中央へ打電せしむ。
四、午後〇時五十分満洲青年聯盟東京駐在員沢田壮吉来訪
五、午後二時五十分修養団理事爪生喜三郎来訪
六、午後三時穂積朝鮮総督府外事課長来訪
七、午後三時二十分交詢社代表菅原通済氏慰問の為め来訪
八、午後七時大橋総領事、森島領事来訪。

十一月十三日 金曜 晴

一、午前八時四十分奉天神社参拝。
二、午前八時四十五分内田、江口正副総裁来訪、意見交換の上、内田総裁より総理及外相に打電。
三、午後〇時十分大阪在郷軍人赤倉中佐、山内神官と共に、大阪実業家鳥居久吉氏代表として来訪。
四、午後一時十分林総領事、内田総裁の勧めにより、急遽状況報告の為め上京。
五、午後三時、米国記者ユーナイテッド・プレス社のアーベント及ベッツ来訪。
六、午後四時三十分小倉在郷軍人代表松井大佐外五名慰問の為め来訪
七、午後六時三十分、内田、江口正副総裁及筑紫閣下を招待。

十一月十四日　土曜　晴

此日東京より、更に馬占山に数ケ条の通告を発すべき訓令到達、直ちに手続す

一、午前八時高田友吉氏来訪
二、午前九時張燕卿東京より帰来来訪
三、午前十時二十分、三井奉天新支店長下田友一氏来訪。
四、午前十時三十分、民政党情報部理事鈴木留吉及小柳律五郎来訪。
五、午前十一時より、佐藤尚武大使と約三時間会談、国聯の事を聞く。
六、午後二時、長嶺飛行第六聯隊長関東軍附となり、申告に来る。
七、午後二時十分色部貢氏帰朝に付来訪
八、午後四時、米国ハースト系通信員ハンタ来訪
　此日、朝鮮19D〔第十九師団〕の一旅へ出動準備命令下る。
九、午後五時二十分大和ホテルに総裁訪問
十、午後九時谷田三次郎氏来訪

十一月十五日　日曜　晴

奉天大デモストレーション

一、此日、奉天邦人一万三千、大デモストレーションあり。
　午前九時より、予及満鉄総裁等、母国へ挨拶のラジオ放送を為す。
二、午前九時半より高木陸郎氏、宮崎氏を帯同、北支の状況を告ぐ。
三、午後二時過、金井信〔?〕、佐原篤介〔?〕、内田勝司氏等大平〔洋〕会議に臨みし人等来訪。
四、午前十一時柴山中将、北方を視察し帰来、帰朝に付挨拶。
五、午後〇時十分、山西理事外国記者の不満を報ず。
六、午後四時二十分同人社長畑桃作氏来訪
七、午後四時四十分、十河理事を満鉄病院に見舞ふ。

十一月十六日　月曜　晴

混成第四旅団朝鮮経由二十日頃着満と決す

此日内地にて爆撃、偵察、戦斗各一中隊出発の命令下る

一、午前八時三十分高柳中将来訪に付、宣伝指導を依頼し、同中将、満鉄側共満足、午後一時過一旦帰連。

一、午前十一時伍堂理事来訪

三、午前十時半、袁金鎧、于沖漢来訪。

四、午後〇時五十分、日本青年団各府県代表十九名来訪。

五、午後三時ルーター通信員ヲリバー、在日ユーナイテッドプレス・ハブ来訪。

六、午後六時半より木下在郷軍人会長上田統、庵谷地来訪。（此日第二師団長より十八日に攻撃の旨通知し来る）

七、午後八時四十分、野崎誠道〔近?〕来訪、天津に帰去。

十一月十七日　火曜　小雪飛ぶ零下十度

一、午前九時大重仁之助氏来訪。日露役の独〇〇〇〇なり。

二、午前十時片谷伝造氏来訪。

三、午前十時五十分、地方委員会長石田武実及副会長吉川康、新に選挙せられし挨拶に来る。

四、午前十時五十五分吉家敬造（安東火薬所員）来訪

五、午前十一時三十分内田総裁の来駕を乞ひ、大興方面攻撃に付意見を聞く。昨日来、馬占山の態度軟化の徴あるに依る。

六、午後一時嘉村旅団長北上に付申告、此日同旅団の部隊北上。

七、午後二時頃、第二師団長に攻撃の命令を下す。

八、午後七時磯部検三及午後七時三十分筑紫中将来訪。

九、馬占山又曖昧な態度を示し来りしに付、愈々攻撃に決意す。

十一月十八日　水曜　晴　零下十二度

昂々渓南方黒軍陣地突破

一、第二師団は、十七日夜半より行動開始、払暁より攻

撃、午前九時半陣地の中央三間房突破、午後二時頭站附近に整伍、引続き斉々哈爾に向い敵を進撃中。
二、午前十時十分江口副総裁来訪。同十時五十五分筑紫中将来訪。
三、午後十二時五十分公会堂に於ける在郷軍人本部を訪ふ。
四、午後一時二十分比佐陸軍参与官来訪
五、午後三時日本女子青年団代表七名来訪
六、午後四時三十分大和ホテルに内田満鉄総裁訪問

十一月十九日　木曜　晴稍暖

午前九時第二師団齊々哈爾に到達

一、午前九時三十分、奉天神社に十八日昂々渓南方に於ける戦勝の御礼参りを為す。
二、午前十一時満鉄の「キニー」〔ママ〕金井君と共に来訪。
三、午前十一時過、満鉄正副総裁祝賀に来る。
四、午後一時三十分旭川日々新聞松谷氏慰問。
五、午後一時四十分服部代議士帰朝挨拶に来訪
六、午後八時土方亀次郎来訪

十一月二十日　金曜　晴暖

混成第四旅団着奉、二宮参謀次長着奉、
午後一時松谷一等軍医恩賜の繃帯三百を奉戴し来る

一、午前九時四十分筑紫中将帰朝に付、挨拶にて来訪。正午大和ホテルに満鉄正副総裁同中将と会食に付、自分も参会す。後三時二十五分同中将奉天出発。
二、午前六時五十五分、駒井顧問及板垣大佐飛行機にて斉々哈爾に向ふ。
三、午前六時三十分過、鈴木混成第四旅団長着奉、同十時二十分司令部に挨拶に来る。
四、午前十時大阪時事新報杉浦謙次郎氏挨拶に来る
五、午前十時五十分、哈市より加藤明、高橋寅一氏挨拶に来る。
六、午後一時二十分二宮参謀次長来奉、渡大佐、根本中佐同行。

十一月二十一日　土曜　晴

一、午前十時、混成第四旅団分列式を行ひ、医科大学前にて分列閲兵。
二、午前十一時、関東庁中島通訳官軍嘱託となりしに付挨拶に来る。
三、午後〇時三十分、在郷軍人団解散式を挙行、三宅参謀長臨場。
四、午後二時三十分内田総裁軍幕僚招待
五、午後二時百武海軍々令部次長来奉
六、午後九時内田勝司博士来訪

十一月二十二日　日曜　晴

一、午前九時児玉呑象易学者来訪、午前十時二十分石田卯吉郎氏来訪、馬賊人質帰来の御礼を云ふ。
二、午前十一時四十分、金州時局後援会長加世田弥次郎氏、岩間徳也来訪。
三、正午日本少年団代表、三島子爵統卒の下に来訪。
四、午後〇時佐賀市長野田鞆雄来訪
五、午後一時三十分満洲青年聯盟一行慰問の為め来訪
六、午後一時五十分三浦関東庁内務局長来訪。
七、午後二時四十分山崎誠一郎満洲里行に付来訪
八、午後三時百武次長来訪、夕刻まで談ず。
九、午後四時三十分大連少年団来訪
十、午後五時満鉄正副総裁帰連に付、ホテルに訪問す。

十一月二十三日　月曜　曇

一、朝奉天神社参拝
二、午前十時十五分在京城新聞記者三名来訪（色部氏紹介）
三、午前十時三十分野田旅順工科大学長来訪。
四、午前十時五十分虞静遠、〇〇〇の使として来る。
五、午後二時十五分鈴木秘書長来訪、人事の相談。
六、午後六時三十分、大和ホテルに於ける瓦武源五軍令部次長の招宴に臨む。

十一月二十四日　火曜　曇

一、午前八時本庄俊輔来訪

二、午前八時三十分より中島通訳官の通訳にて闞廷瑞に面会す。磯部検三案内、玉棋及桂香五も同行し来る。
三、午前十時河本大佐来訪、関東軍人事の事を依頼し来る。
四、午前十一時二十分、満洲日報漢字新聞社長西片朝三来訪。
五、午後一時野田菊三来訪、統治の事を注意。
六、午後一時十五分帝国飛行協会慰問代表安達堅三来訪
七、午後二時三十分在日各国公使館附武官、米マッキロイ中佐、英シムソン中佐、仏ハロン少佐、波《ポ》ライヒマン少佐、亜（アルゼンチン）サロベ中佐来訪、諫山少佐案内。

十一月二十五日　水曜　晴

一、午前七時十分鈴木少将来り、人事を話す。
二、午前十時四十分金光教慰問使古川隼人来訪。
三、午後時〇十五分政友会代議士河上哲太氏来訪
四、午後一時二十分人類愛善会慰問使田崎又次少佐等来訪
五、午後一時三十分八木条次郎来訪
六、午後七時三十分大和ホテルに在日本外国公使館附武官を招待、此武官等司令部に午後三時挨拶に来る。

十一月二十六日　木曜　雪

此日午後八時三十分より天津に於て支那軍日本租界攻撃

一、午前九時河本大作氏来訪
二、午前十一時四十分満洲興業株式会社江川厚取締役来訪。
三、同東洋拓植株式会社哈市支配人足立利夫氏来訪
四、午前十一時五十分帝国通信社松井敏来訪
五、午後〇時三十分大迫中佐来訪
六、午後四時二十分橘樸、野田蘭蔵来訪。
七、午後六時佐原篤介氏来訪
八、午後十一時頃支那軍日本租界攻撃の報に接し、直ちに錦州攻撃着手の命令を発す。

十一月二十七日　金曜　晴零下十三度七分

此日早朝混成第四旅団錦州攻撃
本日夕第二師団集中の為め出動
此日再三総長より出動を委任命令
にて差止め来る

一、午前九時過奉天神社参拝。
此日、我軍錦州攻撃の為め出動に付、戦勝を祈る為め。
二、午前十時在満時局後援会岩井少将、斉藤鷲太郎来訪。
三、午後一時三十分満洲日報社長松山忠三郎来訪
四、午後二時開原住民時局後援会小川卓馬氏来訪
五、午後三時二十分奉天駅へ、衣笠大尉外十一名の遺骨を奉送す。
六、午後三時四十分岡山中国民報社宮岸如宝〔?〕外一名、在郷軍人聯合会事務長時実中佐及青年代表原野完爾（小学校長）等慰問の為め来訪。
七、午後四時二十分愛国学生聯盟三輪健児外十四名慰問の為め来訪

十一月二十八日　土曜　晴零下十三度八

一、午前八時河本大佐を招致し、昨日の総長の委任命令に関し、中央の態度変化にあらずや。然らば満洲問題の解決不可能と認められるに付、何等か方策を講ずべき必要ありと考へ、意見を徴す。
二、午後〇時五分比佐参与官来訪、午後三時二十分同氏帰京。
三、午後〇時二十分山崎総務部長来訪
四、午後一時三十分奉天衛戍病院に戦傷兵を見舞ひ、帰途故板倉大尉留守宅を吊問す。
五、午後一時二十分、北方より帰来せし二宮次長と午後三時より会談、午後七時に至る。
六、午後一時二十分、板垣大佐、駒井顧問等次長と同行帰奉に付、状況を聴く。好成績なり。
七、午後六時三十分渡大佐を招致し、午前一時まで会談。

十一月二十九日　日曜　晴

一、午前〇時四十分混成第四旅団長鈴木少将前線より帰来、申告に来る。京寧線の状況を聞く。
二、午前八時多門第二師団長及幕僚凱旋、司令部に申告に付戦況を聞き、幕僚等と共に祝盃を挙ぐ。
三、午前十一時から電信隊長及自動車隊長等着任挨拶。
四、午後〇時三十分森島領事を呼び、海外の情勢を聞く。
五、午後二時東拓重役中谷庄兵衛、同奉天支店長杉本昌五郎、満蒙毛織遠藤真一等来訪。
六、午後二時十五分陸軍造兵廠十条兵器製造所長中佐橋本春寿〔?〕来訪
七、午後二時二十分岡山山陽新報巌津政右門来訪
八、午後三時四十五分参謀本部附渡左近少佐来訪
九、午後七時三十分西田慶三〔?〕来訪〇〇〇〇〇
十、此日、参謀次長巨流河に赴く。
十一、此日、関東軍の歩兵一大隊を、大連より天津に急派す。

十一月三十日　月曜　晴

一、午前十一時二十分、「アルゼンチン」のサロベ中佐帰途の為挨拶に来る。
二、午前十時三十分金井清来訪
三、午後〇時五分、岡田猛馬氏東京より帰来、報告。
四、午後一時五十分二宮次長来り、午後七時三十分まで会談。
　此晩、混成第四旅団の部隊を斉々哈爾に、歩兵第四聯隊と交代の為め急派に決す。
五、午後七時四十分、鈴木少将北行の為め、意図を聞くべく来る。
六、午後八時二十分、河上哲太代議士帰朝の為め来訪。
七、午後八時五十分森島領事来訪

十二月一日　火曜　晴

一、早朝、石原中佐飛行機にて斉々哈爾へ向ふ。
二、午前十時五十分二宮中将来訪、会談。
三、午前十一時三十分、十河理事退院挨拶に来る。
四、午後一時二十五分、軍令部次長百武海軍中将帰朝に

付来訪。
五、午後一時五十分、赤十字社救護班長三浦孚博士一行、挨拶の為め来訪。
六、午後二時四十分南禅寺派管長赤井義勇師慰問の為め来訪。
七、午後三時静岡県在郷軍人団外各団慰問の為め来訪
八、午後三時三十五分鶴見雄輔氏来訪
九、午後六時三十分、三島子爵、本庄俊輔来訪。

十二月二日 水曜 晴

一、午前八時三十分、宣統帝教師遠山猛雄来訪。
二、午前九時駒井氏来訪
三、午前九時二十五分高柳閣下来訪、編制に付意見述ふ。
四、午前十一時三十五分二宮次長帰還挨拶、午後〇時三分幕僚と会食、午後三時三十分奉天発帰京。
五、午後二時三十分北九州代表（福岡日報主催）慰問団来訪（原田中将引卒）
六、午後四時寒河江堅吾氏来訪
七、午後七時薄益三氏来訪

十二月三日 木曜 晴零下十四度五

一、午前八時三十分野田菊三来訪、自治指導に付て語る。
二、午前九時、児玉呑象来訪、写真を同写。
三、午前十一時三十分南天棒平松亮卿氏慰問の為め来訪
四、午後一時大阪朝日新聞社慰問の為め来訪、金五万円を送る。
五、午後一時半江口副総裁来訪
六、午後二時四十分桜井少将来訪
七、午後二時五十分、児玉常雄、陸軍省島田隆一中佐等飛行経路研究の為め来訪。
八、午後三時過在ベルリンUP通信員クウー、同シカゴトリビユン記者キーン来訪。

十二月四日 金曜 晴

此日遼陽に於ける第二師団戦没者将士の慰霊祭に三宅参謀長代り行く

一、午前十時玉棋を呼び、閻澤浮〔?〕の事を聞く。前日、閻の態度疑はしく、監禁せし為めなり。
二、午前十時二十分江口副総裁を訪ふ
三、午前十一時山西理事帰朝来訪
四、午前十一時二十分島藤育英中学配属将校武信大尉、学生二名帯同、慰問の為め来訪。
五、午前十一時四十分水津正金取締役来訪
六、正午男爵斯波忠三郎帰奉に付来訪
七、午後三時在日外国公使館附武官一行来訪
八、此朝、西安炭礦に採用の河本大作氏同地に行く。

十二月五日　土曜　曇暖

一、午前八時三十分岩間氏来訪
二、午前十一時村上理事来訪、鉄道の件吉林より帰来報告。
三、午前十時二十分宇佐見完爾来訪。奉天事務所長就任挨拶し、哈市状況を語る。
四、午後一時三十分、故板倉至少佐の葬儀に列す。
五、午後六時三十分平田歩兵第二十九聯隊長を招致、会食戦況を聞く。

十二月六日　日曜　暖雨

一、午前八時半竹中理事来訪
二、午前十時二十分熊本県民慰問代表中根少将外三名来訪
三、午前十一時大連相生由太郎氏来訪。一万円を寄贈。
四、午後一時十分岩間氏を呼び、韓雲階を招致せしめ、哈市に使用すべく片倉に命ず。
五、午後二時江口副総裁来訪に付、東京にて満洲四頭会商、満洲問題解決を話たるに対し、反対の意味を伝ふ。
六、此日、今田少在を招致、自治指導部の事を聞く。
七、午後六時半より、江口副総裁の宇佐見紹介の宴会に列す。

十二月七日　月曜　曇暖

和知少佐来任
一、午前八時五十分高田藤吉氏来訪

二、午前十時十五分海軍練習艦隊慰問代表海軍中佐中島寅彦外二名来訪

三、午前十二時鴨線江材木公司八木元八、吉田良健氏来訪

四、午後一時色部貢氏帰来挨拶

五、午後七時過色部貢、和和少佐来訪。

十二月八日　火曜　曇

栗田少将を経て東久邇宮殿下より慰問の御言葉を賜はる

一、午前八時三十分田辺敏行氏来訪

二、午前十時半片谷伝造来訪、天津行の模様を語る。

三、午後〇時五分金井博士来訪、省政府其他の状況を語る。

四、午後〇時五十分東京廃兵聯合会長谷田志摩生氏、慰問の為め廃兵を代表来訪。

五、同時在京新潟学生代表山田広来訪

六、午後二時十分名古屋市代表栗田真之助少将一行来訪

七、午後三時三十分天台宗東叡山寛永寺養住院住職篠原亮静外三名来訪

十二月九日　水曜　曇後晴

一、午前十一時三十五分浄土宗管長代理増上寺最上運外来訪慰問

二、午前十一時五十分松岡代理平島敏夫氏来訪

三、午後〇時五分村上理事を招致、熙洽鉄道契約に伴ひ資金供与其他暫く延期を要望す。

四、午後一時五分武山春二婦人（御用商人）来訪。

五、午後二時歩兵第二十九聯隊戦没慰霊祭、忠霊塔前に挙行に付参列。

六、午後三時二十分日本商工会議所各地代表慰問の為め来訪

七、午後七時鶴見雄輔氏来訪、同氏此晩出発帰朝。

八、午後十一時過、板垣大佐、駒井顧問等哈市より帰還。（馬占山との談判語る）

十二月十日　木曜　晴

一、午前宿舎にて、大臣宛書翰を認む。
二、午後一時五十分徳島県及同市代表和田利久氏等慰問来訪
三、午後二時村上理事に、軍にて熙洽関係討議の結果を話す。
四、午後八時土肥原大佐天津より帰来、挨拶に来る。
五、午後一時半梶井陸軍省衛生課長、御下賜繃帯を携行し来る。

十二月十五日　火曜　晴

岡村補任課長来奉
此日奉天商工代表省長衙門に至り臧式毅推戴を要請す
一、此朝奉天神社へ参拝
二、午前十時三十分渡瀬二郎来訪、荒木卓郎〔五？〕を起用したく申出づ。
三、午前十時五十分和田三造、堤寒三画伯来衙、スケッチを採る。
四、午前十一時四十分東拓総裁代理中野太三郎来訪
五、午後一時三十分岡村大佐来奉
六、同時柴山大佐夫妻出奉、大連経由帰朝。
七、午後三時朝鮮総督府土地改良部長中村寅之助氏来訪、宇垣総督の私翰を携帯。

十二月十六日　水曜　晴〇、一九

午後三時臧式毅奉天省長に就任す
一、午前十時二十分内田総裁来訪、此朝八時三十分同総裁着奉、政変に伴ひ或は帰朝に付挨拶に来る。
二、午後一時五分奉天商工代表趙市長に伴はれ来訪、臧式毅を省長に推戴に付許可を受けに来る。
三、午後二時三十分山東居留民代表海軍少将広瀬順太郎外一名来訪
四、午後四時十分大朝大江計画部長、慰問金十万円を携へ来る。
五、午後六時、岡村大佐を大和ホテルに招く。

十二月十七日　木曜　晴〇、二〇、五

此日、内地より姫路混成旅団増派奉勅命令来る

一、午前九時三十分楢崎一良、北京、学良、作相等の実相を伝へ来り、尚作相の帰満を請ひしを以て、事情を説明し帰す。
二、午前十一時大谷少将、森中将人事の打合せに来る。
三、午後〇時三十分、大和ホテルに内田伯より招かる。
此日、午後十時四十五分出奉帰連を見送る。
四、午後二時三十分山口高商代表森下泉外二名来訪
五、午後二時四十分臧式毅、省長就任挨拶の為め来る。
六、午後四時三十分衛生隊長藤原少佐外申告の為め来訪

十二月十八日　金曜　晴〇、二四、四

此日軍司令部統治部を東拓三階楼上に開設、駒井顧問を部長に任命

一、午前十一時日本学生馬術教官小泉正夫外四名来訪
二、午前十一時十分大連商工会議所副会頭藤田臣直外二名慰問の為め来訪
三、午前十一時十五分在朝鮮久保田騎兵中佐軍馬慰問の為め来訪
四、午前十一時二十分高柳閣下来訪、種々注意を与へ呉る。
五、午後一時二十分20D〔第二十師団〕参謀長森五六氏来訪。
六、午後三時国際聯盟書記長秘書ウォルター氏来訪
七、午後四時米国ニューヨークタイムス、アベンド氏来訪、上海に帰る。

十二月十九日　土曜　晴〇、一八、二

板垣大佐、駒井顧問吉林に向ふ、熙洽と徹底打合せの為め

一、午前十時四十分大連市建築協会代表榊谷仙次郎外一名鉄兜献納を申出づ。
二、午前十一時林総領事来訪
三、午後二時三十分、宇佐美所長哈市行に付、来訪。
四、午後三時三十分米国武官マーゲット、英国武官ソン

ヒール、仏国武官ボナビード来訪、翌日錦州へ向ふ。
五、午後四時十分米国ハースト系新聞記者ボンウイガン来訪。

十二月二十日　日曜　晴〇、一四、七

一、午前八時五十分磯部検三氏来訪、馬賊団解隊に付泣き付く。
二、午前九時三十分鮑観澄来訪
三、午後一時三十分、天津駐屯軍参謀河本大尉、連絡の為め来訪
四、午後二時梶井衛生課長帰朝に付、挨拶の為め来訪。
五、午後二時五分菊地芳夫、来訪
六、午後二時半岡田有氏山井格太郎来訪
七、午後六時より姫路郷軍慰問使狩野大佐来訪会食、此日、同郷軍慰問団奉天発帰朝。

十二月二十一日　月曜　晴〇、一五、一

一、午前九時三十分児玉呑象、近く一旦帰朝すとて来訪。
二、午前十時三十分福田秀太郎(因伯新報慰問使)引見。
三、午前十一時五十分福岡市民代表福畑三郎外二名慰問の為め来訪。
四、午後〇時三十分東京弁護士会代表中島重穂来訪
五、午後一時十分多門師団長来訪
六、午後三時三十分三菱商事会社農産部長秋山氏来訪
七、午後九時過、板垣、駒井吉林より目的を果し帰る。

十二月二十二日　火曜　晴〇、一八、八

一、午前九時発東門外の重砲隊に至り、隊内視察、状況報告を受け、列車砲を見、次で航空隊に至り、状況報告を受け、隊内視察飛行機を見、帰途迫撃廠に至り自動車隊を視察す。
二、午後二時頃より満鉄病院内に於ける鉄道隊、電信隊、野戦病院、衛生隊を視察し、次で馮大学に至り、飛行隊を視察し午後三時三十分帰還。
三、午後四時より、駒井、板垣の報告を聞く。
四、午後四時三十分より、長崎県郷軍代表伊勢大佐、朝

長大佐、橘大尉ら慰問の為め来訪。
五、午後五時竹中理事来訪
六、午後七時過岩間徳也来訪、張作相の事を談ず。
七、午後八時大蔵公望来訪、近く帰朝を述ぶ。

十二月二十三日　水曜　晴〇、一八、六

一、午前八時三十分岩間徳也氏来訪
二、午前十時四十五分東京本郷区兵事義会代表清浦重雄外一名来訪
三、午前十一時大倉光太郎（朝鮮農場経営）来訪、名刀村正を送る。
四、午前十一時二十分青島慰問使仏教団及婦人会代表来訪
五、午後〇時よりヤマトホテルにて、林総領事送別宴を開く。
六、午後二時三十分より歩兵第二十九聯隊を巡視
七、午後六時より大和ホテルにて、嘱託委嘱の解散及統治部職員を招待。
八、午後九時三十分桜木俊一来訪

十二月二十四日　木曜　晴

南大将着奉、臧省長訪問
一、午前八時三十分高柳将軍来訪、種々注意を与へ呉れらる。
二、午前九時村上理事来訪、吉林に於ける鉄道調印終了の旨報告。
三、午前九時半清水鷹山氏来訪（生年月日で判断）
四、午前十時半奉天省長臧式毅訪問、次で故張作霖邸を見舞ふ。
五、午後一時、奉天駅に南大将を迎ふ。
六、午後二時、南大将司令部訪問、懇談。

十二月二十五日　金曜　晴

一、午前九時三十分南大将来司令部、各主任より状況を聞く。
二、午前十時三十分、林総領事転任帰朝に付、挨拶の為め来訪。

三、午前十一時五十分、第八旅団桜井参謀に注意を与ふ。

四、午後十二時五十分長谷川旅順工科大学教授外四名慰問の為め来訪。

五、午後一時四十分嘉村少将北方より帰り、報告の為め来訪。

六、午後二時三浦内務局長来訪

七、午後二時三十分高原精一郎来訪、八旗堡にて支那側に捕へられた状況を報告。

八、午後三時三十分林総領事帰朝を送る

九、午後四時河相外事科長来訪

十、午後五時磯部検三に若干を与へ、帰朝せしむ。

十一、午後六時頃大毎村田、大朝武内を招き、外人に対することで外国特派員に依頼。

十二、午後八時三十分駒井来訪、北方主張に付注意を与ふ。

十二月二十六日　土曜　晴曇　暖最高二、四　最低〇、一三

此朝六時、南大将長春方面に行く

板垣、駒井も哈市に向ふ

一、午前九時高木陸郎氏来訪、此日出奉帰朝。

二、午前九時五十分片倉伝造来訪（此も帰朝の為め）

三、午前十一時旅順婦人会代表蔭山市助役、代表婦人二名と共に慰問に来訪。

四、午前十一時三十分高柳閣下の来訪を乞ひ、在米キニーに対する宣伝依頼。

五、午後一時三十分奉天発石原参謀、住友副官を従へ遼陽に至り、第二師団の出発を見送る。午後六時二十分奉天帰着。

六、午後八時大毎〔朝〕武内来訪、依頼し置きし町田新郎来奉を報ず。

七、夜半、敵状の変化により、一部隊の増援を要求す。

十二月二十七日　日曜　晴〇、一四、六

一、午前十時四十五分朴僥会理事早川来訪

二、午前十一時五十分名古屋新聞社長与良松三郎来訪

三、午後〇時五十分川崎通訳官引見（先きの英米公使館武官の会話を基礎とし、右各政府より警告をなしたるによる。当時の会話の内容を聞く）

四、午後一時三十分庵谷忱東京より帰り、状況報告す。
五、午後二時三十分嘉村少将招致
六、午後二時五十分、金井博士外省長の使ひとして、錦州にある部隊の駆逐を依頼す。
七、此日、午後将官同相当官の考科表を整理し、進達の準備をなす。
八、午後十時、朝鮮部隊第二十師団司令部外混成一旅団を増派の電報到達。

十二月二十八日　月曜　晴〇、一五、六

此日風邪の気味あり

一、午前八時混成第八旅団司令部の外一ヶ大隊着奉、同十時村井旅団長外司令部将校申告。
二、午前十一時十分時事新聞社長代理後藤武男外二名慰問の為め来訪
三、午後一時十分宇佐美満鉄地方事務所長来訪、哈市賓の事情を聞く。尚在米キニー宛適時状況通報を依頼す
四、午後八時南大将北方より帰来
五、午後十時参謀長夫人、母尚子危篤の為め帰旅。

十二月二十九日　火曜　晴〇、二〇、二

第廿師団司令部着奉、此日奉天赤十病字院より看護婦を雇入る（御手洗ウタ）

一、午前六時二十分第二十師団司令部着奉、石原参謀出迎ふ。
二、此日、独立守備隊司令部を奉天に移す。
此日、風邪の為め引籠り、家原軍医の診察を受く。
此日、参謀長夫人の母堂逝去。

十二月三十日　水曜　晴〇、一九、三

此日錦州支那軍退去の徴あり

一、此日風邪引籠り
二、午前九時三十分高柳閣下来訪、南大将と話に付、前相談す。
三、午前九時十分高原清一郎出発（8B附〔第八旅団〕）に付挨拶に来る。

四、午前十一時江口副総裁来訪、種々事情を語る。
五、午後一時湯浅赤十字社看護婦長来訪
六、午後五時加藤軍医正来訪
七、午後七時歩兵第八旅団長来訪
八、午後八時岩橋三渓氏来訪
九、午後四時頃駒井部長、板垣大佐北方より帰来、状況報告。

十二月三十一日　木曜　晴〇、一八

嘉村旅団打虎山の西へ、2D〔第二師団〕磐山と溝帮子中間に進む

一、午前九時三十分大和ホテルに至り、南大将に満洲の諸情況を語る。
二、午前十一時半司令部に至り、参謀長各部長より年暮の挨拶を受く。次で憲兵司令官よりも同様。
三、午前十一時二十分第二十師団長室中将、同幕僚の挨拶を受く。
四、午前十一時四十分大毎新聞より派遣せる外国通の〔欠字〕氏来奉に付挨拶。
五、午後二時半大倉喜七郎氏来訪、種々今後の建設を語る。
六、午後四時二十分小林海軍少将来訪。

昭和六年も満洲着任早々大事変となり、年末に至り大体軍事行動一段落の徴見ゆ。

年末軽微の流感に襲はる。

補遺

九月廿七日安東白崎喜之助氏より送らる

雨露に恐れて事は出来もせず
大和武夫は　神に使へむ

満洲建国

自 昭和七年一月一日
至 昭和七年四月十一日

一月一日 金曜 晴 最高三、八 最低〇、一七、七

錦州進入命令を出す

於奉天瀋陽舘迎元旦

一、午前七時起床元旦を迎ふ。

二、午前十時大和ホテルに至り、関東軍司令部員一同と祝盃を挙ぐ。遙拝式には風邪の為め不参。

三、午後一時二十分奉天放送局に於て、母国に向ひラジオ放送。司令官、参謀長、于沖漢。

四、午後七時、室中将来訪会食す。

此日錦州軍撤退を終らんとするの報あり、急に20D〔第二十師団〕を先頭として錦州進入を命令す。

一月二日 土曜 晴 最高一、二 最低〇、一六、二

第二十師団司令部出動

一、午前九時過看護婦の御手洗歌子帰去

二、午前十時四十分佐藤尚武大使、大蔵書記官荒川貞次氏と共に来訪。此日、午後三時発佐藤大使はジュネーブに向ふ。

三、午後二時、大毎より招来せる町田梓楼氏来訪、希望を詳述。

四、午後二時三十分三井取締役川村貞次郎、天野悌二等を伴ひ来訪。

五、午前十一時頃第二十師団司令部出動。

一月三日　日曜　晴　最高一、三　最低〇、八九

此日午前第二十師団錦州入城

一、午前九時過土肥原大佐来訪、帰京中の状況を報告。
二、午前十時四十分頃外務省文化協会部長坪上貞次郎氏来訪
三、午後二時半、森島領事挨拶に来る。
四、午後松木顧問と、九ヶ国条約と満洲問題に付き語る。
五、午前十時頃、第二十師団戦はずして錦州に入城。

一月四日　月曜　晴　最高五、八　最低〇、七五

御勅諭五十年挙式

一、午前九時、奉天高等女学校にて、勅諭下賜五十年記念挙式。
二、午前九時四十分忠霊塔参拝
三、午前十一時二十分、江口副総裁朝鮮行の途中立寄る。
四、午後四時中野東柘専務取締役帰朝に付来訪。
五、午後六時高柳閣下来訪会食

此日、板垣大佐上京打合せに付、司令部にて参謀長、石原と共に会議。

一月五日　火曜　晴　最高七、一　最低〇、五、七

一、午前十一時四十分田辺牧畜課長（関東庁）来訪。
二、午前松木顧問及松島産業課長を招致し、九ヶ国条約及満蒙産業政策と社会政策に付ての意見を聞く。
三、午前七時発、板垣大佐飛行機にて上京。
四、午前土肥原大佐天津に向ふ。
五、午後一時十分旭川高等女学校生徒慰問来訪。
六、午後一時二十分、多門師団長一行凱旋に付、祝盃を挙ぐ。森中将も来会す。
七、午後二時二十分より、「ラジオ」にて荒木大臣と話す。
八、午後三時半発奉天神社に詣で帰還
九、午後八時三十分小西外史来訪

一月六日 水曜 晴 最高一、八 最低〇、一〇、三

一、午前十一時十分三菱山内恭治来訪、将来に対する方針を訪ふ。小西外史随伴。
二、午後一時半頭本元貞翁来訪
三、午後三時二十五分平田少佐出奉帰京
四、午後八時是永重雄氏来訪
五、午後二時重砲隊長山村新中佐、旅順に帰還に付来訪。

此日米国領事殴打事件研究

一月七日 木曜 晴 低〇、一九、五

一、午前十一時二十分、法制局参事官佐藤一基、関東庁財務課長源田松三氏に伴はれ来訪。
二、午後二時五十分平安北道焚山分会長保田米蔵氏来訪
三、午後三時東京より来奉の東条〔英機〕大佐、清水〔規矩〕中佐、鈴木〔貞一〕中佐編制の件に付来奉。
四、午後三時過、「ニューヨークタイムス、アベント」、上海帰還に付挨拶の為め来訪。
五、午前九時、法政大学の小島精一講師、森主計正に伴はれ来訪。
六、午前十時半、奉天在留民、錦州陥落祝賀報告祭後司令部に来り、挨拶す。

一月八日 金曜 晴 最低〇、一七、二

此日天皇陛下より関東軍に優渥なる勅語御下賜

一、午前十時四十分佐藤知恭来訪（川島浪速の代理として）
二、午前十一時三十分交通課長代理、交通委員会〔欠字〕と共に来訪。
三、午後一時内藤順太郎氏来訪
四、午後一時三十分建川少将着奉、次で司令部に来訪
五、午後五時吉林総領事石射猪太郎、間島総領事岡田義一氏来訪。
六、午後六時大和ホテルにて、建川少将一行及東条大佐

一行を招待。

此日、朝鮮人東京にて鹵簿に爆弾投下事件あり、内閣総辞職す。

一月九日　土曜　晴　最低〇、一七、八

一、午後〇時三十分林田芳彦、緒方政等慰問として来訪、勅語写を送る。
二、午後一時十分、芳沢大使を奉天駅に迎ふ。
三、午後一時四十分江口副総裁来訪
四、午後三時四十分芳沢大使来訪懇談
五、午後七時半総領事館に於て、芳沢大使を主賓とせる招宴。
六、駒井顧問哈市より帰来、張景恵と馬占山合作成るを告ぐ。
七、此日打虎山にて、第八旅団司令部匪賊に襲はれ、損害を蒙る。

一月十日　日曜　晴　最低〇、一四、四

一、午前十時三十分高柳中将より、軍宣伝の不充分なる注意を与へらる。
二、午後〇時三十分大和ホテルにて、芳沢大使一行を招待。
　宴後参謀長以下幕僚に於て、満洲事態を大使に語る。
三、午後二時二十分宮地貫道氏来訪
四、午後八時三十分総領事館に芳沢大使を訪問、約二時間に亘り、事情と軍の企図説明。
五、此日錦西にて、騎兵聯隊損害を受け、聯隊長以下戦死。

一月十一日　月曜　半晴降雨　最高三、九　最低〇、三七

一、午後一時三十分、芳沢大使帰朝に付、挨拶の為め来訪。
二、午後三時二十分、芳沢大使夫妻出発を停車場に見送る。

三、此日新玄屯に於て、63i〔歩兵第六十三聯隊〕の一中隊、匪賊約千に遭遇、戦死傷将校以下三十遺憾なり。

一月十二日 火曜 晴 高〇、五 低〇、一三、二

一、午前八時三十分名村寅雄、橋本松道来訪、新聞経営の事を依頼す。

二、午前十一時二宮憲兵隊長、懲罰明けに申告に来る。

三、正午駒井部長に、大倉本渓湖事業の事、新聞の件、資金を作る事等に付て談ず。

四、午後二時十分大倉喜七郎氏、帰国に付挨拶に来る。

五、午後二時多田栄吉（朝鮮新義州の親分、実業家）、朝鮮軍参謀中山大佐と共に帰る。

六、午後十一時十分森島角房来訪

七、午後三時森島領事、英米の情況を来り報ず。次で米国領事と「チェンバレン」殴打事件に関する事件終了を、来り報ず。

八、午後四時三十分航空輸送会社取締役白川政治来訪

一月十三日 水曜 晴 高〇、四 低〇、一八、八

此日板垣大佐勅語を奉持して帰る

一、午前十一時二十分大阪電通社長能島進氏来訪、通信及新聞に付て語る。

二、午後十二時海軍予備中佐大中熊雄氏来訪、利権の事に付、相手にせず。

三、午後一時河相外事課長来訪

四、此日板垣大佐飛行機にて帰り、関東軍に賜はりたる勅語を伝達す

五、午後三時十分米国新聞記者「ギボンス」来訪。

六、午後六時過荒木予備少将来奉来訪

七、午後七時大住剛一来奉来訪

八、午後八時半より、板垣帰来、東京の模様を語る。

一月十四日 木曜 晴 高〇、四 低〇、九七

一、午前十一時三十分奉天高等女学校講堂に於て勅語捧読式

二、午前十一時四十分金井清君、上海に帰還に付来訪。
三、午後〇時二十分小山貞和、青年聯盟を率ひ、宣伝の為め内地へ出発に付、来訪。
四、午後一時より参謀長、板垣、石原を招致、軍司令部と統治部長以外、顧問のこと、及学者招待の結果を有利ならしむる事に付会議す。
五、午後三時大迫中佐来訪
六、午後三時十分日本赤十字社高橋救護課長来訪
七、午後三時二十分明石東次郎来訪

一月十五日　金曜　晴　高〇、七五　低〇、一四、九

一、午前十一時三十分遼陽関屋事務所長外三名来訪、飛行隊の設置歎願に来る。
二、午後〇時三十分、愛国号飛行機受領式の為め、飛行場へ臨場。
三、午後二時十分、統治部研究会開催に付(大和ホテル)臨席訓示。

一月十六日　土曜　晴　高〇、六五　低〇、一九、一

飛行機にて錦州に向ふ
天気晴朗乗心地良し

一、午前八時四十分塚田参謀、住友副官を随え飛行機にて錦州に向ふ。午前九時二十分打虎山着、第八旅団司令部訪問、旅団長其他と会談。同午前十時四十分再び飛行機にて出発、午前十一時二十分錦州着、直ちに師団司令部に至る。
二、午後一時、第二十師団将校の伺候を受けたる後、谷県執行委員長外地方名望家約三十名に会す。
三、午後二時過、旧師団司令部屋上に上り、一般地形視察。
四、午後六時、師団長宿舎にて師団の重なるものと会食、同夜師団長宿舎に投宿。

一月十七日　日曜　午前晴　午後小雪　高〇、一二　低〇、一八、五

飛行機にて錦州より帰奉　雪上を飛ぶ

一、午前九時師団司令部出発、司令部将校及谷県執行委員長其他の見送りを兼ね、午前十時二十分愛国機第二号にて飛行場発直路帰奉、午前十一時五十分奉天飛行場帰着。
二、午後二時張海鵬来訪
三、午後三時希望者、大連聯盟慰問使前田政次郎外六名来奉、見事なる馬の軸を献ず。
四、午後六時、張海鵬及臧省長、于沖漢等を招待す。
五、午後八時、東条大佐其他に一、二伝言す。

一月十八日　月曜　晴　高〇、四五　低〇、一二、六

一、午前九時松平君平来訪、間島独立の事を説く。
二、午前十一時土肥原大佐来訪、天津状況を報告す。
三、午後二時関東庁殖産課長日下辰太郎氏来訪。
四、午後二時三十分大阪市会議員山根麟三外二名慰問来訪
五、午後二時四十分、新潟西蒲原郡青年団員四名、鈴木大将の紹介にて来る。
六、午後三時四十分大江朝日営業部長、ラジオ数十個を慰問品として来訪。
七、午後六時より宇佐美、高柳閣下、三宅参謀長等と共に猪肉を会食、後山川八道の浪曲を聞く。
八、午後十一時、20Ｄ参謀奈良少佐来訪に付、中町香橋を紹介。

一月十九日　火曜　晴　高〇、四七　低〇、一九、九

一、午前九時、統治部会議の為め、大和ホテルに於て会議。
二、午前九時四十分高柳博士に従ひ来れる深田恭三氏来訪（日本醸造機械会社取締役）
三、午前十時四十分、9Ｄ、10Ｄ、11Ｄ、5Ｄより代表的派遣将校来訪。
四、午前十時四十五分王殿中氏来訪
五、午前十時五十分中町及趙国藩来訪、錦州20Ｄに使用。
六、午前十一時二十分東京日々の長岡克暁氏来訪
七、午後十一時三十分、本年一月四日御下賜勅語捧読式

を、高等女学校にて施行。
八、午後八時岩田愛之助来訪

一月二十日

一、午前十時四十分杉野耕三郎氏来訪
二、午前十一時十分武藤〔夜舟〕大尉写生し呉る
三、午前十一時四十分福岡県々会議長林田春次郎外同議員十名慰問の為め来訪
四、午後〇時三十分長嶺由蔵、蒙古を旅行し帰る
五、午後一時騎兵第十聯隊不破少佐、広瀬大尉外十数名の遺骨を奉天寺に吊す。
六、午後二時小林海軍少将、一旦帰還に付来訪。
七、午後三時四十分東京朝日大西氏来訪
八、午後四時四十分菅原通敬（東柘総裁）氏来訪
九、午後六時、統治部委員招待の学者連中を招待す。
十、午後一時二十分、76 i 長重藤大佐着奉に付挨拶。
十一、午後三十分大朝町田梓楼氏帰朝に付来訪

一月二十一日　木曜　晴　高〇、三　低〇、六五

米国記者「ギボン」と米国へ「ラジオ」放送す
一、午前八時十五分奉天放送局にて「ラジオ」放送、米国「ギボン」と共に米国に呼掛く。
二、午前十時長嶺由蔵蒙古旅行、開魯の支那人を伴ひ来る。
三、午前十一時大毎の奥村総務来訪。
四、午後〇時より大和ホテルにて、東柘総裁菅原通敬氏の招宴に臨む。
五、午後二時三十分、支那駐屯軍参謀長菊地大佐及影佐砲兵少佐来訪。
六、午後六時より大和ホテルにて、張海鵬より招かる。

一月二十二日　金曜　晴　高二、八　低〇、一四、八

一、午前八時三十分蠟山教授、松木〔?〕嘱託と共に来訪。
二、午前九時三十分金志東（連衛）来訪

三、午前十時古賀騎兵聯隊長外騎兵77R戦死者遺骨へ参拝す（奉天高野山寺に於て）
四、午前十時三十分妙心寺に日露戦役特別任務隊志士の霊に参拝す（池田通徹と会す）
五、午前十一時三十分、哈市特務機関長土肥原大佐に訓示す。
六、午前十一時四十五分河相外事課長帰朝に付来訪
七、午後一時四十五分御下賜「マワタ」携行、篠原中佐来訪。
八、午後二時三十分趙欣伯市長に注意を与ふ
九、午後七時二十分岩間氏来訪
十、午後八時岩田愛之助来訪

一月二十三日　土曜　晴　高三、四　低〇、一二、二

此日新政府組織大綱を閲す
一、午前九時土方博士来訪
二、午前十時四十五分鈴木梅太郎博士外教授連十名来訪、統治部招待。
三、午前十一時千芷山来訪
四、午前十一時三十分商工省嘱託吉田虎雄及山口高尚、西山栄久来訪。
五、午後二時大和ホテルにて産業委員会に訓辞
六、午後四時二十分長野県上田中学中川教諭并生徒三名慰問来訪
七、午後五時二十分岩井少将来訪
八、午後六時より大和ホテルに於て、臧省長の招宴に臨む。

一月二十四日　日曜　晴　高五、一　低〇、八八

一、午前十時半より、駒井部長、武部次長等と綱島の話を聞く。
二、午前十一時五分仏国騎兵大尉ソーゼ氏来訪（一年間休暇にて通信を兼ねるもの）
三、東亜同文書院大内暢三氏来訪
四、午後一時四十分松本君平氏来訪
五、午後四時十分日高瓊彦来訪
六、午後六時千芷山を大和ホテルに招宴

一月二十五日　月曜　晴　高五、一　低〇、五二

一、午前九時国本社成田務氏来訪、詳細説明す。
二、午前十一時張海鵬将軍挨拶の為め来訪。
三、午後一時三十分岩間徳也氏来訪
四、午後六時干芷山招宴、「ヤマトホテル」に於て。
五、午後九時電通能島氏来訪

一月二十六日　火曜　晴　高〇、二五　低〇、一〇、六

一、午前十時五十分朝鮮民報社亀岡栄吉氏来訪
二、午前十一時干芷山来訪
三、午前十一時三十分江口副総裁来訪
四、午後〇時十分朝鮮国民会副会長申錫卿氏来訪
五、午後六時高柳中将、瀋陽館にて支那料理招宴。江口副総裁、宇佐美、首藤理事、駒井、三宅。

一月二十七日　水曜　晴　高一、七　低〇、一二、九

此日哈市にて熙洽軍と反吉林軍との衝突あり　我飛行機撃墜せられ居留民危害を受け出動を決す

一、午前八時三十分福島四郎中佐来訪
二、同九時半大阪市会議員山根敏三来訪
三、午後一時四十分星野北海道大学教授来訪
四、午後二時土国大使吉田伊三郎来訪
五、午後四時十分山岡関東長官来訪
六、午後六時統治部委員会各学者招待
七、午後四時頃、哈市出動認可を、大臣、総長に電請す。

一月二十八日　木曜　晴　高六、一　低〇、八八

此晩上海方面危急を告ぐ

一、午前四時歩兵第三旅団長に、歩二大、砲一中、タンク二を率ひ哈市出動を命ず。
二、午前十時三十分堺聯隊区司令官に転任せる戸波大佐来訪。
三、午前十時四十分野砲26R付水町中佐来訪。南方視察

の状況を報告す。
四、午前十一時全満本派本願寺代表武山春二、松木大佐夫人、都甲夫人、渡日宣伝の為め来訪。
五、午後三時二十分朝鮮軍参謀長児玉大佐来訪。
六、午後一時三十分日本国防新聞社長、高木憲兵中佐来訪。
七、午後六時半関東長官招宴、終りて懇談。

一月二十九日　金曜　晴　高〇、二　低〇、七

上海日支交戦

一、午前十時十五分鎌田弥助氏来訪
二、午前十二時臧省長等、関東長官招宴に列す。
三、午後一時三十分丁志源氏来訪、満洲産業を説き、滙業銀行の事を依頼す。
四、午後三時池田朝鮮総督府警務局長来訪
五、午後三時十五分東大教授那須博士、京大教授橋本博士より種々状況を聴く。
六、午後六時半関東長官を主賓として招宴
七、午後八時半、哈市に向け出発の多門中将と懇談。

一月三十日　土曜　晴　最高〇、八　最低〇、一一

一、午前九時四十分、久保田海軍大佐より上海の状況を聞く。
二、午前十時、日本伝書鳩協会新井賀平治氏、鳩二百五十羽を送る。
三、午前十時四十五分、王殿中挨拶に来る。
四、午前十一時満洲技術協会長貝瀬謹吾氏来訪慰問。
五、午前十一時三十分蒙古ヲンドル王来訪
六、午後三時田村羊三氏より意見を聞く
七、午後三時五十分、柴田要次郎氏開発の事に付来訪。
八、午後四時三十分于園翰来訪
九、午後六時三十分満鉄理事公館の招宴に臨む

一月三十一日　日曜　晴　高四、〇　低〇、八一

一、午前九時田村羊三氏来訪、昨日の続き意見を述ぶ。
二、午前十時四十分、教育専門学校同窓生池上等外二名意見を述ぶ。

三、午前十一時十分大連西本願寺岩本海龍氏、大谷光瑞氏の代理として来訪。
四、午前十一時四十分上田雅郎氏来訪
五、午後〇時ヤマトホテルに、統治部在満代表者を招宴。
六、午後二時北海道帝大上原轍三郎博士より、屯田に関する意見を聞く。
七、午後四時上田統、上京間の状況を語る。
八、午後七時より色部貢君の意見を聞く

二月一日　月曜　鈍　高三、四　低〇、五四

一、午前八時三十分久保田忠吉氏より、熱誠なる意見を聞く。
二、午前九時千芷山挨拶に来る。馬賊討伐へ行く。
三、午後一時関東長官、帰旅に付挨拶に来る。午後一時二十五分、同長官を停車場に見送る。
四、午後一時四十分柳井領事を招致し、上海事件に付外交模様を聞く。
五、午後二時四十分金井顧問より情況を聞く
六、午後三時半菅原東柘総裁に意見を聞く
七、午後四時奉天神社参拝
八、午後七時坂谷拓務省事務官の意見を聞く

二月二日　火曜　雪

東京にて第九師団応急動員
上海出動を決議す

一、午前九時池田清（朝鮮総督府警務局長）来訪懇談
二、午前十一時二十五分渡辺精一氏より、吉会線及其端末港に付聴取す。
三、午前十一時四十分荒木卓爾氏、交通委員会顧問として四百円を受ける事となりし挨拶に来る。
四、午後一時五分佐々木海軍参謀より、上海状況を聞く。
五、午後三時ニューヨーク市国際問題調査会極東代表ウオルター・ヤング氏来訪
六、午後十時四十分三宅参謀長、学校査閲の為め赴旅に付会食。

二月三日　水曜　晴　高一九、三　低一〇、一〇、四

一、午前九時中島翻訳官来訪、旅順宣統帝の事を語る。
二、午前十時三十分、佐々木海軍参謀より状況を聞く。
二、午前十一時三十分川崎通訳官より、ヤング氏会見後の模様を聞く。
四、午後四時三十分、十河満鉄理事帰満、挨拶に来る。
五、午後五時四十分恒吉副官を満鉄病院に見舞ふ

二月四日　木曜　晴　高一〇、二　低一〇、二三

此日2D哈市に近迫、敵兵退却の徴あり

一、午前十一時三十分伍堂満鉄理事来訪
二、午後二時航空本部大江少将来満、航空に関する研究を為す。児玉大佐も同時来満。
三、午後三時二十分、小林海軍少将（午後一時内地より帰満）より海軍の状況を聞く。
四、午後五時江口副総裁を満鉄理事公館に訪ふ

二月五日　金曜　晴　最高〇、一〇、二　最低〇、二三、五

此日2D哈市占領

一、午前十時四十五分村井旅団長来訪、着任の近藤騎兵大尉も来訪。
二、午前十一時三十分、三浦前関東庁内務局長辞任挨拶に来る。
三、午後一時三十分丁鑑修、河本大佐、森田成之等挨拶に来る。
四、午後三時、趙欣伯顧問、丸田重太郎来訪。
五、此日早朝より2D哈市攻撃、午前十一時第一線突破、午後三時敵兵全部を哈市より駆逐、午後三時三十分旧哈市に集結、宿営に就く。

二月六日　土曜　晴　高〇、八一　低〇、二一、五

此日閑院宮総長殿下、陸軍大臣より哈市占領に関する祝電あり

一、午前十一時三十分寒河江堅吉氏来訪、就職依頼、山本の見舞品を送る。
二、午後〇時十分中町香橋来訪、錦州方面対匪賊の事を語る。石原等第一線のものに面会せしむ。
三、午後二時十分佐賀市天祐護国寺住職八谷大綱氏来訪
四、午後四時五十分趙欣伯、三万円救恤謝礼として来訪。
五、午後六時半村井旅団長、富田副官、奈良参謀、中固参謀、加藤軍医正、小林、宮崎、山本各大隊長を招致会食す。

二月七日　日曜　晴　高〇、七　低〇、二一、五

一、午前九時中町香橋氏来訪、金井顧問を訪はしむ。
一、午前十一時運輸部松田少将来訪
三、午前十一時五十分柳井領事より状況を聞く
四、午後〇時五十分河本大佐を招致、午後三時出発帰京に付、大臣、次長へ伝言す。
五、午後一時二十分新飛行第十中隊長河井田大尉来訪
六、午後二時小林海軍少将来訪
七、午後六時三十分より高柳閣下と会食

二月八日　月曜　晴　高〇、八　低〇、一八、九

一、午前十一時十五分柳井領事来訪、時局の国際関係上の好転を述ぶ。
二、午後〇時十五分田中清次郎（日露協会学校関係者元満鉄理事）来訪
三、午後二時和田中将慰問の為め来訪
四、午後八時三十分大毎楢崎観一氏来訪
五、此日、石原中佐哈市より帰来。
此日、米国記者「ハンタ」、哈市にて無事なるの報に接す。

二月九日　火曜　晴　㈠〇、八　㈠〇、二〇、一

一、午前十一時于冲漢来訪
二、午後六時和田中将と懇談、午後六時三十分和田中将を招宴。
三、午後八時五十分花谷少佐夫人挨拶の為め来訪

二月十日　水曜　晴高五、五低〇、一八

一、午前八時三十分稲葉庄太郎（松陰）氏来訪（名刀虎徹を送る）

二、午前九時三十分花谷少佐挨拶に来る。午後一時三十分花谷夫妻奉天出発、参謀本部に転任す。

三、午前十一時十分久留米市日本足袋製造会社久保田取締役来訪。

四、午前十一時二十分朝鮮中枢院参議張憲植外数名来訪

五、午前十一時四十分中町香橋、土匪対策成立せずして帰錦す。

六、午後二時三十分横須賀海軍工廠花島機関大佐外二名来訪

七、午後二時五十分星野将吾満蒙協会代表来訪

八、午後八時稲葉氏と会談

二月十一日　木曜　晴　㈩〇、四　㈠〇、二〇、一

一、午前九時十分秋山愛二郎少将来訪

二、午前十時日露戦役記念碑前にて、紀元節に付遙拝式施行。

三、午前十時半直木倫太郎博士、秋山少将紹介にて来訪。（大林組の技術部長）

四、午後七時西田謹一、飯島慶三来訪。

五、午後八時二十分、駒井部長、板垣大佐を招き、新政府組織に付談ず。

二月十二日　金曜　晴　㈠一、七　㈠〇、一五、六

一、午前十時半朝鮮商業銀行頭取朴栄糠外四名来訪

二、午前十時四十分五十嵐財政部長を招致、財政に関する意見書に付聴取す。

三、午前十一時関東庁新内務局長日下晨太氏来訪

四、午後二時教育専門学校にて、野戦砲兵第六聯隊第三大隊、独立野戦砲兵第八聯隊の第四中隊、内地帰還の為め訓辞す。

五、午後四時松森正博氏来訪。

六、午後三時三十分板垣大佐哈市に向け出発

二月十三日　土曜　晴　㈠　〇、四　㈠　〇、二三、五

一、午前九時五十分交通課長山口重次を招き、交通に関し聴取す。
二、午前十一時柳井領事挨拶に来る。同午後三時半出奉帰朝の途に就く。
三、午後〇時松島産業課長招致、移民の状況を聴取す。
四、午後二時三十分中川正左（前鉄道次官）来訪
五、午後五時趙市長の招宴に赴く
六、午後八時半聯合通信古野氏来訪、満洲通信社設立に付て語る。

二月十四日　日曜　晴　㈠　〇、七　㈠　〇、一六、四

一、午前十時森島領事来訪、上海の事を語る。
二、午前十一時二十分十河理事来訪
三、午後一時三十分陸軍省整備局秋永少佐、御下賜綳帯携行来奉して来訪。
四、午後二時十分帰朝中の有田大使来訪。
五、午後三時二十分米国著述者フヒッシャー来訪。
六、午後四時全満修養団代表一五〇名内外来る。
七、午後四時十分住友会社理事河田順来訪
八、午後五時半故清水少佐遺骨参拝、高野山寺に参詣。
九、午後十時三十分、吉林省長熙洽着奉。

二月十五日　月曜　晴　㈠　九、七　㈠　〇、一六、七

此晩熙洽、臧式毅、張景恵会合　張景恵来訪

一、午前十一時、熙省長挨拶の為め軍司令部来訪。
二、午後二時十分三好中将慰問の為め来訪、競馬の事を内話、同六時三十分瀋陽館に会食。
三、午後二時三十分大阪商船会社支店長高見三吉氏来訪
四、午後三時五十分大迫中佐来訪
五、午後〇時四十分張景恵、飛行機にて着奉。

二月十六日　火曜　晴　㈠　〇、一二、二　㈠　〇、二〇

馬占山の着奉、此晩来訪各要人会合

一、午前十時十分金井博士来訪、胡芦島の事を語る。
二、午前十一時張景恵、挨拶の為め来訪。
三、午後二時四十分哈市大橋総領事来訪
四、午後三時、土肥原哈市特務機関長及斉々哈爾駐在武官林少佐来訪。
五、午後一時馬占山、飛行機にて着奉。
六、午後三時三十分張景恵、熙洽、臧式毅、馬占山相携へ来訪、記念撮影。
七、午後五時十分内田満鉄総裁来訪

二月十七日 水曜 晴 ㈠ 〇、一三、八 ㈠ 〇、二八、九

各要人会議大綱を議了

一、午前九時小西外史、三菱献金主旨及大阪片倉某より献金の事を申出づ、皆絶対拒絶。
二、午前十時三十分、朝鮮中枢院参議李炳烈外一名慰問の為め来訪。
三、午前十時五十分大江少将挨拶の為め来訪
四、午前十一時和田中将来訪
五、午後一時五十分徳川圀順公爵日本赤十字副社長として来訪
六、午後六時三十分、張長官外三省長を主賓とし、主客約百名を大和ホテル招待。

二月十八日 木曜 晴 ㈠ 〇、九八 ㈠ 〇、二七、九

一、午前六時五十分、馬占山の出発を停車場に見送る。
二、午前十時衛生隊凱旋に付、医科大学講堂にて訓辞、同午前十時三十分同将校司令部へ申告。
三、午後一時三十分森島領事来訪、諸状況報告。
四、午後二時四十分加納海軍主計大佐駐在挨拶に来る
五、午後三時東京各地商工会議所議員一行十四名来訪
六、午後五時内田総裁を訪問、人事を依頼。
七、午後六時徳川公爵招宴に出席
八、午後九時三十五分熙省長帰還を、停車場に見送る。
九、此日、東四省行政委員会宣言発表。

二月十九日　金曜　晴　〇、七九　〇、二三、九

一、午前十一時五十分江防艦隊長尹祚乾来訪、二万円を与へ、日本軍に帰属の旨誓約し去る。海軍側大満足。
二、午後二時後宮大佐来訪、今後の措置に付聞く。
三、午後三時、貴族院議員研究会代表坂西中将、花房子爵来訪。
四、午後五時大和ホテルに於て、奉天商工会議所に於て内地商工会議所議員を招待せるに臨む。
五、午後八時岩間氏来訪、教育に関する意見を述ぶ。
六、午後九時武田姫路商工会議所会頭、福島副会頭、泉議員を招き会談。

二月二十日　土曜　晴　(一)　〇、九七　(一)　〇、二八、五

石原参謀上京
此日上海にて攻撃開始

一、午前七時石原中佐飛行機にて上京、軍事其他に付委曲報告せしめ、内地との連絡に当らしむ。
二、午前十時三十分大連弁護士会代表大内成美、斉藤鴬太郎外三名来訪、日露関係に付意見を述ぶ。
三、午前十時四十分片倉製糸株式会社常務取締役片倉武雄専務と共に来訪、百万円寄附を申込む、（小西外史同行）キッパリ断はる。
四、午後二時英国ロンドンデリーメール記者インベ来訪
五、午後三時三十分坂谷拓務書記官一時帰朝に付、挨拶に来る。
六、午後五時半内田総裁を訪ひ、人事を依頼す。

二月二十一日　日曜　降雪　(一)　〇、六一　(一)　〇、一八、八

此日上海攻撃続行

一、午前十一時五分国際聯盟日本事務局次長伊藤述史帰朝途次来訪
二、午後〇時四十分小林海軍少将来訪
三、午後一時五分第八旅団高木少佐を招く
四、午後一時四十分哈市加藤明来訪
五、午後二時二十分高野山大乗大円氏来訪
六、午後二時四十分撫順少年団七十五名来訪

七、午後六時三十分坂西、花房両貴族院議員の為め、海軍武官と聯合ヤマトホテルへ招待。

二月二十二日　月曜　晴　㈠　〇、一二　㈠　〇、一九、一

一、午前十一時三十分高原清一郎来訪、状況報告。（熱河）

二、午前十一時五十分目下関東庁内務局長を招き、警察増員に関する意見を聞く。

三、午後〇時四十分天津駐屯軍司令部附真方大尉来訪、武器資金の援助を請へるも之を断はる。

四、午後一時十分大毎事業部長西村真琴博士来訪

五、午後三時坂西中将、花房海軍少将北方へ行く。

六、午後四時四十分広島11iの西比利亜出征当時の兵卒賀川福之、連名簿を携へ来訪。

七、午後八時三十分三村秋次氏来訪、松井中佐に紹介。

二月二十三日　火曜　晴　㈠　〇、七　㈠　〇、二六、一

此日板垣旅順に至り国号其他を定む

国号は満洲、元首は臨時執政

上海事件の為め、此日第十一、第十四師団に動員令下る

一、午前七時過、武田少佐を飛行機にて哈市へ出発、2Dに連絡せしむ。

二、午前八時板垣大佐を、飛行機にて旅順へ派遣す。

三、午前十時過8B哈市に向ひ出発

四、午前十時三十分石丸義一氏来訪

五、午前十一時関東庁警務局長来訪

六、午後二時四十分金井顧問来訪、趙欣伯の状況を聞く。

七、午後二時二宮来訪、趙欣伯の事を語る。

八、午後六時三十分、森、佐藤両主計を招き会食。

九、午後八時三十分高柳閣下来訪、次で駒井来訪。

二月二十四日　水曜　曇　㈠　八、八　㈠　一八、五

一、午前十時三十分片谷伝造氏来訪

二、午前十一時二十分日露協会理事田中清一郎氏来訪

三、午後一時救世軍慰問代表矢吹幸次郎外三名来訪

四、午後二時清津商工会議所会頭小竹松太郎外一名来訪、吉会瑞来満に対し意見書を呈す。

五、午後二時十五分喇嘛僧約百名来訪、国家建設を請願す。

六、午後四時武田参謀哈市より帰来、北方の情報を伝ふ。

七、午後五時半森島領事を招き、東支鉄道輸送に付、露都に打電乞ふ。

八、午後五時三十分宇佐美氏に哈市行を依頼

九、午後六時頃板垣大佐旅順より帰来、先方の意思を伝ふ。

二月二十五日　木曜　晴　㈠七、　㈠一八、八

一、午前十時五十分満洲里駐在武官上田大尉帰朝途次挨拶に、又黒河派遣の藤井少佐司令部に着任。

二、午前十一時半大淵三樹氏来訪

三、午後一時三十分、佐伯中佐哈市出張に付、注意を与ふ。

四、此日早朝宇佐美満鉄公所長哈市に向ふ

五、午後二時三十分荒川拓務省書記官着任

二月二十六日　金曜　晴　㈠七、八　㈠二五、三

満鉄へ〔ママ〕新鉄道委員に付考慮の件起る

一、午前九時四十分独乙駐在武官坂西中佐来訪（赴任途中）

二、午前十時五分大連神明高等女学校池上林造外女生徒十六名慰問の為め来訪

三、午前十一時大阪商船株式会社岡田専務来訪

四、午後〇時張景恵、行政委員会の状況を報告。

五、午後二時三十分久保田大佐、上海の状況を報告す。

六、午後八時後宮大佐来訪、満鉄へ鉄道の委任経理の件に付報告。

二月二十七日　土曜　晴　㈠六、八　㈠二一、七

一、午前十一時牧野海軍少将来訪、オイルセールの事を聞く。

二、午後〇時五十分、上海派遣の飛行第八大隊第一中隊長に、訓示を与ふ。
三、午後二時十分木内領事より露都「カラハン」より、哈市日本軍隊の東支東部線出動に付驚き、広田大使に談ずる旨来電に接す。
四、午後六時半坂西中佐、竹下中佐を招宴す。

二月二十八日 日曜 晴 ㈠三、二 ㈠一二、四

新国家建設の為めの行政委員会終了
一、午前十時二十分張海鵬将軍来訪
二、午前十一時十分東亜保民会金建中、安部義也と共に来訪、間島独立に付談ず。
三、午前十一時逸見勇彦氏来訪
四、午後一時十分大乗大円氏来訪、大楠公の御守りを送らる。
五、午後三時十分室第二十師団長来奉
六、午後三時四十分蒙古各王公来訪
七、午後五時川崎通訳官夫妻来訪
八、午後六時五十分より室中将及高柳閣下招待。

二月二十九日 月曜 晴 ㈩三、一 ㈠一二、四

一、此朝、板垣大佐旅順に行く
二、参謀長大連に向ふ（上海に向ふ部隊見送りの為め）
三、午後〇時三十分大阪都島工業学校鈴木教諭慰問の為来訪
四、午後二時四十分、司令部内全将校慰労宴を催す。ヤマトホテルにて。
此日、丁超等帰順を申込む。

三月一日 火曜 晴 ㈠二、九 ㈠九、九

旧統治部解散、満洲新国家独立宣言
此日露国より東支軍隊輸送承諾の回答あり、第二師団長へ要すれば一部を寧古塔に出す命令を与ふ
一、此日、満洲新国家の独立宣言を行ふ。
二、此朝三宅参謀長旅順より帰り、更に午後安東へ侍従

武官阿南大佐出迎へに行く。
三、午前十一時、石原主計正及下士二〔ママ〕位の勲章授与式を行ふ。
四、午前十一時十五分鄭孝胥父子来訪、軍司令官より執政同意に付、取かわし書類を提出す。
五、午後〇時四十分支那駐屯軍影佐砲兵少佐来訪、北支関係に付帰朝の旨を語る。
六、午後六時半、特務部全員慰労宴を行ふ。

三月二日　水曜　晴　㈠四、一　㈠四、八

一、午前六時二十分阿南侍従武官を停車場に出向ふ
二、午前九時奉天高等女学校に於て、聖旨伝達式挙行され、次で軍司令部にて状況報告。
三、午前十時半野田画伯、第二師団の戦闘図を携へ来訪。
四、午後〇時ヤマトホテルに、長岡仏国駐在大使、宮川書記官を招待。
五、午後二時上海より仏国に赴任する土田大使来訪
六、午後三時二十分張海鵬将軍挨拶の為め来訪

三月三日　木曜　晴　㈩六、五　㈠五、三

朝九時木村増次郎博士、病気全快帰朝に付来訪
一、午前十一時大毎楢崎来訪（挨拶の為め）
二、午前十一時五分第二遣外艦隊司令官津田少将来訪
三、午後〇時五分影佐少佐帰朝に付来訪
四、午後二時二十分新政府に入るべき邦人来集、注意を与ふ。
五、午後二時三十分予備憲兵中佐伊東四郎来訪
六、午後二時四十分松岡宮崎高等農林学校長来訪
七、午後三時四十分土岐陸軍省参与官来訪
八、午後六時三十分阿南侍従武官、津田司令官、土岐陸軍省参与官等を招宴。

三月四日　金曜　曇風強　㈩九、七　㈠一、七

板垣大佐長春より帰来
新国家の閣員顔揃を報ず

一、午前八時三十分明石砲兵大佐来訪、砲兵工廠の件に付説明。

午前九時新公園を散歩す

二、午前十一時森電三海軍少将大阪恢弘会を代表し来訪（慰問）

三、午前十一時四十五分シカゴ日本人会代表島津岬氏来訪

四、午後一時十分佐原藤介氏漢字新聞の件に付来訪

三月五日　土曜　晴　㈩　三、六　㈠　〇、五

一、午前十時四十分東京商業会議所副会頭大塚栄吉氏帰朝に付来訪

二、午後三時三十分満鉄正副総裁来訪

三、前日来、満洲鉄道の委任経営に付、満鉄正副総裁と交渉の予定の所、下準備未了の為め会見延期。

三月六日　日曜　晴　㈩　五、二　㈠　六、

此日溥儀、旅順より湯崗子着

一、午前十時横堀農林省技師来訪

二、午前十時四十分大村朝鮮総督府鉄道局長来訪

三、午前十一時満鉄理事官舎に正副総裁訪問、鉄道交渉を避け、雑談挨拶。

四、午後一時四十分一郡益太郎、山崎光明来訪、北支事件に付援助を乞ふ。

五、午後三時十分斯波博士、伍堂理事来訪

六、午後三十分張景恵、湯崗子行に付来訪。

七、午後五時哈市々長鮑観澄来訪

三月七日　月曜　晴　㈩　六、一　㈠　五、五

一、午前六時四十分関東長官着奉、午前十一時半司令部着挨拶

二、午前九時、混成第三十八旅団戦死者遺骨帰還見送の為め、停車場に行く。

三、午前十時三十分朝鮮総督府殖産課長渡辺来訪

四、午後〇時五分河本大佐より、小西外史が司令官と資金関係の話を注意せしに付、早速副官をして小西へ発信せしむ。

五、午後二時三十分水沢五十馬氏来訪、呉俊陞の子供の事を語る。
六、午後四時三十分頃宮脇賛之助来訪。
七、午後五時過後宮大佐来舎、鉄道交渉に付語る。
八、午後六時三十分大和ホテルにて、内田総裁等と会食。

三月八日　火曜　晴　(十)　一、二　(一)　五、八

一、午前十時四十分鮮人にして東京にて代議士になれる朴春琴来訪。
二、午後二時愛国号第四、第五号来着に付、東城飛行場に行き、授受式を行ふ。
三、午後三時四十分王統一来訪

三月九日　水曜　晴　(十)　四、四　(一)　六、一

一、午前八時二十分内田総裁と共に執政就任式の為め長春に向ひ、軽油車にて午後二時長春着、盛大なる日支人歓迎裡に市政公所に入る。
二、午後三時執政就任式に列す。比較的都合よく行はれたい。之に先ち執政と会見。
三、午後四時終了、満洲屋にて休憩。
四、午後十時長春発、帰奉。

三月十日　木曜　曇　(十)　二、五　(一)　三、八

一、午前七時奉天帰着
二、午前十時陸軍記念日に付、忠霊塔前に於ける奉天市民の記念式に列す。
三、午前十一時過より鉄道問題に付内田総裁と懇談、江口副総裁の反対にて議纒らず、内田総裁は各理事を帯同、江口説得の為め午後一時発大連に向ふ。後宮大佐同行。
四、午後〇時内田総裁各理事等会食
五、午後四時土岐参与官帰朝に付来訪
六、午後五時半朝鮮中枢院参議韓相竜氏来訪
七、午後六時桜井逓信局長来訪
八、午後八時、総領事の各国領事招宴（司令官の紹介の為め）に列す。

三月十一日　金曜

一、後宮大佐大連に於ける鉄道交渉不調の報を齎して帰奉、次で大体軍の意見を纏め、内田総裁の再応来奉を請ふ。
二、午後六時三十分大和ホテルで、官民建国祝賀会あり。
三、午後八時森電三海軍少将来舎、家庭の活動写真を為し呉る。

三月十二日　土曜

満鉄総裁と鉄道問題協定

一、午前十時半岩佐朝鮮憲兵隊長来訪。
二、午前十時四十分関東庁嘱託佐々木深次郎来訪
三、午前十一時「大和ホテル」にて内田満鉄総裁と鉄道問題で懇談、軍と満鉄との鉄道協定書と覚書を作る。形式の下に同意。
四、午後三時半甘粕G・P・U退職に付来報
五、午後三時三十分発後宮大佐、鉄道問題の為帰朝。

三月十三日　日曜

此日司令部一同は瀋陽舘より商埠地支那要人の家へ引越す　但し予は北満出張の為め引越を延期

一、午前十時十五分間島朝鮮人民会長崔充周来訪、独立運動断念。
二、午前十時三十分趙欣伯来訪、奉天馬賊騒ぎの情報を述ぶ。
三、午前十一時三十五分秋元俊吉来訪
四、午後二時五十分大阪府参事会員磯村矢右衛門外九名来訪、慰問の為め。
五、此日、司令部一同商阜地へ引越す。
六、此日、趙欣伯の態度に付、石原より報告あり。三谷憲兵隊長を省政府の顧問と為す。
七、午後八時生沼少将来訪

三月十四日　月曜　朝曇　午後吹雪

奉天発哈市着

一、午前八時奉天東飛行場発、同九時三十分長春着陸、板垣大佐、駒井部長、岩佐朝鮮憲兵隊長等と会見、同十時三十分発、靄の裡を低空飛行、午後十時十分哈市着、日支多数要人出迎の裡に満鉄理事公舘着。

二、午後一時五十分師団司令部に至り、師団長より状況報告を受け、同二時過より病院、混成第八旅団の一部(39ｉの大隊)巡視、午後二時帰舘。土肥原より状況報告を受く。

三、午後四時過より将校、居留民代表、攻防艦隊長等の伺候を受く。

四、午後五時より、露字新聞及日本記者の来訪を受く。

五、午後六時三十分多門師団長の招宴(理事公舘にて)

三月十五日　火曜　午後吹雪　○、二一

哈市滞在

一、朝出発前、片岡少将夫人弟加藤初男に蒙古行依頼。

二、午前九時三十分発野砲兵第二聯隊一部を巡視、次で記念碑の前にて２Ｄの哈市攻撃戦況を師団長及参謀長平田大佐等より聞く。

三、正午「マテルン・ホテル」にて支那側要人軍政部長郭恩霖等より招待を受く。

四、午後二時右ホテル発、歩兵第四聯隊、同第二十九聯隊巡視、次で志士の記念碑前にて戦況説明を聞く。帰途工兵第二大隊の中隊及砲兵第二聯隊巡視。

五、午後七時東支鉄道倶楽部にて、特別市、東支鉄道各機関の盛大な招宴に列す。

三月十六日　水曜　晴暖

哈市発、齊々哈爾着

一、午前九時四十分哈市発、三間房陣地の上空飛行、同十一時四十分斉々哈爾着。馬占山其他有力者の出迎へを受け、林特務機関公館に着、各将校の伺候、馬省長の訪問を受く。
二、午後〇時二十分旅団司令部に至り、旅団長情況報告、昼食。
三、午後一時三十分、馬省長を省政府に訪問。
四、午後一時五十分より歩兵第三十聯隊、野砲第八聯隊、歩兵第十七聯隊、衛生班、騎兵第八聯隊、歩兵第五?聯隊を巡視。
五、午後四時三十分より領事館及満鉄公館を訪問
六、午後六時、同興園に於ける馬省長の招宴に出席。

三月十七日　木曜　晴午後風あり　温暖

嫩江及三間房戦場視察

一、午前九時三十分竜江駅発、鈴木少将、林少佐其他と共に戦場視察に赴く。馬占山、韓雲階同行。
二、正午過江橋着、特別列車に乗換へ嫩江南岸にて牧第四旅団副官及第十七聯隊田上少佐の説明を受く。次で汽車にて大興駅に下車、同駅東方高地鈴木堡塁に至り、大興戦の説明を聞く。
三、午後三時頃三間房東南高地にて、滝本第三旅団副官及知久砲兵少佐の説明を聞く。
四、午後五時頃竜江駅帰着
五、午後六時過より、竜江ホテルに於ける斉々哈爾居留民及軍隊側の歓迎を受く。馬占山其他要人同席。

三月十八日　金曜　晴

斉々哈爾より洮南経由飛行機にて奉天帰着

一、午前八時斉々哈爾飛行場発（馬占山等出迎ふ）、同九時三十分洮南着、張海鵬将軍の出迎を受け、直ちに同将軍訪問。次で満鉄公所訪問。
二、午前十一時洮南飛行場発、一路奉天に向ふ。洮南鉄嶺間気流不良なりき。
三、午後一時奉天飛行場着陸、午後二時軍司令部に入る。
四、午後三時三十分、故守田橋松氏の葬儀に列す。
五、午後四時三十分商埠地新宿舎に帰る
六、午後八時川崎通訳官長春に向ふとて挨拶に来訪

三月十九日　土曜　晴

　一雄着奉

一、午前十一時三十分黒沢少将来訪
二、午前十一時三十五分加藤鮮銀総裁慰問の為め来訪
三、午後〇時五分本庄九一郎来訪
四、午後一時五十分安達源一郎、李寿山を伴ひ挨拶に来る。
五、午後二時十分滝山京都農科大学長外同大学教授数名来訪
六、午後二時三十分陸大専攻学生一行十二名、酒井鎬次大佐引卒来訪。
七、午後四時三十分鈴木一馬〔長男〕中将来訪
八、午後三時三十五分一雄奉天着

三月二十日　日曜　晴

一、午前八時加藤敬三郎鮮銀総裁来訪
二、午前十時二十分羅振玉、執政溥儀の使者として謝意を表する為め来訪。
三、午後二時二十分森島領事、税関の事を話しに来る。
四、午後二時四十分神田正雄来訪
五、午後四時二十分金井顧問報告の為め来訪
六、午後五時浜村マンチユリー・デリーニユース記者来訪
七、午後五時二十分新義州三務学校長上田氏来訪

三月二十一日　月曜　晴暖

一、午前十時五十分桜井逓信局長、逓信省の連中を伴ひ来訪。
二、午後〇時東京府会議長新井精司外七名来訪
三、午後〇時五十分吉岡海軍燃料廠長来訪
四、午後一時宮脇賢之介、就職を切願す。
五、午後一時三十五分水沢五十馬氏来訪
六、午後四時三十五分高柳中将来訪
七、午後五時藤田商工会議所会頭来訪

三月二十二日　火曜　晴暖

一、午前八時三十分服部賢吉氏来訪

二、午前十時四十分軍政部次長王静修来訪、奉天にて同部の基礎を作らんが為めなり。

三、午前十一時四十分高柳博士長春より帰来来訪、正午同博士と会食、同博士帰朝の際関税問題報告の外、特務部顧問及借款の事を依頼せしむ。

四、午前十一時十五分千芷山来訪、警備司令たるの挨拶を為す。

五、午後二時松村久兵衛氏来訪（軍司令部嘱託大連取引所理事）

六、午後六時三十分三谷憲兵隊長を招き、状況を聞く。

七、午後九時二十分一雄、北方旅行の途に上る。

三月二十三日　水曜　晴暖

一、午前八時二十分薄益三来訪

二、午前十一時十分山村主計監鳥取新報社主催の慰問団々長として来訪、同時日連宗僧侶三村日謙外二名来訪。

三、午後一時五十分農林省技師横堀善次郎氏来訪

四、午後二時十分馬政課長飯田貞固大佐、午後三時参謀本部課長高屋大佐日本より来奉に付来訪。

五、午後三時三十分、満鉄経済調査委員宮崎正義氏を招致、状況を聞く。

六、午後九時生沼少将来訪

七、午後九時二十分、三宅少将を長春に向け出発、新政府に入る軍邦人を激励す。

三月二十四日　木曜　晴暖

一、午前十時五十分東拓奉天出張員渡辺得司郎来訪

二、午前十一時二十五分国粋大衆党笹川良一外三名来訪

三、午前十一時四十分楢崎大毎奉天支局長来訪（一時帰朝に付）

四、午後〇時三十分東京商工会議所理事渡辺銕造博士来訪

五、午後三時、故井杉延太郎未亡人、内地に引揚に付来訪。

六、午後三時十分桜井逓信局長、郵便取極に付長春行の為め来訪
七、午後三時二十分大朝取締役岡野養太郎氏来訪
八、午後八時服部攸等、吉川康氏を伴ひ来訪

三月二十五日　金曜　晴

一、午前十時岩間徳也氏来訪。
二、午前十一時十分関東庁事務官山中徳二氏、奉天常任として来任。
三、午後十二時三十分真鍋儀十来訪、江口副総裁の鉄道資金と国防費に疑惑を持し質問。
四、午後二時五分、在郷軍人会本部理事加納大佐、萩原予備少佐来訪。

三月二十六日　土曜　晴

一、午前十時三十分黒沢少将来訪。
二、午前十一時三十分都甲夫人、松井夫人内地講演を終り帰奉来訪。
三、午後一時十五分満洲投資合同調査会代表板橋菊松氏来訪
四、午後二時、奉天中学校講堂に於ける軍嘱託故倉岡繁太郎及故足立氏以下十六名の葬儀に参列。
五、午後八時在奉各領事及同舘員をヤマトホテルに招待

三月二十七日　日曜　曇

一、午前九時四十分八角海軍中将上海よりの帰途、青島、北京を経過来奉に付訪問、此夕七時宿舎にて会食。
二、午前十時四十五分朝鮮京畿道評議員代表張弘植外四名慰問来訪
三、午前十時五十分新政府の源田松三氏を引見、長春の情況を聞く。
四、午前十一時三十分加藤鮮銀総裁と懇談
五、午後二時四十分広島古田師範学生十五名慰問来訪
六、午後二時五十分吉林省各県代表林鶴皐来訪
七、午後四時過鳥取師範生徒二十六名来訪
八、此日、藤田好一氏の四男に、名付けを送る。

三月二十八日　月曜　降雪

一、午前九時五十分大木謙吉氏来訪
二、午前十時安岡関東庁高等法院長来訪
三、午前十時二十分片山秀太郎氏来訪（田中国重大将の紹介）
四、午前十時三十分森島領事を招致、米国との無電交渉一段落を聞く。
五、午前十時五十分金井顧問来訪、農民金融の事を説く。
六、午前十一時四十分日本基督教青年同盟アール、エルダーキン外二名来訪。
七、午後一時東拓渡辺得司郎氏を招き、菅原前総裁のパンフレットに付注意す。
八、午後三時三十分亘理章三郎来訪。
九、午後七時高柳閣下、亘理教授、参謀長等と会食。

三月二十九日　火曜　午前雪

三宅参謀長及土肥原大佐の人事に付、陸軍省より電報
一、午前九時森島領事を宿舎に招き、関税の事を松岡に回答。
二、午前十一時三十分岡田有氏来訪
三、午後二時三十分朝鮮国境毎日新聞吉永成一外二名の新聞記者来訪
四、午後四時亘理教授長春行に付来訪
五、午後四時三十分岡田有氏、川口大倉の人を伴ひ来訪、同喜七郎氏の意見を語る。

三月三十日　水曜　晴

此朝一雄北方旅行より帰奉
一、午前十時十五分平沼驥一郎氏来訪
二、午前十一時宇佐美部長来訪、内田総裁に伝言す。
三、午前十一時十五分東北帝大法文学部教授佐藤丑次郎博士外四名来訪
五、午後五時過高柳中将来訪、会食す。

六、此日、幕僚をして、特務部主要人物に付研究せしめ、結局各部門に有力者を招致する事に意見一致す。

三月三十一日　木曜　晴暖

一、午前十時四十分東北帝大服務牧野正太郎中佐来訪
二、午前十時十五分徳島毎日新聞慰問使山田八郎外二名来訪
三、午前十一時二十分旅順市長永山賀一来訪、満洲神社建設を依頼す。
四、午前十一時五十分貯金局長清水順次氏、桜井局長に伴はれ来訪。
五、午後四時十分田中大使、坂本書記官来訪。

四月一日　金曜　晴暖

此朝奉天神社参拝
一、午前十時十分執政令弟溥傑及執政夫人弟潤麒、武田秀三氏に伴はれ来訪。
二、午前十時三十分満鉄上海事務所長伊沢道雄氏来訪
（面会の時間なかりき）
三、午後〇時二十分大連市長小川順之助来訪
四、午後三時田中大使を領事舘に訪問
五、午後六時三十分ヤマトホテルに於て岡〔?〕市長の招宴

四月二日　土曜　晴暖

一、午前十時十分今井田朝鮮政務総監来訪
二、正午大和ホテルに於て田中大使一行、今井田総監一行を招待
三、午後二時三十分金井清氏来訪
四、午後三時宇佐美氏、神崎《こうざき》（満鉄よりの英仏留学生）及伊沢道雄を伴ひ来訪、神崎仏国借款の事を語る。
五、午後六時瀋陽舘にて、竹内徳三郎及佐野経理部長を一雄の為め招待。

四月三日　日曜　晴

一、午前八時三十分金井清氏来訪
二、午前十一時二十分伊藤述史聯盟随員来訪

三、同時萩原俊三、歌会同人の慰問状を齎し来たる。
四、午前十一時五十分馬占山の使者林鈞宝来訪、占山の贈物を呈す。
五、午後〇時十五分、神田正雄氏来訪。同時鳥取新報の福田秀次郎帰朝に付来訪。
六、午後二時土木事業家戸田利兵衛氏、荒木の紹介にて来訪、画を送る。
七、午後六時三十分、今井田朝鮮政務総監より和大ホテルに招かる。
八、午後二時過飯田馬政課長来訪、視察概要を語る。

四月四日　月曜　晴

一、午前十時第一艦隊司令長官兼聯合艦隊司令長官外十五名視察の為め来訪、〇時三十分より右を大和ホテルに招宴。
二、午後三時二十分青柳篤恒氏来訪
三、午後三時三十分川崎通訳官来訪、長春の状況を語る。
四、一雄三日発按山見物、途中湯崗子に立寄り、此日帰奉。

四月五日　火曜　晴

一、午前九時三十分高屋参謀本部課長宿舎に来り、通信視察の模様を語る。
二、午前十時豊岡町中井佐太郎来訪
三、午前十時十五分八角中将来訪
四、午後〇時四十五分東本願寺満洲開発監督宮谷法含師来訪
五、午後二時五分、河本大佐を長春に派遣の為め招致。
六、午後二時五十分英国宣教師ギルバート・ボールス氏来訪。
七、午後三時独仏新聞記者来訪
八、午後七時より在日外国宣教師一行をヤマトホテルに招待
〇　此日午後二時、第二師団、方正占領。

四月六日　水曜　晴

一、午前九時国本社関係成田務、川西飛行機の件に付来訪。
二、午前十時五十五分青柳教授再訪、劉雨田の事を依頼す。
三、午後一時二十分法学博士斉藤良英来訪。
四、午後一時四十五分、上田独立守備第六大隊長来訪、状況を語る。
五、午後三時三十分医学博士青木大勇、就職の為め来訪。
六、午後三時四十分鮮銀森支配人来訪。
七、此日大臣より電話あり、満鉄副社長辞職の件を報ず。
八、午後五時高柳中将を招き、副社長の件に付満鉄社長へ使ひを乞ふ。
九、午後六時宿舎に於て上田隊長を招待。
十、此日馬占山、黒河に出立するとの飛報至る。

四月七日　木曜　晴

一、午前九時三十分馬占山使者林釣玉氏、宿舎に来訪。
二、午前十時三十分千葉県東総時報社長高石謹之介老軍曹来訪。
三、午後〇時三十分柴田要次郎来訪、咸啓附近鉱山視察の保護を依頼す。
四、午後一時四十分色部鮮銀理事来訪、三井、三菱貸金の件に付相談。此夕発、長春に至らしむ。
五、午後三時専修大学教授片山矢太郎氏来訪。
六、午後四時、昨夜発内田総裁慰留の為め大連に向ひし高柳中将来訪、到底辞意を翻へし難きを述ぶ。
七、午後五時代議士江藤源九郎来訪。
八、午後六時大迫中佐、宮崎少佐等来訪。
九、午後七時田中大使に、領事舘に招かる。

四月八日　金曜　晴

一、午前九時宇佐美所長、内田総裁進退問題に付来訪。

二、午前十一時新城京大総長来訪、特務部人員を推薦す。
三、板垣大佐大連より帰来、此日陸相宛二回内田総裁慰留電発す。
四、午後六時半より新城総長に招かる（大和ホテルにて）
五、午前十時五十分本村海軍々医大尉（森中将令甥）来訪。
六、午前十一時五十分三谷憲兵少佐、中佐に進級の上退職、奉天警務処長となる。
七、午後一時五十分大毎楢崎内地より帰来々訪。
八、午後三時三十分斉藤博士来訪、注意を述ぶ。
九、午後四時支那駐屯軍吉田忠太郎氏来訪。
十、午後民政党代議士武知勇記来訪。

四月九日　土曜　晴

一、午前九時四十分田中大使、北方に旅行の為め挨拶に来訪。
二、午前十時日本正義団会長酒井栄蔵氏来訪。
三、午前十時四十分金橋鉄道副社長和田駿来訪。
四、午後二時大阪商船副社長村田省蔵来訪。
五、午後二時五十分川島浪速氏来訪。
六、此夜内田総裁慰留問題に付、陸相より総理に強硬に申込みしと来電あり。

四月十日　日曜　晴

一、午前九時四十分斉藤良衛氏来訪。
二、午前十一時成田務来訪、飛行機問題にて来り、此日帰朝。
三、午後〇時十分大森鶴之助、安原滝次郎氏と共に来訪。
四、午後四時森島領事来訪、顧維鈞問題に付相談。
五、午後五時大谷少将内地へ転任に付、北方視察途次来訪。
六、午後六時東亜興業の内田勝司氏来訪。
七、午後七時二十分伊藤述史北京行に付来訪。
八、此日板垣大佐、早朝飛行機にて大連に至り、内田総裁の慰留につとめ午後帰奉。

四月十一日　月曜　晴

一、午前宿舎にありて、聯盟に関する問題を研究す。
二、午後二時二十分小倉在郷軍人分会田中登大尉来訪。
三、午後二時三十分斉藤恒中将来訪。
四、午後三時五分政友会議員倉本要一氏来訪。
五、午後三時四十分田中昌次郎中佐、米人エバス氏と共に来訪。
六、午後四時五十分大毎佐藤賢之介氏来訪。
七、午後五時十分金小堂求職の為め来訪。
八、午後八時内蒙古自治軍副司令韓色旺来訪。

治安粛正と国際聯盟調査委員来満

自 昭和七年四月十二日
至 昭和七年六月十七日

四月十二日 火曜 晴

馬占山態度不明

一、此朝板垣大佐先づ長春に至り、馬占山事件打合せの為め斉々哈爾に至る。
二、午前九時二十分高柳中将大連より帰り、内田総裁の意志を伝ふ。
三、午前十時五十分大阪工業会満蒙視察栗本勇之助外八名来訪。
四、午前十一時五十分色部朝鮮理事来訪、長春に於ける借款契約の問題解決の旨語る。
五、午後〇時四十分、内堀大東文化学院教授来訪、慰問帖を送らる。
六、午後一時四十分蒙古の貴福外四名挨拶の為め来訪。
七、午後二時五十分政友会代議士丸山浪弥氏来訪。
八、午後五時過河本大佐、長春より帰り、報告。

四月十三日 水曜 晴

一、午前九時二十分須藤理事来訪、上京中の内情を語る。
二、午前十一時三十分色部理事来訪、朝鮮銀行借款の件に付来訪、此日長春に赴く。
三、午後一時三十分村田黒省顧問来訪、同省の窮状を訴ふ。
四、午後六時三十分色部理事と会食。

四月十四日　木曜　晴

三宅中将東京より帰来

一、午前十時三十分満洲国建国祝賀青年使節馬郡健太郎外九名来訪

二、午後三時大谷中将北方より帰来

三、午後四時三十分陸軍省嘱託折下吉延、梅谷光貞氏等移民の件に付来訪。

四、午後六時三十分宿舎に於て、地方有力者（庵谷、上田純、藤田、荒木等）、大谷中将、金子大佐等に対する招宴。

五、午後一時三宅中将東京より帰来

四月十五日　金曜　晴

小畑第三部長来奉

第十師団司令部着奉

一、此朝小畑第三部長、交通会議を兼ね満鉄総裁慰留の為め来満、午前九時宿舎に来訪。

二、午前十一時中学校の配属将校会議に臨む

三、午前十一時半大和ホテルに関東長官を訪ふ

四、午後三時三十分第十師団司令部着奉、直に関東軍司令部を訪ふ。午後六時三十分より、大和ホテルに第十師団司令部一同を招待。

四月十六日　土曜　晴

一、午前八時三十分近藤至誠来訪

二、午前十時三十分石田時雄、泉栄吉、羽賀写真師等来訪。

三、午前九時三十分生沼39長、船橋大佐、松田10K長、午前十一時谷口10A、橋本中佐、10I長人見大佐来訪。

四、午前十一時細野勝絮（満蒙協会代表）来訪

五、午後〇時三十分永滝久吉氏来訪

六、午後一時五十分、第十師団長広瀬中将以下を停車場に見送る。

七、午後三時山岡長官来訪

四月十七日　日曜　雨

一、午前九時中村馨少将（33ＩＢ）来訪挨拶
二、午前十時三十分40Ｉ岡村大佐、60Ｉ中村音吉大佐着満挨拶。
三、午後〇時三十分山岡関東長官招宴
四、午後二時林大八少将慰労会に参列
五、午後三時ニューヨークタイムス、アーベント氏引見
六、午後六時三十分小畑少将と会食
七、午後八時五十分山岡長官来訪。

四月十八日　月曜　雨

一、午前八時鮮銀加藤総裁来訪
二、午前十一時岩沢精遠監視隊凱旋に付訓辞
三、午後一時四十分田中昌次郎を引見（ウッド・ヘッドの件に付）
四、午後三時陸軍次官と通話
五、午後九時林出賢次郎氏来訪

四月十九日　火曜　雨

満鉄と軍との鉄道協定に調印

一、此日満鉄との鉄道協定に調印
二、午前十時西第八師団長、内地より来満に付挨拶に来る。同午後三時三十分大和ホテルにて小宴を設く。
三、午後〇時三十分福岡県畜産組合慰問使小田利三郎外十八名来訪
四、午後一時二十分国民高等学校長加藤完治氏来訪
五、午後一時三十分独乙より帰還の川辺〔河〕大佐来訪
六、午後二時ロイテル極東支配人チヤンセラー氏来訪
七、午後五時山崎鉄道次長来訪
八、午後八時二十分矢野政雄少佐、8Ａ大隊長として来訪。

四月二十日　水曜　晴

一雄東京へ帰着
北満状況変化の為め増兵要求

一、午前二時三十分西師団長錦州に向け出発
二、午前八時色部理事、鮮銀の新国家への借款仮契約を携へ、帰来報告。
三、午前九時林茂清（16Ｂ長）及佐藤17ＩＲ、佐藤32Ｉ長挨拶に来る。
四、午前十一時、伊国ラスタンパー記者、チパラ中佐来訪。
五、午後一時三十分東京郷軍代表高須少将一行等来訪
六、午後四時五十分小畑少将来訪、北満出兵の打合せを為したる後、増兵一師と一Ｋ旅を申請す。
七、午後六時三十分渡大佐来訪、聯盟の事を予報す。
八、午後九時田中大使来訪

四月二十一日　木曜　晴

橋本少将着任
聯盟調査員一行来奉
一、午前十時多門第二師団長、哈市より凱旋報告に来る。
二、午後一時新参謀長橋本少将着任
三、午後三時真崎次長と無電通話
四、午後五時宇佐美哈市行に付、注意を与ふ。
五、午後五時二十分小畑閣下帰東に付、特に談合。
六、午後六時板垣、内田総裁慰留より帰来報告。
七、午後七時半錦州通過の聯盟一行着奉、同八時二十分大連経由にて一行出発。

四月二十二日　金曜　晴

一、朝午前鈴木第四旅団長、斉々哈爾より来奉、午前三時三十分錦州に向ふ。
二、午前九時新任第四聯隊長森尻伊佑氏、新任挨拶の為め来訪。
三、午前九時三十分頃より顧維鈞問題に関し、宿舎に於て、橋本参謀長、板垣大佐、藤本参謀、渡大佐と会議す。
四、午後〇時十分金井博士来訪、地方政治を語る。
五、午後〇時四十分川崎通訳官来訪
六、午後一時五十分朝鮮軍経理将校奥村中佐来訪
七、午後二時十分鉄道第一聯隊長内田喜一大佐来訪

八、午後二時二十分新国家大橋忠一氏来訪
九、午後四時四十分東宮大尉、第十師団長の伝言を伝ふ。

四月二十三日　土曜　晴曇

一、午前十時聯盟調査員リットン卿、非公式に宿舎に訪問し、満洲国との連絡を依頼す。
二、午後〇時川崎民政党代議士来訪
三、午後一時四十分小松原大佐、次で16D参謀長に栄転せる大島大佐挨拶に来る。
四、午後三時十五分朝鮮愛国号指揮官山田中佐、繰縦者秀島大尉来訪。
五、午後二時三十分より聯盟一行、森島領事を訪ふ。
六、午前十二時前荒木大臣より、顧維鈞の事に付内情を伝へ、保護を要求し来りし故、之れに対する態度を研究する事とせり。

四月二十四日　日曜　晴

一、午前十時司令部にて、聯盟調査員一行の調査に応ず（正午過まで）。
二、午後〇時三十分より依田少将（38ｉB）を招待す
三、午後三時五分森五六少将の申告
四、午後七時頃より、リットン卿等の満洲国との連絡の事及中央部の意図を奉じ、顧維鈞の調査を許す事に付ての研究会議。

四月二十五日　月曜　晴

此朝リットン卿より謝介石に挨拶の電報を発す
一、午前十時より聯盟一行の調査に応ず。午後〇時四十分に到る。（事変発端を聞く）
二、午後一時米国新聞記者ニューヨークタイムス、スチール氏来訪。
三、午後二時、小松原大佐（哈市特務機関長）に訓辞

す。
四、午後六時半室師団長一行を招待す

四月二十六日　火曜　晴

一、午前九時三十分リットン卿等各委員答礼の為め、挨拶にヤマトホテルに赴く。（軍事行動の理由等を説明す）
二、午前十時より正午過まで、調査依頼に応ず。
三、午後一時五十分蒙古軍候補生除隊に付、申告及撮影。
四、午後二時室師団長凱旋に付挨拶に来訪、午後三時二十分停車場に見送る。
五、午後二時五十分衆議院議員内野辰二郎氏以下十八名慰問の為め来訪。

四月二十七日　水曜　晴

此夕村井旅団梅林にあるとの情報あり
一、午前十時招魂祭に付忠霊塔に参拝
二、午後二時より聯盟調査員と司令部にて会議（二時半まで）、軍事質問一段落。
三、午後五時半藤根嘱託着任挨拶
四、午後七時満鉄理事官舎にて、伍堂理事の招待。

四月二十八日　木曜

此日第二師団に吉長へ移動を命ず
一、午前九時川崎代議士来訪
二、午前十一時四十分笠井唯一中将、移民調査来満に付来訪。
三、午前十一時五十分小西伊十来訪
四、正午頃大城戸第二師団経理部長、陸軍省監査課長に栄転に付挨拶。
五、午後二時三十分桑原防備課長着満挨拶、同時逓信書記官益原保明氏来訪。
六、午後七時半東郷安男爵来訪。

四月二十九日　金曜　晴

此日上海にて白川大将等手榴弾を投ぜ

らる

一、午前八時陳〔欠字〕来訪、印を送る。

二、午前十時記念碑前にて、軍司令部幕僚其他と共に遙拝。

三、午前十時過より大和クラブにて司令部員、其他在奉軍部一同と共に祝盃を挙ぐ。

四、午前十一時多田大佐、菅野少佐、満洲国政府軍政部顧問として着任挨拶。

五、午前十一時半より領事館にて、天長節レセプション、聯盟調査員一同も参会。

六、午後一時より高等女学校にて、在住官民合同祝賀会。

七、午後三時嘉村旅団長に対する訓辞

八、午後六時半領事館にて祝賀宴

九、午後九時過高地少佐来訪

四月三十日　土曜　晴

聯盟調査員と会合

奉勅命令にて14D満洲派遣の報に接す

一、午前八時十分、嘉村第三十九旅団長を停車場に見送る。

二、午前九時四十分高山東拓総裁来訪、正午大和ホテルにて同総裁の招待を受く。

三、午前十時より聯盟調査員一行と会議

四、午後二時多門中将奉長沿線へ出動に付申告、森守備隊司令官も来訪。

五、午後三時半８Ｄ小林参謀長、連絡の為め来訪。

五月一日　日曜　晴

聯盟調査員との会見一段落とす

一、午前十時より聯盟調査員の会議、自分より奉天の特種事情、軍政施行及戒厳令施行の噂の誤れるを説明し、再度に北方旅行に対する注意を与ふ。此度の会見で一段落とす、六回なり。

二、午後二時半瀬川士官学校長来訪

三、午後六時半瀬川士官学校長一行を士官学校に招宴

四、顧維鈞問題も、満洲国との間に人員を制限し、策動せぬ保証を得て許すこととせり。

五月二日　月曜　晴

聯盟調査員一行長春に向ふ

一、午前七時橋本参謀長、長春に向け出発。
二、午前九時五十分聯盟調査員一行、奉天発長春に向ふ、途中公主嶺試験場視察。
三、午前十時四十分田中大使来訪
四、午後四時五十分瀬川士官学校長来訪、同五時半士官学校生徒記念碑の前にて訓辞。
五、午後六時三宅中将の為め別宴

五月三日　火曜　曇

一、午前八時三十分大重仁之助来訪、特別勤王志士の菩提寺拡張の為め、活動フイルムを借用を懇願。
二、午前十時四十分朝鮮全羅北道慰問団福井重記以下三十名来訪
三、午前十時五十分前代議士関谷孫一及北越新報主筆川上法励氏来訪
四、午後一時二十分三宅中将出発赴任を、奉天停車場に見送る。
五、午後一時五十分平岡良一、近藤至誠来訪
六、午後二時四十分野村雪堂来訪
七、午後三時大毎慈善診療班挨拶の為め来訪
八、午後七時半多田大佐、河本大佐来訪
九、午後八時中塚安彦、揚春元、揚爕元を伴ひ来訪

五月四日　水曜　雨

一、午前八時五十分土肥原少将、申告并報告の為め宿舎に来る。
二、午前十時四十分井上雅二来訪
三、正午大和ホテルにて土肥原少将、多田大佐の為め招宴。
四、午後三時四十分細井肇氏来訪
五、午後六時三十分児玉大佐及航空輸送会社麦田所長、乾飛行士等一同を招待。

五月五日　木曜　晴

一、午前九時笠井重治米国行の途来訪
二、午前十時三十分新任旅順要塞司令官安藤中将、申告の為め来訪。
三、正午大和ホテルにて安藤中将の為め招待
四、午後二時丁志源来訪
五、午後三時十分土肥原少将、転任途中来訪。
六、午後四時三十分内田満鉄総裁、八田副総裁紹介の為め来訪。
七、午後六時三十分満鉄正副総裁より、大和ホテルに招かる。

五月六日　金曜　晴

一、午前八時井上雅二君来訪
二、午前十一時福岡師範学校長和田義三郎外同県中学校長四名慰問の為め来訪
三、午前十一時二十分菊地中将来訪
四、正午奈良晃中佐の為め、ヤマトホテルに会食。
五、午後一時五十分洪維国来訪
六、午後七時宿舎にて、満鉄正副総裁及山成喬六氏を招待。
七、午後十時四十分橋本参謀長長春より帰来

五月七日　土曜　晴

正副総裁より留任一件を聞く
一、午前九時内田総裁宿舎に来り、留任問題を語る。
二、午前十一時十五分塩月代議士、千鳴浦を伴ひ国技館にて満蒙博覧会開催に付、依頼に来る。
二、午後〇時三十分高瀬中国日々記者来訪
三、午後一時三十分大川周明来訪、長春楽観説を述ぶ。
四、午後二時牛島陸大校長来訪
五、午後二時四十五分八田副総裁来訪、内田伯問題を述ぶ。
六、午後七時大迫中佐を宿舎に招き会食

五月八日　月曜　晴

一、午前九時山岡長官来訪、通化救援問題を釈明す。
二、午後三時歩兵第七十七聯隊長、朝鮮へ赴任に付申告。

五月九日　月曜　晴

一、午前九時渡辺源五郎主計正、第十二師団主計分団員を伴ひ来訪。
二、午前十一時三十分北米仏教慰問団鷲岡正雄氏、大谷光瑞氏の伝言を伝ふ。(贈物を受く)
三、午後〇時中村前経理局長同息同正良氏、中央銀行に入るとて来訪。
四、午後〇時山岡長官、橋本参謀長を主賓として招宴。
五、午後二時三十分第十五聯隊甘粕大佐来訪
六、午後四時松木第十四師団長来訪(師団司令部北進の為め)
七、午後六時三十分、松木師団司令部一同及中島聯隊長の為め招宴。

五月十日　火曜　晴

一、午前七時十五分松木師団長を停車場に見送る
二、午前九時近藤至誠来訪
三、午前九時三十分歩兵第二十八旅団長平賀少将来訪申告
四、午前十時十五分大森一之国士舘代表として来訪
五、午前十時三十分安田中佐、天野辰夫氏を伴ひ来訪、午後七時三十分宿舎に再来訪。
六、午前十一時大阪市会議員岡崎忠三郎外二十四名来訪
七、午前十一時四十分北大各科部長久保健麿外四名来訪
八、正午大和ホテルにて、大学校長以下一同を招宴。
九、午後四時本郷史夫大尉来訪会食
十、午後七時半より安田鉄之助中佐、天野辰夫氏を伴ひ夜半まで快談。

五月十一日　水曜　黄塵

一、午前九時半沢玉城来訪

二、午前十一時牛島大学校長、北方へ向け出発に付来訪。
三、午前十一時十分日本生産党堂前孫三郎(関西代表)、津久井竜雄（関東代表）氏来訪。
四、午前十一時三十分画家太田天橋氏、予のスケッチを為し帰る。
五、正午前河本大佐来訪、同氏此日午後三時発上京。(荒木の用務を帯び)
六、午後八時桂節二郎二男繁氏、桃山中学校生徒一同と共に来り訪問。
七、午後九時四十分野崎誠道氏来訪
八、午前十時鹿子木員信博士来訪、正午過まで話し去る。

五月十二日　木曜　晴

一、午前十時二十五分千葉県商工水産課岡尊信外県会議員四名来訪
二、同十時三十五分小林海軍少将来訪
三、午後二時過高山長幸氏来訪
四、午後二時半森島領事、通化居留民脱出帰奉に付、挨拶に来る。
五、午後二時五十分大野粛寛来訪、午後七時高柳中将及参謀長と会食の際招待す。

五月十三日　金曜　晴

一、午前九時中根斉来訪、午後二時同人を招待す。同時に画を送らる。
二、午後〇時四十分山内奉天神社々主を招き、刀剣を同神社に奉納の件を告げ、大倉米吉贈与のものを之れに充つ。
三、午後二時三十分新国家に入る高須太助氏来訪
四、午後三時劉展超（鉄誠）哈市交通銀行支配人来訪
五、午後三時十五分米国「フレザー」氏笠井重治氏に伴はれ来訪、約二時間談ず。
六、午後五時小谷節夫代議士帰朝に付来訪

五月十四日　土曜　晴

一、午前七時半井上雅二氏来訪

二、同九時露支協会木下謙次氏来訪
三、午前十時菊地中将来訪北方視察の状況を語る。
四、午前十一時三十分森島領事来訪、外相より通化脱出援助の謝意を伝ふ。
五、午後一時十五分池田長康男来訪
六、此日三宅中将大連発離満

五月十五日　日曜　晴

東京にて現役将校等首相を暗殺

一、午前十時四十分長崎県立諫早中学校教諭西村繁外七十名来訪、一場の訓話を為す。
二、午前十一時半継屯少将来訪、好城子校用務にて。
三、午後一時半前朝報社長長谷川善治来訪
四、午後四時半京大羽田博士、図書文庫の件に付、森少佐に伴はれ来訪。
五、午後七時久保田忠吉氏を招き、特務部に付意見を聞く。
六、東京にて、現役軍人の不逞行動あり。

五月十六日　月曜　晴

両三日前より馬占山、聯盟調査員一行に策動し彼等一行馬占山に面会の為め海倫行を主張す

一、午前八時発乗馬にて奉天神社に参拝（十四、十五日祭日）
二、午前十一時頃より靖安遊撃隊を閲兵す
三、午前十時三十分斯波博士来訪、特務部の事に付依頼す。
四、午後十二時東京工業大学長中村幸之助博士、蔵前工業会理事長代理吉村幸義氏と共に来訪。
五、住友倉嶋大佐葬儀、其他の用務の為め旅順に赴く。

五月十七日　火曜　晴

一、午前十時五十分山田奉天神社々掌来訪、奉天に満洲神社建設の意見を述ぶ。
二、午前十一時十五分丁志源、田中昌次郎に伴はれ来

訪。
三、午前十一時十分移民研究の梅谷光貞、折田吉延等帰朝に付来訪。
四、午後一時二十分堀内文二郎中将来訪
五、午後三時十分海軍公館を訪問す

五月十八日　水曜　晴

一、午前十一時五十分吉林大迫中佐来奉訪問、哈市に民政部出張所設置の件に付、熙洽の命を受け訴ふ。
二、午後一時久保田海軍中佐、臨時聯盟調査員随員となり北行に付挨拶。
三、午後一時十分堀内陸軍中将に、振武義会の事に付談ず。
四、午後二時大倉組横山信毅、吉順線の一区引受けに付挨拶。
五、午後二時三十分宇佐美事務所長からウッドベットの事に付来訪。

五月十九日　木曜　晴

一、渡大佐十八日哈市より帰来、午前十一時司令部に於て会見、聯盟に対する意見述ぶ。
二、午後二時中野民政部総務来訪、参事派遣の件に付談合。
三、午後三時羽入三郎少将来訪
四、午後三時二十分監察院より派遣の結城其他四名来訪、各地視察に対し注意を与ふ。
五、午後四時宣教師西尾幸太郎来訪
六、午後四時二十分故犬養首相追悼会に参列
七、午後五時三十分藤田九一郎来訪、関税を談ず。
八、午後七時、臧式毅及金井顧問を招待す。

五月二十日　金曜　晴

10Dは湯原、佳木斯を占領す
14Dは梅林に集中し掖河の攻撃を準備す
一、午前七時住友、旅順より帰来。

二、午前八時山成喬六来訪、中央銀行成立に付報告す。
三、午前八時半安井藤之助少将来訪
四、午前九時羽入三郎少将来訪、此日北に向ふ。
五、午後三時実業公論社社長中村安得来訪
六、午後八時立川奉天警察署長を招き、帝都騒動と満洲の関係を聴く。

五月二十一日　土曜　晴

聯盟調査委員哈市より帰来

一、午前十時二十分安井少将紹介の南洋事業家中村精七郎氏来訪
二、午後二時半松花江艦隊指揮官阿部中佐外二名挨拶の為め来訪
三、午後二時五十分靖安遊撃隊附予備砲兵大尉松本七郎来訪、花田中佐紹介。
四、午後六時倫敦タイムス・フレーザー氏来訪
五、午後六時半京大橋本博士を招き会食
六、午後十時聯盟調査員一行帰奉

五月二十二日　日曜　晴

一、午前八時石原参謀外二名、其他軍司令部を哈市に移すに付、飛行機にて出発。
二、午前八時半久保田忠達、横山中佐、森少佐等を招き、久保田特務部の件に関し上京に付、参謀長等と打合せ。
三、午前十時渡大佐を招き、リットン氏との会見打合せ、午前十一時リットンと会見。
四、正午帝大教授矢野博士、羽田博士等と会食。
五、午後二時三十分京大教授工学博士大井清一外六名来訪
六、午後四時二十分北大高岡熊雄博士来訪
七、午後五時伊藤参事官引見
八、午後九時二十分発哈市に向ふ

五月二十三日　月曜　晴

長春発飛行機にて哈市着

横道河子及綏化に雪降る

一、午前七時長春着、各将校等の出迎を受け、直に飛行場着、朝弁当を食し、駒井其他多数邦人文武官に見送られ飛行機に乗り、午前九時哈市着、石原参謀より報告を受け、直ちに作戦命令を下す。終りて張景恵等と少時面談の上満鉄公舘に入る。
二、午後三時頃第十師団先頭部隊を載せたる船は、呼蘭東方松花江岸に着し、村井少将の指揮にて、歩兵二大、砲一中上陸、双井子方面に前進、夕刻同師団司令部は呼蘭河と松花江の合流点に達着。
三、平賀旅団長、午後五時頃より攻撃開始

五月二十四日　火曜　曇稍寒

呼蘭附近の反軍早朝より退走

一、早朝より呼蘭の呉松林軍、敗走を始め捕捉する能はず。
二、第十師団の第三旅団、漸く午前九時に至り、呼蘭河と松花江の合流点附近に到着す。
三、午後一時過平賀旅団に、綏化方向に敵を追急すべきを命ず。
四、午後二時半第十師団に、哈市に兵力集中、吉林北部の平定に任ずべく、第十四師団に呼海沿源の敵匪掃討、一部を以て安遠方向に前進し、黒竜軍と連絡し、李海青軍の掃討を命ず。
五、午後五時第十四団司令部哈市着、同六時師団長軍司令部来訪。

五月二十五日　水曜　風雨稍寒

一、午前九時平田顧問来訪
二、午後〇時三十分領事舘訪問
三、午後四時広瀬第十師団長帰来、松花江流域の戦況報告の後予より注意を与ふ。
四、午後五時小松原大佐来訪、露関係の事を報告す。
五、午後五時五十分村井第八旅団長来訪報告
六、午後七時宮崎少佐来訪
七、午後九時臼田少佐を呼び、宣伝工作を聴く。

五月二十六日　木曜　晴

　哈市発長春着

　執政と会見

一、午前八時第十師団長来訪に付、注意を述ぶ。
二、同八時五十分哈市停車場発、幕僚を従へ南下、午後三時半長春、ヤマトホテルに入る。
三、同四時満洲国政府にある日本官吏、司長以上に対する訓辞。
四、午後六時執政府着会見、同七時より執政の招宴。
五、午後九時四十分宿に帰る、駒井長官と夜半まで会談。

五月二十七日　金曜　晴

一、午前八時三十分松木局長を招致
二、午前九時三十分板垣大佐を招き、打合せを為す。
三、午前十一時半日本官吏司長以上に会見、要望する所あり。
四、午後〇時より、第二師団長多門中将及右司長以上を招宴。
五、午後二時多門中将に所見を述ぶ
六、午後三時十分新国家に入るべき養成員約七十名に訓辞
七、午後三時半満洲側総理以下要人と会談
八、午後四時三十分長春発、午後十時半奉天着。

五月二十八日　土曜　晴

一、午前九時半吉田農学博士、牛島満鉄員来訪。(満鉄へ土地売付の件)
二、午後一時堀内中将と会食、同中将午後三時半発帰京。
三、午後二時三十分信濃新聞社長太田孝作氏来訪
四、午後三時天津軍参謀長菊地大佐来訪
五、午後三時半特務部要員安藤広太郎博士来訪
六、午後四時橋本欣五郎中佐来訪

五月二十九日　日曜　曇

一、午前八時半松木狭君来訪、和知の為めに運動す。
二、午前九時千葉医大学生主事豊田久二来訪、長春所見を訴ふ。
三、午前十時五十分尹朝鮮飛行士来訪
四、午前十一時十分花田仲之助中佐来訪
五、午後〇時五分橋本欣五郎中佐来訪
六、午後一時興安東分所長額勒春外二名来訪
七、午後一時四十分村田顧問来訪、黒竜の窮状を訴ふ。
八、午後二時五十分坂谷希一氏来訪、関税の事を述ぶ。
九、午後三時四十分山岡長官来訪、午後六時半同長官を招待す。

五月三十日　月曜　曇

一、午後一時森猛熊氏来訪
二、午後二時四十分天津歩兵大隊長酒井来訪
三、午後四時在奉新聞記者約三十名に話を為す
四、午後五時宇佐美所長来訪、満鉄社長の事を話す。
五、午後十時伍堂理事来訪、聯盟と満鉄社長会談の事を談ず。

五月三十一日　火曜　曇

一、午前八時五十分渡大佐来訪、聯盟の模様を話す。
二、午前九時半羽入三郎来訪
三、午前十一時四十分伊藤述史来訪、此日発帰朝す。
四、午前十一時渡辺源五郎大佐来訪、午後七時招宴。
五、午前十一時二十分修養団爪生喜三郎氏来訪
六、午後一時加納大佐来訪（郷軍の件に付）
七、午後二時新16・i長小泉大佐来訪
八、午後二時三十分荒井静雄、植田貢太郎来訪、駒井、和知の件を訴ふ。
九、午後四時駒井長官来訪、三十日夜の事件を訴ふ。
（長春新政府へ入れる日本官吏の不和動揺あり、三十日夜実業部毛利課長駒井を脅威す）。

六月一日　水曜　晴

駒井来奉、長春の状況を語る

一、午前九時半藤田主計総監来訪
二、午後一時五十分板垣医学博士来訪
三、午後二時鎮海要港部司令官米内中将来訪
四、午後三時鈴木少将錦州より来訪
五、午後三時五十分駒井長官来訪、長春脱出の状況を報ず。
六、今日和知を呼び、長春紛争の事を糾す。
七、午後四時三十分国防同志会代表大凋〔？〕和彦来訪

六月二日　木曜　曇

聯盟委員一行と最後の打合せ

一、午前八時半渡大佐来訪、聯盟会見に付、下打合せを為す。
二、午前十時司令部にて国際聯盟一行と会見、午後〇時半に至る。最後的決論を語る。
三、午後七時多田、河本両人宿舎を訪ね、十月事件等に関する内情を語る。
四、午後八時三十分支那郵政局長「ポリチ」夫妻の招宴

六月三日　金曜　晴

一、午前九時三十分内田伯と、其進退其他重要問題に付、打合せを為す。
二、午前十一時岡山県市会議員一行来訪
三、正午内田伯を招待す
四、午後二時三十分森守備隊司令官と会見す
五、午後二時四十分鈴木大将来訪、午後二時宿舎に大将を訪問。
六、午後四時三十分修養団代表宮田修来訪
七、午後五時三十分中島虎吉中将、赤井中将、中野海軍中将、会田中将、堀少将等来訪。
八、午後七時半リットン卿外聯盟関係者招待

六月四日　土曜　曇

一、午前九時鈴木大将外在郷軍人会師管代表一同来訪挨拶
二、午前十時半姫路傷痍軍人代表高部勤鳴来訪
三、午後四時半高田、永井中将来訪
四、午後五時三十分姫路支部在郷軍人大熊千太郎外十四名来訪
五、午後七時鈴木大将、高柳中将と会食。
六、午後十時河本奉天発、内々上京せしむ。

六月五日　日曜　晴

全国在郷軍人大会

一、午前八時五十分忠霊塔に於ける招魂祭並在郷軍人大会
二、午後一時謝介石外交総長来訪
三、午後二時五十分中山歩兵第二聯隊長着任挨拶
四、午後四時三十分渡辺雄記来訪
五、午後六時半鈴木大将外郷軍幹部招宴
六、午後九時矢野仁一博士来訪
七、午後十時片倉大尉来訪、長春の空気を語る。
八、午後十時四十分発、板垣大佐を内田総裁の下に派遣す。

六月六日　月曜　曇半晴る

一、午前十一時半赤井中将来訪
二、午後一時五十分安藤広太郎博士来訪
三、午後二時五十分日本基督教聯盟代表海老沢亮氏、渡欧準備として来訪。
四、午後七時蔣介石を主賓として、大和ホテルに招宴。

六月七日　火曜　半晴

一、午前九時橋本欣五郎中佐来訪、師団長と警備司令との関係に付申込む。
二、午前十一時権藤中将御慰問の為め来訪
三、午前十一時三十分川崎通訳官来訪

四、午後一時靖安遊撃隊を視察
五、午後三時二十五分鈴木大将の帰朝を、奉天駅に見送る。
六、午後三時五十分青島学校長吉川平次郎来訪
七、午後四時東善作氏来訪
八、午後五時半大谷猛来訪
九、午後七時五十分前田利為大佐来訪

六月八日　水曜　晴

一、午前十一時千芷山来訪
二、午後一時城東飛行場にて、愛国号宮城号1516号を受領する式に到す。
三、午後三時二十五分金谷大将来訪を停車場に迎ふ、午後七時同大将を招宴す。
四、午後九時半橋本参謀長北行視察、特に10Dと吉林側との関係を打合わすべく努めしむ。多田大佐も同行。

六月九日　木曜　曇

一、午後七時半粟屋大佐、中屋中佐来訪、写字を要求して去る。

六月十日　金曜　曇

一、午前七時半北京住人中西友次来訪
二、午前十時二十分橋本京大農学博士来訪
三、午後一時二十五分「シヤトル」の宮崎武氏、同地在住者慰問団として来訪。
四、午後一時三十分金谷大将来訪雑談
五、午後三時四十分交通総長丁鑑修来訪
六、午後八時高木陸郎氏来訪
七、午後九時片倉参謀来訪、長春の事情を詳報す。

六月十一日　土曜　曇

此日河本東京より帰来

一、午前九時和知参謀を招致、希望を聞く。
二、午前十時西第八師団長来訪、状況報告、午後七時師団長を招待。
三、午後一時四十分元第二聯隊長田中静一〔壱〕大佐、米国アタッシェに転出に付来訪。
四、午後二時五分多田大佐、哈市より帰奉報告。
五、午後一時半臼田少佐より、北方宣伝状況を聞く。
六、午後一時五十分騎兵第一旅団参謀等来訪

六月十二日　日曜　晴夜大雨

一、午前九時中西友治氏来訪
二、午前十一時半山西理事、宇佐美所長来訪、長春人事に付語る。
三、午前十一時四十分山成喬六氏来訪
四、午後七時半より丁交通総長一行及山成中央銀行副総裁を、大和ホテルに招待す。

六月十三日　月曜　晴

一、午前八時三十分二宮憲兵隊長、長尾憲兵中佐を招致、長春の状況を聞く。
二、午前十一時奉天法院長白斌守来訪
三、正午ヤマトホテルにて、高岡農学博士と会食。
四、午後一時五十分関東軍飛行隊々長として大江少将来訪（新任）
五、此日橋本参謀長、北方より帰来。

六月十四日　火曜　晴

一、午前九時半野田醤油取締役茂木七左ェ門外四名来訪挨拶
二、午前九時四十分工学博士俵国一外八名来訪、国防資源調査員会合の為め来奉、礦山調査に任ずるものなり。
三、午前十時二十分笠木良明、長春の事態に付弁明の為め来奉。

四、午前十一時五十分河本大佐を招く、此日出発帰朝。
五、午後一時二十分小山貞知氏を招き、協和会に対する説明を聞く。
六、午後四時半長峯大佐、大江航空隊長と交代帰還に付挨拶に来る。

六月十五日　水曜　晴

一、午前七時十五分第十師団戦死者遺骨通過を、停車場に見送る。
二、午前八時二十分末次政太郎氏来訪
三、午前九時満洲国飛行隊新設式に、東飛行場に参列。
四、午前十時三十分吉岡騎兵第一旅団長申告
五、午前十一時三十分中村佐世保鎮守府司令長官来訪
六、正午中村海軍中将、大江飛行隊長、吉岡騎兵旅団長等と会食。
七、午後二時半駒井長官来訪、長春人事の事に付。
八、午後四時瀋陽館に金谷大将を訪問
九、午後七時金谷大将、高柳中将と会食。

六月十六日　木曜　晴

此日参謀長、軍司令部編成換えの為め分課を新にし、17日より実施の事を幕僚に達す

一、午前七時中根斉来訪、瀋陽館にて学良に、作霖の遺骸、家具の事を話させし返事を告ぐ。
二、午後九時金谷大将来訪、午後三時三十分同大将出発を停車場に見送る。
三、午前九時四十分兵庫県青年団代表二十四名来訪
四、午後十二時半里見利〔?〕加藤所長、八木沼武夫氏等来訪、弘法隊　の事を語る。
五、午後二時五十分関東庁高等警察課長伴東氏来訪

六月十七日　金曜　晴

板垣、片倉参謀を長春に到らしめ、日本官吏の大整理に着手せしむ

一、午前九時学良邸に松井中佐、志賀主計正、増岡憲兵

隊長等を従ひ到り、作霖の霊を弔し、帰途博物舘を見る。
二、午前十一時五十分臨江県々長、董敏舒及同弟董毓舒氏来訪（呼蘭の人）
三、午後二時独乙人ストラシク大尉（新聞記者）来訪
四、午後三時四十分山口重治、大羽氏来訪、協和会の事を語る。
五、午後七時在奉日満人十七会に、「ヤマトホテル」に臨む。

馬占山討伐

自　昭和七年六月十八日
至　昭和七年七月二十七日

六月十八日　土曜　晴暑

午後三時半橋本参謀長、14Dの討伐行動に付同師団長の下に急行

一、午前八時半更に山口重治、大羽を呼び、協和会の事を聞く。協和会が問題になりありし為なり。

二、午前十時四十分田中貞次郎氏、英国新聞記者「フレーザー」を伴ひ来訪。

三、午後十二時半鎌田弥助氏来訪、瀋陽館の為め振武会の施行を語る。

四、午後二時二十分協和会日本派遣使節挨拶の為め来訪

五、午後二時半満洲国少女派遣使節挨拶の為め来訪

六月十九日　月曜　晴

一、午前七時五十分藤本参謀来訪、ペパン博士北京より帰来、聯盟の事を告げし旨状況報告。

二、午前八時軍縮会議より帰還途中の林狷之介大佐外三名来訪

三、午前九時半美和作次郎氏来訪

四、午前十一時半金井顧問来訪、省の近状を語る。

五、午前十一時半在満金光教青年代表六十名来訪

六、午後一時朝鮮総督府事務官土屋伝作氏来訪

七、午後二時十五分軍政部参謀司長郭恩霖、大迫中佐と共に来訪。

八、午後三時半奉天神社へ参拝

九、午後四時半津田第二遣外艦隊司令官来訪

十、午後六時中西友治より石を求む

十一、午後六時四十分臼井氏（長春写真師）来訪

十二、午後八時島本中佐と会食

六月二十日　月曜　晴

一、午前十一時東京農業大学校長吉川佑輝氏来訪

二、午後十一時二十分渡辺主計正、東京より帰来報告。

三、午前十一時十分多田大佐を招き、支那軍警備状況を聞く。

四、午後一時二十分井村主計総監来訪

五、午後七時半森島領事来訪、関税の事を語る。

六月二十一日　火曜　晴暑

一、午前八時二十分江頭仰弦来訪、午後七時半より会食演奏せしむ。

二、午前八時半都甲文雄を招き、献刀辞に付語る。

三、午前十一時半二宮隊長に対し、憲兵編成完了に付訓辞。

四、午後一時笹井遼陽病院長、湯崗子事件を報告す。

五、午後三時五十分鮫島本□□〔不明〕重任来訪

六、午後五時半能勢良晃師来訪会食

六月二十二日　水曜　晴

一、午前九時三十分藤田商工会議所会頭来訪、満洲国より奉天博覧会の寄附の相談ありしゆへ拒絶す。

二、午前十時大阪正義団長師井栄蔵氏来訪

三、午前十一時三十分神戸市大校長田崎慎治及特務部嘱託岡崎友吉氏来訪

四、午前十二時二宮憲兵隊長を呼び、其報告を詰る。

五、午後〇時三十分駒井長官、始めての連絡会議に来る。

六、午後一時五十分河本大作、用済帰来

七、午後二時真崎参謀次長来訪、同七時より同次長、磯谷補任課長等と会食。

八、午後九時三十分停車場発、哈市に向ふ。

六月二十三日　木曜　晴曇涼

長春より哈市へ飛行
馬占山軍掃討の為め

一、午前七時長春着マスヤにて朝食、同八時十分長春発飛行機にて同十時哈市着。
二、午後二時吉武呼蘭鉄道満鉄派遣者来訪
三、午後二時半、大江飛行隊長に訓辞を与ふ。
四、午後三時半広瀬師団長来訪
五、午後五時小松原大佐来訪、馬占山への使者と仏伊領事との関係を聞く。
六、午後六時五十分張景恵来訪

六月二十四日　金曜　半晴半雨涼

福本税関長罷免

一、午前九時三十分干深璈来訪
二、午前十二時哈市飛行場発綏化に至り、第十師団司令部を見舞ふ。
三、午後四時哈市飛行場に帰還、引続き飛行隊巡視。
四、午後六時呂永寰氏来訪
五、午後五時半市長鮑観澄来訪
六、午後七時半高橋寛一居留民会長来訪
七、此日、福本大連税関長罷免せらる。

六月二十五日　土曜　半晴半曇

内田総裁に会見の為め長春に到る

一、午前七時半哈市飛行場発、同八時四十分長春飛行場着、ヤマトホテルに至り、午前九時内田伯と会見。
二、午前十時四十分駒井長官、片倉参謀等と会見。
三、午前十一時二十分長春飛行場発、午後〇時五十分哈市帰着。
四、午後三時第十師団長来訪、午後四時川畑海軍少佐来訪。
五、午後五時第十師団長訪問
六、午後六時市政公所顧問遠矢治幸来訪
七、午後七時四十分石黒軍医部長来訪

六月二十六日　日曜　晴

真崎次長来哈

一、午前九時半出宿、真崎次長を哈市飛行場に出迎ひ、午前十一時帰宿、午後〇時三十分次長来宿、会食及懇談。
二、午後三時より、磯谷大佐と人事懇談。
三、午後五時半広瀬師団長来訪
四、午後七時半満鉄派遣海運長中川四朗来訪
五、二十五日より福本税関長罷免に伴ひ、満洲国政府にては税関接手〔収〕に着手し、此二十六日、大連及哈市其他各地の税関を接手〔収〕す。

六月二十七日　月曜　晴

大連税関事務福本に於て開始

一、午前八時四十分原口信太郎氏来、劉雨田紹介、次で午後二時劉雨田来訪。
二、午前九時磯谷大佐来訪、再び人事に付会談。同十時同大佐出発帰朝。
三、午前十時平田顧問来訪、市政及税関の事に付談ず。
四、午前十一時協和会大羽及紀井一氏等来訪
五、午後一時特務機関横井少佐来訪
六、午後三時半京都市会議員喜久氏来訪
七、午後七時、真崎次長を名古屋館に訪問。

六月二十八日　火曜　晴

一、午前十時広瀬師団長を招き、特務機関の件其他に付語る。
二、午前十時半島本憲兵大佐及武藤憲兵大尉を招き、露国共産党員の鉄道爆破の事を聞く。
三、午前十一時二十分、橋本軍参謀長司令部着、連絡す。
四、午後二時第十師団平田参謀長を引見、次で中山経理部長、竹内参謀を招き、水運の事を聞く。
五、午後六時大迫中佐来訪
六、午後七時半谷亜細亜局長、森島領事、長岡哈市領事来訪。
七、午後八時田実久次郎来訪

六月二十九日　水曜　晴

黒龍軍の反軍慶城、綏楞、鉄山包間の
地区に集まれるの報あり

一、午前七時半発飛行場に至り、真崎次長、谷亜細亜局長、橋本少将等の出発を見送る。
二、同時、石原参謀、橋本第十師団参謀と共に三姓に行く。
三、午後三時特務機関巡視
四、午後六時大谷尊由師来訪
五、午後七時半能勢良晃師来訪

六月三十日　木曜　半晴半雨

一、午前八時十五分二宮憲兵隊長来哈（各地巡察の途）来訪
二、午前九時出発、重砲中隊、停泊場司令部并航務局等視察、帰途第十師〔団〕衛生班巡視。
三、午前十一時半施履本来訪
四、正午土耳古アタッシェに赴く神田正種中佐来訪
五、午後一時半、中村旅団長、人見第十聯隊長来訪。
六、午後四時半八木象次郎を招き、馬占山訪問の新聞記者の事を聞く。
七、午後七時二十分鮮人柳恭巌来訪
八、午後八時来島副官来訪

七月一日　金曜　雨

一、午前十時三十分大江少将に、飛行隊教育訓練に対する指示を与ふ。
二、午前十二時鮑市長来訪
三、午前十二時過庵谷忱氏来訪
四、午後三時過小松原大佐来訪、鉄道爆破に対する露人取調の結果に付、長春当事者と打合せ方注意せしむ。
五、午後五時よりフーチャテン籌備所張伯俊来訪、其後の事を依頼す。
午後八時中山経理部長来遊。

七月二日　土曜　晴夕雨

馬占山の所在に関する情報略一致し、

14D及支那軍大いに乗気となる

一、此日田中参謀、塚田参謀を綏化第十四師団司令部に派遣し、馬占山の慶城附近にある事、略明瞭に付努力激励せしむ。日支諸隊の状況、位置大体判明す。

二、午前十一時韓雲階、金憲立来訪、斉々哈爾状況を語る。

三、午後八時石黒軍医部長来訪

四、此日小松原大佐、露人取調の件に付、長春に出張す。

七月三日　日曜　半晴半雨

此日奉天より馬占山、三日早朝慶城発

逃走の旨　傍受電を受く

一、午前九時飛行場に遊び、工事の状況及爆撃戦闘機の運動を見る。

二、午後二時第十師団長来訪、東支東部線方面平定に関する事、其他報告す。

三、此日傍受電を奉天より通報し来り、馬占山慶城を三日朝発出走を報じ来る。

七月四日　月曜　雨

此日飛行機を活動せしめ馬占山軍を逐ふ

一、午前九時島本憲兵中佐を招き、状況を聞く。

二、午前十一時李盛澤の子、李家浦（市政戦備処秘書）来訪。

三、午前十一時半板垣大佐来哈に付、午後四頭政治統一の件、其他に付意見を述ぶ。午後九時四十五分発帰奉。

四、午後一時半平田麒一郎氏を招き、松花江航運其他一般の事を聞く。

五、第十四師団其他部隊、慶城に向ひ行動開始。

七月五日　火曜　雨

一、午前九時半村井旅団長、楡樹方面より帰り報告。

二、午前十時半小松原長春に至り、露人取調べを打合せ来りし結果を報ず。
三、午前十一時五十分野田鸛〔?〕南氏来る
四、午後二時半干深瀓、状況報告の為めに来訪
五、此日騎兵第一旅団慶城に入る。馬占山、四合成を三日発北行せりとの情報あり。

七月六日　水曜　曇

内田伯外相就任

一、午前九時過大蔵省予算決算課長川越丈雄氏来訪
二、午前十一時吉祥来訪、国際運輸山崎事務次長と共に。
三、午後一時半志士碑に詣じ、帰途病院街兵営を見舞ひ、日本領事官舎に立寄り、地形視察、更に哈爾賓憲兵隊訪問の後帰宿。
四、此日、内田伯外相就任。

七月七日　木曜　半晴半雨

綏化に至る

一、午前十時内務書記官にて、思想主任として哈市に駐在せる石川銀蔵氏来訪、状況を語る。
二、午後十二時十分張恕来訪
三、午後一時発飛行機にて、綏化第十四師団司令部を訪ひ、匪賊討伐に付師団長と懇談、同夜会食、同所に宿泊(此日雨の為め帰哈し得ず)。

七月八日　金曜　曇

一、午前八時半綏化飛行場発、途中呼蘭河架橋及巴彦方向への出動部隊を激励、通信筒を投下し同十時帰哈。
二、午前十時半林少佐来訪
三、同二時広瀬師団長来訪
四、同二時半岡田猛馬氏来訪
五、午後五時村井少将、横道河子に出動の為め挨拶に来る。
六、午後五時半大迫中佐来訪
七、午後六時綾部〔橘樹〕少佐　(大蔵省予算決算課長と共に来満)来訪

七月九日　土曜　大雨

一、午後三時半劉夢康氏来訪、土肥原に伴はれて来満せし状況及其他の意見を述ぶ。
二、午後四時半平野参謀長退院、挨拶に来る。
三、午後五時過落合輜重兵少佐、八日大荒生附近に於ける57 i 両角大隊の戦闘状況を報ず。
四、此日正午過訥河部隊、徐宝珍軍を攻撃す。

七月十日　日曜　大雨

一、九日午前十一頃、訥河で小泉大佐の部隊、徐宝珍軍攻撃の電報、九日夜半到着。
二、午後一時石原中佐、中野参謀の飛行機にて斉々哈爾に行く。帰途、降雨の為め帰来し得ず。
三、午後一時半上田雅郎氏来訪
四、午後三時特別区政務庁長宋文林氏来訪
五、午後八時平野参謀長を引見

七月十一日　月曜

一、午前九時半、8D騎兵大隊長より14D参謀に転ぜる矢野少佐立寄る。
二、午前十時劉展超氏を招き、状況を聞く。
三、午前十時過金壁東氏、東宮大尉、川崎少佐等と共に来訪。
四、午前十一時李督弁、帰哈に付挨拶に来る。
五、午後二時谷口砲兵聯隊長来訪
六、午後二時半飛行場を見物し、飛行隊を巡視し、帰途市中見物し帰る。
七、午後八時平田顧問招致
八、午後九時島本憲兵隊長引見

七月十二日　火曜　晴

哈市発飛行機で長春へ
一、午後一時頃石原中佐及中野大尉、斉々哈爾より飛行機にて帰来、作戦上今暫く哈市に止まる事を希望せし

も、予定通り帰奉に決し、午後二時哈市飛行場発、同
三時半長春着。
二、午後四時より軍政部、国務院、執政府を訪問、執政に黒省支那軍隊を掌握すべきを説く。
三、午後七時ヤマトホテルに、駒井、山成、大橋、松木を招待会食。
四、午後十時発、汽車にて帰奉。

七月十三日　水曜　晴

此日登志子の四週年命日に付自ら読経
一、午前七時帰奉
二、午前十二時長山旅順市長外一名慰問及旅順神社の件歎願
三、午後〇時五十分日満産業博覧会長佐藤庸也砲兵大佐来訪
四、午後四時奉天中学校に於ける故松井久助〔清？〕大佐の葬儀に参列
五、午後五時山岡長官宿舎に来訪
六、午後七時二十分後宮大佐、鉄道等の件を報告。

七月十四日　木曜　晴

四頭政治統一に伴ふ人事意見を大臣に電報す
一、午前八時三十分後宮大佐、満湾鉄道の要件を帯び上京に付来訪説明。
二、午前十時半駒井長官来訪挨拶
三、午前十一時学生航空聯盟委員来訪
四、午後二時半河西中将、移民の件に付来訪。
五、午後六時妙心寺派谷義道来訪
六、同時長春商業学校服務山内少佐来訪会食
七、此日、児玉大佐も航空会社の件に付上京。

七月十五日　金曜　晴

一、午前十一時半東京商科大学々生十一名慰問の為め来訪
二、午後一時管円吉（井上雅二令甥）、欧州和蘭の英語会合に赴く為め来訪。

三、午後一時半二宮憲兵隊長、各地視察の状況を報告。
四、午後二時十分国防研究会堀羊三来訪。菱刈大将の親友。
五、午後三時半岩松大佐来訪
六、午後四時半西尾橋一及坂本直重（橋本栄治紹介）来訪

七月十六日　土曜　晴

一、午前九時三十分少女使節帰満挨拶に来る
二、午前九時四十分奉天警察局長斉恩銘来訪
三、午前十一時高原清一郎を招き、忠霊塔記念樹の記を植する事を依頼す。
四、午前十一時京都龍谷大学服務学生二十二名を帯同来訪
五、正午全満聯合婦人会代表田中せん外三名来訪
六、午後二時新に満洲国財政部に来りし星野直樹外八名来訪、各種注意を与ふ。
七、午後七時岩松大佐と会食

七月十七日　日曜　曇

一、午前十時半石丸葉一氏挨拶に来訪
二、午前十一時三十分竹内徳三郎氏来訪、中央銀行を出でたる経緯を述ぶ。
三、午後三時陶林般小学校長阿部万吉氏来訪
四、午後六時半清水卓造氏来満に付来訪

七月十八日　月曜　涼

一、午前九時三十分内堀維文氏来訪、儒仏教化の為め井上博士其他来満の事を説明す。
二、午前十一時半国防義会理事神林虎雄氏来訪
三、午後一時伊勢新聞社長橋本吉晴氏来訪、「大マンダラ」を送り呉れし人なり。
四、午後二時橘三郎氏上海より来る
五、午後三時十分平野助九郎大佐、竹原五郎中佐来訪。
六、午後三時四十分、吉田大将、黒崎中将一行来訪。
七、午後四時河本大佐来訪、大川氏との関係を語る。

八、午後六時独人ベ〔欠字〕……夫人来訪会食

七月十九日　火曜　晴

一、午前十時片桐龍子（岐阜忠誠婦徳会々長）来訪
二、午前十時五十分熙洽総長来訪
三、午後二時十五分阿比留乾二（司法総務司長）、藤山一雄（実業総務司長）来訪。
四、午後二時四十分小山貞知来訪、協和会の事を語る。（大体結了）
五、午後三時四十分交通総長、林高等法院長日本使節の任を果し帰満来訪。
六、午後四時森岡、長春へ転任に付挨拶。
七、午後三時和蘭婦人記者ケニー氏来訪
八、午後七時熙総長、丁総長一行の為めヤマトホテルに招宴。

七月二十日　水曜　雨天

一、午前十時三十分東京学生柔道聯合会理事長高広三郎外四〇名来訪
二、午前十時五十分清水卓造氏来訪
三、午前十一時十分大連取引所長小林和介来訪
四、午後四時佐原篤介氏告別式に臨む
五、午後七時吉田大将、黒崎中将と宿舎にて会食。

七月二十一日　木曜　曇

一、午前九時四十分野長顧晩花氏（朝日新聞画家）来訪
二、午後〇時五分大林一之氏来訪拶挨
三、午後〇時二十分野崎誠近氏を招く
四、午後〇時五十分荒木卓爾氏、無職逗留に付仕末方を請ふ。
五、午後一時三十分色部理事、大蔵省関係の満洲国に入るべき官吏を帯同挨拶。
六、午後三時内堀維文氏来り、学者の支那学講議の件を述ぶ。（前の考古学研究と衝突に付合同すべきを述ぶ）
七、午後七時竹下〔義晴〕中佐及儀我〔誠也〕中佐会食、儀我中佐仙台高校学生を連れ来満せしに拠て。

七月二十二日 金曜 曇

二郎〔次男〕着奉

一、午前八時三十分沼田大佐帝大学生を帯同し、又儀我中佐仙台高校学生を帯同せしにより、一場の訓辞を為す。

二、午前九時上海三菱支店長吉田政治氏来訪

三、午前十一時瀋海鉄道新車輛竣成祝賀式に参加

四、午後七時吉田政治氏と会食

五、午後九時半二郎着奉

七月二十三日 土曜 曇

一、午前十一時三十分小林少将来訪、農民団立花〔橘〕愛郷塾長自刃の噂を告ぐ。

二、午前十一時四十分庵谷及野口加内来訪、統一機関を奉天に存置方を申出づ。

三、午後一時五十分山根倬〔?〕三氏来訪

四、午後二時三十分二宮憲兵隊長を招き、愛郷塾長の事を聞く。

五、午後四時三十分商科大学の堀光男教授来訪

七月二十四日 日曜 半晴

一、午後一時二十分国防義会理事提章来訪

二、午後一時五十分中町香橘来訪。錦州方面の悪化を訴ふ。

三、午後二時三十分国務総理秘書鄭〔?〕兼来訪（天津よりの帰途）

四、午後七時堀教授、竹内徳三郎及土地学専攻の加藤主計を招待。

七月二十五日 月曜 曇雨

協和会発会式に臨む

一、午前六時五十分発長春に至り、午後一時着宿に入り、直ちに執政府に至り、午後二時開会の協和会発会式に臨み、午後四時三十分長春発帰奉、車中八田副総裁と談ず。河本理事の「申請」に付

二、此日、林博太郎伯満鉄、総裁に就任。

三、午前九時半大橋次長、ブロンソン・リーを帯同（満洲国入り）来訪。

四、午後〇時山田純三郎氏来訪

七月二十六日　火曜　半晴

一、午前九時より駒井長官、山成喬六、大橋忠一及都市計画局長等集まり、長春政務の状況を述ぶ。

二、正午右一行と会食

三、午後三時五分駒井長官を招き、総務長官転任の意味を伝ふ。同氏上京の内命あり。

四、午後三時三十分財務顧問鈴木穆来奉挨拶

五、午後五時三十分台湾華南銀行竹藤峯次氏、〇〇〇〇の事に付来訪。

七月二十七日　水曜　半晴

14D馬占山を追いつむ

一、午前八時大津吉之助、中西友治来訪

此日板垣大佐、作霖の棺を寺に按置の事を大津の意見に基き命ず。

二、午前八時三十分吉川寛治氏来訪

内地帰還・軍状報告

自 昭和七年七月二十八日
至 昭和七年九月 十 日

七月二十八日 木曜 雨

此日軍事参議官転任内命

一、午前十時三十分外務書記官栗原正来訪
二、午前十一時二十分神戸殊勲会々長大越兵蔵久振りに来訪
三、午前十一時三十分蒙古軍学生二十名、独立守備第二大隊にて訓練中のもの卒業に付挨拶。
四、午後二時田辺敏行、井上常太郎、銀公司の事に付来訪。
五、午後四時二宮憲兵隊長、待命の内命を伝ふ。
六、午後五時川那辺甚蔵氏来訪
七、午後七時特務部一同を招待挨拶
八、二郎、午後九時発哈市に向ふ。

七月二十九日 金曜 曇

一、午前十時半王殿忠、情況報告に来訪
二、午後一時荒城卓治氏来訪、補助を依頼す。
三、午後一時半石射領事帰朝に付来訪、田島、長春領事も同席。
四、午後一時四十分満洲国民政部に入りし、長尾憲兵大佐来訪、状況を語る。
五、午後二時半高原清一郎来訪、忠霊塔に奉植の公孫樹、石表樹立に付談ず。

七月三十日　土曜　曇

松岡洋右氏来訪

馬占山戦死の報に接す

一、午前十一時三十分早稲田大学教授五来欣造博士来訪、欧洲各国の状況を語り、「フアッショ」状況を説明す。

二、午後一時半松岡洋右氏、ジュネーブ行の準備として満洲視察の為め来満来訪に付、午後七時より宿舎にて会食す。

三、午後一時三十分川崎通訳官帰奉

四、此日馬占山二十七日午後三時頃安古鎮附近にて戦死すとの第十四師団長の電報に接す。

七月三十一日　日曜　晴

一、午前八時春日町小学校に於ける慰霊会剣道大会に臨む

二、午後三時より高柳閣下来訪

三、午後七時より領事館に於ける松岡招待会に臨む

四、午後四時丁志源及川島芳子来訪

八月一日　月曜　晴

一、午前九時常蔭槐の弟常蔭東来訪

二、午前十時衆議院議員中野寅吉来訪

三、午前十一時鳥居竜蔵博士来訪

四、午前十一時三十分小山令之氏、高橋元兵庫県知事の紹介にて来訪、満洲各地簡易医学校設立を述ぶ。

五、午前十一時五十分独乙記者来訪

六、午後〇時五十分周培炳、学良の荷物及作霖遺骸の事を伝ふ。

七、午後三時二十分、松岡洋右と会談す。

八、午後四時東京教育会満鮮視察団一行二十名と会見

九、午後五時久保田忠吉氏、東京より帰来々訪。

八月二日　火曜　晴

第十四師団に徴員整理を命ず

一、午前九時芳川寛治来訪、種々事業の事を述ぶ。
二、午前九時五十分薄益三来訪、内地事情を語る。
三、午前十時松木俠氏来訪、長春の事情を聞く。
四、午後〇時三十分久保田忠吉帰奉挨拶
五、午後一時五十分、多田大佐より東京の状況を聞く。
六、此日、馬占山戦死、先づ確実と認め、第十四師団に徴員整理を命ず。

八月三日　水曜　晴蒸暑

一、午後〇時二十分北海道少年団荒滝実外十七名慰問の為め来訪
二、午後一時司法総長馮涵清挨拶の為め来訪
三、午後二時貴志中将来訪
四、午後四時三十分、吉田大将上京に付種々伝言
五、午後七時貴志中将と会食

八月四日　木曜　晴蒸熱

一、午前七時中西友治来訪、高価の宝石を一覧せしむ。
二、午前七時半薄益三来訪
三、午前十時姫路福島工場長川合諒造来訪
四、午前十時四十分北海道帝大学生一行十七名来訪
五、午前十一時十分上原中将来訪、東京の空気を語る。
六、午前十一時吉田大将五日上京に付、種々相談意中を述ぶ。
七、午前十一時五十分ノウスアメリカタイムス記者、高橋清治氏来訪。
八、正午馮司法総長の招宴
九、午後三時十分謝外交総長来訪
十、午後四時長嶺〇〇で、飛行隊編成改正終了に付訓辞。
十一、参謀総長殿下より、黒省敵軍討滅に付奨詞あり。
十二、午後八時黒崎中将より、兵工廠の状況を聞く。

八月五日　金曜　晴

此日吉田大将特務部の要件を帯び上京

一、午前七時発西奉天飛行場に至り、飛行隊の訓練を見る。

二、此日錦州に行く積りの処、同地の天候不良の為め中止。
三、此日、二郎西飛行場より東飛行場まで飛行す。
四、午後三時逸見雄喜来訪、対馬賊策を述ぶ。
五、午後四時三十分屯田兵意見を、中央へ提出の為め決議す。
六、森司令官、内命の挨拶に来る。

八月六日　土曜　晴

奉天発、哈市経由齊々哈爾へ

一、午前六時奉天飛行場発、同八時長春着飛行機を乗換へ、汪林河孟の氾濫を見つつ同九時半過哈市着、午前十一時同地発、午後一時斉々哈爾着、省長以下多数の出迎ひを受く。
二、午後二時斉々哈爾飛行場より自動車にて、省政府、領事舘、病院、東大営を見る。午後五時竜江飯店着。
三、午後五時、程省長等の訪問を受く。
四、午後六時泰和飲店にて、旅団長以下将校等を招く。

八月七日　日曜　曇

齊々哈爾より克山、拝泉、海倫、綏化を経、哈市へ飛行

一、午前七時斉々哈爾竜江飯店を出で飛行場に至り、多数の見送りを受け同地発、斉克線に沿ひ克山に至り、平松旅団に通信筒を降し、次いで拝泉に至り、〇江省支隊長に通信筒を投じ、夫より途中馬賊を見つつ海倫に至り着陸、吉岡騎兵旅団長、平松旅団長、田中大隊長より馬占山討伐の状況を聞き、次で綏化に至り、松木師団長と会し報告を聞き訓示し、午後二時同地発、午後三時前哈市着陸、飛行隊を査閲訓辞。
二、午後三時過第十師団司令部を訪ひ、師団長より哈市大出水の報を受け、将校一同へ訓辞す。
三、午後五時より、哈市在留民の茶菓会に招かる。
四、午後七時より名古屋旅舘にて、第十師団将校、支那側多数の招宴に列す。

八月八日　月曜　曇

哈市より吉林へ飛行、陸軍大異動発表

此日張作霖の遺骸を寺院に奉移す

一、午前八時半哈市飛行場発、松花江に沿ふて秀水甸子烏拉街経及由、同九時四十分吉林飛行場着。

二、午前十一時師団司令部着、昼食後午後一時訓辞（司令部其他将校一同へ）し、午後一時半より、病院、領事館を訪問し、次で、北山公園に上る。午後三時満鉄公所長脇田有一氏宅に入り宿泊。

三、午後四時、吉興の来訪を求む。

四、午後六時半より満鉄公所にて、哈師団司令部将校の外支那側日本側要人を招待。

五、午後八時半、吉簾を招き面会す。

八月九日　火曜　快晴温暖

吉林発飛行機にて帰奉

一、午前八時吉林飛行場発、吉海、瀋海線に沿ひ、途中磐石、海竜、山城子に通信筒を以て挨拶しつつ、飛行機にて午前十時半奉天帰着。

二、午前十時四十分木内領事、北京に転任に付挨拶に来訪。

三、午前十一時、二宮閣下待命申告。

四、午前十二時片谷伝蔵来訪

五、午後三時半金井顧問来訪

八月十日　水曜　晴

此日大和ホテルにて軍司令部将校及下士一同に転任の挨拶を為す

北満大水害に付慰問金五万円を送る

一、午前八時中根斉氏来訪、北京の状況を語る。

二、午前八時半近藤至誠、福島四郎氏来訪。

三、午前十時大和ホテルにて、軍司令部将校一同に転任の挨拶を為す。

四、午前十一時議員津崎尚武、児玉右二来訪。

五、午前十一時半監察院審計部長寺崎英雄氏来訪挨拶

六、午後一時東京帝大剣道部学生一同慰問来訪
七、午後六時半長峯大佐送別宴（宿にて）

八月十一日　木曜　晴

二、三日前より汪静衛〔精〕、学良弾劾電報を発し支那混乱

一、午前十時八田副総裁、理事一同帯同、転任に付祝詞の為め来訪、午後六時よりホテルにて招待あり。
二、此日、駒井長官より其進退に関する電報あり、返電を発す。
三、午前十時五十分島根県教育会派遣員高遠斉吉氏外一名来訪
四、正午上原中将来訪に付、ホテルにて会食。
五、午後二時、袁金鎧挨拶の為め来訪。
六、午後二時三十分天理教中山為信氏、天理教の移民に付来訪。

八月十二日　金曜

錦州へ飛行訣別

一、午前七時奉天発飛行機にて、途中新民、打虎山、溝幇子、連山に通信筒を投下しつつ胡盧島築港を視察しつつ錦州に危く着陸、師団長以下第八師〔団〕将校の出迎を受く。（午前十時）次で一同へ訓辞。
二、午前十時北大営飛行場発、途中野戦病院傷病兵を見舞ひ、午前十一時師団司令部着、日本領事并満洲国谷県長等の挨拶を受く。
三、茶会の後、途中交通大学に立寄り、午後一時飛行場発一路帰奉。
四、午後四時、国際聯盟に行く森田少将来訪。

八月十三日　土曜　晴

一、午前十時、黒省程志遠氏来訪挨拶。
二、午前十一時十分、長春市長、金璧東来訪。
三、午前十一時三十分多門第二師団長来訪。
四、正午ヤマトホテルにて、程省長、森田少将等を招待。
五、午後二時和田遊撃隊長来訪
六、午後二時根岸卯太郎（聖公会長）来訪

七、午後三時半寿舜稗来訪

八、午後七時より、程志遠に招待せらる。

八月十四日　日曜　晴

日露戦跡飛行視察

一、午前七時奉天飛行場出発、日露戦跡視察に上る。先づ三塊石山の戦跡、次いで市街に接せる遼陽の戦線、夫より千山上空を飛び、更に鞍山東方大峪溝及大平溝の戦場を見、再び遼陽の前進前地を視、第一軍の渡河点及烟台炭坑を見て、午前九時過飛行場に帰る。

二、同飛行場にて、程志遠の黒省への帰去を見送る。

三、午後七時より加島起己（新第五十聯隊中隊長）及森川千吉氏を招待。

八月十五日　月曜　晴

一、午前十時五十分工学士七里定雄氏来訪

二、午前十一時林警務局長来訪

三、午前十一時半岩井少将来訪、大連乃木将軍銅像建設を依頼す。

四、午後一時十分中央大学教授柴田甲四郎氏来訪、荒木陸相の紹介にて。

五、午後二時鈴木穆氏来訪、長春視察団〔談〕を聞く。

六、午後二時二十分、騎兵第一旅団長として着任の高波少将来訪。

七、午後四時、林新満鉄総裁来訪。

八月十六日　火曜　晴

一、午前九時三十分北米武徳舘本部剣道修養団員、慰問の為めはるばる来訪。

二、午後一時二十分新独立守備隊司令官井上忠也氏来訪

三、午後一時三十分軍令部附世良大佐来訪

四、午後二時予備砲兵中佐山下定二来訪

五、午後七時、奉天領事の招待に臨む。

八月十七日　水曜　晴夕刻雷雨

一、午前七時三十分逸見雄喜来訪

二、午前八時鈴木穆博士来訪、種々意見を聞く。
三、午前十時五十分坪井少将、退任待命に付来訪。
四、午前十一時三十分京都市尚武会慰問代表城野亀吉外一名来訪
五、午後〇時三十分楢崎、名村、長谷川春子氏等毎日新聞関係者来訪。
六、午後七時川崎通訳官来訪

八月十八日　木曜　朝夕立日中晴

安東線沿線守備隊訣別旅行

一、午前八時参謀本部より酒井隆氏来訪
二、午前九時奉天駅発、安奉線各駅にある軍隊を見舞つつ午後四時過安東着、多数官民及李寿山軍の出迎を受け、駅にて各官民に挨拶の後安東ホテルに入る。
三、午後五時頃より、朝鮮軍司令官とホテルに会見し、満洲事情を通報す。
四、午後七時より安東公会堂にて、日満官民七十余名を招待し、午後九時終了。

八月十九日　金曜　朝曇晴

安東より奉天へ飛行帰来

一、午前六時三十分宿を出て安東忠霊塔に参拝し、直に自動車にて義州に至り、中津旅舘に朝鮮軍司令官を訪ひ、午前九時（朝鮮時間）朝鮮軍司令官汽車にて出発後飛行場に至り、午後九時三十分（満洲時間八時三十分）発、千五百米乃至、二千米の高度を取り午前九時四十分奉天飛行場着。
二、午前十時新歩兵29ｉ長河村董大佐着任挨拶
三、午前十一時、森前守備隊司令官転任挨拶、正午ヤマトホテルにて会食。
四、午後三時半岡村参謀副長、篠原高級副官、遠藤参謀外三名着任挨拶。
五、午後七時ヤマトホテルにて、新聞記者団より招待を受く。

八月二十日　土曜　晴

一、正午ヤマトホテルにて、臧省長其他支那側要人より招待せらる。
二、午後三時鉄嶺地方委員代表小野医学博士外三名来訪
三、午後七時、奉天市官民主要及外国領事等をホテルに招宴。
四、午後三時台湾通信社長田中一二来訪
五、午後十時半松井中将全権、欧洲より帰来着奉。
六、此日、忠霊塔に献納公孫樹に標柱を植立せしものを見る。

八月二十一日　日曜　晴

軍司令部高等官一同招待

一、午前八時靖安遊撃隊を閲兵し、将校に対し訓辞を与ふ。
二、午前十時二十分松井中将来訪会見
三、正午、軍司令部高等官一同の為め招待訣別す。
四、午後二時四十分遼陽地方委員青山員雄来訪
五、午後三時阪谷希一氏来訪、満洲国内の状況を述ぶ。
六、午後五時筑紫中将、満洲国参議として来任。
七、午後七時オリエンタルホテルにて、満鉄経済調査会の人々を主賓とし、特務部各員を陪席として招待。

八月二十二日　月曜　晴

奉天市民より招待を受く

一、午前九時半村井少将帰朝報告
二、午前十時十分地方課長荒木幸外奉天居留民会長其他来訪挨拶
三、正午ヤマトホテルにて、松井全権、筑紫中将を主賓として会食。
四、午後六時より「ヤマトホテル」にて、奉天市民より平田少将と共に招待せらる。盛大なりき。
五、午後九時二十分奉天駅発、長春に向ふ。

八月二十三日　火曜　快晴

長春、牡丹江、敦化を飛行旅行す

此飛行に大毎桜井、大朝の小秋元記者を伴ふ

一、午前七時長春着、同七時半発飛行機にて、吉林、額穆を経て鏡泊湖上を飛び、宮地、梅林、掖河の上空を飛び、通信筒投下の上、午前十時前牡丹江駅飛行場に着陸、旅団長（長谷）以下の歓迎を受く。

二、同地守備隊長宿舎にて昼食

三、午後二時前牡丹江駅発、寧安、東吉城に通信筒投下、鏡泊湖東側軍隊築設路を視察しつつ午後三時敦化着。

四、一旦旅団長宿舎小休の後、砲台山及忠霊塔に詣で帰宿。

五、午後六時過敦化城外日本料理店にて、支那側の人々を招く。

八月二十四日　水曜　晴暖

敦化より帰長、執政に面接す

一、午前六時過敦化旅団長宅を出で、飛行場に至り同六時四十分発飛行、先づ蛟河に至り、守備隊に通信筒を投下し、夫より拉哈線建設の実況を視、夫より長春に直行同九時過着陸。

二、飛行場より満洲屋に入り板垣少将と例の承認と議定書の関係を打合し、午前十時三十分鄭総理を訪ひ説明し、更に執政を訪ひ説明賛同を得、午餐後又引続き執政に二、三注意す。

三、正午執政より、午餐に招待せらる。

四、午後四時より「ヤマトホテル」に、長春在留民を招き茶菓を供す。

五、午後七時より鄭総理以下満洲国官吏より、「ヤマトホテル」納涼園に招かる。

八月二十五日　木曜

一、午前八時半長春を実に盛大なる見送（日満軍隊堵列）の下に出発、午後一時二十分奉天着、直に司令部に至る。

二、午後二時二十分、山岡長官来訪帰朝挨拶。

三、午後六時半協和会幹部招待（ヤマトホテル）

八月二十六日　金曜　晴

武藤新軍司令官着奉

一、此日武藤軍司令官安奉線より来任に付、沿線を警戒し、飛行機にて警備す。

二、午後一時武藤軍司令官奉天着、之を出迎ふ。一般日満官民の歓迎盛大を極む。

三、午後三時半より軍司令部にて、武藤大将の挨拶及申継一部を為す。

八月二十七日　土曜　晴

武藤大将へ申継終る

一、午前九時より軍司令部にて武藤大将に約二時間引継を為し終了、之にて一切軍司令官に関する責任解除。

二、午後六時半より、橋本憲兵司令官に招かる。

八月二十八日　日曜　雨

匪賊飛行場を襲ふ

承認に伴ふ諸書類大体新軍司令官の下に研究を終る

一、午前十時より忠霊塔及奉天神社に参拝し、領事舘に挨拶後、引続き城内に臧省長を訪ひ辞行、帰途武藤軍司令官の官邸を訪ふ。

二、正午駒井長官来訪会食

三、午後六時半より武藤大将より、「ヤマトホテル」に於て送別宴を受く。宴後小磯参謀長と懇談。

四、夜半匪賊約百、兵工廠其他を襲ひ、飛行場の一部を焼く。死傷靖安遊撃隊二、三名。

五、此日承認に基く議定書、議定書に伴ふ軍事協定、同協定附属の鉱業法制定等を軍司令官の下にて研究決定し終り、清書の上参謀携帯上京、枢密院の議了を経て軍司令官長春に至り、調印の筈。

八月二十九日　月曜　曇半晴

愈々奉天を離れ帰朝の途に就く

大連にてヤマトホテルに宿泊

一、午前宿に在つて出発準備（午前コレラ予防注射）
二、午後〇時四十分過瀋陽舘を出づ。日満学生及在留民沿道両側に堵列見送る。着駅後貴賓室にて、日満知名の士の挨拶を受く。武藤軍司令官見送りの為め来駅、午後一時特急出発、奉天駅内又日満見送りの人にて充満。
三、沿線各駅又在留民の歓送者充満、夫々挨拶す。八田副総裁等大石橋まで出迎ふ。
四、熊岳城南方九寨附近に小匪賊現はれし為め列車は四十分遅れる。
五、午後八時三十分大連着、其盛大なる歓迎言語に絶す。

八月三十日　火曜　晴

大連滞在各方面挨拶
夕歓迎会後師友、入江、船川、桑田氏等来室、更に加島氏来室

一、午前十時ホテルを出で、大連神社及忠霊塔参拝、満鉄本社及市役所訪問。
二、午前十一時三十分頃より星ヶ浦に向ひ、于逸園に于冲漢を訪ひ、次で星の屋に至り満鉄副総裁と理事の招待を受く。
三、午後三時四十分満鉄協和会舘にて、満鉄社員一同に挨拶す。
四、午後四時三十分、再び忠霊塔前に於ける全市民の歓迎に臨む。市民の集まるもの五万と称せらる。
五、午後七時、ヤマトホテルに於ける市役所主催の官民合同歓迎会に臨む。

八月三十一日　水曜　晴

大連より旅順へ

一、午前在宿、稲葉庄太郎、加茂某、児玉香象其他恩赦の面会人に接す。
二、正午半「ヤマトホテル」にて、在留の主なる人々約百三十名を招待す。
三、午後四時三十分大連駅発、汽車にて旅順に午後六時着、官民多数の歓迎を受け、各学生の堵列の裡を新市街ヤマトホテルに入る。斉藤要塞司令官大連に迎出

ふ。

四、午後六時五十分発、昭和園に至り、旅順官民の歓迎宴に臨む。頗る盛会なり。

九月一日　木曜　晴

旅順滞在

一、午前九時三十分発、忠霊塔参拝幣帛を捧ぐ。次で衛戍病院を訪ひ、患者を見舞ふ。
二、午前十時過市役所訪問
三、正午半、関東庁の午餐会に招かる。
四、午前十一時要塞司令部を訪ひ訓辞、帰途司令官々舎に立寄る。
五、午後二時、重砲兵大隊に至り、閲兵訓辞。
六、午後二時半第二遣外艦隊訪問、軍艦平戸に到る。
七、午後三時川越全権随員来訪要談。
八、午後六時半偕行社にて旅順官民招宴。

九月二日　金曜　晴

大連出帆

一、午前六時旅順発、多数官民歓送の下同七時四十分大連着、直に陸軍運輸部出張所着休憩、日満多数の人に挨拶。
二、午前九時二十分同所発、埠頭貴賓室に入る。途中各学校生徒堵列歓送、貴賓室で多数見送人に挨拶。
三、午前十時乗船、出帆前ラジオ挨拶、未曽有の歓送三万と称す。埠頭ウワヤ、階下、二階、三階に充満す。同十時十分出帆、港外まで要塞司令部、満鉄等各ランチ四船で見送る。
四、航行平穏、夕刻山東角通過。

九月三日　土曜　午前晴午後曇

朝鮮近海航行

一、天明間もなく朝鮮島嶼を見る。午前十時頃より多島海に入る。午前波静、午後波稍高し。
二、此日、午後より特に夜に入り、波浪特に荒れたり。

九月四日　日曜　雨

門司著

一、午前六時六連島到着検疫、新聞記者六連島まで昨夕より集合。
二、門司、下関両市長、其他多数官民の出迎を受く。三宅中将、土肥原少将、中岡要塞司令官等来迎。
三、午後一時出帆雨中にも拘はらず、瀬戸の両側に下関、門司の学生及官民、日章旗を振り歓送し呉る。感激の至りなり。

九月五日　月曜　小雨

神戸上陸休憩の後京都に入る

一、午前六時和田島着、検疫を受く。
二、午前七時半岸壁着、寺内師団長、白根知事、黒瀬市長其他多数官民、同郷古川町長山川県会議員等船上に訪問を受く。
三、午前八時上陸、西村旅館に入る。陸上及沿道の歓迎実に盛大を極む。正午常磐にて、師団長、知事其他有力者十数名と非公式会食。
四、午後三時四十分神戸駅発、途中官民の見送りを受け、殊に府知事外大阪駅の見送り盛大なり。午後五時二十分京都着、久邇宮の使山本師団長、府知事外多数官民の出迎を受け、又沿道多数の歓迎者の中に午後六時近太旅館に入る。

九月六日　火曜　小雨

伊勢外宮内宮参拝

一、午前九時二十分、近太旅館発、桃山参拝。
二、午前十時二十分桃山電車停留所に至り参宮鉄に乗り、午後一時三十分山田駅着、次で油屋旅館に入る。途中駅より八木駅まで、奈良県久米知事同車見送る。
三、午後二時十五分、外宮、内宮の順序に参拝。内宮にて神楽を奏す。午後三時四十分帰宿。
四、午後四時三十分、三重県広瀬知事、半井光次内務部長等来訪、午後七時より同知事の招待を受く。山本16D長、大塚同師団司令部附同席。

九月七日　水曜　晴

伊勢山田より箱根まで

一、午前六時二十分油屋発、同四十六分山田駅発、午前十時二十七分名古屋着。（途中伊勢津第百銀行、川北社長桑名まで同車、軍用機献納の特志家なり）貴賓室にて愛知県知事、若山師団長、其他多数の挨拶を受く。杉本理太郎夫妻同地より豊橋まで同車。

二、午前十時五十分特急富士号に乗り換へ、各駅共大歓迎を受けつつ、午後三時半頃国府津着、爰に森、吉岡各中将、石原大佐等も同駅に在り、多数歓迎の裡に自動車にて箱根宮下富士屋に入る。松岡洋右氏あり、共に一同会食す。

九月八日　木曜　小雨午後曇

入京及拝謁

一、午前七時二分箱根富士屋発国府津に、同八時発列車に搭乗、各地沿道の歓迎を受け、大船にて横浜市長の出迎を受け、同九時四十分東京駅着、多数台閣の諸公、各将軍連、特に聖上御使川岸侍従武官の出迎、同十時東京駅発、儀仗兵を附しある宮内省馬車にて参内。

二、午前十一時拝謁、軍状復奏後御勅語を拝受、引続き皇后陛下に拝謁、御会旨及御下賜品を賜はる。

三、正午、御陪食を賜ふ。

四、午後二時半宮内省馬車で参謀本部に到り、総長宮殿下に報告、御言葉を賜はる。

五、午後四時、陸軍大臣へ状況報告。

六、帰途、中野町民の大歓迎及夜分提灯行列其数二万。

九月九日　金曜　雨

皇太后陛下拝賜

一、午前十一時皇太后陛下に拝謁、御会旨及御下賜品を賜はり、且つ午餐頂戴。

二、午後六時霞ヶ関離宮にて、参謀総長宮殿下の御賜餐を蒙る。

九月十日　土曜　曇晴

一、各宮殿下及旧藩主邸へ御挨拶（午前午後）

二、正午、大臣閣下の招宴。

三、午後六時半東京市、同府及東京商工会議所主宰の歓迎宴に参列。（東京会舘）

上奏・軍状報告

謹みて関東軍の状況を上奏す
昭和七年九月八日
前関東軍司令官　本庄　繁
臣　繁

一、昭和六年九月十八日事変勃発するや軍は南満洲鉄道線路を保護し併せて其沿線在留帝国臣民の生命財産を安全ならしむる為敢然起て自衛の方策を講じ軍主力を以て奉天附近の旧東北軍主力を覆滅し一部を以て長春附近の敵を撃破し営口竝鳳凰城に於ける敵の武装を解除せり

次で第二師団主力をして吉林を占拠せしめ満鉄右側面の脅威を除去すると共に別に一部隊を巨流河附近に派遣し遼西方面の監視に任ぜしめたり

十月中旬張海鵬軍の北進に伴ひ洮昂線嫩江鉄道橋江省軍の破壊する所となるや速に修復して我権益を擁護せんとし十一月上旬第二師団の一小部隊を以て其修理掩護に任ぜしめたるが江省軍の不法なる挑戦に遭ひ一時苦況に陥りたるを以て一部を急派して大興附近に敵を撃破せるが戦況更に進展十一月十八日遂に軍主力を以て攻勢に転じ昂々渓南方三間房附近の江省軍主陣地を突破し追撃して一挙斉々哈爾に進入せり

混成第四旅団増加せらるるや直に斉々哈爾方面に派遣して第二師団の部隊と交代せしめ十一月下旬天津方面の兵変に対応せしむる為第二師団主力を満鉄沿線に集結せり

旧東北政権は錦州附近に大兵を擁し陣地を強固に構成し拠りて以て南満一帯の擾乱を策し十一月下旬中華民国政府は錦州附近中立地帯の設定を提唱し一は以て我軍事行動を制限すると共に一は以て東北失地回復を容易ならしめんとす爾来官兵匪賊相混じ兵匪の跳梁甚しく其勢猖獗にして遼河結氷するに及び南満沿線の不安益々加れり於是軍は其策源を覆滅して禍根を一掃するに決し十二月末第二師団を以て営口方面より爾余の軍主力を以て京奉線に沿う地区より進撃を開始し遼西一帯兵匪の芟討を敢行す然るに兵三万五千砲約六十余門を有する敵は我威武に屈し殆ど抵抗せずして関内に退却し遼西の良民到処皇軍の威風を謳歌渇仰せり

軍は播種期迄に努めて満州全般の治安を恢復し以て民生を安ぜしめんと欲したるを以て錦州占拠に伴ひ直に部署する所あり即ち第二十師団竝混成第八旅団を奉天省遼西の地区に第二師団を鉄嶺以南満鉄沿線の地区に独立守備隊の主力を鉄嶺

以北の満鉄竝四洮鉄路各沿線地区に配置し夫々地区を劃して治安の恢復を企図せしめ混成第四旅団主力を依然斉々哈爾に駐めて該方面の警備に任ぜしむ

昭和七年一月上旬吉林軍は同省東北部地方の安定の為北伐を開始するや哈市南側地区に於て李杜、丁超等の諸軍に阻止せられ該方面の形勢頓に悪化し哈市在留帝国臣民も亦危殆に瀕するに至りしかば直接之を保護する目的を以て第二師団の歩兵二箇大隊を基幹とする部隊を鉄道に由り同地に派遣せんとせり然るに中東鉄路局の消極的妨碍を蒙り輸送意の如く進捗せざるのみならず双城附近に於ては反吉林軍より急襲せらるるに至りしも我部隊は断乎之を撃退せり

乃ち軍は意を決して反吉林軍主力を膺懲し速に哈市に進入して居留民の不安を一掃し北満に於ける中枢を占拠して政情を安定せんとし先づ第二師団主力次で混成第八旅団を該方面に転用せり第二師団は困難なる輸送の下に逐次兵力を集結し二月五日哈市南側地区に於て李杜、丁超の諸軍に打撃を与へ同市の治安維持に任じ三月下旬より更に方正方面に作戦して反吉林軍を討伐す爾余の軍主力は張海鵬、于芷山等の諸軍を指導しつつ主として奉天省治安恢復の促進を図る

四月中旬軍兵力一部の交代に伴ひ第八師団竝第十師団の精鋭隷下に入るや夫々第二十師団竝第二師団と交代の上第二十師団主力を帰還せしめ第二師団は一部を以て斉々哈爾警備部隊と交代し主力を吉林方面に配置せしめたり而して吉林軍の北伐進捗に伴ひ四月下旬軍は一部をして寧古塔一面坡方面に於て其行動を支援せしめ次で上海方面より転用増派せられたる第十四師団を其到着するに従ひ哈市方面に輸送し更に海林方面に作戦せしめて曩に派遣せる混成第三十八旅団と共に牡丹江流域の敵を撃破して第十師団の松花江下流地域に対する作戦に策応せしむ

第十師団は第十四師団先着部隊の到着に伴ひ兵力を集結し五月上旬行動を開始し水路松花江を下航して三姓に向ひ遂に李杜丁超諸軍の根拠を衝きて之を敗走せしめたり当時我海軍の派遣兵は協力一致以て該師団の困難なる水路作戦を容易ならしめたり

反吉林軍の掃蕩に対し当初協力しありし黒龍江省長兼同省警備司令官馬占山は国際聯盟調査団の入満に先じ密に斉々哈爾を脱出し江省軍の腹心を黒河海倫方面の地区に糾合し策謀を逞うせり調査団哈市に至る頃遂に有力なる馬占山系軍は呼海鉄路に沿ふ地区より南進し反吉林軍竝吉黒両省の兵匪之に通謀するもの尠からず北満の騒擾日に拡大すべきを懸念せられ於是軍は北満の禍乱を防止する為には馬占山系軍を掃蕩するの急務なるを看取し五月二十三日、四日其有力なる前遣部隊を呼蘭附近に於て迎撃したる後第十四師団を以て呼海鉄路沿線方面より第十師団主力を以て哈市東北松花江流域地区より相策応せしめ北満討匪作戦を遂行し軍戦闘司令所を一時哈爾賓に設け且江省軍を指導して本作戦に協力せしめたり

自之先騎兵第一旅団の軍に増遣せらるるや直に斉克治線に進出し第十四師団の一部と共に黒河に向ふ作戦を準備せしめたるが前述状況の変化に伴ひ前記各兵団に策応して馬占山軍の挟撃を企図せしむ

時恰も北満の雨季に際会し各部隊は炎熱降雨を冒し飢渇泥濘に苦しみ奮戦力闘四十余日漸次馬占山軍主力を席捲圧迫し七月二十七日歩兵第十五聯隊田中大隊は異状なる追撃を敢行したる後遂に海倫河畔霍勒店附近に該軍主力を殲滅し北満平定上一段階を劃するに至れり

此間奉天省東辺道方面に於ける太刀会匪の跳梁満州国軍隊一部の兵変旧東北政権使嗾義勇軍並兵匪の南満擾乱等治安を紊せるもの尠からず各部隊或は剿匪に或は警護に出動し概して適切なる行動に基き良民をして大なる惨害より免れしめ得たり

然れども満州国内に於ける兵匪は其数今尚十万余ありて背後に於ける巧妙なる使嗾に因り未だ以て横行を恣にせるは遺憾に堪へざるも向後軍諸隊の活動と満洲国軍隊並警察等の警備及建国精神の普及徹底と相俟ち治安の恢復を庶幾し得ること亦遠からざるべし

事変以後蘇聯邦が極東に増加したる兵力は約五箇師団なるも単に時々消極的策動を為したるに過ぎず軍も亦北満平定を妨げざる限り徒に刺激を与ふるを好まずして今日に至り日蘇の関係は概ね好調に在り

二、軍需品の補給は作戦地域の広汎にして担当機関の僅少なるに係らず輸送機関の努力と相俟ち概ね順調に実施せられあり

三、事変以来将兵は衛生上不利なる環境裡に在りて諸般の激務に服しあるに拘らず志気極めて旺盛にして為に平病の発生尠く戦傷者亦概ね順調なる経過を辿りつつあり然れども出動以降七百二十七名の将兵を喪ひ一千五百有余名の戦傷者並数百名の凍傷患者を生ぜしめたるは寔に恐懼に堪へず

四、昨秋九月事変突発以来軍の行動に伴ひ先づ奉天市の秩序維持せられ奉天地方維持会設立を見九月下旬乃至十月上旬吉林省並東省特別区独立し張海鵬洮遼方面に蹶起す十一月初旬自治指導部創建せられ地方自治の刷新を庶幾せらるる等旧東北政権者散逸逃避の後を享けて旧軍閥秕政の桎梏より脱せんとし諸政逐日更生し政権樹立の運動次第に勃興せり十一月中旬我軍斉々哈爾を占拠するに及び該方面亦鎮定し十二月中旬臧式毅奉天省長に推挙せられ奉天省独立し昭和七年一月上旬張景恵黒龍江省長に就任して同省の独立を全うせり

爾来建国の機運頓に促進し呼倫貝爾内蒙古の自治運動亦之に加り二月十六日遂に各省区の巨頭奉天に会同して東北行政委員会を組織し二月十八日独立して新国家を建設すべきを宣布し次で連日建国の議を練り二月二十五日溥儀を執政とし満洲国と称し大同と号し新五色旗を国旗とし民本主義を以て王道政治を行ふべき旨通電を発し三月一日満洲国政府成立し同

九日執政就任の盛儀を挙行せらるるに至れり
爾来六閲月軍は我国策に順応すべき独立国として日満の共存共栄を策するの趣旨に依り其発達を助成し来れるが今や満洲国は其国礎漸く鞏く諸般の政務亦概ね順調に進展しつつあり
即ち内政は未だ以て改革の実を徹底せしむるの域に達せざるも各省財政行政の三権分立に伴ふ中央統制漸く体系を整へ県以下の自治制亦漸次刷新せられ治安の恢復と相俟て実質的に善政の効果を庶幾し得べし
財政状態は満洲国中央銀行の設立幣制の統一徴税機関の改正整頓海関塩務署の接収等漸次良好に整備せられ其基礎を堅実ならしめあり
唯々今次北満未曾有の水災は経済回復上の一障碍たるなきやを虞れあり
産業の開発は未だ以て具体的の進捗を見ざるも軍特務部之が中心となり満鉄経済調査会と共に鋭意根本的研究に従ひ近く其一部を顕現し得べく治安恢復並産業開発上に必要なる交通網の整備も亦逐次実現の緒に就きつつあり
熱河省民は速に苛政より脱逸せんことを欲しあるも省内の政情並京津方面との関係は機微なる作用ありて京津方面の宣伝収攬頗る巧妙を極め省長湯玉麟も保身上概して中立的態度を持し進で満洲国の治政下に入らざるは極めて遺憾とする所なり軍は四囲の情勢並地形上努めて之を刺激することなく自ら帰服し来る如く指導したり
満洲国官民は畏くも　皇道の光披に浴し我帝国官民の真意就中在満皇軍の使命を諒解し来り悦服依存せんとするの風を馴致しつつあり
之を要するに満洲国の前途は固より幾多の難関を予測せられざるにあらざるも日満両国並両国民が協力融和を図り且挙国一致善隣の誼を以て其発展を助成するに於ては王道建国の完成期して待つべく軈がては日満両者の福祉を増進し東洋永遠の平和を招徠し得ること必せり
顧るに事変勃発以来茲に一閲年寡兵能く衆敵を膺懲し兵匪を鎮撫し以て帝国在留民の生命財産を保護し我権益を確立擁護し得たるのみならず進で在満三千万民衆の為治安を恢復して其福祉を増進し満洲国建設の鴻業に寄与し得たるもの固より
叡聖文武なる　大元帥陛下の御稜威の然らしむる所なるも我将兵祁寒酷暑の下克く艱苦欠乏に堪へ忠勇義烈常に笑つて死地に就き我国民国歩艱難の際挙国一致克く軍の行動を支持後援したる結果たらずんばあらず今恭しく
闕下に復奏するに際し思うて茲に至れば真に感激措く能はざるなり

満洲事変の本質

本庄繁 手記〔絶筆〕

はしがき

満洲事変に関する余自身の記録、資料等は、戦災に遭つて悉く焼失した。仍て余の記憶を辿りつつ手記するの余儀ない次第であるが、何分事既に十有四年の往時に属するので、時、所、順序其他の末梢に於て、若干の誤差なきを期し難い。されど、該事変の真相並に、これに対処せる余の信念等の本質に於ては毫も誤りないことを確信する。

一、事変勃発前の概況

余が職を関東軍司令官に奉じたのは、昭和六年（一九三一年）八月であるが、予てより激化しつつあつた、中国の排日気勢は当時の幣原外務大臣（現総理大臣）の熱誠なる協調政策にも拘らず、此の頃に至つて愈々悪化を加へて居た。特にそれは満洲に於て甚だしくて、不祥事突発の日相次ぎ、しかも余の赴任直前には、正式査証を有する中村大尉及び井杉曹長の満洲屯墾部隊による虐殺事件、満洲国、官、民共同による朝鮮人農民虐待の万宝山事件等の重大事が続発して未解決の儘にある等、満洲の一般情勢は真に憂慮に堪えないものがあつた。

この余の憂慮は、現地赴任直後に行つた余が、管下の初度巡視に依つて愈々深められたのである。仰も南満洲鉄道株式会社（以下満鉄と略称す）附属地並に商埠地以外の所謂奥地と雖も、帝国臣民住並に営業の権を有することは、小村外相当時の所謂商租権に依つて明かな所であるが、満洲の住民を対手とする文化事業たる医師の業務に携はる者に至る迄、帝国臣民たるの故を以て該地域に居住するに由なき有様にあることを実見した。かかる実情なりしゆえ、在留帝国臣民は点と線に異ならぬ、前掲附属地並に商埠地に集合跼蹐せざるを得ざらしめられたが、しかも帝国臣民に対する暴行迫害はこれ等地域内にも波及し、之がため国民学校児童の如きは校舎への往復にさへ軍隊の保護を要し、軍隊の駐屯なき地域に於ては無期休校乃至廃校のやむなきに陥つたのである。斯くてこれより数年以前内地人、朝鮮人を合して百二、三十万人に達して居た、在留帝国臣民は逐次帰国して事変勃発当時には百万人をも算するに足らず、且つ是等の多くは帰国するに職なく、住なき所謂第二世的存在であつたのである。

一方我が関東軍の情況を見るに、軍は漸次尖鋭化する満洲側との摩擦を極力回避せんとする、帝国政府の方針に従ひ、演習以外には附属地、商埠地外に出でず、且つ演習に際しては実包を携帯せしめざる等、宥和の為には百方戒心に努めたのであつた。然るにも拘らず、満洲側軍当局は我が方の演習に際して、使用演習場所、使用日時等の無通告、自由の約定なるを無視して之が予告を我が方に迫り、我が方がこれに応じて予告するや、これを逆用し同時、同所に演習を挙行して、我が方の演習を困難乃至不可能ならしめ、加之我が方が実包を携帯せざるに乗じ、示威威嚇を我れに加へる者さへあつて、一層事端を繁からしめた。しかもなほ遂に附属地、商埠地外の演習を一方的に我れに禁じ、剰さへそれに代る我方の特定演習場の貸与若くは譲渡の要求を拒否して、事実上軍の生命たる訓練を我が方に封ぜんとするに至つた。斯かる間にも、在留帝国臣民並に我が将共に対する個々的な侮辱事件、暴行事件等は、朝に夕に、街に巷に益々恣に激成されたのである。

斯くの如き不祥事件、不法事件は算するに遑なく、これがため、余が着任した当時に於ては、一瞬と雖も一触即発の危機ならざるはなかつた。

二、事変の概要

余が赴任した翌月の九月十八日（一九三一年）奉天郊外北大営に在営する満洲側軍隊が同兵営の西辺を通ずる我が満鉄鉄道線路を柳条溝附近に於て爆破し、茲に一解即発の危機は終ひに爆発した。

当時同所より程遠からざる地点に於て、鉄道警備訓練をなしつつあつた我が一部部隊は、直ちに現場に急行して暴行敵兵群を駆逐すると共に、暴行兵群を掩護して我れに攻撃を加へる当面の敵部隊に反撃を与へつつ後方部隊の応援を俟つて遂にこれを北大営内に圧迫したのである。

右の急報に接した余は中央部の指令を仰ぐの暇なく、直ちに各地にある管下部隊に対して武力行使上所要の命令を下令したのであるが、管下部隊中には余の命令到達に先んじて行動を開始した部隊もあり、また敵の攻勢に先んじて攻撃に出でた部隊もあつた。

かくて関東軍は全面に亘つて攻勢に出たのであるが、何故に余が独断管下部隊に武力行使を下令したか、また何故に余の命令到達に先んじて行動を起した部隊があつたか、更にまた、何故に敵の攻撃に先んじて攻勢に出た部隊もあつたのであろうか。

関東軍の第一任務は、いふまでもなく、満鉄所属鉄道線路の保護である。また苟くも外地に駐屯する軍隊である以上在留民の生命、財産並に自国権益の保護及び軍隊自体の自衛の任務もその重さに於て敢て第一の任務に譲るものではない。而して是等任務遂行の責任と権限は、定める所により、余に限らず歴代総ての関東軍司令官に負托せられてある。しかも当時の情勢は既記の如く満洲側の手による何事か一事の新たなる勃発は、全満的且つ計画的行動を示唆するものと信ぜしめずには措かぬ底のものであつた。

殊に新事端は鉄道線路の爆破である。―柳条溝は北大営に近接して居るため、同兵営にある満洲兵士が同所の鉄道線路上を散策し、その際線路に石塊を置いて列車の転覆を企図したことは、再三あつたが、爆破の如き挙に出でたことは初めてである。―減少したとはいへ在留帝国臣民は朝鮮人を合して尚約百万人在り、在満帝国権益に至つては当時正に帝国の死活を制するものであつた。

而して満鉄全線の保護の外に、是等の保護と、軍自衛に当る関東軍の兵力は、平時編成の一個師団に独立守備隊六個大隊を合せて、僅かに一万五、六千名、これに対する満洲側の兵力は約二十万であつて、若し我が方が徒らに躊躇するに於ては満鉄は勿論、軍民も権益も共に自滅するは明かである。これ余が中央部の意を俟つまでもなく、余に当然与へられてあつた責任と権限に於て武力行使を管下部隊に下令した理由であり、余の命令の到達を待たずに行動を起した部隊が存在した理由であり、敵の攻勢に先んじて攻勢に出た部隊もあつた理由である。と同時に孰れの国たるを問はず、衆に対して寡を防衛する任にある軍本来の性格であると信ずる。

爾後、事態は逐次拡大せられて、錦州、嫩江、哈爾賓、斉々哈爾等々、満鉄沿線より隔絶した地域に迄発展し、これが各方面の批判乃至非難の的となつたのであるが、満洲側軍隊が大軍を擁して要衝の陣地に拠り、攻撃重点を満鉄沿線並に重要権益地区に指向し、或は執拗にこれが攪乱を企図しつつあるのみならず、未だ附属地等への避難をなし得ずに在つた、奥地在留帝国臣民の生命財産が危殆に瀕し頻りに救援の請願が到来するに至つた以上、未然に是等軍隊の撃摧を期することは軍、特に劣勢軍隊として寔に已むを得ない所である。後日リツトン調査団の現地調査に際し一行中の軍人出身代表の流石に、この点をよく理解せられたことは今だに余の記憶に新たな所である。

斯様に余は避くべからざる武力行使は避けなかつたが、避け得らるる限り避けることにも努力を吝まなかつた。吉林省軍参謀長熙洽将軍に対する説得による吉林省の平和解決、奉天省に於ける張海鵬、于芷山両将軍、黒竜江省督軍張景恵将軍、同しく黒竜江省の馬占山将軍（後日叛乱）等の反攻をなからしめた事等々はその成果であつた。

庶莫、事態は終に全満に波及したのであり、而してこれは真に不可避のものであつたのであるが、この不可避性をして一層深刻ならしめたものは、満洲の実権者であつた、張学良将軍が当時北京にあつたことである。余は嘗て学良将軍の父作霖将軍の軍事顧問として三年間共に在つた。この間学良将軍とも常に接近して私交も浅からぬものがあり、且つその聡明についても深く識る所があつた。若しこの学良将軍にして当時満洲に在つたならば―学良将軍不在にしても、日華関係に深い現解を有した、揚宇霆将軍の如き人が居つたならば―事変の勃発を未然に防ぎ得なかつたにしても、あれ程迄に拡大せず事変をして却て転禍為福、日満関係延いて日華両国関係を全面的に正常化する端緒たらしめ得たかも知れないのである。爾後の日華関係推移の態を思ふ毎に、この事は惜しみても尚余りある所である。

三、満洲建国と其後

叙上の如く、関東軍は自衛のためのみに起ち、自衛のためにのみ行動したのである。従つて爾後の満洲がいかにあるべきかについては、当初何等考慮しなかつた。併し乍ら我が方のこの行動は結果に於て満洲側の軍隊のみならず、満洲の秩序をも破壊せずには置かなかつた。而して秩序のない所に民生や治安の安定はあり得ない。民生や治安の安定なくしていかにして在留帝国臣民の生命財産並に帝国の権益等の安固があり得やう。玆に於て余は事変勃発後旬日ならしずて自発的に奉天に組織された袁金鎧氏等による、地方自治委員会を始め、各地の地方自治委員会を助成して自治を促進し、更に全満に亘る地方自治委員会を指導するため、于沖漢氏等に依つて奉天に組織された自治指導部を支援して、極力治安、民生の維持向上に努める所があつた。

さり乍らかかる組織は所詮暫定応急の処置に過ぎず、いづれは恒久的な体制を確立しなければならない。果せるかな、自治指導部地方自治委員会方面竝に我が方の行動を理解しつつあつた、文武其の他各界要人有志方面から、逸早くも期せずして其の声が挙つた。素よりこの事は我が方も切望する所であり、従つて議は急速に進展した。玆に於て余は先づ当時に於ける余及び我が方の満洲に対する要望を述べて置きたい。日華関係の共存共栄は帝国及中国乃至大亜細亜防衛の絶対条件であり、同時に帝国にとりては生活上の絶対条件でもある―事志と違ひ、途中種々の不純な挟雑物の介入などにより、結果に於ては反対となつたが、日露戦争以来の我が対華理念は今日に至つてもこれであると確信する。而して清朝時代より余等も末端に加はつて中国の自疆に協力したこと、孫文、黄興氏以来の革命運動に対し、最も真剣に援助したものは我が志士達であつたこと、革命運動の中心人物が悉く知日要人や帝国への文武留学生出身者であつたことなど、今更の如く想起される―而して満洲こそはその尖端であつて、日露戦争もこれがために外ならなかつた。

従つて事変勃発後の満洲に期待するものは形態の如何ではなく、満洲の安定と繁栄を前提とする正常にして円満な日満関係の恒久的樹立を基礎とする日華永久の安固と共存共栄の以外にあり得なかつたのである。

然らばこれが具体策如何、学良将軍の復帰を期待するか、満洲事変して不可避のものたらしめた基礎は何としても学良将軍の施政にある。しかも事玆に至つては帝国の国民的感情が将軍の復帰を歓迎せず、また仮りに歓迎するとしても、最早学良将軍の面子がこれを許すまい。殊に作霖将軍以来二代目に亘る張家の秕政と、軍、政両面に於ける関内進出政策に伴ふ厖大な出費の累増が必然的に満洲住民に対する苛斂誅求を余儀なくした事等の山積により、民心は張家の下を去つて居る。故に張家の満洲復帰は不可能である。さらば南京政府に引継いでは如何、満洲の重要性と日華関係の基本理念に於て、これに勝るものはないのであるが、恰も満洲事変の遠因は南京政府の対日政策にある、且つ南京政府未だ完成の過程にあつて混乱を続けて居る。故に当時の実情に於て満洲を南京政府に引継ぐことは只々満洲の排日と混乱とに拍車するのみに過ぎない。従つてこれも両者の場合と同様、現実の問題として工作するには足らない。

満洲側要人有志の見解も如上余等の見解とその軌を一にした。而して于沖漢氏等によつて敢然主張されたのは、実に新国家の建設であつた。衆議は忽ちこれに一決し、余も勿論これに賛成したのである。

惟ふに、満洲が中国を完全掌握したことこそあれ、中国が実質的に満洲を掌握したことは嘗てない。満洲住民の大多数は漢民族であるが、その大部分は数代乃至十数代土着してその生活感情は漢民族であるよりも満洲人である。満洲の地形も大山脈と大河に囲繞された盆地であつて、自ら一国を為すに相応しい、一国をなすならば玆に初めて理想が行ひ得る。かくて昭和七年（一九三二年）三月一日、強者の優越感も弱者の排他感も、人種の差別もない全在住民平等の民族協和を緯とし、東洋道義の精髄たる王道を経とする独立満洲国が宣言されたのである。

而してこの独立満洲国に対する余の期待は既記の如く、満洲国が平和にして健全なる発展を遂げることのみではなかつた。中華民国が国家としての形体を成す以前からの深遠な日満関係が、正常且つ不抜のものたるに至ることを加えるとしても、尚足るものではなかつた。実に是等を基礎として、同国が外に対しては東洋防衛の鉄壁となり、内に於ては、日華共存共栄の楔たり、その模範たると共に、全東洋の、否全世界の賞讃を博するに足る、近代国家たることにあつて、これがためには満洲在住民も過渡期の艱難を避く可からず、帝国も亦犠牲の大を惜しむ可からずとなすのが、余の信念であつた。

建国宣言に引続き三月九日、清朝の前宣統皇帝溥儀が満洲国執政に推戴されたのであるが、これは清朝の復辟を意味するものではなく、法的にも理想的にも寧ろ却つてこれを忌避するものであることは、建国の基礎を民族協和に置いた一事にも明かである。

実に溥儀氏の執政就任は、同氏個人の資質と、同氏が満洲出身の清朝の後裔であることに因る。満洲在住民の満洲国に対する故国感の故に、一個人として迎へられた次第であつた。

余が関東軍司令官を退いたのは、同年の八月で、赴任以来任職一ヶ年である。従つて帝制実施を初めとする、満洲国の主要なる動向は挙げて余の退満後の事に属する。故にその後の満洲国の事態に就いて述べることは余の任に適しない。併し其の後今日に至る迄の満洲国の様相は、日系官吏の比率膨脹、これに伴ふ満系官吏との偕調の渋滞、我が方の対満施策の幾変転其他により、余の希望や期待と、而していふ迄もなく帝国本然の対満乃至対華政策の真意と甚だしい懸隔のあるものとなつたことは、真に遺憾千万である。

（昭和二十年十月上旬誌）

第二部　至秘鈔

昭和八年

四月十八日

此日

陛下は関東軍が関内に於て灤河を越へ続々前進する戦況を看られ、武官長を召され、「関東軍に対し、其前進を中止せしむべき命令を下しては如何」との御下問あり。御主旨は、外国に対し関内に進出せざるべく声明しながら、続々京津に向ひ前進するは信義上宜しからずとせらるるにありと拝せり。去りながら、直ちに此種大命を降下することは、軍の指揮上容易ならざる結果を招くなきやを虞れ、暫く御待ちを願ひたく奉答せし処、然らばその通り致すべしと、直ちに御許しを賜はりしは誠に恐懼の至りなりき。

御前退下後、真崎次長を訪ひ、現況と次長等の前に奏上せる所と一致せざる旨を告げ、参謀本部の今後に対する意嚮を質せし所、次長も大いに恐懼し、直ちに関東軍に凡ゆる方法を採り、更に進出するとも一旦は長城線に復帰することゝなり、両三日の後、関東軍の長城線への徹退命令となれり。

此撤退の為め、第一線将兵の間には相当困難を感じ、不満の声高まりしが如くなるも、内外をして、日本は関内に敢て野心あるにあらざるものなるを明かにするを得たり。

五月十日

此日

陛下は武官長を召され、関東軍は長城線を越へ引続き関内に進出しつゝあるが、元来参謀総長が熱河に軍を進むべきを請ひし時、「1　関内に進出せざること、2　関内を爆撃せざること」を条件として許可したるものなり。然るに、何時までも関内に進軍するは、情況の変化と云はゞ夫れまでなるべく、外交問題と雖深く懸念にも及ばざるべしと雖、一旦総長か明白に予が条件を承はり置きながら、勝手に之を無視したる行動を採るは、綱紀上よりするも、統帥上よりするも穏当ならずと仰せられたり。武官長は、右御言葉を拝したる後、参謀次長に将来戦況の変化に基き前に奏上したる計画を変更実施する場合には、総自長ら参内あらせられ、予め其事由を内奏御許しを請はるゝを可とすと存ずる旨伝へたり。

陛下は敢て作戦を差控へしめんとせらるゝ抔の御意図にあらず。只統帥の精神に悖るが如きを許さず、とせらるゝにあり。

六月中頃

鈴木侍従長より伝聞せし田中内閣辞職の経緯

1　田中総理は河本関東軍参謀と張作霖爆死事件なる世論に付真相を申上げ、強く軍紀を糺すべきを奏上し、白川陸軍大臣も亦実状を申述べたり。

2　其後議会の質問激しく、真相の発表を迫るに及び、内閣としては何等か世上に発表を要することゝなり、何等事実にあらず真相不明なりとの発表要旨を、首相より　陛下に奏上し御許可を請へり。

3　陛下は此時、厳として田中首相に対し、夫れでは首相の述ぶる所前後全く相違するではない乎と仰せられ（此時の御言葉は真に神の言葉なりとの直感を首相に与へられたり）、田中首相は心中自らも憚る所ありしもの如く、一層威厳に打たれ、何共申上げ様なく一言の説明も出来ず、引き下り辞表を呈出せり。此時閣臣等は、事情を御説明申上げ御許しを請へと説くものありしも、田中首相は自分には左様なことは到底出来得ずとて、遂に内閣総辞職となれり。

4 陛下は此事件の後侍従長に対し、田中首相が自分で先づ発表したる後、

「政治上余儀なく斯く発表致しました。前後異なりたる奏上を為し申訳なし。故に辞職を請ふ」と申出づるに於ては、「夫れは政治家として止むを得ざることならん。而るに先づ発表其ものゝ裁可を乞ひ、之を許可することゝなれば、予は臣民に詐りを云はざるを得ざることゝなるべし」云々と。

六月二十九日

加藤海軍大将の倫敦条約問題以後の行動中適当ならざるものあり。他に対しても注意を要することとなるが故に、新武官長にも話し置く様、侍従長は

陛下より御沙汰ありし赴にて、侍従長は左の如く語れり。

1 倫敦条約の当時、時の軍令部長加藤は、軍状と同時に自巳の辞表を直接陛下に呈出せり。

陛下は、斯の如きは違式なりとて、其儘却下せられたり。

之れ枢密院の空気は当初条約批准に反対なりしも、浜口首相は加藤軍令部長が一旦代表への訓令に同意し署名しながら、其後に至り強硬に反対する抔、不都合なりとて其頑強なる主張を枢府に述ぶるに及び、枢密院の態度も事情の判明するに従ひ曖昧となり、加藤軍令部長の立場苦しくなり、幾度か財部大臣に辞表奏上を乞ひしも、大臣は取り継がざりしより遂に斯の如き違法手段を採りしものゝ如し。

2 加藤大将は山本伯を訪ひ、斎藤の代りに平沼を総理として奏請せらるべきを述ぶ。山本伯憤慨して之を鈴木侍従長に伝ふ。侍従長之を内奏す。

陛下は、斯る政治的行動を敢てするは不都合ならずやと海軍大臣に伝へらる。

大臣は驚き、早速（其日の中なりき）軍令部長を罷め、軍事参議官に転任せしめたり。

3 加藤軍令部長は政府の訓令内容を洩らし、貴族院

に於ては花井卓蔵、之を材料として政府攻撃を為せり。即ち此の如く機密を洩らすが如きは、甚だ穏当ならざることなり。

4　加藤大将は、曩に海軍の倫敦条約に於ける兵力量にては国防に堪へずと奏上しながら、其後飛行隊を看て帰り、謁見の時には国防は安全なりと云ふ。加藤の言は前後矛盾せり。云々

九月七日

此日閑院宮参謀総長殿下参内あらせられ、北支駐屯軍の交代を奏上御裁可を請はれれしに対し、

陛下は、従前より兵力を増加するものなりやと御下問あらせられ、殿下は思違ひ遊ばされたるものと見へ、三中隊程増すことゝなる旨奉答あらせられたるにより陛下は夫れでは内閣と打合せられしやと御尋ねあり。殿下は之に対し、自分は陸軍大臣と交渉済でありまするが、内閣のことは存じませぬ。併し大臣に於て然るべく処置しあるべく存ずる旨奉答あらせられしも、陛下は御不審晴れさせられざる模様にて、此分は暫く保留する様仰せられたり。

此等公務の点に於かせられては、参謀総長宮殿下に対せらるゝも、軍令部長宮殿下に対せらるゝも、御同様厳格にて、何等御斟酌あらせられざるは恐れ多きことなり。

而して予は不審を抱き、殿下随行参謀に質し中、陛下は已に侍従長を召され、斎藤総理に此事を承知しあるやを聞くべく命ぜられ、侍従長は其手配中なりしが、其事の実相は已に曩に御裁可を得、臨時事件費により定まれる十ヶ中隊の約半数を単に交代せんとするものにて、何等増兵するものにあらざることを確め、之を殿下に申上げたる後、更に陛下に武官長より奏上せしに、

陛下は夫れならば良し、且つ侍従長に告げよ、とて直に御裁可あらせられたり。

後刻此事情の一端を侍従長に語りしに、侍従長は、陛下は満州事変当初、朝鮮軍の独断越境を軍部が統帥大権を蹂躙したりと見られ、事後の善後処置相当面倒となりし事件後、一層統治、統帥、外交の各権は、大

処把握を誤まらざること及各此等の機関が其職域を紊さゞると同様に、充分緊密なる連鎖を為すことに注意を加へさせらるゝに至れりと説明せり。

誠に結構の事なりと拝察す。

満州事変発生の昭和六年の末より同七年の春期に亘る頃の事

当時は満州事変勃発に伴ひ、国内の空気自然殺気を帯び、十月事件の発生を見る等特に軍部青年将校の意気熱調を呈し来れる折柄、或日、秩父宮殿下参内、

陛下に御対談遊ばされ、切りに

陛下の御親政の必要を説かれ、要すれば憲法の停止も亦止むを得ずと激せられ、

陛下との間に相当激論あらせられし趣なるが、〔アト〕其後にて

陛下は、侍従長に、祖宗の威徳を傷つくるが如きことは自分の到底同意し得ざる処、親政と云ふも自分は憲法の命ずる処に拠り、現に大綱を把持して大政を総攬せり。之れ以上何を為すべき。又憲法の停止の如きは明治大帝の創制せられたる処のものを破壊するものにして、断じて不可なりと信ずと漏らされたりと。誠に恐懼の次第なり。

九月二十五日

九月廿日、御駐輦所葉山御用邸より帰京し、高橋軍令部次長に就き、五・一五事件に伴ふ海軍青年将校に関する情報を聴き、其中予て研究準備中なりし海軍々令部条例の改正を急ぎ、以て青年将校の希望に副ふことゝなりし件ありしより、翌廿一日御用邸にて拝謁の際、此条例改正の予定を奏上せし所、

陛下には、海軍に於て幾十年か改正せんとして遂げざりしものを断行するに就ては、充分慎重にし遺漏なきを要すと思召され、特に従来海軍に於ては陸軍に比し、奏上允裁を仰ぐに簡単なる形式に拠れるも、海軍も陸軍同様統帥機関立案し、軍政機関と協議の後再び統帥機関に於て奉行することゝなれるに就ては、其允裁を仰ぐ手続も亦陸軍の如く周到ならしむるの要なきやとの思召の下に、侍従長をして内大臣の意見を徴せ

しめられたり。

同廿三日、秋孝皇霊祭の為め陛下に供奉帰京の節（同廿三日午后四時）、海軍省吉田軍務局長の来訪を受け、軍令部条令改正の説明を聞く。

此結果に基き、更に侍従長に打合せたる処、允裁を仰ぐべき海軍省、軍令部間の互渉規程中兵力量を定むるに当り、内裁及裁定を仰ぐべき規定ありしより、内裁の意義を明かに為し置くにあらざれば、軍令部長のみにて内裁として

陛下の御許を得、之を楯として政府を促す様の事ありてはとの説も出で、又内大臣より、元老の意見を求めらるゝ要なきやとの侍従長の意嚮もありしも、左様の必要もなかるべしと申入れ、結局侍従長は大命を畏み、左記の諸点に付内大臣の意見を求めたり。

1　軍令部長起案し、軍令部長奉行するとせば、政府との連絡に支障を避くる為めの考慮如何。

2　海軍大臣の伝達権を軍令部長に移すとせば、政府の権を削ることゝなるに付ては、此条令の改正を内閣の首班たる総理に謀りしや。

3　内裁の意義如何

内大臣は、之を海軍大臣に御下問あらせらるゝの必要及元帥に御諮詢然るべしと奉答せり。

同廿五日午后一時海軍大臣大角大将参内（吉田軍務局長、軍務局課員二名帯同す。即ち桑折武官を海軍省へ内派し御下問あるやも計られざる事情を伝へしめ、又別に電話にて筆記奉答を求めらるゝ事なきを保し難き旨吉田軍務局長に内報したる為め準備し来れるものなり）し、軍令部条令、艦隊令外四件、省部互渉規程の改定を奏上し、

陛下より前記の如き御下問あり。特に其第一項に付き、筆記奉答すべく仰せられ、其態度誠に厳乎たるものあり。海相恐懼退下し、帯同せる局長及課員に奉答文を草せしめたり。（筆記奉答は第一項のみの御要望なりしも大臣は三項とも筆記奉答せり）即ち

第一項

「艦船部隊の海外派遣に関しては事外交並に経費に関することあるへく孰れの場合に於ても海軍大臣、軍令部総長意見一致の上にあらされは仰允裁の手続を執ることなし」

第二項

「海軍大臣の所掌事項に変更を来したるも本件は海軍省、軍令部間の業務手続に関するものにして政府との関係に付ては従来と異なる所なきを以て閣議に諮ることなし」

第三項

「御内裁とは正規の手続に依り御裁可を仰ぐにあらず内奏して上聞に達するの義なり」

を骨子として文書奉答し、尚口答を以て、第三艦隊（支那沿岸警備）北洋漁業護衛艦隊及練習艦隊の如き、固有の仕務に基き行動し、又年度の初めに其予算を得あるものゝ行動抔に付ては、一々総理に諮り閣議に提出するが如きことなきも、苟も新に予算を要し、新任務に基き行動せしむる場合には、固より閣議に提出すべきことを奏上せり。

更に侍従長は旨を奉じ、爾今軍令部長の奏上せしものにして、内閣との連絡充分ならずと認めたる場合には、総理に確めらるゝ旨伝へたり。

次で

陛下は小官を召され、東郷元帥に下問すべく仰せられ、小官は直ちに自動車にて東京に往復し、元帥の奉答を午后八時頃御用邸に帰り復奏す。又陛下は侍従長をして、海相奉答の要旨を内大臣及総理に伝へしめられたり。

軍令部条令の統帥権を明確ならしむることを骨子とせる改正は、前述の如く懇切鄭寧に且つ用意周到なる手続の下に御裁可あらせられたり。

陛下の御軫念と御熱誠の程を拝し、恐懼に耐へざるなり。

附　記

内奏せし改正要点

一　現行海軍々令部条例に在りては、平時の用兵に関することは軍令部長参画し允裁を仰ぎたる後、海軍大臣、大命を伝達することになりありしを、改正案に於ては、海軍々令部長に於て平戦両時を通じ、用兵の事に関し軍令部長大命を伝達し得る如くせり。

二　改正案に於ては若干名称を改む。即ち海軍々令部を軍令部に、同部長を総長に、班長を部長に改めたるが如し。

三　作戦計画に遺漏なからしむる為に、艦隊令、鎮守府令、要港部令、旅順要港部令、駐満海軍部令の一部を改め、軍令部総長は当該長官及司令官に、作戦計画に関しては直接指示し得ることゝせり。

四　現在に在りても、海軍省、軍令部の間に関聯業務の処理に関する互渉規程なるものありしが、今回、軍令部条令の改正に伴ひ、同時に該規程を新に制定し允裁を仰ぎ内令することゝせり。即ち

1　戦時に在りて未だ大本営を開かれざる間の業務に付ては、新互渉規程に拠るの外、戦時大本営勤務令を準用することを明かにし、

2　兵力量に関しては、軍令部総長起案し大臣に商議の上、御裁定又御内裁を仰ぐことゝし、

3　軍令、軍政両機関の業務の関係を明確にし、其関係事項に関して作戦用兵に密接なる関係を有するものは軍令部総長発議し、又其軍政事項に関係深きものは大臣に於て発議することゝし、省部意見一致の上、夫々処理せらるゝ様其手続を明かにす。

五　允裁を得ば、十月一日より施行致したき趣なり。

参　考

宮中関係の文書々式

一　公文書の形式を備へたるもの

1　御裁可、御允裁の文字を使ふ。

可は「よろし」、允は「ゆるす」なり。

之に対しては、昔は

天皇自ら（可）、（宜）又は（聞）の字を画せられたるも、今は（可）の御印を捺せらる。

（宜）は（可）に同じく、（聞）は一段下り御聞届けになりし意味なり。

現在（御印）になりて以来、（宜）又（聞）を用ひらるゝことなし。

又画日と云ひ、

天皇自ら日を御記入あらせらるゝことあり。

人に賜はる詔勅類の如し。

勅裁、勅許、勅命と云ふ言葉は、臣下に於て、天皇を第三者として申上ぐる場合に用ひらる。

2　天皇の御名を自署あらせらるゝものは、法律、勅令、外交文書、大使、公使への御委任状、勲、功、位、爵記等外に出づるものに限る。

二　公文書の形式に拠らざるもの

1　重大事項にして重臣自ら公文の形式に拠らず、方針又個条書にして申上げしもの。

明治の初年又日露戦争当時伊藤、山県公等か奏上せしものに多し。

此等は口答にて御許るしになり、侍従長等の取次げるもの多し。

　右方針、個条書御許るにしに成りしものを、徳大寺侍従長が其旨記入し、納まれる文書尠なからず。

2　又御内奏、御伺もの等も、口頭を以て御許しになり、侍従長、武官長等が伝達するもの。

3　以上(1)(2)の如き御名は、固より（可）の御印を捺せらるゝ訳にも参らず。

（公文書の形式に拠り能はざるものゆへ）故に此等に対し、御許るしになることを総称し、「御内裁」と云ひ得べし。

十月二日

此日

陛下には武官長を召され、過日（九月廿六日）荒木陸相五・一五事件に付奏上の際、種々余談の中に資本家が大きな家を建つることは其人の趣味に拠ることにして、之を彼此れ批難するにも及ばざるべし云々と述べありしが、朕は彼等資本家が趣味のみに拠つて大きな家に住むとのみ解するは酷なりと想ふ。彼の仏国ルイ十六世は非常に立派なるベルサイユの宮殿を有するに係らず、別に少さき宮城を設けて、却て之を愛し住しと云ふ。人間の趣味と云ふものは必ずしも大きな華美なもののみを喜ぶと云ふ次第にもあらざるべし。

　朕の如きも、斯様な、大きな宮殿に沢山の人を使つて居住するよりも、更に閑素な処に在ることを望む。併し

　明治大帝の御造営遊ばされし此宮殿以外に移るが如きは無論出来得べきにあらず。即ち宗祖の建てられたる宮殿の現存と云ふ事実、其他諸種の慣習と云ふことに制せられざるを得ない。

　要するに、他のものゝ心理は判らないが、朕の気持より推して、大きな邸宅に住むことを趣味とするものもあらんかなれども、中には更に質素なる生活を希望しながら諸般の事情の為めに、父祖の設けし広大なる家屋に停まらざるを得ざるものもあらん、云々、と仰せられたり。

　叡慮の程を拝して、誠に恐懼に堪へざるなり。

十一月二日

昭和九年度政府予算問題は、蔵相に於て国防第一主義の下に、陸軍に約六割を、海軍に約三割を、農林に約一割を認め、他は殆んど新要求を削減することゝなりし処、海相、農相は頑として之に反対し、特に五千万円の復活を要望し、後更に譲歩して三千万円復活を固執し、十月廿七日

陛下の海軍省へ行幸の機会を利用し、伏見軍令部総長の宮を介し海軍予算の止むを得ざる次第を内奏する所あり。卅日の閣議に於ては、海相、蔵相正面衝突となり、互に辞表を懐にして譲らず。首相は常に策なく、侍従長の来訪を求め、予算会議の険悪を語り、蔵相は海軍の国防上要求する新計画に属するものは悉く之を認め、単に海軍の単価切り下を要請（海軍にては予算通過を見越し注文済なるものゝ如く、之を大蔵省にて内査せし所にては非常に高価にて千万円以上の開きありと云ふ）しあるに、海相は已に軍令部総長を経て叡聞に達しあるが故に譲歩し得ずとのことなり。斯くては決裂の外なし。何とか恐れ多き事ながら、軍令部総長の宮が、聖旨を帯して海相の態度を緩和せしめられたしと要望する所あり。

十二月一日朝、侍従長は右要旨を奏上し、且つ軍令部総長を御召しの為めの御使いは侍従武官長を可とする旨を附加す。（此使のことは後侍従長より聴く）

此日午前十時過き、

陛下は武官長を招致あらせられ、

未だ武官長には話しあらざるが、去る廿七日海軍省にて軍令部総長宮より、海軍予算の重大にして是非成立せしめざるべからざるに蔵相の同意を得ず、海相は止むなく決意の余儀なきに至るべしとの話しあり。

朕は、然らば海軍には最早全然提出予算を削減するの余地なきにやと反問せしに、多少の余地なきにしもあらざるべしとの事なりき。

然るに本朝侍従長よりの報告によれば、予算会議は全く行詰まり、此上は軍令部総長より海相の態度を緩和せしむるの外なしとのことなるが、「如何にす

れば宜しからんか」、との誠に恐懼に耐へざる御下問なりき。尚ほ

陛下は、若し今、内閣瓦解とならば、国際的に非常なる悪影響を及ぼすべく、後任内閣とて誰れに組閣せしむるとも一長一短あり、軽々に交迭すべきにあらず。又海相、蔵相意見の相違は僅かに三千万円の問題にして、寧ろ感情に走れるにあらずやと附け加へられたり。

臣は之に対し、事、政治に属し、不案内なること事多きも、

陛下が此問題の為に、軍令部総長宮をして海相に聖旨を伝へしめらるゝことは万止むを得ざる場合の外は御見合せあらせられ可然ものと拝察す。過般来臣が荒木陸相と会見したる処に依れば、荒木も愈々の場合には乗り出すべく、夫れに対する腹案も有せしものゝ如くなりしゆへ、今回の予算問題も結局は纏まるべしと存じ上ぐる次第なるが、更に陸相の側面観を徴したる上、更に復奏する所あるべしと御前を退下し、此旨侍従長にも相談し、又内大臣も事態を憂慮し参内しありしがゆへに玆にも卑見を述べたる後、午后三時より陸相官邸に於て極秘に約一時間会見したる結果、

荒木陸相は、昨三十日の空気は海相、蔵相共に辞職を決意し頗る険悪にして、本日午前の閣議も亦同様なりしより、閣議後蔵相に直接会晤し、大局論を説き、却て蔵相より各大臣の誠意なき不満を聞かされ、此の如くんば寧ろ内政会議を先にするの必要ありし次第なりとの話しありし実況にて、結局陸相は予算問題の為に内閣倒壊の如きことあらん乎、国際上、経済上蒙る不利は三千万円の程度に止まらざるべし。故に陸軍は此際三千万円の復活費を要求せざるのみならず、止むを得ざれば既定陸軍予算内より若干を吐出すの英断をも敢てすべきが故に、蔵相に於て特に考慮ありたき旨を述べし処、蔵相も陸相の誠意に動かされ、何等か熟慮する所あるべしとの返答なりしより、蔵相の許を辞して斡旋役たる山本内相、三土鉄相等に其要旨を伝へて予算の成立に努力すべきを嘱したるに、内相、鉄相等は果して蔵相が納得すべきや疑問なりとし、寧ろ此際最大の予算を得ある陸軍より海軍に相当額を融通すべきを要望す

る等此等両相の態度に不快なるものありしも、兎角先刻陸軍省に帰還して次官に計りしに、次官も此際なればとて努力すべきを誓ひ、明二日の閣議にて五百万円を既定予算中より支出すべく、止むを得ざる場合には一千万円まで英断支出の覚悟を為せる次第なりとのことなりき。

之に於て予は、夫れならば予算問題は必ず解決すべしとなし、宮内省に還り、尚ほ内府室にありし内大臣及侍従長に右の旨を告げたる後ち、委細

陛下に奏上し、必ず予算の成立すべきを申上げ、御安神あらせられし御様子を拝したるより、此際軍令部総長宮を御召しあらせらるゝことは御見合せありたく、現に先刻陸相より、去る廿七日軍令部総長宮殿下が海軍省に於て内奏せられし様子を鳩山文相より聞きたりと申し居る如く、意外に早く漏洩するの虞あり。動もすれば倫敦会議当時の統師権干犯の逆の論議を惹起するの嫌なしとせざる旨を附け加へしに、已に其に付て侍従長も申居り、最早其必要なからんと仰せられたり。（此朝御召、御言葉を給はりし後、右統帥権干犯を逆に論議せらるゝの虞れある旨を語りし侍従長も、尤もなりとし、後総理に此事を電話せし由なるも、総理は已に万策尽きたる此際、余儀なきことなりと答へし由なり）

尚ほ予が陸相を訪問せる前後、出光海軍武官を召され御下問ありし結果、同武官は大角海相を訪ひ、軍令部総長宮殿下を経て内奏せしことは、海相が予算に対する強硬なる決意を上聞に達せしめんとせしに止まる乎、将た又已に叡聞に達したるが故に、海軍予算は譲歩の余地なしとの意味なるやを自巳の思付として質したるに、海相は大に恐縮し、勿論軍に堅き決意を上聞に達したるに止まるとのことなりしより、出光は又此旨を復奏し、

陛下は、夫れならば軍令部総長を招致するに及ばずと宣はれたる由なり。

斯くて二日の閣議には、先づ関係大臣内協議の結果、首相より裁断の形式に於て、海軍は復活要求を千五百万円に止め、陸軍より満州事件予備費の内一千万円を海軍に譲り、別に蔵相より五百万円を支出することゝし、農相の要求は内政会議に譲ることに折合ひ、昭和九年度予算は兎に角成立し、二日正午頃

首相参内此旨を奏上し、

陛下には御安堵遊ばされたる御模様なりき。

越て四日、海相は海軍予算問題成立の経緯に付て

奏上する所ありき。

之を要するに、此種重大政務に当り、

陛下には内外に対する大局上より常に御宸襟を労せられ、去る一日の如きは終日御運動をも廃せられ、臣下よりの情勢報告を待つべく、御政務室を離れさせざりしは誠に恐れ多きことなりき。

十一月六日

陛下には、軍部当局が対内問題に対し、政府を強要するにあらずやと新聞其他により御軫念あらせられ、十一月三日之に対する御下問あり。総理等は荒木の言ふ所を捕捉し難しと云ひ、司法大臣等は軍部の語る程思想険悪ならずと云ふ。軍部の要望する実相如何、との仰せなり。之に対し、

推想に止まるも、軍部は一九三五年及一九三六年は軍縮会議の結末時期にもあり、蘇国の五年計画の完了期にもあり、最も重大時機なるがゆへ此危機を突破するの用意を緊急とす。而して此用意たるや、敢て単なる軍事に止まらず、国家を挙げて、精神的にも物質的にも準備せざるべからずと為すに在りと存す。然らば先づ対内的準備には具体的に如何なることを要望するやは更に陸相等に質したる上奏答すべしと申上げ、翌四日陸相を訪ひ、種々意見を徴したる上、左の通り内奏せり

閣議に論議することは直に漏洩するが故に、陸相としては大綱を述べ、具体的のことは勉めて主務大臣より提案する様注意しあり。然も其要点は、対外的には関係各省の情勢判断を一致せしめ、特に漫然華府会議及倫敦会議に臨めば衝突すべきは明白なるが故に、予め準備会商其他の方法を講ずるの要あるべしと為し、軍隊を強靱ならしめんが為めには、農村の志気を振起せしめざるべからす。之が為め、他の民衆に比し負担重き農民の負担軽減を計らざるべからず。又同時に、勤労精神の昂上を勧めざるべからず。

教育の如きも、徒らに免状本位とせず、実力主義と

するの方法を講じ、又師範教育の如きも人物考査に重点を置くの必要ありとし、内務方面に於て特に考慮すべきもの多く、警察機関を中央の統制に移すが如きも其の重要なる一なり云々。

陛下は之に対し、皆夫々必要にして又当然の事なるも、余りに軍部が威力を以て他を強要するの感を与ふるは宜しからず。又如何に必要と云ふも、程度と云ふ事を考慮する所なかるべからずと仰せられたり。

尚ほ更に、軍部要望の重なるものを陸相より送付する筈に付、其上言上致すべき旨を申上げ御前を退下したり。

越へて同六日、

陛下は荒木陸相が、往年上原将軍の二師団増設問題の為め辞職して西園寺内閣を瓦解せしめたるが如き行動を取るなきやとの御下問あり。之に対し、荒木は現下極めて重大の時機なるが故に、軽挙なる行動は慎むべく、此点敢て懸念を要せざるべし。只だ荒木の要望せる国防の基礎たる対内施策が悉く否決せられ、国務大臣たるの面目を蹂躙せらるるのみならず、国防の前途の愈々憂慮すべきを感知するに至り、又延ひて部内統制の不可能なるを認むるに於ては、予想の限りにあらざるやに思はるゝ旨奉答す。

陛下が終始此の如く如く国務に軫念あらせらるるの次第を拝し、恐懼の至りなり。

十一月九日

陛下は此日午前十時、御召しを賜はり、

近時尚ほ倫敦会議当時の事が世評に喧しき由なるが

一 には、財部海相が倫敦到着以前に、余りに露骨に日本の主張を宣伝し過ぎたる事が、一層国民を失望せしめたることもあるべきも、

二 には、加藤当時の軍令部長が、政府の回訓案にサインしながら、後に至り軍令部の意嚮は政府の意見に同意する能はずと主張し、一層世論を囂々たらしめたるは遺憾なり。

又上奏阻止云々を伝ふるも、此は侍従長が其官邸に於て、加藤に手続の異なることを注意したるやにて、当時加藤は敢て反対もせず、諒解して別れたり

とのことなり。然るに其後に至りて、此等の事をも非常に八釜間敷云々するは適当ならざるべし云々と。当時の事情を仰せ聞けらる。

之に対し、自分が国家の為め是非必要なりと信ずる以上、軍令部長としては侍従長が何んと申すとも奏上を願ふべく、其際

陛下は可否を仰せらるゝことなく、之を内閣に下附あらせられ、慎重審議を命ぜらるゝに於ては、内閣と統帥機関との接衝となり、意見遂に合致せざるに於ては、軍令部長の辞職となるか、内閣の総辞職となるか、何れかの辞職となり、新に親任せられたる軍令部長若くは内閣に於て、改めて討議せらるべきものなりと信ずる旨申上げしに、

陛下は、其通りなりと仰せられたり。

更に

陛下は、其後加藤軍令部長は、一般軍状奏上の機会に辞表を直接呈出したり。朕は其手続き当を得ずとて却下したるが、其辞表文中には相当過激なる文句あり。尚此文中末次軍令部次長が計らずも軍令部の兵力量なるものを聖聞に達し云々、の字句あり（加藤は、之を以て朕が軍令部の意見に同意したりと憶断したるやも知らずと附け加へらる）

而も此は、末次が御進講の際に述べたるものなり。又末次は、之を貴族院の一団体たる公正会に至り述べたりとの事なるが、如此は機密漏洩と云ふべきにあらずやと仰せらる。

之に対し臣の恐察に拠れば、事の硬軟は別とし、末次の為せる御進講は学問にして全く私的のものなり。之を軍令部長が正式の辞表の口実と為すが如きは、学問と軍務とを混同するものにして、大いに慎むべきものなりと存ずる旨申上げたり。

陛下には又、東郷元帥も、伏見宮も、此実際の経過は充分承知なきものゝ如しと仰せられたり。

之を要するに

陛下は、倫敦会議当時の経緯なるものが、今尚ほ海軍部内は固より、国内不安の思想問題の由因を為せるを憂慮あらせられあるは誠に恐懼に堪へざると同時に、其硬軟何れを是非せらるるにあらずして、手続の相違よりして、此の如く世論を沸騰せしめたるを遺憾とせられあるやに拝察す。

十一月十六日

陛下は十五日午前微臣を召させられ、新聞は依然軍部の強硬内政策を伝へつゝあるが、荒木陸相の真意如何なるやとの御下問あり。又陸相としては、是非とも其希望を貫徹せざるべからずとするものなりやと御附け加へあらせられたり。

之に対し、本日軍事参議官の会議に参りたる機会に、更に陸相に確むべきも、陸相は其希望を全部とは申さゞるべきも、其若干を政府に於て採択実現せられん事を熱望し、然らざれば国防の重責に不安を感じ、部下統制にも苦しむに至るべしと奉答し、午后四時頃（軍事参議官解散後）より、官邸に於て陸相と懇談し其結果を翌十六日朝、次の如く奏上す。

今や閣臣間に於て、時局を不安なりと為すものと、不安ならずと為すものとの両者あり。軍部に於ては正に不安なりとし、表面の小康を見て裏面の流れを見ざるは危険なりとす。彼の神兵隊事件の如きも全く予想せざりしことに属し、又新聞発表を禁じある川越事件の如きも、憂慮すべく、其他不穏の噂尠なからず。従て速かに之が根本原因を除去することに努力するにあらざれば、政治孝節に入ると共に、更に不祥事を見るなきを保せず。之が為め、左記の如きは陸相として実現せられん事を熱望しある所なり。

1　国事犯に対する大赦

此は敢て陸相単独の意見にあらず。学者、経済家の中にも今日の不安気分を一掃する為には、大権に御すがりするの外なしとの希望増加しつゝあり。浜口首相暗殺の佐郷屋に対する極刑と、犬養首相を其邸に襲撃したる海軍武官に対する寛大なる処刑との隔たりの余りに大なるが如き、同じく

天皇の名に於てする処刑に於て、果して如何なるものに哉。夫れから夫れへと疑惑を生じ、司法部の威信を損ずるなきや抔を想ふ時、各方面の要望の囂々たるに先つて、恩赦を願ふて過去一切を精算忘却し去り、新に非常時突破に民心を一にし

て邁進するが為め、此御英断を願ひ、同時に内外国策を若干たりとも実現すべきなりと為す。

2　農村問題

此非常時に際し、何としても農村と都市の負担の均衡を得ざる弊害を革新して、国民士気の振興を図らざるべからず。

3　内務方面の革新

司法警察が、時の政党者流の自由に委せられざる様独立するの方策を講ずる事必要なり。

又官吏を初めとし、国民一般に勤労精神の昂上を計らざるべからず。

4　教育問題

邦家今日の教育は最も欠陥多し。宜しく免状に拠りて採用せず、実力本位と為すの方法に拠らざるべからず。

5　財政問題

各官衙を始めとし、一般に三年を限りて無駄を省き、処事総て緊縮を旨とすべく、之に拠りて得たる費用を国家有用の諸仕事乃至設備に充当すべきなり。

6　外交問題

此儘何等の準備なく、一九三五、一九三六年の華府乃至倫敦会議に臨むに於ては、必ず正面衝突となり、如何なる事態に進展するや予知すべからず。故に東洋に於て、日本の首唱の下に平和会議を招集するか、或は又各国の東京駐在大使に帝国の平和的精神、文明発揮の真精神を伝へて、倫敦会議前に国際情勢の緩和を計り、少くも英を味方とし、米を柔らげ、欧州強国を延引〔牽制〕する抔努力すべきなり。

然るに、此等対内国策の実現は資金を伴ふとして重大視せられ、予算問題確定の下に譲らるゝ事となれり。予算決定せば、各省とも此国策遂行に気乗り薄となり、甚だ遺憾なり。去りながら陸相は、事重大にして両三年の危機に影響する処大なるが故に、総理初め各閣僚を説得し、閣臣抔の意見を纏むべく奔走中なり云々。

陛下は一々御うなづきの上、種々難有御言葉を賜はりしが、同日午後に至り、再び

若し用事がなければ参れとの御召しに接し、如此難有く御鄭寧なる御意に感激しつゝ御前に罷り出でしに午前の話に、庁費節減等のことありしが、若し夫

れが一般に及ぶものにして、只緊縮を叫ぶ時には却て不景気を招来せずや。前に井上蔵相時代節約説起り、結構なる事と想ひ、

朕も之に賛同したるが、後に至り不景気の声喧しく、当局より建築其他を奨励したしとの事を聞くに至れり。此間の事亦能く注意を要す。荒木等の考が此消息を承知しての事ならば結構なるが、との難有き仰せあり。

微臣は之に対し、陸相の云ふ処は無駄を節して、夫れより得たる費用を国家重要の施設に充当せよとの意にして、徒に貨幣を貯蔵して不景気の害に陥る事は深く注意しありと奉答し置けり。

又

陛下は国際関係を円滑ならしむる為め、互に往来を繁くする事も必要と思はるゝが、前に米国より帰来せし樺山の話に、英国の如きは米国に英国の文化其他実相を知らしむべき宣伝機関を設け、米国民にして英国の事を知らんとするものは其宣伝所に至れば、何事にても判る如く成れりと云ふ。

朕も亦、日本も此種帝国の精神文明の真相を他国民に知らしむべき機関を、米国、英国、仏国等の主要都市に設置するを可なりと想ひ、広田外相にも語りたる次第なりと仰せられたり。

十一月二十一日

午後三時御召あり。

陛下は、過日武官長の述べし、荒木の一九三五年及一九三六年会議の準備として、我日本にて予め予備会議の如きものを開き、来るべき会議を円滑ならしむる意見は、

朕も至極結構なりと想ひ居るものなる処、数日前松田御用掛進講の折り、或る問題に対する米国の真意を聴くべく広田外相を招致したるに、広田は米国大使に会見の後、参内し度とて其儘となりあるが、外相等は米国大使との会見は右翼派より軟弱と批評せらるゝ虞れありとて未だ躊躇しある由なり。従て結構なる陸相の意見も、外相に於て之を実現するに種々面倒なるものありとのことなりとて、現世相を御憂慮遊されある模

様を拝し、恐懼に堪へず。

之に対し、荒木の希望は堂々と帝国の所信を披瀝し、決して日本は好戦でも侵略国でもなき事を列国に諒解せしめ置かんとするものにて、断じて右傾者の云ふ軟弱なるものにあらず。此主旨の為めに外相が必要の処置を講ずる事に何れの方面に於ても異論なかるべく又荒木も此等の点に付ては充分広田外相を支援するなるべしと奉答し置けり。

十二月十一日

奈良大将の談

大正二年山本権兵衛内閣の時、政党の主張により、陸海軍大臣を予後備役軍人まで拡張するの雲行となり、遂に閣議に於て当時の陸相木越中将之に同意し、陸軍次官岡中将も之に聴従せしが、軍務局長柴勝三郎、軍事課長宇垣一成之に同意せず、署名を拒み、参謀本部も亦極力之に反対し、長谷川参謀総長帷幄上奏せしが、時已に遅く、
大正天皇は、已に総理大臣より上奏あり、裁可したりとの仰せにて、長谷川総長は辞職を奏請すべき情況に迫りしも、遂に其儘となれり。

之れ、意見を異にするものが互に上奏し、天皇が何れか一方の意見を採用せられたる稀れなる先例の一なり。

昭和九年

一月十二日

此日植田参謀次長は、対露作戦方針の根本を敷衍して御進講申上げたり。対外作戦に関しては、参謀本部に於て最も機密を要するものなるより、武官長一人のみ陪聴を許さるゝことゝなれり。之に於て　陛下は、御進講前、予め露軍極東集中の現状に対する我軍の行動に関する次長の進講にあらざる乎との御下問あり。

叡慮を拝察するに、現実問題を進講の機会に内奏に代ゆることの弊を懸念せられたるものなるべく、御深慮の程誠に畏多き次第なりき。

之に対し予は、断じて然らず。既に上奏したる作戦方針の根本を具体的に御進講申上げんとするに過ぎざる旨を奉答せり。斯くて次長の御進講後、

陛下は更に自分を召され、次長は対露作戦に付ては大義名分を明かにせざるべからずと云ひながら、現に極東に露軍の増加されつゝある現状に於ては機先を制せざるべからずと云へるが如く聞けるが矛盾の感あり。如何との仰せなりしにより、自分は次の如く奉答せり。

次長の真意は、敢て露軍増兵の現状に鑑み、機先を制して攻勢を取れとの主張にあらず。要するに陸軍の対露意見は、四囲の状勢不可避の真情に於て対露戦意を決すべく、其時更に夫れが大義名分に適ふや否やを確め、最後の裁定を為すべく、従て其状勢に至らば、或は敵の出撃に応じて起つべく、又進んで

攻撃に出づる事なきを保せず。要は戦争不可避の状勢に陥りしや否やに依て決す。露国の五年計画を恐れて軽挙するが如き、固より執らざる所なり。

陛下は又、日露不可侵条約必ずしも不可ならず。不可侵条約を結びながら彼にして若し攻勢を取らば、我にして対抗策に出づるも名分正しく列国の首肯する所となるべし。然るに、陸軍が此条約に反対する模様なるは如何、との御下問あり。之に対し、次の如く奉答す。

陸軍は敢て此条約に反対するものにあらず。只条約に先つて、極東に於ける日露懸案を解決せよ、此懸案を解決せずして不可侵条約を結ぶも無意義なるのみならず、露国は最早戦争の危険なしとして懸案の如きは益々放任せられ、日露両国民の感情も却て悪化するに至るのみ。故に先づ懸案を解決して然る後不可侵条約に及べと云ふのみ。

一月十五日

午後五時御召あり

陛下は、本日朝香宮殿下より、非常時の此際近衛師団の訓練の一端を視閲し呉れとのことなりしが。

自分として、非常時なるが故に、視閲すると云ふは一考を要するが如く、又近衛師団は、禁闕守衛の名誉を有するものなるが故に、守衛勤務に関して視察するは可なるも、一般訓練を視閲することゝならば、他師団との関係も生すべく、一度例を開けば、他日之を中止することは至難なり、従て朝香宮の申出は単に聞き置くに止めたるが、武官長に於て篤と研究せよと仰せられたり。

陛下の、周到なる御注意に感激し、充分研究の上、奉答申上ぐべしとて、御前を退下し、各武官に陸軍省及教育総監部の意見を徴し、且つ先例を調査すべく命ぜり。

右に基き種々調査の結果明治天皇は、屢々近衛師団各聯隊に行幸遊され、大正天皇、大正四年同六年同七年に、行幸遊され、今上天皇は、昭和二年、近衛師団に行幸在らせられし以来、今日に至るまで、行幸あらせられざるゆへ、師団長に殿下を奉戴せる折柄にも有之、師団長殿下の御申出を機会に、行幸を御顧する事可然とのことに、武官府に於て決し陸軍省、教育総監部の意見を徴し武官長より、

陛下に、行幸を奏請し、非常時であるからとの理由でなく、行幸を取計へとの御許しを得、更に宮内省側及侍従職の諒解を得、二月末乃至三月初に行幸を顧ふ事に定め近衛師団に通知せり。

一月二十四日

一月十七日朝、新聞に軍令部次長交迭のことの記されしより、

陛下は、其真なるやを出光海軍武官に御下問あり、間もなく之に関する人事上奏あり。

陛下は、軍令部次長が、陸軍に於ける参謀次長同様、軍事学御進講に当れるより、左の御内意を出光武官に御洩らしあらせられたり。

1 次長が、進講の局に当る時は、自然自個の職務に捕はれ易し。

2 次長は、軍令の局に当れるが、御進講としては軍令、軍政に偏せざるを要す。

3 次長は、非常に多忙の職に在り、事務に累を及すの虞なきか。

故に、次長の交迭には許可を与へたるも、進講に付ては更に研究の要あるべし、

陛下の、此の御内意の裏には嘗てロンドン条約問題当時、加藤軍令部長が内奏に当り、海軍要望の兵力量に付ては末次次長が御進講の機会に、聖聴に達したる筈なりと述べしことの、学問上の御進講と、実政治を混同せる悪弊なりとの叡慮にあらせらるゝものありと拝察す。

出光武官は、前記御内意を海軍当局に伝ふる所ありしか。

同十九日、伏見軍令部長宮殿下は、出光を召され、加藤軍令部次長に至りて、俄かに御進講の光栄に浴せざ

るは同人に対し気の毒なり。

陛下の、御意旨の程度如何なるべき、可相成当分、現状の儘に差置かれたしとの仰せなりしより、此旨出光武官より復命せし所、

陛下は、海軍当局に於て困却する様ならば、現状の儘にて差閊なし、只だ尚ほ克く軍部当局に於て、研究せよとの仰せなりしより、翌廿日出光武官は再び此旨伏見宮殿下に言上せり。

予は十七日、御内意を出光武官より聞き、此事は陸軍に於ても同一関係にあるか故に、海軍に於て奉答する場合には、一応陸軍に照会したる後たるべく、配慮ありたしと注意せり、蓋し理論として、

聖旨の通りなるも、実際問題として人選の面倒、御進講材料の蒐集等より、曩に次長に内定したる事情あればなり。

本件は、予自らも陸軍省、参謀本部にも伝へ、陸軍側に於ても研究せられたき旨依頼せり。

尚ほ、町尻武官をして、奈良大将に就き、御進講者を次長と定めし当時の、事情に付聴取せしめる事とせり。

一月二十五日

陛下は一月廿三日武官長を召され、林新陸相に克く御勅諭の精神を体して、軍を統率し、再び五・一五事件の如き不祥事件なからしむる様伝へよとの仰せなりしより、畏れ多き事ながら、左の通り言上せり。

御聖旨、必ず伝達致すべきも、世相今日の如き複雑なるに於ては、誰れが局に当るも、中々至難なる次第を申述べ御前を退下せし処、

陛下には、御用済み後、再ひ御召あり、

武官長の先刻の意味は社会の状態が複雑となれる今日にありては、朕の述ぶる所、行ひ難しとの意味なるかとの御意なりき。

之に対し、決して左様の意味には之れなく、只世相現在の如き間にありて、当路者の全軍統率上、頗る困難なるものあるべく拝察せらるとは云へ、万難を拝して、禍誤なからしむべく努力すべきものなる旨、叡聞に達したる次第なりと復奏し、翌廿四日夕、林新陸相

の議会より帰還するを待つて、聖旨を内達す。
林新陸相は謹んで、
聖旨の程を体し、御勅諭の精神に則り、折りに触れ時に応じ、部下軍人の指導に努力奮闘すべしとの事なりしより、其翌廿五日朝、此旨を陛下に復奏す。
陛下は、斎藤総理にも同様の御注意を、新陸相に伝ふべく仰聞けられたり。

一月二十六日

陛下は此朝、新聞に拠れば、陸海軍大臣は議会に於て、軍人の政治を論じ研究するは差間なしと答弁せるが、研究も度を過ぎ、悪影響を及すことなからしめざるべからすとの仰せなりしより、午後、
陛下、御用済後、御召を給はり、左の通り内奏す。
一　将校は、部下軍隊統率上、政治研究の必要あり。今日、高等学府を卒業せる幹部候補生は勿論、労働問題、小作問題等に与れる壮丁幾多入営す。又、予後備下士卒にして、在郷間相当政治に興味を有するものゝ演習召集等もあり、彼等は相当政治に関心を有す故に、将校にして政治に全然無智識なるに於ては、教育も統率も至難なるに至る。
又、独乙崩壊の原因は、独乙将校は殆んど貴族出身にして、下士卒家郷の実状に通ぜず、爰に将校と下士卒との間、温情もなく、連鎖も失はれ全く離間したるより、遂に下士卒の将校に対する不満、離反となれるに存す。此等の実状に鑑むるも、将校たるもの地方政治の真相に通じ、下士卒に対する深き同情なかるべからざるなり。
二　国家の全力を挙げて、戦争に傾注せざるべからざる現在にありては、国内政治は常に、此目的に適ふ如く指導せられざるべからず。
故に政治にして、此目的を害するものあるときは、将校たるもの其欠陥矯正に対する希望等は、宜しく順序を経て上司に通し、国務大臣たる陸相等より当路に要請すべきなり。是れ国防に忠実なる所以なり。
彼の独乙高等統帥部の将校が、政治当局と各々別々の意見を持し、何等一致する所なかりしが如き、

敗戦の一原因にして、此又高級将校が、政治に理解なかりしの致す所たるのみならず、戦況不利にして、国内動揺否戦運動抬頭せんとするに当り、予め之が防止抑圧に対する政治的対策なかりしが如きも、亦独乙崩壊を早めたる原因なりとす。

三　統率上、又戦争準備上、将校に政治に無関心なるべからざること、上述の如しと雖、而も之が為め、直接政治に干与し、就中直接行動に出づるが如きは、軍刑法及陸軍内務書の禁ずる所にして、断じて不可なりとす。

要するに、陸海軍大臣の議会に対する答弁は、以上の主旨に外ならずと奉答せし所、

陛下に於かせられては、左様なる意味ならば可ならん、要は中庸に存すと仰せられたり。

一月二十九日

午后一時御召あり、二月下旬近衛師団の教育を視察することゝなりしが、師団内将校以下の思想状態如何との御下問あり。

何等懸念すべき状態にあらず、特に近衛師団に於ては、良好なるもの旨奉答する所ありしも、為念近衛師団参謀長を招致し、夫れとなく注意を与へ置けり

聖慮は、恐らく直訴等の不祥事件を惹起し、政治問題を誘致する様の事ありてはとの御懸念なりしことゝ拝察せらる。

何れにしても近衛師団に対して、尚ほ且つ此種の軫念を給はることは、当路のものとしても、何とも申訳なきことなり。

二月二日

二月一日午後御召あり、内大臣が露大使より聞きたる赴なるが、同大使は新陸相林大将は荒木前陸相よりも却て強固にして、北満に於て進出攻勢に出づるなきやを憂慮しありしと、武官長は新陸相を如何に観するやとの御下問を拝す。

之に対し、決して左様のことなく、新陸相の方針は前

陸相と敢て差異あるなく、内外観で以て戦不可避とし、大義名分の立つ時にあらざれば、断して発動するものにあらざる旨を奉答す。

翌二日朝、更に露国が日本を国際孤立に陥れ入れんが為め、自国は不可侵条約を各国に提唱して平和の誠意を示し、各国之に応じあるに、日本独り之を諾せずとて日本を国際孤立に陥れんとする傾向なきにあらざる旨を内奏す。

二日午后一時、再び御下問あり、陸軍の対露意志は判明せるも、而も其思想が相容れずとも、只之れあるが為め排斥すべしとせず、寛容以て彼をして日本に対し、異図を挟しはさましめざる如く、高処大処より彼を遇する方適当ならずや、勿論彼、非法攻勢に出づるに於ては、敢然之に応ずるの準備を整へあるべきは勿論なるも、徒に、疑心暗鬼は遂に不祥事件にまで推進するの嫌なき乎との仰せなり。

聖旨誠に然り、国体を異にするもの独り蘇国のみならず、他の共和国皆然り、然れども、何れの国も其主義を自国内に限り、他国に強しとするものあるなし、只独り蘇国のみは他国の労働者、無産者を煽動して、自国同様の共産制たらしめんとす、苛も我国体に累を及ぼさんとするものあるに際して、軍部は皆非常の刺激を敏感す、之れ我陸軍の特に露国に対し憂慮する所以なり。

併し、

御聖旨恐懼に耐へざる次第なり、更に当局者に伝へ申すべしと奉答す。如此常に、叡慮を悩ましつゝあるは恐れ多き限りなり。

二月八日

二月七日午前、現林陸相の対露方針に付き奏上す(当日朝林陸相に確めたる結果に付き)。

即ち林が前陸相より、露国に対し強硬なる態度、方策に出づると云ふが如きは断じてなしとの意味なり。

尚、此機会に繰り返して将校等が、部下の教育統率上政治に無関心なる能はずとする事情を述べ、同時に政治上の意見等ありとすれば、其筋を経て改善の方法を

申言すべく、断じて直接行動すべからずとの方針なる旨言上したり。然る処、二月八日午前十時之に対し、更に御下問あり

将校等、殊に下士卒に最も近似するものが農村の悲境に同情し、関心を持するは止むを得ずとするも、之に趣味を持ち過ぐる時は、却て害ありとの仰あり。

之に就き、余儀なく関心を持するに止まり、決して趣味を持ち、積極的に働きかくる意味にあらざる次第を反復奉答せり。

陛下は此時

農民の窮状に同情するは固より、必要事なるも、而も農民亦自ら楽天地あり、貴族の地位にあるもの必ずしも常に幸福なりと云ふを得ず、自分の如き欧州を巡りて、自由の気分に移りたるならんも心境の愉快は、又其自由の気分に成り得る間にあり。

先帝の事を申すは如何がかなれども、其皇太子時代は、極めて快活に元気にあらせられ、伯母様の処へも極めて身軽るに行啓あらせられしに、

天皇即位後は、万事御窮屈にあらせられ、元来御弱き御体質なりし為め、遂に御病気と為らせられたる、誠に、畏れ多きことなり。

斯様な次第故、農民も其の自然を楽む方面をも考へ、不快な方面のみを云々すべきにあらず、要するに農民指導には、法理一片に拠らす、道義的に努むべきなりと仰せられたり。

陛下の此言葉には、感激恐懼禁ずる能はず、即ち荒木前陸相も常に、道義観念を養成するの急務を説き、斎藤首相の自力更生を要望せらるゝも、亦同意義に出づる所以を奏上す、只極端なる貧困者に対しては、余儀なく道義的指導の中に、物質的考慮の止むを得ざるものある所以て附加す。

尚又、政治干与云々の御勅諭の解釈が議会の問題となれる処、御勅諭の精神は其時の状勢にも拠るものなるが故、漢学者の解釈の如く字義に深く拘泥することなく、其御精神に随ふべきなりと信ず。若し漢学者流に字義を論究し来らん乎、誠に恐れ多き事なり。

陛下御大礼の時の御勅諭には「文を緯とし武を経とし」との句あり、互に織り込み、協力一致、御補佐の重任を全ふすべき意なりと拝す、然るに聯盟脱退の時の

御勅諭には「文武互に其職域を恪遵し」と宣はられ、互に別個に其職掌以外に出づべからずとの御文意にも解せられ、両御勅諭の字義、等しからざるやにも解せらる、而も其御精神に至りては、別段抵触せずと拝察せらると申し上げし処、

陛下は、聯盟脱退当時は在郷軍人団等が、或は直接聯盟に打電し、又侍従長、武官長等に意見を強調し来る等、何となく其分域を超越せるやに見へ憂慮すべきものありと認められたるより、特に自分が注意して互に其職域を恪遵せよとせる次第なり、専門者の説く処によれば、恪遵とは法則に随ふて事を処すとの意なりと、要するに此等は、其時の情勢に拠るの外なきものなりと仰せられたり。真に御尤の次第なりと拝せり。

三月二日

此日御下問あり、広田外相参内の折り軍部強硬にして困る様のことなきやと尋ねし処、外相は、強硬は差閊なきも軍部に派あり、甲派の申出により企図に考慮を加ふるや、乙派は復た反対の提言を為す、果して軍部に左様の事実ありやと抑せられたり、武官長として恐懼に耐へず、当時勢力的の派別と拝し、固より外間伝ふるが如き重要なるものにはあらざるも、多少其傾向なきにしもあらず、然ども前陸相荒木は、特に在任末期に於て、此弊を除去すべく最善の努力を払ひ、青年将校指導にも歩、一歩注意を加へ軍部の強固なる統制結合を図り、漸次良好の傾向を示せる現陸相に於ても全然同意見にして、軍部の強固なる団結に努めつゝあり、微臣も亦軍部当局と連絡して 聖旨を叶ふ如く勉むべしと奉答し、林陸相に此要旨を伝ふる所ありしが、後ち又外相の意見が敢て勢力的の派別にあらず、或は対露方針の意見の相違を意味するものと察し、其後対露意見の統一に付て当局に注意することゝせり。

三月十七日

此日午前、閑院宮参謀総長殿下、林陸軍大臣同列参内し、「軍制改革打切り」及「兵備改善」に関し上奏す。

則ち、前日議会に於ける陸軍予算の無事通過せるに基く。

此朝、武官長の右上奏内容を申上げし所、陛下は、下記両点に付き、注意し置かんと思ふ如何との御下問あり、直に結構に存ずる旨を奉答す。

陛下は、総長、大臣の上奏終るや、上奏の趣は承知す、只

1 之に拠り在満軍備強度を加へたりとて、隣邦に対し積極行動に出ずるが如きことなきや、

と念を押され総長は、左様のことなしと御答あらせらる。

2 予算は通過せりとは雖、皆国民の負担なり、針一本と雖ども無駄にすべからずと、

注意を与へられ総長、大臣共に恐懼拝承し、退下す。

備 考

武官長個人として、大臣及参謀次長に(1)の件は、出先軍隊の志気に関せしむる様のことなからしむる為め、一般部下に通達することなく、単に上司が聖旨を奉戴して、之を実行上に表はせば可なる旨注旨せり。

三月二十八日

此日午后一時半、林陸相は特命検閲に付、奏上する所ありしが、終りて最近に於ける青年将校思想の動向に付御下問あり、大臣は青年将校の思想は、漸次沈静に向ひつゝあるも、而も臣林が新陸相として、如何なることを為し呉るゝやを静観しつゝあり、従て今後政府にして何事も為すなく、批政続出するが如きことあらん乎、復た憂慮すべき事態の発生するなきを保せず、希ふ所は善政の断行に在りと奉答せりと、後ち

陛下は、武官長に対し前記の御下問の次第、及林奉答の顚末を仰せられ、善政は誰れも希ふ所なるが、青年将校抔の焦慮するが如く急激に進み得べきにあらず、現斎藤内閣も政党との関係薄き丈け、選挙法の改正と云ひ、警視総監、内務省警保局長及貴衆両院書記長を特別文官任用令より除き、有資格者を宛てたる如き、

皆改善の途にあるものと謂ふべし。軍部当局に於て、何等かの方法により此等善政の方面を、部下将校等に伝ふる方法なきかと仰せられたり。

至尊の御身を以て、終始此の如き点に叡慮を悩まし奉るは、真に恐れ多きことなり。

三月二十九日

此日正午、軍事参議官及各師団長（軍状奏上の為め上京中）に御陪食を仰付けらる席上、東久邇宮第二師団長殿下が、陛下に、越け谷御狩場に暢狩を御勤め申上げしに、

陛下は、警衛上到底行はれなく、何処に行けないと仰せられたり。無意識の如く発せられたる此御言葉に対し、屢次東京市中及各地へ行幸の際の御警衛振りとを想ひ合せて、何とも御同情禁ぜず、時勢の然らしむる所とは雖当局の努力と社会の教化に拠り、一刻も速に散の陰爵の空気の一掃せられん事を祈りて止まざるなり。

五月六日

四月下旬、満洲国溥儀執政登極祝賀使節として、秩父宮殿下を御差遣ありたき旨閣議にて意見を纏めたる上宮相より内奏、御内意を伺ひし処、

陛下には、御許るし相成りたると同時に、秩父宮は、皇族の最上位なり、若し秩父宮の渡満が鄭特使に対するが如き形となり、而して本秋、若くは来春満洲国皇帝の渡日となるが如きことあり、又之が答礼として、誰れか渡満の必要ありと為すが如き状勢に立至らんか勢ひ次回には、朕自ら渡満の必要に迫られん、而るに朕は朝鮮にさへ未だ到りあらざる実情にて、到底渡満の如き不可能事たり。此辺の事支障なきやとの御下問にて侍従長より聖旨を含め、首相に問ひ合すところあり。首相より満洲国皇帝の渡日は勿論、秩父宮殿下渡満に対する答礼の意味（秩父宮殿下の御渡満は鄭特使に何等関係なく主として登極祝賀の為なり）なるが故に、

陛下御渡満の事杯、あるべき筈なしとの奉答なりし処、

陛下は、内閣交迭等の事あるときは、過去の事は忘却せらるゝこと尠なからず、事重要なるが故に、書面を以て奉答すべしと仰せ出されたり。

斯くも手続き凡て終り、五月五日秩父宮殿下へ使節として、渡満あらせらるべき旨御沙汰あらせられたり。次で宮内省も亦、殿下御渡満のことを発表せり。

往時は多く筆記奉答なりしとの事なるが、近時は殆んど口上奉答のみとなりしとのことなり。

陛下の御注意、御周到にあらせらるゝこと恐懼の至りなり。

六月十一日

五月下旬侍従長より、

陛下、葉山へ行幸方、宮相と相談し、宮相より内奏し、気分転換と云ふことならば宜しからんとて御内許ありたりとの内話あり、実は御上には、毎年春気には神経多少御疲労の嫌あり、従て正月過、議会明け等に御転地を願ひ来りしに、本年は各種行事多く其機を逸し居りし処、近時充分御睡眠遊ばし難き御模様なる旨、

皇后陛下より、漏れ恐懼行幸を願ひ出でたる次第なりとのことなり。又斎藤総理も目下、政務比較的閑散の時期にて、結構ならんとのことなりしと付け加へたり。

斯くて六月三日御発輦、同十一日御還幸(秩父宮殿下満州へ御名代として東京御出発の翌日)のことに定まりしが、俄かに東郷元帥薨去の事あり、五日国葬を賜はることゝなりしより、侍従長に注意する所あり、宮相と相談の上同六日御発輦、同十四日御還幸の事に定まれり。

一般には毎年、御転地遊ばさるゝ行幸が、政務御多端の為め、御延期となりありしものを、御閑を見出され御実施あらせらるゝものなりと伝へしむることゝなりしも、

陛下には、五月廿七日海軍記念日当日、秩父宮殿下より七月中旬には、夏季御転地遊ばさるゝ次第なるに、一ヶ月にも満たざる今日の御転地は如何なる御都合なりやと御尋ねあり、御気にせられ居らせらる程にて、陸海軍部のものも敢て之を不可なりとするものにはあらざるも、不思議すべき嫌あるが故に、陸海軍首脳者丈けには内示し置く方、可然との意見を出し、侍従長、皇后大夫等も然

りと為し、陸海両相にのみ武官長（海相には出光海軍武官に嘱し）より内報したり。

斯くて予定の如く六月六日朝、

陛下には、皇后陛下、皇太子殿下、孝宮、順宮両内親王殿下と共に、葉山御用邸へ成らせられたり。

陛下には、六月七日久し振りに海上に御採集あらせられし為めか、夕方御風気の模様（鼻汁出づ）の外、御嘔吐あらせられし為め、八日は海上波ありしを理由とし、海上に成せらるゝことの御取止めを侍医より願出て、御聞届けあらせられたり。

六月十一日佐藤侍医頭拝診の結果、御健康御気分非常に宜しとて大喜にて、是非毎年春季の御転地を熱望すと申居れり。

尚ほ御嘔吐は、少し多量に食事を採られしとき時々ある御癖せなり。何等心配を要するものにあらずとなし、皇后陛下の糖尿の傾向云々も、御産の前後に於ける、或る徴候を見てのことにて、真の糖尿にあらず、此亦懸念に値せずとの侍医頭の話なり。

誠に難有き次第なり。

七月三日

六月卅日、大角海相、深雪、雷両駆逐艦衝突の事を申上げし際、

陛下は海相へ、ロンドン軍縮会議に対する策案に付御下問あり、海相は廃棄の要を述べ、

陛下は、「ロンドン」条約は留保しあることゆへ廃棄は理由なきにあらずやと仰せられ、海相は廃棄とは改修なりと答へ、結局

一　来るべき軍縮会議に対する海軍の意図は、廃棄にあらず改訂なり。

二　訓令は自由裁量の余地を存す。

三　輿論を煽動せず。

四　軍拡にあらず、軍縮なり。

と奉答せし趣、侍従長は承りし由なりし処、出光海軍武官は其後、

陛下よりの御話もあり、注意を与へ、更に海相に、状況によりては廃棄亦止むを得ずと認めらるゝが、如何に

奉答せしやを聴かしめしに、海相も華府条約の廃棄、勿論止むを得ざる意味を申上げし筈なりとのことにて、三日朝出光より更に、
陛下に申上げ、充分御諒解あらせられたりと。

七月十八日

軍縮会議に対する方策は、海軍としては最も重要視せるものたるは申すまでもなきことなるが、七月十二日、伏見軍令部総長宮殿下は、皇族の資格にて参内、拝謁の上軍縮会議に対する海軍の意嚮を開陳の後、一封書を奉呈せられたり。此奉呈書は後　御上より侍従長に交付せられしが、其内容は各国の情勢を述べ、結局従前の比率主義を捨て、平等の主義方針の下に邁進の外なく、斯くせざれば海軍は統制し得ずと云ふに帰す。

皇族が此の如き私的内奏を為さるゝことは、決して良き事にはあらざるべく、大に慎まれざるべからざる事なるべし。然れども亦、皇族が私的拝謁に於て、軍事に亘る談話を交へらるゝことを差止むることも亦、穏当ならざるべし。只皇族として、其席上御裁断を求めらるゝが如きは、絶対にあるべからざると共に、
陛下に於かせられても亦、可否の御回答あらせられず。只承り置かるゝの程度に御止め遊ばさるべきものなり。又仮令此私的御対面に於て、御同意遊ばされたることありとするも、夫れを公式に御裁断の際、御変更相成りたりとて差閊なきことなり。

兎に角此封書は、後ち出光武官をして伏見総長宮殿下に御返戻あらせられたり。

侍従長は此封書を、内大臣に示したる由なるが、一考を要すべきことゝ思はる。

同十五日斎藤前首相、御機嫌奉伺の為め参内、岡田首相の話なりとて、侍従長に大角海相が岡田首相に軍縮対案を示し、強硬に其承認を迫り、已に伏見宮殿下より内奏せられたる旨を語れるが、斯様の事は前に予算問題の際にもありし事なりと伝へしより（侍従長は之を復た上聞に達せしが如し）、事亦稍面倒となり、出光武官は御許しを得て帰京し、伏見宮殿下、大角海相、加藤軍令部次長（軍令部総長宮殿下の封書は加藤次長の執筆に成る）及岡田首相に確め、翌十七日帰来復命す。

其結果に拠れば、大角海相は断じて左様な強き意味にて云ふ筈なく。只事重大なるが故に、軍令部総長宮殿下より上聞に達せらるゝこともあるやも計られずと申したるに過ぎずと岡田首相も亦、同様軽き意味に受取りたるのみとのことにて、侍従長の斎藤前首相より聞きたる処とも大部の差あり。斯くて前首相の話なるものは、別段の波紋なく終りしも、十八日予自ら林陸相を訪ひし時、同相の談に依れば、十四日の五相会議に於ける海相の主張は相当強く、前内閣の五相会議に於ける海相の軍縮に対する平等権は、比率にて押し付けらるゝ事を排し、各国の自由裁量を意味せるに、今回の五相会議に於ては、海軍は質に於ても量に於ても平等ならざれば収まらずと云ひ、首相始め外相蔵相等も夫れでは会議は成立つ筈なり、其結果無限に軍備を昂上せられはせぬかと語り、更に研究することゝし解散せりとのことなり。

尚ほ十六日大角海相は、海軍首脳将官全部を集め、各国一律に軍縮を断行し、而も各国平等たるべき主張にして、目下各関係大臣と協議中なりと語れりとのことなり。

八月二十九日

九月六日那須御避暑地より帝都へ御還幸のことに定まり、此日大金侍従より

皇太子殿下の外、各内親王は鹵簿外に致すべき旨奏上せし処、

陛下は、葉山より東京へ御還幸の時の例（広幡太夫等は果して各内親王が鹵簿の中に在らせられしや、記憶確かならずとて苦慮せり）を引かれ、同鹵簿にて差支へなかるべしと仰せられ苦心し、広幡太夫の指示を請へり。

即ち、

陛下は慈愛の御心より　皇太子も内親王も同じ御子なるが故に、別けへだてせずとも可なるべしとの御意なるに対し、広幡太夫等は　皇太子は、天日嗣の御子にあらせらるゝが故に、他の皇子、内親王と別にして、始めより尊厳を深くせさるべからずと云ふに在り。

陛下の御慈心深き思召しよりすれば、誠に御尤ものことながら、我国体をして永遠に光輝あらしめんが為には、

広幡太夫の意見を御嘉納あらせられんことを希はざるを得ず。

九月十三日

九月六日午後五時過、岡田総理

陛下の、那須御用邸より帝都へ御還幸の直後参内、山本五十六海軍少将が、倫敦海軍予備軍縮会議へ派遣せらるゝに対する訓令内案を奏上す。

未だ閣議を経ざるものなるも、事重大なるが故、事の経過を海相、外相より内奏する筈なりしが、而る時は之に関係ある陸相、蔵相等も内奏を要する事となるが故総代的に総理より内奏する事となれり。

陛下は、総理内奏後、何処までも会議を成立せしむる意図の下に努力すべく、仮令会議不成立に終るとするも、日本独り其責任を負はざる如く考慮せよとの御沙汰ありし由なり。

翌七日午前二時岡田総理は此日午前閣議に於て、軍縮訓令案の異議なく可決せる旨を奏上し、終りて其訓令案写を武官長に交付せり。

予は該訓令案写を、高級海軍武官に移し研究せしむ。

八日午前十時卅分伏見軍令部総長殿下参内、右訓令案中兵力量其他統帥に関する事項を奏上あらせらる、之に対し、

陛下は、軍縮協定成立せば各国平等の兵力を必要とし、不成立に終れば不平等にて差支なしとの理由如何、又絶対平等にして、其対米差等を状勢の如何に係らず、排撃せんとするものなる乎を御下問あらせられ、殿下は、種々奉答あらせられしも、

陛下には、充分御納得遊ばさるゝに至らず、殿下も、亦之を憂慮あらせられ、武官長及出光高級海軍武官に代りて篤と御説明申上げ呉れと仰せ聞けられたり。

斯くて出光武官は海軍々令部及海軍省の間に往復して研究を重ぬる所ありたり。

同日午前十一時卅分閑院宮参謀総長殿下参内、海軍々縮案と陸軍々備との間支障なき旨奏上あらせられ、

前日軍令部総長宮殿下に引続き参謀総長宮殿下参内、奏上の御内意を陸軍武官より申上げしに対し、

陛下は、陸海軍部協同して政府を圧迫するの感を与ふ

る嫌あるゆへ、同十日作戦計画奏上の時に、奏上することにしては如何との仰せより、武官は参謀本部次長、主任部長等と協議する所ありしが、参謀本部に於ては、往年「ロンドン」条約の際、時の陸相宇垣大将が兵力量、政府に於て決定するものなりとの意味を漏らし、陸海不一致の観を呈せし歴史あると、又此問題を陸軍に於ても重視しある事を知らしめんが為には、作戦計画の序に奏上するの形式を避けたしとの意思なりしより、八日朝、此旨を武官長より奏上して御許しを得たり。

兎に角、

陛下に於かせられては、海軍は重大なる国際問題を部下将校統制の為に、犠牲にするものなりとまで御懸念あらせられたり。

同十一日午前出光武官は、高橋軍令部次長と会し、

訓令案の真意は極力協定を成立せしめんとするものなる事、可成軍拡とならざる様、各国保有量の最大限を低下せしむるに務め、其限内に於ては自由に兵力量を定むる権を有するも、而も敢て各国と同等の兵力を保有せんとするものにあらず、又協定不成立の場合、米国が高度軍備を整備するとも、日本は必ずしも之に追随せんとするものにあらず。

との意味の覚書を交換し、

叡覧を経たる後、之を武官府に保存することゝせり。

尚ほ予は現下各国経済難に悩める状勢にありては、仮令協定不成立に終る場合にありても、戦争となる虞れはなく若し此際英米より差等比率を押付けられ、之を承諾する時は、再び日本は頭が上らぬことゝなるべく、夫れよりは寧ろ協定不成立となる方却て国防上可なりと海軍の意嚮なるべく察せらるゝ旨奏上する所ありたり。尚ほ、此日午後一時三十分より大角海相より拝謁を願ひ出であるゆへ、此際軍縮に関す、充分御下問あらせられたき旨朝御機嫌奉伺の際奏上す。

陛下は、海相拝謁の際、

極力条約を成立せしむべく努力する意思なりやとの御下問あり、

海相は固より成立に努力するものなる旨を奉答し、又海軍訓令案の方針にて会議を進むるの一面、紳士協約の如きものを作りて、差等比率を多少容認するの方法なき乎との御下問ありしに対し、過去の米国の態度等に顧みて、紳士協約の効果なき旨を奉答す。

更に協約の成否に係らず、過分の軍拡となるの虞なき乎との御下問に対し、軍備拡張とならぬ様極力注意する旨奉答せり。

十二日出光武官は海相を訪ひ、右奉答の要旨を記録に残すことを請ひ、其承諾を得、出光自ら作りたる記録に大角海相の加筆せるものを武官府に保存して、証拠となす事とせり。尚ほ此記録は出光武官より、
叡覧を経たり。

尚又同武官は、出光武官、高橋軍令部次長の交換覚書の叡覧を奏せし際、海軍に於ては、本件は至大の機密事項とせるが故に、之を文官には御伝へなき様内奏し御許しを得たり。

以上にて軍縮予備会議に対する海軍と宮中との準備事項は先づ整へりと認めらる。

十一日海相拝謁の後、
陛下は、出光武官に曩に、軍令部総長宮は戦術方面より説かれ、本日は大角海相政治方面より説き、両者相合して能く判明せりと仰せられ、又十四日
陛下は、更に出光武官に曩に侍従長をして内大臣に軍縮問題に対する不明の点を念の為め伝へしめしが、已に明瞭となりたる此際、其儘放置するも如何と想はるとの御言葉ありしより、出光武官は自ら侍従長に、已に陛下御諒得を給はりたる旨、申伝ふべしと奉答し、終りて其通り処置せり。

九月十四日

此日午後四時卅分首相参内、満洲機構改革案、閣議を通過せる旨を奏上し、其大綱の御裁可を得、詳細なるものに付ては叡覧を給はることゝせり。

其際該案は、永久的のものなりや否やとの御下問あり、首相は暫行的のものにて満洲の事態、全く平静に復せば行政は文官に譲り、対満事務局の如きも不要に帰すべしと奉答し、更に之が為め多数官吏の失職となるなきやを御下問あらせられ、極力失職を尠なからしむる事に勉むる旨を奉答し、尚ほ事務局総裁及次長の中、一名を現役軍人と為すべしとのことは、法規上篤と研究考慮の上処置すべく、又予算の点に付ても充分考慮する旨奏上せり。

十月二十四日

此日午後伏見軍令部総長宮参内、拝謁の折り、

陛下左記御下問あらせられたり、

1 来る二十七日末次大将軍人会舘に於て講演すとのことなるが、煽動的に走らざる様にと仰せられ

之に対し殿下は、二十七日のことは存じ申さざるも(帰京後間もなきことゆへ)、過去に於ても一両度注意を与へ、近来に於ては大に穏健となりあるがゆへに、別段のことなかるべしと存す。尚ほ更に注意致すべしとの奉答せられたり。

2 条約不成立とならば軍拡となり、国民負担を著しく増加せずやとの御下問あり、

殿下は、此儘華府条約を存続するものとせば、昭和十二年以後八年間、代艦建造の為め毎年約平均二億三千万円を要す。然るに無条約となり国防上適宜の艦種を求めて必要の建艦を為すものとせば、矢張右同年間に於て、毎年平均約二億一千万円を要するに

過ぎず、要するに敢て国費の過度の膨脹となるものにあらずと奉答あらせられたり。

十一月二日

華府海軍条約破棄に関する元帥会議に付て、

海軍に於て年内に華府海軍条約廃止を通告するの要あるに付ては、予め之を元帥会議に御諮詢あらせらるべく奏請するの要ありとし、陸軍側と相談の上、其日取りを出光武官より十月十二日内奏する所ありしが、

陛下は、即座に閑院宮殿下及伏見宮殿下は計画当事者にして、他は梨本宮殿下のみにて、全く形式に過ぎずやと仰せられたり。

更に同月二十三日海軍省よりの申出にて、予定通りの日取りで元帥会議に御諮詢あらせられたく、出光武官より縷々事状を述べて内奏する所ありしに対し、

陛下は、今や倫敦に於て我代表は英米代表と予備会商を開始せり。従て予定の二十九日に至り、倫敦の状況にては元帥会議を延期せしむる事あるべき諒解の下に御内

許遊ばされたり。蓋し元帥会議の事が過早に英米へ伝はり、徒らに刺激する事あるべきを軫念あらせられたるものと拝せられ、其御注意の周到なるに恐懼せしめられたり。

斯くて十月二十九日午後二時閑院宮参謀総長殿下、伏見宮軍令部総長殿下御揃ひ拝謁の上、華府海軍条約廃止に伴ふ国防上の関係に付、元帥会議に御諮詢あらせられたく奏請あらせられたり。

之に対し、
陛下は、即座に、

1　華府会議廃止通告を何故に急がざるべからざる乎其理由如何との御下問あり。

之に対し伏見軍令部総長宮殿下より華府条約廃棄の後は、新条約の出来得ると否とに係らず、之に応ずる対策は一日も速かに致さゞる可らざるが為なりと奉答あらせられしも、

陛下には、充分御納得遊ばされざりし模様なりき。更に、

2　現在の元帥府の機構は、奏請者の外は梨本宮一名にて可決明瞭なるべきものなるに、果して形式的の元帥会議を開くの要ありやとの御下問あり、

之に対し伏見軍令部総長宮殿下は、仰せ誠に御尤もなるも、事重大なるが故に慎重なる取扱を必要とし、御諮詢を奏請致す次第なりと奉答あらせらる。

此日
陛下の両殿下に対せられし御態度は、実に森厳にして其御威光全く四隣を圧せらるゝの感激にて、恐懼慄然たるものありしと同時に、威大なる御徳に感涙を催せしめたり。

去る十月十六日朝香宮近衛師団長殿下の近衛師団秋季演習に、侍従武官を御差遣あらせられたしとの御意図を酌み武官長より、
御上の御内意を伺ひし折りにも是非必要と云ふにあらざれば拒否可然とて更に　皇族統率の上にも必要の事なりと漏らされたり。

長老たる閑院、伏見両殿下に対せられても、此皇族統率と云ふ御思召も含まれあることゝ拝察し、又其事由は武官の内奏にて御承知あらせられながら御下問あらせられしは、更に責任者より直接奉答せしめ置かんとの慎重

なる御処置と拝し、感激尽きざるものありき。

両殿下御前退出後、武官長より御許しを得て、元帥会議に諮詢あらせらるゝことは、仮令一人と雖ども元帥の存在せらるゝ間は事を慎重に遊ばす上に必要の事なる旨を奏上せしに、御納得あらせられたり。

更に御政務室に御入御の後、出光武官拝謁せしに、元帥会議に諮詢の要は、伏見総長の宮の奉答、武官長及出光の申す処にて了解し得るも、何故此諮詢を急ぐやとの伏見宮の奉答は、前に出光の申す処に一致せず諒解に苦むと仰せられ、更に同日出光武官をして伏見宮殿下に確められたり。

斯くて、

陛下には、武官長を召され、諒解充分ならざる点あるも元帥会議に附するの手続を採れとの御沙汰にて、直に之を高参〔高級軍事参議官〕元帥閑院宮殿下に御伝へしたる次第なり。

一方出光は伏見軍令部総長宮に謁し、殿下の奉答以外、倫敦に於ける軍縮代表への廃棄通告電命は、倫敦予備会議の情勢に応じ機を失せず電命せらるゝの要あり。従て凡ゆる準備は一日も速に完備し置き、近く御統監あらせらるゝ陸軍大演習の御留守の間と雖、適宜処置し得らるゝ為め、急がるゝ次第なる理由ありと存ずる旨申上げ　殿下も全く其通りなり、只御前に於て言葉足らざりし結果にて、恐懼の次第なりと仰せられ、出光、宮中に帰還其旨奉答し、始めて納得あらせられたり。

越へて三十一日午前十一時閑院宮、伏見宮、梨本宮各元帥参内、宮中に於て元帥会議を催され、異議なく可決し、其結果を閑院宮殿下より拝謁の上奉答あらせられ、陛下は、此奉答文を武官長をして閑院、伏見両総長宮殿下に閲覧せしめられ、両殿下は、

再度拝謁の上之を内閣総理大臣に閲覧せしめられ度奏請あらせらる。

陛下は、此時全くの御発意にて、

事重大なるが故、関係当局をして、尚ほ慎重審議せしむ、軍部は其意図のみを主張し、協調を誤るが如きなき様注意せよと

仰せらるべき御含みの処、閑院宮殿下奏請の言葉を誤まられし為め、後　命を奉じ、右御注意を両総長に御伝し、為念出光、川岸武官をして筆記せるもの控を両殿下に差上げしむ。

即日更に大命に拠り、総理大臣に御使する予定の処、世上の注意を惹かぬ為め、
十一月一日岡田総理参内の折り、宮中に於て大命に拠り右両総長奏請に拠る元帥奉答文を同総理に、武官長を使として閲覧せしめらる。尚此際、
陛下は、両総長へ前記注意を与へし旨を、総長へ伝へ置けとの仰せなりしも、事漏れし場合、面白からざる感懐を軍部に与ふる嫌なきにしもあらざるが故に、前段の「関係当局をして慎重審議せしむ」の意味丈けに御止め下さることを御願ひし、御許しを得て「軍部の意図のみを主張し」云々は見合すことゝせり。
斯くて総理は、翌二日午後奉答すべき旨を奉答し（武官長を経て）、予定の如く二日午後参内、
元帥の奉答文に閲覧せしめられたる事及政府に於ても廃止の方針の下に研究準備中なる旨を、
拝謁の上奉答せり。

十二月十日

侍従武官の交送
川岸侍従武官転出し、後藤少佐（後藤光蔵）後任として側近奉仕の内意を伺ひ、同時に優秀なる人物を要するに於ては、一般人事行政上先づ側近奉仕を三年と致し度旨申上げしに対し、
陛下は、業務に慣れ使ふて便なるには、先づ三年目位が最も可なる時機なるに、優秀者を得んとせば永く使ふ事至難なるが如く、即ち慣熟と云ふ事と優秀者を得ると云ふ事と矛盾すと仰せられ、而も結局致方なからんとて三年限度のことを御許るしあらせられたり。
御注意深き点等、恐懼の次第なり。

十二月二十二日

十二月二十一日満洲機構改正の大要を申上げしに対

し、陛下は、満洲国内面指導の如き政治に関する事を軍司令部に於て為すは適当ならず、大使の方にて為すべきにあらずやと仰せられたり。之に対し総理として正に然るべきも、実際問題として満洲国を立派に助成し、且又日系官吏其他我事業家等の専横を抑へ、日満協和の真目的を遂行せんが為には、威力を伴ふ軍司令官に於て内面指導に当るを宜しと奉答し、陛下は、更に夫は人の問題に属し制度の問題にあらずと仰せられ、且つ暫行的のものなるべしとの御言葉なりしが、二十二日参謀総長殿下参内、満洲機構改正に伴ひ、軍司令部及憲兵司令部の編制改正及軍勤務令の改正の勅許を奏請せられしに対し、陛下は、此は一時的のものと解し差支なきやと駄目を押されたり。

軍部としては更に強化を要する為め、一時的と解しあるに対し、

陛下は、之を緩和するを要する為めの一時的と解されあるは、将来の為め困難なる事態の感なきにあらず乍去、陛下が、斯る大局に御着眼あらせらるゝ其御聡明には歓喜に堪へざるなり。

昭和十年

二月二十二日

一月下旬頃より四月満洲国皇帝御来訪の折、観兵式に際し陸軍省に於ては、日本天皇陛下の出御を奏請せざることにしたしとの希望あり、其理由は、我軍隊の天皇に対する信仰は、天皇と他国皇帝と御同列の場合　我天皇を差措て、他国皇帝に敬礼することは忍びずと云ふに在り。

二月二日湯浅宮相武官長室を訪ね、如此は国際慣例を無視するものにて、折角帝室の客として御招き致しながら不快の感を与ふるものなり、又左様な事は到底我、
　天皇陛下の聴許し賜ふ所にあらずと想はるるが故に、陸軍の意見を緩和されたしと要望す。

同六日本件に付、林陸相に懇談し、陸相直接湯浅宮相と会談することゝなり、相互に話は近接せしも、尚ほ陸相に難色あり、同八日宮相再び武官長室を訪づれ、我天皇の観兵式を実施せらるゝ事、観兵式に天皇の出御を奏請する事は、宮相の職域に属する事にして、軍隊の敬礼も此際満洲国皇帝に致すべきものなりと思惟す。更に陸軍は、軍旗のみは他国皇帝には絶対に敬礼し得ずとなしある模様なりと語り、更に斡旋を依頼せらる。

同十日大谷宮内次官、橋本陸軍次官を訪ひ、大体諒解を得（軍事課当事者に尚不満ありしも）只日本天皇の観兵式場に出御の時、及式場より還御の時、全軍隊の特別鄭重なる敬礼を我
　天皇に捧げて、以て軍隊の信念を満足せしむることに談纏る。

二月十七日自ら橋本次官を其官邸に訪ひ、大体橋本次官より宮内次官に話せし程度に打合せ、只軍旗は陸軍礼式の精神を酌み、敬礼せざることゝす。之には宮内大臣も其は全く陸軍部内のことにて、宮相に容喙すべき所にあらずとなせり。

翌十八日朝、右の旨を内奏す、午後二時宮相拝謁、同様の事を奏上す。

陛下は、細部に於ては同意致し兼ぬる点あるも、夫れにて差支なきに付、軍部にも其旨伝へよと仰出さる。

又軍旗の敬礼せざることに付、宮相に御下問ありし由なるも、宮相は其点は武官長に御下問ありたき旨奉答せり。

依て午後遅く橋本次官を宮内省に招き、右聖旨を伝へ、長時日の満洲国皇帝に対する観兵式問題も決定す。

同十九日、

陛下は、更に軍隊の礼と陸軍礼式に付て御下問あり、朕は、一兵卒に対しても答礼を為すに、軍旗は朕の敬意を払ふ寛容に敬礼せずとせば、軍旗は朕より尊きかとの御話あり、之に対し恐懼しつゝ陸軍礼式に於ては、一般に上官は下級者の敬礼に答礼すべき旨を規定せるも、

陛下に対して、敢て此の如き定むる所なし、只 陛下が答礼を賜はるは、御仁慈に基く御任意の大御心なりと拝察す。

天皇の御下賜遊ばされたる軍旗は、天皇に対して敬礼するの外、

皇后、皇太后陛下の御敬礼に対してさへ答礼する所なし蓋し軍旗は平戦両時を通じ、

天皇の表徴として、全軍将兵の信仰し、軍旗の赴く所将兵真に水火をも辞せざるものにして、国軍の忠勇は実に崇厳なる軍旗に負ふ所多し、従て軍旗に対する信仰を、幾分にても減ずるが如き事は御許を願ひたしと奉答し、遂に御聴許を賜はりたり。

又陸軍当事者より停車場へ我天皇の満洲国皇帝を御出迎の際、我 天皇が軍隊堵列の前に於て、満洲国皇帝の後を通りて左右に位置を変換せらるゝことは、

天皇の御威厳に関すとて、宮内省掛官武井式部官に抗議する所あり、自分より此意味を、

陛下に申上げし処、夫れは無理なるべしとて其日更に御言葉あり、自分に於ても陸軍の希望の聊か強きに失するを認め、当事者に注意したる上願ひ下ぐることゝし、一

面武井式部官に実施に当り、目立たぬ様御願ひすることとし、儀式万端解決せり、只陛下が、斯る点にまで子細に御注意遊ばされ、満洲国皇帝に満足を与へ、不快の念を惹起せしめざることに御勤め遊ばされし聖慮には、誠に感激に耐へざるものありき。

三月十一日

三月九日朝天機奉伺の際、林陸相が議会に於て答弁せる天皇機関説に付御下問あり、越へて十一日議会の速記録等に付、奉答する所ありしが後刻更に御召あり、

自分の位は勿論別なりとするも、肉体的には武官長等と何等変る所なき筈なり、従て機関説を排撃せんが為め自分をして動きの取れないものとする事は精神的にも身体的にも迷惑の次第なりと仰せられ、決して左様の次第にあらずと奉答す、誠に恐懼に耐へざる仰せなり同日午後一時半再び御召あり、軍部に於て一木枢相の「プリント」を批難せる由なるが、一木は忠誠のものにして断じて世論の如き否難すべき点なし、前に久邇侯爵の弟、東伏見伯の帝大法科（失敗して入学せざりしも）志望せしとき、一木宮相は当時法科の如きは思想上の問題を惹起し易き嫌あるがゆへ、皇族は此の如き学問を研究せらるゝ事なく、先づ歴史を充分御研究あらせらるべく然る後、要すれば法科を学ばるゝも可なりと奏上せり。当時、自分も之に賛同したる次第なり。之を以ても一木の精神は明かなりと仰せらる。

三月十三日

此日広田外相北鉄買収条約調印（前日調印済）に付参内上奏せし折せし折、対支政策に付奏上する所ありしが、陛下は、先方を疑ふのみにては際限なきことゆへ、欺かれざる丈けの用意の下に先方の希望に応ずるの考慮を要せんと仰せらる。

三月二十九日

三月二十七日軍事参議官会議に於て機関説に関する論議あり、翌二十八日此概要を申上げ、尚ほ同時に往年、南北朝正統論決定当時の話をも附け加へし処、後刻御召あり、

南北正統論の決定は一考を要することにあらざりしかとも想はる。現に、自分の如きも北朝の血を引けるものにて、大筋には勿論変りなきも、変なものなり。

之に対し湯浅宮相に確めし処、宮相は御血統は南北何れにしても同一にして、只皇統は三種の神器を受け嗣がれたる処を正しとす、即ち北朝の天子が南朝の天子より神器を引嗣かれたる後は、其方を正統とせざるべからず。

陛下は更に、理論を究むれば結局、天皇主権説も天皇機関説も帰する所同一なるが如きも、労働条約其他債権問題の如き国際関係の事柄は、機関説を以て説くを便利とするが如し云々と仰せらる。

之に対し軍に於ては　天皇は、現人神と信仰しあり、之を機関説により人間並に扱ふが如きは、軍隊教育及統帥上至難なりと奉答す。

又二十九日午後二時御召あり、天皇機関説に付陸軍は首相に迫り、其解決を督促するにあらずやとの御下問あり。

陛下は、憲法第四条天皇は「国家の元首」云々は即ち機関説なり、之が改正をも要求するとせば憲法を改正せざるべからざることゝなるべし、又伊藤の憲法義解には「天皇は国家に臨御し」云々の説明ありと仰せらる。

此日閣議に於て、陸相は機関説是正を提議し内相、法相、文相等其主旨に共鳴せるも声明は差扣ゆることゝなれり。

四月四日

午前十時半駐満関東軍司令官の満洲国皇帝渡日の際、陛下より、軍司令官に信倚すべき旨、御言葉ありたき要望に基く陸軍省の依頼を御願ひ申上げし処、陛下は、其事ならば二日前已に侍従長より谷参事官の林接伴長に申来りしとて内奏せしものと同様なりとて、心克く御承諾を給はりたり、自分は此機会に関東軍司令官の満洲国内面指導の必要なる理由を詳細（橋本陸軍次官記述せし

処に基き）申上げし処、此又御諒解を賜はりたり。

同日午後一時半、再び御召あり。

侍従長の話は満人に於て内地の日人は親切なるも、出先の日人は不親切なりと考へあるゆへ、左様の事はなき筈なり、陛下は、軍司令官を信認せるものなりとの御言葉を満洲国皇帝に致されたしと言ふものにして、武官長の言と多少異なるも主旨には変りなし、就ては武官長より陸軍大臣へ左の如く答へ置けとの御諚ありたり。

朕は承知せり。其代り同時に日系官吏其他一般在留邦人が、徒らに優越感を持し、満人を圧迫する様のことなき様軍司令官に伝へよ、然らざれば自分の言が肯綮に中らぬ様のことなきを保せず云々。

同日午後四時早速右　聖旨を橋本陸軍次官を訪ひ、軍司令官へ伝達方を嘱せり。

翌五日橋本軍事課長、関東軍司令官への電文案を携へ、之にて間違なきやを質し、誤りなき旨を答へ、翌六日朝陸軍省より打電す。

尚ほ五日、

陛下は、侍従長に対し先方より話出でずとも機会を作ることは容易なるべし。即ち話なくば自分より南はどう致して居りますかと訪へば、必ず話のきつかけは出来ると仰せられたり。

陛下の御聡明と注意深くあらせらるゝことに感激す。

四月九日

四月八日午後二時御召あり、此日上聞に達したる真崎教育総監の機関説に関する訓示なるものは、朕の同意を得たしとの意味なりやとの御下問ありしゆへ断じて左ることなく、全く総監の職責上出したるものなるが事重要なりと認め、報告の意味にて上聞に達したるものなりと奉答す、同九日午後三時半御召しあり、

1　教育総監の訓示を見るに、

天皇は、国家統治の主体なりと説けり、国家統治の主体と云へば、即ち国家を法人と認めて其国家を組成せる或部分と云ふことに帰着す。

然らば所謂天皇機関説と用語こそ異なれ、論解の根本に至りては何等異なる所なし、只機関の文字適当な

らず、寧ろ器官の文字近からん乎。

又右教育総監の訓示中

「国家を以て統治の主体となし、天皇を以て国家の機関と為す云々」の説を反駁せるも、之も根本に於ては「天皇を国家統治の主体」と云ふと大同小異なり、而るに之を排撃するの一方に於て　天皇を以て国家統治の主体と云ふは自家撞着なり。

要するに天皇を国家の生命を司る首脳と見、爾他のものを首脳の命ずる処によつて行動する手足と看ば、美濃部等の云ふ根本観念と別に変りなく、敢て我国体に悖るものとも考へられず、只美濃部等の云ふ詔勅を論評し云々とか、議会は天皇の命と雖、之に従ふを要せずとか云ふが如き、又機関なる文字そのものが穏当ならざるのみ、

仏国にては用語を統一せる由なるが、日本も此用語を統一せば便ならん云々と仰せらる。

即ち　天皇を国家の生命を司る首脳とせば、天皇に事故あらば国家も同時に其生命を失ふことゝなる、斯く推論せば機関説の意義の下に国家なるものを説き得ざるにあらず、而して必ずしも国体の尊厳を汚すものにもあらざるべし。

2 之に反し、統治の主権は君主にありや(天皇主権説)又国家にありや(国家主権説)と論究せんとするに於ては、両者全く異なるものとなるべし

若し主権は国家にあらずして君主にありとせば、専制政治の譏りを招くに至るべく、又国際的条約、国際債権等の場合には困難なる立場に陥るべし。

露国をして日露北京交渉に於て(芳沢、カラハン会商)「ポーツマス」条約を認容したる我日本の論法は、国家主権説に基くものと謂ふべし。

3 朕も亦、君主々権説に於て専制の弊に陥らず、外国よりも首肯せらるゝが如き、而も夫れが我国体歴史に合致するものならば、喜んで之を受け入るべきも、遺憾ながら未だ敬服すべき学説を聴かず、

往年穂積、上杉など美濃部其他其一派の学者など憲法論を是非論難せしが、結局根本に於て同一に帰すと云ふ。

4 右の要旨の御言葉に対し自分は、

軍部は学説には触れず、只信念として崇高なる我国体を傷け　天皇の尊厳を害するが如き言動を、絶対に軍隊に取入れざらんとするにあり、彼の議会中心と言

ひ詔勅を論評し、議員は天皇の命に従ふを要せずと云ふが如きは、軍部の信念と断じて相容れざるものなりとの主旨を、軍隊の教育乃至統帥上、徹底せしめんとするに外ならずと奉答す、之に対し、

陛下は、信念なるものは世上の憲法学説抔の上に超越するものなるが故に、右主旨は固より結構なり。只憲法学説に於て、論難の的となるが如き字句は之を用ひざるを要すと仰せられたり。

四月十九日

此朝真崎教育総監の天皇機関説に関する訓示に付、同総監より聴取せる処を申上げしに、

陛下は、天皇主権説が紙上の主権説にあらざれば可ならん（半ば諧謔的に）かと仰せられ、断じて左様の義にあらずと奏答す。次で、

陛下は、満洲事変勃発の当時、軍部の将校等は武官府に来たり種々要望し（此は奈良前武官長及当時の武官に質したるも左様の事実なく、恐れ多きことながら他の方面より、如此推想と誇大の言が御耳に及びしものなるべく恐懼の次第なり。）朕が内閣方面に聴糺さんとせしことさへも陸軍は聴従せず、止むなく

朕は、他の非公式の手段にて内閣方面の意嚮を聴取したることあり。如此自分の参考たらしめんとすることまで妨げんとするは如何なるもの乎、

此は何かの誤りと案ずるも、果して左様の御気使ありしとせば、何共恐多きことなり。

之に対し何とも恐懼に耐へず只去りながら、

御上のことが万一にも誤りなりと信じ、且つ聖徳に害ありと認めし場合、至誠御諫め申上ぐることは余義なしと存ず。然らざる限りは右様のことは断じてあり得べからざることなりと拝察する旨奉答す。

四月二十五日

四月二十四日午前十一時

陛下は、在郷軍人の名に於て各方面へ配布せし機関説に関する「パンフレット」に付御下問あり。即ち此の如

きは在郷軍人として遣り過ぎにあらざるかと拝す、即ち、軍部にては機関説を排撃しつゝ、而も此の如き、自分の意思に悖る事を勝手に為すは即ち、

朕を機関説扱と為すものにあらざるなき乎との仰せあり。

之に対し断じて左様の事あるべき筈なし。只　天皇機関説問題、今日国内到る処喧しく、在郷軍人より中央部の軟弱を非難する位にて、或は其分を超へて問題を惹起する嫌なしとせず、故に軍に参考として小冊子を偕行社記事の附録として配布し統制外に脱逸せざらしめんとせるに外ならず。而して之と陸軍大臣が国務大臣として、軍部の総意を代表して閣議に意見を述べあるものとは自ら同じからず。即ち陸軍大臣は建軍の立場より、天皇機関説に対する軍の信念を述ぶるのみにして、学説に触るゝことは之を避けある次第なりと申上ぐ。

陛下は、若し思想信念を以て科学を抑圧し去らんとするときは、世界の進歩は遅るべし。進化論の如きも覆へさざるを得ざるが如きことゝなるべし。去りとて思想信念は固より必要なり、結局思想と科学は平行して進めしむべきものと想ふと仰せらる。

此機会に於て「此の如き説の八釜問敷なりしは、一は欧洲大戦後政治家は余りにも軍部を圧迫排撃し、軍人志願者が激減し軍事予算は極力削減せられ国防資源は乏しく国防の不安を感じ来り、軍部焦燥の矢先、満洲問題の勃発となり、之と同時に民主自由主義思想の屛息を見る反面に於て皇道国体論の勃興となり、精神作興となりしものにして、機関説排撃の如きも之に因由す」と御説明申上ぐ。要するに、

聖旨は、文武各其処を得て相排擠せず相並行して、天皇御統率の下に進むべきものなりとの思召しと拝察す。

翌二十五日軍事参議官会議の後ち林陸相、真崎総監と別室に会し、

陛下の思召を語り、学説までも深入する考ならば、各自直接内奏然るべき旨を述べしに対し、両人共機関説の思想を排撃する事が主体にして、敢て学説を論議せんとするものにあらざるが故に、武官長より此旨を奏上し呉れとのことにて別れたり。

四月二十七日

午後二時半御召あり、

陸軍の憲法解釈に関する「パンフレット」は全部読み終れり。大体の議論は可なりとするも、

1 国家主権説則ちデモクラシーなりとするの議論は敢て然らざるべし。

2 欧米の個人主義より発達し来れることは正に然らん去りながら今日悉くが個人主義なりと看るは誤れり。米国に於て彼の禁酒法が成立せしが如き、英国に於て戦時貴族の多数が国家の為めに殉ぜしが如き、之を如何に見るべき乎。

3 陸軍のものは、英、仏其他の憲法を論ぜるも、帝国憲法御制定の参考となりし独乙憲法の由来及同国に興りし「ボルン」の天皇主権説、「エレクトリック」の国家主権説等に対する研究猶充分ならざるが如し。

4 自然科学は証明し得ると云ふも其生活、生命と云ふ段に至れば結局証明し得るものにあらず、生理と哲学の区別の不能なるが如し。

5 彼の種々の学派の説を引用するに、一木等個人の名前を挙ぐるに於ては意外の事件を惹起するなきを保せず、考慮すべきことなり。

6 日本天皇は政治の外、文芸其他国民生活万般の中心にあらせらるゝと云ふ。然り、去りながら之が為め欧洲其他の君主を目して、政治のことのみと云ふは当らず、現に英国皇帝の如きは文化の方面にも大に努力せられあり。

等《など》各方面に亘り、一々詳細に亘り御説示あらせられ、恐懼し特に前記第(5)の如きは陸軍当局へ注意せり。

五月十六日

五月十四日天皇機関説問題に伴ひ、一木枢相にまで累の及ぶが如きことなきやを重ねて御下問あり、敢て去ることなかるべき旨奉答し、午後三時林陸相を訪ひ、先づ、前十三日御下問の外務省の支那駐在公使を大使に昇格せしことに対し、陸軍に反対盛なりとの事実を質せしに、

事既に決定せし以上致方なしとし、只去年外務と陸海両当事者との間に、支那に対する重大問題に付ては能く相談の上、実行すべしとの取扱を今後厳守せられん事を要望しあるに過ぎずと答へ、又天皇機関説問題の成行に付て聞きしに、陸相は実は、

1　在郷軍人の有力者大井大将等は面会を求めて左の実行を督促せり。

イ、美濃部個人の処置

ロ、機関説を奉ずる学校教授の処置

ハ、機関説を奉ずる官吏の処置

ニ、禁止書類の不可なる点の発表

2　政党就中政友会久原系のものは、陸相の議会に言明せし所の実行を督促せり。

3　右傾団体のもの丶強要

(3)のものは大臣として会見を避けある次第にて煩累に耐へずと語れり。

越へて十六日陸相は渡満に付、御暇乞ひの為め拝謁せしが其直後に於て御召しの上、

大臣渡満後軍部統制に注意すること、特別の「パンフレット」の如きものを出版発布せぬ様との御注意あり、橋本次官に電話を以て此旨を伝達す。

五月十八日

此日復た陸海両相が天皇機関説に付首相に進言せりとの新聞に付御下問あり、中島少将をして陸軍省に付質せし処等を参照し、

陸相は政府の執れる現状の儘にては反機関説論者を説服し得ず、故に更に一歩を進むべく首相に勧説したるものにして、而も極端に走りて政治家に利用せられざる様、注意しある旨奉答す。

此際独乙が英米の国家中傷宣伝に倒れたる大戦時の実例あるが故に、国体観念を弥が上にも強固ならしめ置くを必要と存ずる旨申上げし処、

陛下は、独乙崩壊の原因として、

1　「カイゼル」に対し「プロイセン」以外各州の信服しあらざりしこと。

2　文武両者の一致しあらざりしこと、而して軍人の意思のみにて動きしこと。

3 「カイゼル」として和蘭に走らず、「ベルリン」に還られし方宜しかりしと思はるゝ事。

等を挙げられ、又露国は仏国と同様貴族と下層民のみにて、穏健なる中間の堅実なる階級を有せざりしことが、革命に倒れし訳なりと箕作の歴史は説けりと仰せられたり。

更に国際間の問題、就中国防に於ては人道本義に譲歩したりとするも、対手が之を徳とせず、却て獲たり賢しと一段強く出て遂に、受味とならざるを得ざるが如き状勢に推移せん乎、其大勢を挽回する事容易ならざる場合ありと述べしに対し　陛下は、勿論国防は重要にして大に強固ならしめざるべからず、近時の如く世界各国共、国家主義に傾けるに於て益々然り、只財政との関係を顧慮するの必要あるべきのみと仰せられたり。

此日或るもの武官長に対し、宮中に於かせられては機関説を拡大すべからずとの御意図なるが故、夫れが軍当局に伝はれるより陸軍の態度が煮へ切らぬものとなる、抔伝へしものありしより、臣は之に対し、

天皇は、斯る議論の良いとか悪いとか仰せらるゝ筈なく夫等議論の上に超越されあるものなりとたしなめ置きし旨申上げたり。

五月二十二日

此日午前

陛下は、出光海軍武官を召し、海軍の天皇機関説に関する意嚮を聞召され、軍部が自分の意に随はずして、天皇主権説を云ふは矛盾ならずやとの御下問あり。

出光武官は之に対し、

其時々の御事務に付、大御心に添はざることありとて之を　天皇主権の事実に添はずとせられ、延ひて重大なる国体に関する解説を云々せられんとするは本末を誤るものなりと拝察す。

陛下は、暫く臣下の論議を高処より静視遊ばされ、此等の説に超越して大観あらせらるゝを必要なりと存ずる旨奉答せりと武官長へ報告す。

五月二十三日

海軍高級侍従武官の人事に付ては、海軍省より第一候補として、□□□□□□〔文字〕第二候補として平田海軍少将を推薦せしが、此が断定に相当苦心考慮の結果、海軍人事局長より両者の人物其他に付ての考課資料を提出せしめ、海軍側の希望は第一候補を採用されたき意嚮なるが如くなりしも、結局無口にして沈毅なる第二候補を適当なりと認め、二十二日、

陛下の、御内意を伺ひし処、平田少将は山階宮の御附武官なりしことをも御承知あらせられ、武官長希望の如く御裁決を給はり、直ちに海軍人事局へ通知す。然るに海軍就中軍令部総長宮に於かせられては、疾く第一候補と確信あらせられしものゝ如く、全く意外とせられ或は側面より言葉を捜《サシハサ》みしものならんとの御不満にて、二十三日大角海相右人事を内奏したる後、武官長を訪ね第二候補に定まりしことに付、殆んど前例なきことなりとて、伏見宮殿下は意外に思召され、海軍大臣の信任を問はれたるが如きものなりとせられある処、宮中の他のものゝ横槍的行為ありし結果にあらずや抔尋ぬる所あり。

武官長、之に対し、海軍人事局長の提出せし考課性格等に就き、又中将に進級の遅速の関係等をも考慮し一に、

陛下の御裁断を仰げるものにして、全然武官長の奏請以外断じて何れの言をも聞かれあらずと回答せし処、大臣は　陛下の御決裁たる以上何等申すことなしと諒解し去れり。

五月二十五日

四月十八日伏見軍令部総長宮参内、海軍大演習に付上奏あらせられし後、

陛下より、海軍の軍縮会議に対する最終の腹案を聴かれしに対し、総長宮殿下は

「各国の兵力量を低下せしめ、以て軍縮の精神を貫徹せしめ、同時に日本も莫大なる軍費を要せずしてパリチーに近づかんとするに在り」と奉答せられたるが如く、之に対し、

陛下は、左様なることは理想にして、海軍としては最後の落付くべき案を提議するの要あるべきを述べられ、殿下も或る程度まで個人としての意見を陳べられたる模様なり。

但し此結果内容に付ては殿下は之を海軍大臣にも話されあらず、尚ほ、

陛下は、此会見に於て殿下が、海軍大学校等に於て兵棋演習にて研究の結果、同等の兵力を要する帰結を得たりと述べられたる如く解されしものの如く、五月葉山行幸中（自十七日至二十一日）桑折武官に対し、

陛下は、大学校に付右様の教育を為しありや取調ぶべく申聞けられ、又其後出光少将にも同様の事の御話あり、両武官共敢て左様の義にあらず、勿論劣勢の兵力を以てしても勝利を得べく研究しある旨奉答せり。

伏見宮殿下の真意も恐らく左様にはあらざりしものと拝す。

廿五日出光海軍少将は軍縮に対する海軍の見透しを、伏見宮殿下に質せし所御内話の要旨左の如し。

1　主義として対等の兵力量を要求するも、実際的には必ずしも然らず。

2　無条約となれりとて、直ちに大なる予算を要求するものにあらず。

只普通より四、五千万多くの予算を要求せば足る考なり此普通と云ふは現状の儘を以てしても代艦建造其他の為め、昭和十二年頃より数千万円多くの予算（約五億）を要す、無条約となれば之れに加ふるに更に四、五千万を要する見込なるが故に、結局現在より合して約一億多くを要すと見れば可ならん。

3　斯くするも兵力の不足は無論なり、其欠陥は特種兵器其他を以て償ふの外なし。

但し其後予自ら加藤軍令部次長に付聴く処によれば、第(1)の件は矢張実質的対等を要求して譲らざる海軍の意嚮なるが如し。

五月三十一日

午後一時半御召あり、陸軍の北支に対する行動に対する御下問あり、即ち出先にあれば其地の情勢より余儀なく積極となるものならんも、余りに無理を主張するなき

やとの御懸念あらせらるゝやに拝せしが故に、早速之を陸軍次官、参謀次長に質せし処、

1 陸軍次官は現在林陸軍大臣、南軍司令官、梅津天津軍司令官皆満洲に在り、東京は留守の実状にて真相聞合せ中なるがゆへ、其結果により善処致すべしと答へ、

2 杉山参謀次長は余りに無理を強要し、深入りし過ぎざる乎を心配しあり、只だ目下好都合に進展しありとせば状況不明の中央より抑ゆることも一考を要すべく暫く様子を見つゝありと答ふ。

右両者の意嚮を奉答す。

尚ほ此機会に石丸元満洲国侍従武官等より聴取せし処を綜合し、満洲国皇帝の行状上の御改善を要せらるべきものと認むる点を述べ、同時に日本側として誠意輔翼申上ぐるの必要を御前に披露す。

六月二十一日

六月二十日午前十時半、中華民国大使蔣作賓（公使より大使に昇格）拝謁、信任状奉呈の折、

陛下は、最後に特に御言葉を以て「北支最近の事件は、日支両国の為め不幸にして憂慮すべき出来事なりし処、無事終結を告んとするに至りしは、誠に喜ぶべく之には蔣介石、汪精衛両閣下の努力に負ふ効果大なりと認む、此点特に大使より両閣下に伝へられたし」と仰せられ、蔣大使深く感激せる赴にて、必ず伝達すべき旨を奏上せり。

小官は結構なることながら聊か異様に感じ、午後〇時三十分蔣大使夫妻に対する御陪食後、広田外相に外相の奏請の結果なりやを質せし処、然らずと答ふ。

二十一日朝鈴木侍従長は本件に付数日前、

陛下より北支事件に付ては、陸軍には尚ほ不満ある模様なるも、而も此処まで進みしは全く蔣介石の努力と認むるがゆへ蔣大使拝謁の際、之を謝するの意を表したし牧野内大臣の意見を徴せよとのことにて内大臣に尋ねし処、誠に結構なりとのことにて更に外相の意見を聴くことゝなり、外相は陸相の満洲より帰来し何を奏上せしや不明に付、陸相の意見を求めたしと要求し、一両日を措て蔣介石の外、汪精衛の名を加へられたしとのことにて上述の御言葉となりし次第なりと語れり。

之に対し小官は後刻、侍従長に対し敢て異議ある次第にあらざるも、陸軍の真意は北支より排日軍隊及各機関を撤退せしむるが如きは寧ろ枝葉にして、主目的は蔣政府をして全支に亘り排日思想乃至行為を解消せしめんとするにあり、然るに今、

陛下より北支事件に対する蔣、汪の功績を賞《タヽ》へらるゝに於ては、彼等は之を以て北支の事終れりとなし、陸軍の希望せる全支に亘る排日空気の一掃に熱心ならざるに至る虞れなしとせず、従て内府等輔弼の地位にある人としては、前記の御言葉に更に「日支親善に向つて一段の尽力を望む」旨御附け加へあらせらるゝ様奉答すべきなりと侍従長の含みまでに注意し、尚ほ世上軟弱外交の中心が宮中にありとなし、更に其原動力が牧野内府にありと為せるがゆへ、斯様のことが新聞に漏れ、又一般軍部に伝はらぬ様希望すと苦言を呈し置けり。

七月六日

七月五日朝天機奉伺の際、

陛下は前に石丸元侍従武官より聞きし処を基礎として、満洲国帝室内庭の事を申上げしを喚起され、更に御下問ありしを以て更に、元満洲国総務庁長遠藤より聴きし処を補足として申し上げし処、

陛下は、皇太后陛下が満洲国皇帝の事に御同情遊ばされあるゆへ、自分が聴ひたる処を御伝へするよりも、武官長直接御話し申上ぐる方宜しからんとの仰せあり。

右に付、入江皇太后大夫に連絡せし処、皇太后陛下の御思召しなりとて、翌六日午前十一時大宮御所に参内すべしとのことなりしより、同時刻大宮御所に参り　皇太后陛下の御前にて、約一時間に亘り御話申上げたり。

皇太后陛下は、御熱心に御聴取りを給はりたる後、種々満洲国皇后の御近親に付、御下問あらせられたり。

七月十日

七月九日朝、天機奉伺の際軍部に於ては、機関説の論議は我建軍の本義に悖るより、此儘には放任し難しとせる旨申上ぐると共に、一木枢相其他個人に及ぶ筋にあら

ずとせる次第を内奏せし処、

陛下は、夫れならば結構なる旨仰せられ、後刻再び御召あり、

機関説を単に理由なしに悪しとするときは、必ず一木等まで波及するの嫌あるゆへ、陸軍等にて声明を為す場合には、余程研究したる上注意せる用語に拠るべきなりと仰せられたり。

十日侍従長は、

陛下の機関説に付、首相及法相に仰せられし処なりとて語る所左の如し。

一　機関説云々は皇室の尊厳を汚すと云ふも、斯る事を論議すること夫れ自体が、皇室の尊厳を冒瀆するものなり云々。

二　日本の国体は機関説云々の論議位にて動かさるゝものにあらず云々。

而して機関説の可否に付ては言及あらせられず。

七月十日

北支事件

五月下旬、独立混成第十一旅団が熱河省より逐へる孫永勤匪を遵化附近に攻撃するに当り、北支県知事等該匪を庇護したる形迹顕著なるものあり、同時に天津日租界に於て、軍司令部の使用せる親日満支那新聞社長が暗殺されたる事件あり。而も其下手人が蔣介石直轄の秘密機関の援助を受けたる事実判明せしより、天津軍司令部参謀長及北平武官に於ては種々協議したる上、五月二十九日北平政務委員会代表者及軍事委員分会主任何応欽と会見し、如此は帝国の権益を蹂躙し皇軍に反抗するものなりとし、支那側不信行為を糾弾し、反日満的実行機関を北支より撤退し、事件関係者を罷免すべき旨の日本軍側の所信を厳重に通告せり、爾来支那側の狼狽となり内外、視聴を刺激せしが引続き満洲及北支駐屯軍の交代派遣及関東軍一部の山海関及古北口附近集結となり、天津駐屯軍及北平駐在武官の支那官憲に対する要求督促は上海、南

京駐在武官の南京政権に対する交渉と相俟つて愈々急なるものありしが此間、

陛下には、事態を御軫念あらせられ、殆んど日々御下問を賜はり、或は文武二重外交の譏りを招かざるやを憂慮あらせられ（之に対しては今回の事件は、日支停戦協定及義和団事変議定書違反事項なるゆへに、軍部に於て直接交渉せるものにして、全般的排日解消の要求の如きは、外交官に委するものなりと御説明申上ぐ。）或は欧米を刺激するなきやを御懸念あらせられ（之に対しても、停戦区域を推進するが如きことなからしむべく、又関東軍の積極進出の如きは恐らく不必要なるべしと御説明申上ぐ。）六月九日の如きは日曜日なりしに係らず、参内上奏申上げし次第にして、

聖旨の程も常に夫れとなく陸軍次官及参謀次長に通ぜしが、中央軍部当局に於ても事態を重大視し、適宜出先の超脱に陥るべき虞れある行為を適時統制すべく努力し、参謀総長は六月九日支那駐屯軍司令官に対し、

将来状況の変化に拠る支那駐屯軍の兵力行使は大義名分極めて明白にして、同軍本然の任務遂行上、並に之が為め必要なる同軍自衛自存上万止むを得ざる場合に限るべきものなる旨電示せり。

又、同日関東軍司令官に対し、

情勢極度に悪化せる場合、関東軍の一部を停戦協定区域を超へて、平津地方に進むるは、大命に拠るにあらざれば、之を行はざるものなる旨電示せり。

六月十日、南京政府は我軍部の全要求を容るゝに至り、河北省内党部の即日撤退、第五十一軍及中央軍の省外移駐、国民政府より全国に対し排外排日禁止命令の発布等を逐次実施することゝなり、支那駐屯軍及関東軍は引続き右確実なる実行を監視す。尚ほ参謀総長は、

南京政府をして、全支に亘る排日行為を禁絶せしめんとする帝国政府の処置を支援すると共に、一層其態度を厳正且公明ならしむべきこと。

を重ねて訓示せり。

然るに北支事件の一段落を告んとする頃、去る六月五日察哈爾宋哲元軍が張家口北方張北に於て、関東軍特務機関員四名を不法監禁したる事実判明し、宋哲元軍は前にも之に類似の事実を惹起せしことありしより、関東軍は右事件を重大視し厳重なる要求を為さんとする情勢なりしを以て、六月十二日陸軍省は関東軍に対し、本事件の発生は極めて遺憾とする処なるも已に解決せんとしつゝある北支交渉に新に之を追加して、更に事態を拡大せし

むるは大局上得策ならずとする意味を指示する所あり、其後関東軍は右等指示其他に鑑み、宋軍を黄河以南に撤退云々の如き意見を差扣へ、六月十四日天津に派出せる土肥原少将に対し、

1 宋哲元及第百卅二師長の罷免。

2 第百卅二師の現駐屯地撤退、撤退後再び同地に支那軍を入らしめざること、

等の条件を目的として処置すべく指示する所ありしが、右に基き同少将に於て内面的交渉を進めつゝありし間、再び独石口附近、宋軍の越境射撃事件発生せり。

中央軍部は宋哲元の罷免をも尚ほ無理なりとして注意する所あり、関東軍は支那駐屯軍酒井参謀長、張家口松井駐在武官を新京に招致して研究する所ありたる後、六月十八日交渉要領を改訂し、土肥原少将をして之に基き交渉を進めしむることゝせり。

一 停戦協定線延長部分の東側地域及北長城線北側地域に於ける、宋軍部隊を其西南方地域に移駐せしめ、撤退地域には再び支那軍を侵入せしめず。

二 一切の排日機関を悉く解散せしむ。

三 宋哲元の謝罪及責任者の処罰を即時実行せしむ。

四 右要求は二週間以内に完了せしむ。

其後、種々の経緯ありしも結局七月八日北支軍事分会より何応欽の名に於て、梅津司令官宛書類を送付し来り、之にて北支問題は一段落となり関東軍司令官も七月上旬以来、亦山海関及古北口に集結待せしめありし部隊を夫れ夫れ旧駐剳位置に撤収せしめたり。

七月十日朝、此趣を武官長より内奏す。

参謀総長は暑中の為め、参内上奏を御遠慮相成り書類上聞に止められたるに拠る。

七月十三日

午前十時岡田首相参内拝謁後、

御上より、内閣は出先に引づられぬ様にとの御下問ありしとて恐縮しあり。右首相と話し中、御召あり。

近く葉山に参るに付ては、陸軍との連絡を考へ置く様との御注意を給はりたり。又其際先刻首相にも間接に注意し置きし次第なるが、陸軍に於ては出先の人事に注意

し能く其人を選び中央の意図外に出づるが如き事なき様考慮せざる可らずとの御言葉あり。

之に対し出先は、誰が参りても其地の状況に応じ、善処せざるべからず、時に中央部との状勢判断の相違にて意見の一致を見ざる事あるも、夫は必ずしも人事の結果にあらずと奉答し置けり。

右御召し終りし後、更に首相より左の如く語れり。

一　関東軍は満鉄をして、北支に一大会社を作らんとし外務省も大蔵省の下部役員も之に同意し、只老蔵相のみ純理論より反対しあり、而も最早避け得られざる状勢なるが、陸相も遂には苦境に陥るに至るなき乎。

此等を想ひ、本日の御下問は誠に痛きことなりき。

二　天皇機関説問題は厄介なる事なるが、頑張るの外なしと存ず。即ち機関なる文字を除き、詔勅批評杯の意見を抑圧し、又之に悖る講義を為す教授を休むる等の事は出来得るも、機関説の主義に基く政治の機構まで悉く変ずる時は、憲法の改訂にまで進むの虞れあり、重大事を惹起するものとす。

政友会の代表等は機関説を国体の本義に反すと答へよと迫るも、斯く答ふるときは直ちに治安維持法に触るることゝなる。

又山本悌二郎等の云ふ「主権は天皇に在り」と云ふことも、左様簡単には片付け難き点あり。蓋し主権の解釈なるものが甚だ区々なればなり。即ち、主権とは凡百の事悉く之を含むとも解せられぬ、統治の大権とも解せられ、且つ国際外交の事を言ひ現はす事もあるが如き是れなり。

要するに、一部論者の強調する如く機関説を徹底的に片付けよと云ふが如きは、右等重大なる関係上容易なるものにあらず、陸相が部下統制上困ると云ふならば政府として声明を出すも可なり。而も今日まで言ひ表はせる事を文章とするまでなり云々。

此時同席しありし侍従長は、機関説なるものは恰も羅馬の十字軍と土耳古、希臘の法理的反対との争の如く、三百年も宗教と法理の争が続きしと同様の結果なる憂なきにあらず、此点、

陛下は、軫念あらせられありと語れり。

七月十六日

陸軍人事の難関

十五日は昭和十年度の最も困難なりし陸軍人事に関する三長官会議の最後の日なりしが、数日前より林大臣と真崎総監との意見根本的に相違し、爰に大臣は総監交迭を先議（此度の人事は師団長等に関するよりも、真総崎監交迭を軍統制上必要なりとする事が根本なりしなり。）するを急務なりとし、此日参謀総長殿下の前にて真崎の総監引退を大臣より提議する所ありしが、真崎総監は主義上同意せず、最終会議は遂に意見不一致の儘解散し、大臣は此日午後三時頃葉山御用邸へ参内、人事内奏致し度く通知越し、自分に於ては事の尋常ならざるを予想し石田武官をして内奏の内容を聴かしむる処あり、之に対し今井人事局長より総監の人事に関する事にして、元帥の宮の御同意を得たりとの回答あり。

之に於て自分は種々苦慮の結果予め、

陛下に、大臣参内の内容と事情を申上げ、両元帥の御同意をも得たりと云ふ以上、法理上御允許を給はるの外なかるべしと内奏し置けり。午後五時過、陸相参内直ちに拝謁し、

真崎教育総監を軍事参議官に、

渡辺軍事参議官を教育総監に、

御親任あらせられ度旨奏上し御裁可を得、同時に左記幾多の御下問を給はりたり。

一　此任命の結果が陸軍の統制に波紋を起すが如きことなき乎。大臣は之に対し波紋を起すが如き虞れなし、却て真崎を止めずば大部の不満を大ならしむるの情勢に在りと奉答す。

二　三長官の人事協議に関する取極内規なるものに抵触せずや。

大臣は之に対し、夫れは一般人事に属することにして総監、総長と云ふが如き協議の当事者たるべきものゝ人事の事にあらずと存ずる旨を奉答す。

三　総監の主義上反対せりと云ふ人々に、若し不都合なる点ありしを発見せば之を処分するや（小磯、建川、永田等の名を挙げられたるが如し）。大臣は之に対し、調査・の上不都合の点ありしとせば処分致しますと奉答す。

拝謁終りし後、陸相は侍従武官長に右⑴の御下問ありしことを語りしも⑵⑶等は一寸頭に浮ばざりしと見へ、語る所なく十六日、

陛下より、直接承はりたり。

十六日早朝、長距離電話にて菱刈、奈良大将等経験者の意見を聴き、又参考として侍従長の意見をも伺ひたる上、午前九時半頃拝謁を願ひ、

教育総監の強制的交迭は事重大にして、三長官協議権の取極（大正二年七月勅裁を経）の価値を軽減するものなりとの懸念を抱かしむるものにして、軍の統制にも関係するものなるが故に、閑院宮、梨本宮両元帥を御召し遊ばされ、右の憂慮を尠なからしむる様善後処置に努むべく御沙汰あらせらるゝを宜しかるべく存ずる旨内奏す。

陛下は、之に対し事前ならば兎も角、事後に於て効果なかるべしと仰せられしも、陸相に於て元帥の同意を経来れりとして内奏せる以上、事前の御下問は如何かと存ず又効果仮令少なしとするも、事の重大性を認められ充分其善後の事にまで慎重に御処置遊ばされたりとせば、其一般に与ふる効果は必ずや相当之れあるべく、不満のものも之を納得せしむるに便なるべしと申上げし処、夫れも、然らん。然らば可成早き方宜しと思はるゝが故に速かに参内する様取計へと御聞けらる。

尚ほ此時

陛下は、林陸相は真崎大将が総監の位置に在りては統制が困難なること、昨年十月士官学校事件も真崎一派の策謀（恐らく事件軍法会議処理難を申せしならん乎、まさか士官学校候補生事件を指せしものにはあらざるべし。）なり。尚ほ又た三官衙の人事の衝に当る課長は、悉く佐賀と土佐のものゝみにて一般より批難多く、要するに真崎一派は少なく反対派は非常に多き実情に在りと話せり。其他、

自分としても、真崎が参謀次長時代、熱河作戦、熱河より北支への進出等、

自分の意図に反して行動せしめたる場合、一旦責任上辞表を奉呈するならば、気持宜しきも其儘にては如何なものかと思へり。又内大臣に国防自主権に関する意見を認めて送りしが如き、甚だ非常識に想はる。武官長は左様に思はぬか。

自分の聞く多くのものは、皆真崎、荒木等を非難す。過般来対支意見の強固なりしことも、真崎、荒木等の意

見に林陸相等が押されある結果とも想像せらる。旁々今回の総監交迭に関する陸相の人事奏上の如きも、余儀なき結果かと認めたりと仰せられたり。

之に対し繁は大臣の言及風聞は必ずしも当れりとは存じ兼ぬるも、兎に角大臣の今回人事に対して採りし処置は、法理上は否定し難く、軍事参議官に諮詢さるゝことも将来に悪例を遺すべく、従て、元帥に於て御同意なりし以上、御裁可は当然と拝す。只人事の協議に当り、大臣として三長官の一人が反対するからとて直ちに、之を除きて自己に同意のものを挙げて意の儘人事を運行し得るとせば、御勅裁を得たる三長官の協議権なるものは甚しく価値を減ずることゝなり、統帥部の長官に対しても同様なりとせば、軍部の或方面には之を大に遺憾とし、不満とするものを生ずるを恐るゝが故に、両元帥を召され善後処置に尽すべく御沙汰あらせられ、

陛下の、御慎重なる態度に感激せしめらるゝことの必要なる旨を重ねて奉答せり。

十五日、及本十六日奏上の折、

陛下は、屢々宮様の元帥以外に陸海軍共各臣下の元帥のあることが必要なりと繰返し仰せられたり。

十六日午後一時過、閑院宮、梨本宮両元帥参内あらせられ、宮中に於て御昼餐の後、両殿下は、

陛下に拝謁あらせられ、約一時間御対面の上　皇后陛下に御拝面、御機嫌を奉伺あらせられ、午後二時半頃発御帰京相成りたり。

七月二十日

午後一時三十分、新任教育総監渡辺大将、前任総監真崎大将葉山御用邸に参内拝謁す。

繁は拝謁に先ち、新任者には「御苦労である」、前任者に「御苦労であつた」との意味の御言葉を給はらば難有存ずる旨内奏す。

陛下は之に対し真崎は加藤の如き性格にあらざるや、前に加藤が、軍令部長より軍事参議官に移るとき、自分は其在職間の勤労を想ひ、御苦労でありし旨を述べし処、彼は、

陛下より如此御言葉を賜はりし以上、御親任あるもの

と見るべく、従て敢て自己に欠点ある次第にあらずと他へ漏らしありとのことを耳にせしが、真崎に万一之に類することありては迷惑なりと仰せらる。

　繁は之に対し、真崎としては自己の主義主張を曲ぐることは出来ざるべきも、苟りそめにも御言葉を自己の為に悪用するが如き不忠の言動を為すものには断じてあらざる旨を固く奉答せし処、

陛下は、夫れならば結構なりと仰せられ、拝謁に際し渡辺大将には御苦労であると仰せられ、真崎大将には在職中御苦労であつたとの御言葉を給はりたり。

　尚ほ、此日真崎大将は出来れば、御言葉を給はりし際、一言自己の立場を奉答したき旨武官長に漏らす所ありしも、夫れは当の主任者たる大臣の奏上に対立する事となり、恐懼の次第なること又事件に引続き何事か奏上することは、其結果の如何なるものを齎らすかをも余程考慮すべきことなりと、真崎大将も能く諒解し右思ひ止まりたり。

　　附　記

　今回の陸軍大異動の前提として、教育総監交迭の如く不愉快なりしものはなく、去る十六日、陛下が、両元帥御召しの後ち、鈴木侍従長に対し、武官長は真崎を弁護する様だと仰せられし趣なるが、其後三十日午後遅く（宮城より葉山へ行幸直後）村中大尉、磯部主計免官の内情言上の為め参内せし林陸相も、閑院宮殿下より或者が梨本宮殿下の許へ参り申上げし事なりとて前に武官長は大臣を訪問し、真崎弁護に努めたりとのことなるが事実なりやとの御尋ねありし旨漏らし、尚ほ大臣は自分は夫は単に意思疏通の為め来りしものなりと弁明し置けりと語れり。

　繁は何れにも偏せず、何れにも党せず、只急に過ぎ酷に過ぐること乃至何れかに偏するとの感を与ふる人事は、軍の統制を図らんとして、却て反対の結果を招致する虞れなきにあらずとの忠言を全く個人の立場に於て（武官長としてにあらざる事を常に前置きにし）至公至平の見地より大臣等に述べ、最古参の軍事参議官等に呈する所あり、全く軍の統一を希ふに外ならざりき。

　然るに此等は早くも座間勝平（七月二十一日附）なるものの怪文書として各方面に配布されしものゝ如く、又夫れが誰れかに拠りて梨本宮殿下等の耳に、而も武官長として伝へらるゝことは甚だ遺憾なり。此等の事

実に鑑みて宮中奉仕の間は軍の為めとは云へ、一切沈黙を守るに如かざるを想はしめたり。

八月十二日

此日午前九時過、永田軍務局長、中佐相沢三郎の為め、局長室にて斬殺さる、午後一時二十分人事局課員御用邸に参内、右永田局長を中将に進級方内奏を請ひしに因り直に伝奏せし処、陛下には、陸軍に如此珍事ありしは誠に遺憾なり。更に詳しく聴取し上奏すべく仰せられ、尚ほ此儘水泳に出て差閊なきやと御下問あらせらる。

之に対し繁は、誠に申訳なき出来事にして、今後特別の波瀾あるべしとは想はざるも、充分注意すべき旨奉答し、且つ御運動は御予定通り遊ばされ度旨御願ひせり。真に恐懼の次第なり。

九月三日

八月末葉山に於て湯浅宮相に陸軍内部紛争の概要を語り其宮中に影響するの虞れある点として、

1　重臣の常に軟弱なる輔翼を申上ぐることに関係を持するとなす事

2　上層皇族に対する批難を因由するの嫌あること等を述べ、参考に資する所あり。同時に皇族の今回の事件に付て、武官長に対する誤解をも抱かれある事等を内話せし際、

大臣は、

陛下は、自分には絶対に政治に付て御下問なく、知人は少しは大臣より政治の事に付て申上ぐるを可とせずやとの注意を為すものもあるも、自分も一切差扣へ申上ぐる事を遠慮しありと漏らせり。

又、其後両三日の後、侍従長も、

陛下は、軍事に付ては内大臣にも絶対に御下問なしと語れり（官制上は内大臣には文武何れを問はず、御下問ありて

差閊なきものと思はる。）

陛下の臣下のものゝ職域に付て、其区別を常に明確に遊ばすことは、繁も亦恐懼しある処なるが、宮相及侍従長の談を聴き一層其感を深くす。

九月八日

八月の陸軍人事異動に伴ふ部内の紛擾に付、御軫念あらせられ、拝謁の折最近総理は其争が、地方的派別を生ずるに至らざるやを憂へありしと御沙汰あらせられ、又故金谷大将を参謀総長と為せし際、宇垣陸相と武藤大将との不和が現下陸軍の紛争の原因を為しあらざるや等の御言葉ありしより、九日午前拝謁の機会に於て

軍部内の抗争が将来共地方的色彩を帯ぶるに至る虞れなしと認むる旨を申上げ、又必ずしも田中大将の推せる宇垣大将の陸相たりしとき、上原元帥及武藤大将等の其独断行為に対する不満ありし等の事実に遠因せるものとは想はれざる趣を奏したる後、所謂紛争の原因と為すべきものに付、左の通り申上げ尚ほ、繁の所感とも申すべきものを附け加へたり。

一　紛争の原因

イ、昭和五年倫敦会議に基く軍部及政界の空気、尚ほ穏かならざりし折柄、昭和六年初頭より宇垣大将政界乗り出しの謡言高く、延ひて軍部内に部外のものと相結び、国内改造を意図するものありとの風聞喧伝され、所謂三月事件なる恐怖問題を出来し、後ち宇垣大将の抑止によりて事なきを得たりと伝へらるるも、当時の軍上層部のもの之に関係せりとて、爾来陸軍部内穏かならず、

ロ、同年九月満洲事変勃発して、内外興奮状態に陥りし際、所謂十月事件なるも惹起せり。

同事件は、軍部少壮将校が部外のものとも相通じ、上層陸軍当局を強要して、国内改造を断行すべく企図せりと伝へらるゝものなり。

当時の陸相南大将は之を制圧し、関係者を検束して事なきを得せしめたるも、其責任者を厳罰に処するは得策ならずとし、寛大なる措置を採れり。

ハ、若槻内閣倒れ、犬養内閣成立し、荒木中将陸相となりしが翌七年五、一五事件の勃発あり。荒木陸相

は此等事件の責任者に対し、依然温情主義に拠る寛大なる処分に止めしも、一面、天皇の軍を、私兵化するの許すべからざるを説ひて皇軍意識を強調し、軍の統制に努めたり。

然ども其人事に至りては、積極なる少数者を要枢の地位に据へ、其他は有為のものと雖ども重要視せられざるの傾を見るに至れり。

ニ、爰に荒木人事に対する不満は三月事件、十月事件に何等関係なく、此等の行為を非とするものさへも荒木、真崎等を論難するに至り、殊に荒木等が軍の総意を酌み広義の国防強化に乗り出すに及び、政治家、資本家と称せらるゝものゝ恐慌となり、一般社会の反感ともなれり。

ホ、昭和九年の初頭荒木病み、林大将代りて陸相を拝するに及び、如上の傾向に顧み、逐次荒木当時の首脳部を交代するに至りしが、元来荒木、真崎に同情するものは皇道理論に燃ゆる熱血真剣なる将校多く（相沢中佐の如きも正に其一人なり。）、林を以て国家社会主義的意識を有する三月事件、十月事件関係者を再び起用せんとするものなりとし（此間部外策士の運動もあり。）、殊に、同陸相を動かすものは永田局長なりとして、同局長に対する怨嗟の声高まれり。へ、同年十一月士官学校問題発生するに及び、一方は荒木、真崎等の陰謀なりと云ひ、他方は永田等が真崎、荒木等を陥し入れんが為めの策謀なりとし、互に誹謗し両者感情の激化となり、本年八月の人事異動に真崎総監を強圧的に交代するに及びて其高潮に達し、遂に永田局長暗殺の不祥事件となりしものなり。

附　記

1　不祥事件発生約一週間前、林陸相は次官をして永田に、他に転出し暫く海外に出遊すべく勧めしも、其応ずる処とならずして遂に此の如き結果となりしは、当人の為には固より林陸相の為めにも誠に同情すべきことなり。

2　又発表されし八月の人事を見るも何等特異のものなく、此程度ならば折合の就かざるものにもあらず故に一般人事と切り離し人をして徐ろに真崎を説き納得して其職を転ぜしむるの手段を採らしむれば大に緩和せしものならん乎。

二 紛争に対する所感

イ、現今、国防は非常に複雑化し、国政の各方面に関聯するに至り自然一般将校が社会の趨勢に関心を持せざるを得ざるに至り、其社会的常識の顕著なる発達を見ることゝなり、今や単に机上の訓示のみにては軍の統督至難にして、軍の上層にあり其局に当るものは先づ以て已れを正ふし、進んで実践的模範を示さゞるべからず。林大将の辞任を願出でしも亦、此見地に外ならざるべし。

ロ、陸軍今回の事件は、内外に対し国軍の威信を失墜せしめたること誠に尠なからず、実に上、

陛下に対しても、申訳なき次第にして其責任は、敢て陸相のみならず、軍上層首脳部全部の煩つべきものなるが、此間特に注意すべきは何事に係らず稍重要なる事件の発生を見る毎に、所謂重臣の作用ありとなし、全くの捏造にあらずんば想像に成る論議の囂しき事なり。今回の事の如きも重臣が荒木、真崎の積極派を失墜せしめんが為め、林を利用せしものなりとの事実無根の宣伝尠なからざるは遺憾なりとす。

ハ、新陸相、川島大将は過日、親任式の為め参内の際爾今、人事に対しては従来に比し圧迫主義よりも寧ろ温情主義を採る内意なりと漏らせり。兎に角、

陛下の、軍隊内に在りて、党同伐異の観あるが如き行動ありて、御宸襟を悩まし奉るは恐懼に堪へず、宜しく上級将校一致新陸相を援け、軍の節制統督に邁進すべきなり。

九月十七日

九月十七日、英国より支那経済調査の為め派遣せられたる「リースロス」鳳凰間に於て、我、

天皇陛下に、拝謁す。此際英国皇帝陛下の御親書を奉呈す。

十六日此御親書の飜訳せられたるもの式部職より奏聞せられしが、其内容は自分の信頼せる「リースロス」を派遣すること、英国としては支那に於ける従来よりの古き権益に付て、重大なる関心を有すること、日本も亦隣国として経済上深き懸念を有せらるゝと思はるゝこと、将来

英国としては充分日本と協力して、支那に臨まざるべからずと思ふとの意味のことなりき。

之に対し、

陛下は、侍従長に向ひ内大臣にも伝へ、式部職に於て返翰を草するとき、外務省にも相談することゝ思ふが、其内に、

英国皇帝陛下の思召は予て、朕の考慮しある処と全く一致するものなる意味を加へよと仰せられ、

尚ほ此事は、外務省の管掌事項なるも、支那のことは陸軍にも関係あり、然るに陸軍大臣は新に代りしことゆへ武官長と相談し、

朕の意を新陸相へ伝へよとの御意なりしと、

繁は之を新陸相に伝ふると共に、英国宮廷外交が相当深長なるものにして、必ずしも単純ならざるものなることは考慮し置かざる可らざるものなることを侍従長に答へたり。

九月二十六日

午後四時御召あり、本日午前閑院宮総長に、

朕の意図なりとして、陸軍大臣へ現下一般に各方面共下剋上の風あり。時局問題に付軍部、殊に陸軍の主張積極的なるが如し、大臣として部下の希望の遂行に努むるは可なるも、部下に引摺らるゝ如きは益々下剋上の弊を大ならしむるものなり。特に支那問題の如き出先の専断を適宜戒飭する様伝ふべく申し置けり。武官長に於ても宜しく此意味を含み善処せよと誠に恐懼に堪へざる御沙汰を拝せり。

此朝も機関説問題に対する軍部の態度を申上げ、総理等も漸次譲歩の傾あるは遺憾なりと申添へし処、

陛下は、

大臣の如きは一身を犠牲にして断乎たる決意の下に動くを要すべきものなるに、動もすれば外部の圧力に辟易の態度なるは残念なりとの御意を漏らされたり。又桒折武官は此日、

陛下には、此頃の天気は無軌道なるが、政治も亦然りと独り言を遊ばされあるを拝聴すと語れり。真に聖慮の平かならざるは申訳なきことなり。

十月五日

軍事参議官会議席上、川島陸相は機関説対策を謀りし処各参議官の意見大要左の如し。

之より前き陸相は、鈴木荘六在郷軍人会長より、其意見申出を聴取しあり。

荒木　統治権の主体と云ふことに付ては、自分としての意見なきにあらざるも、事今日の状勢となりては、之を政府として明確にするの外なく、此根本さへ明確たらしむれば人事問題の如きは、枝葉のことにして自ら収まるべしと、

阿部　何にも彼も同時に解決せんとするも夫は政府として耐ゆる所にあらず、故に荒木の如く根本の問題丈けを明かにして他に触れざらしむるを要す。

渡辺　九州を巡視したる結果に於ては、此際は最も厳粛に最も速かに最後的の声明を為すの外策なし。

真崎　渡辺の意見に拠るの外なからん。

林　渡辺の意見に同感なり。

陸相は右会議の結果、最も速かに政府の態度を明かにするの方法を採りて、政府の難局を救ふべしとし、海軍と打合せし処、海軍は殊更らに軍事参議官会議を開くことは、注意を惹く虞れ大なるが故に得策ならざるも、意見は陸軍の如くなるの外なかるべしとのことに一致せり。

同六日休日に係らず、陸海両次官は白根内閣書記官長と会し、機関説に付ては八月三日の政府の声明にては、如何様にも解せられ、其後首相は在郷軍人会に於ても挨拶をせられ、又新聞記者にも談話の形式にて話されあるも、夫れにては曖昧なるゆへ再声明は幾分政府の面目もあらんなれども、爰に機を逸せず、政府の権威ある意思を発表するの外なしと交渉せしが書記官長は、回答を留保せしも考慮の末政府として再声明は不可能なりと回答し来り、遂に陸海両大臣は改めて総理と談合することゝなれり。当時の状勢次の如し。

1　地方郷軍代表は、何とかせねば此儘帰去し得ざる模様なり。

2　陸海両大臣は、倒閣に至らざることに百方苦慮しあり。

三六会の連中とは面会を回避しあり。

3　只此儘にては、両大臣の立場なくなり、大臣頼むに足らずとの空気漸く抬頭し来らんとす。

4　鈴木在郷軍人会長は、只郷軍代表者の意見のみを聴きあるがゆへ、無暗に強きも、左様のみには参らずとの空気なり。

十月八日

八日朝、拝謁の砌り機関説に対する軍部の意嚮として、陸軍大臣は去る五日の軍事参議官会議の議決に基き、海軍大臣と協同して政府に於て最も厳粛に、最も速かに機関説に対する態度（根本として、統治権の主体は天皇に在りとの事を、明確にするを要すと議定す。）を表示すべしとの意嚮を首相に申入れたる趣を内奏せし処、大体御諒許を給はりたるも、午後五時半頃総理以下、各国務大臣の御陪食に先ち、御召しの上、厳然たる御態度にて、今朝、武官長の述べし処を限度として、夫れ以上引づらるゝことなきや、果して然らば、

自分は、許るしても可ならん乎と考慮しあるが如何、との御言葉あり。又機関説信奉者の人事を刷新せよとの要求も、其儘にては一木等にも及ぶべく、一木は現に宮相に対し自分として機関説は悪ひとは思はざるも政府の意嚮によりては自ら潔く現位置を退くべしと漏らしたる位なり。如何との仰せあり、

之に対し繁は、勿論御意の如く存ずるも、更に大臣に御内意を伝ふべしと申上げ恐懼御前を退出し、

翌九日、岩佐憲兵司令官の軍状奏上に侍立の為め参内せし川島陸相に右の旨を伝へ、且つ午後、古荘次官の来室を求め、同様注意する所ありし処各々此上外部の要求に譲歩する事なく、又根本さへ明かにせば人事の如き枝葉の問題は、つき放すの外なしと思ひ居るとのことなりき。

十日午前十時頃御召あり、

陛下より、政府に於て再声明を為す以上、軍部も機関説信奉者の人事刷新抔云ふことを止めては如何、との仰せあり。

午後一時再び御召ありしゆへ、

再声明に関する件、及人事に関することの撤回は恐らく陸相として不可能なるべきが故に、其点は御許るしを願ひ度しと申上げ、御諒許を得たり。

十一日午後、川島陸相人事内奏の為め参内せしゆへ、再び前記の、

御思召を伝へし処、

陸相は本日閣議に於て、結局政府は再声明を為すことに決定し、声明案文は事務次官と内閣書記官長との協議纏らざりしゆへ、閣議に於て大体案文を定めたり。但し其内容につき留保し置けりとのことなりき、依て、午後二時過ぎ再び拝謁し、右概要を申上げ、御諒許を賜はりたり。

十一月九日

十一月六日大演習統監の為め、

大元帥陛下、宮城御発輦の朝、松永侍医は咽喉の炎〔症〕を認め懸念す。横須賀より御乗艦後も御倦怠の御模様を拝し一同痛心、七日多少の御熱あり船中の騒音動揺の為め御気分優《スグ》れさせられず、八日の御上陸も危まれしも、宮内大臣等の主張に拠り一般への影響を恐れ、予定の通り上陸を願ふ事とし、大本営御着後直ちに御就寝を乞ひたり。

同日午後六時頃、山本海軍特命審判長大本営に来り、九日より十日朝に至る海陸協同演習は無線通信の関係上、臨機演習終了の御許可を乞ふの不可能なる場合あるべきを予想し（海上へ出御の上、御統監あらせられ難き関係上。）統裁を御委任あらせらるゝの外なしとし、午後七時頃恐れ多くも御寝所へ罷《マカ》り出で、御仮床の儘右御内意を伺ひ御裁可を得たり。此時、

陛下には、「どうしても、演習場に行つていけないか」と仰せられ、御発熱にも係らず其御責務を重ぜらるゝの深きに感動恐懼に耐へざりき。結局御許るしを得、

陛下は、大本営に在りて御統監あらせられ、演習の統裁は之を特命審判長に御委任あらせらるゝことし、夫の代り演習中止の上は十日、

陛下の、御出御前に鹿児島大本営に来たり、状況を報

告する事に打合せたり。

十二月十八日

此日、枢密院本会議後、岡田総理政状に付内奏す。其直後御召あり、

議会開会に際し、国体明徴問題等にて政府が解散を断行せんとする場合、陸相は如何なる態度に出づるや、且又機関説問題等に対する陸軍最近の空気を内々陸相に質す様にとの仰せあり。

此日、各国務大臣の御陪食あり、川島陸相に大要を話し置き、午後軍事参議官会議の後、更らに陸相と懇談し御宸襟の模様をも語りし処、陸相は、

実は金森法制局長官は、衆目機関説論者なりとせるに係らず、其儘現位地に在り、高等文官試験委員長を兼ね、更に教学刷新評議会にも加はれるにより、各方面に政府の云ふ機関説排撃は誤魔化しなりとの非難高く政友会久原系は之を利用し、政府不信任を提議せんと企図し、場合によりては議会開院式の奉答文にも其旨を含ましめんとするの情報さへあり。故に可成速かに金森を処置し置く事必要なりと他の閣僚を通じて進言しある次第にて、大角海相も全然同意見なり。尚又た政府に於て予め此等の処置を採らずして、政友会より不信任案をつき付けられたるに対し解散を肯んずる場合、軍部として之に同意するに於ては、軍部は機関説を排撃しながら却て機関説を擁護することゝなるが故に勢ひ解散に同意する能はず、去りながら、金森を処分し置くに於ては右に対する軍部の弁解は成り立つと信ずるが故に、解散に同意し得べしとの陸軍の意嚮なり。要するに政府の維持も去る事ながら、軍部の統制を犠牲にする能はず云々。

午後四時宮中に帰り、右陸相の意嚮を復命せし処、陛下は、軍部は曩に政府が国体明徴に対する声明を、再度までも発表せざるを得ざりしに至りし際、人事には触れずとのことなりしに、今又た金森等を云々す、恐らく夫は一木にまで及ぶに至るべし。斯く一歩一歩軍部の態度の変化する事あるに於ては軍部に対して、安神が出来ぬと云ふ事になるべし。大凡事は何処までと云ふ最後を定め置くにあらざれば、世が「フアッショ」を高調する

ときは軍部も亦、之に雷同すると云ふことになりはせぬかと、

仰せられ、程度問題にて左様の懸念はなかるべしと申上げしも、真に恐懼に耐へざる次第なりき。

而して事、相当重大なりと考へ、同十八日夕刻帰宅の途次、奈良大将を訪ひ、意見を徴せし処、同大将は、

機関説問題排撃の主旨は、同感にして金森法制局長官の処置も或は可ならん。然ども夫れと議会解散問題は別個に扱ふべきものにして、解散問題の如き政治的懸引の具たるべきものに軍部が深入する事は、所謂政治に係はるものにして、又反対側よりは軍部は政党を非難しながら腐敗政党を庇護するものなりとの攻撃も生ぜん。故に機関説攻撃の如きも統帥権に累ありとの一点張りにて進むべく、解散問題抔に干与する事は避け度しと語れり。

翌々二十日朝、川島陸相を官邸に訪ひ、再び本問題を論じ人事問題に深入りするの愚を述べし処、陸相は、

どうも金森丈けは其現地位との関係上、如何とも致し難きも、一木枢相は政府には関係なく之には及ばざる考へなり。大体総理よりも金森を処置せば、一木は喰ひ留め得らるゝやとの内話あり、自分は部下のものより此以上、八釜間敷要求するときは断然辞職すべきのみと答へたる次第にて、金森を処置するに於ては議会解散にも同意する意嚮なりとの答なりしより、此朝天機奉伺の折り、此旨復命せり。

昭和十一年

一月十四日

此日午後一時三十分御召あり、其折り長岡満洲国総務庁長より聴きし満洲国の近状就中、

満洲国皇帝の宮庭内に於ける暴君振りと同時に、皇后病身の為め独身生活に等しき様子に在らせらるゝ由を申上げし処、

陛下は、

如何に高位のものと雖人間として現はるゝ以上、不満もあり、慾望も生ずるは免れず、環況の如何に依り満洲国皇帝の如くなるは当然にして、寧ろ御気の毒なりと仰せられ、

次で長岡の漏らせし満洲に於ける中少佐階級のものゝ政府要人に対する態度等に付て、極めて不愉快なる感懐を与へ居る趣抔を申上げし処、

陛下は、左もあらん。実は長岡進講の際、此点に付質問せんかと想ひしも差扣へたりと仰せられ、

更に、

秦憲兵司令官の何となく文官側に不評なるものありしやなるに係らず、真崎等が之を庇護せし為め、真崎、荒木まで悪しく風評せられしにあらざるかと仰せられ

次で満洲に於ける、統制経済と自由経済との関係に付ての長岡の意見なるものを申上げしに、

陛下は、然り物は凡て偏すれば弊を生ず。本日の講書始めに於ける穂積の述言の如く、個人主義も団体主義も倶に偏すれば害あると同様なりと仰せられ、

又、天津駐屯軍編制に付ての空気申上げしに、
陛下は、
実質は兎も角、可成目立たぬ様注意せよと仰せられ、然らざれば倫敦軍縮会議に述べたる不脅威、不侵略の主張が公明正大を欠き、日本が軍縮会議を脱せしは支那に、更らに積極的に行動せんか為めなりと世界の非難を受くる虞れありとの御言葉ありたり。

二月二十五日

此朝天機を奉伺せし折り、
陛下には、昨陸相の人事内奏の節、北支に関する人事に亘ることありしが其編制を大ならしむる事は余儀なしとするも、国際間に刺激を与へて支那乃至英米を挑発することなき様注意すべく、又其機構を過大ならしめて関東軍の如く却て其統制に不便を来すが如きことなからしむべく当事者に注意せよとの御言葉あり。殊に事定まりて後、
朕が、希望を述ぶるときは責任問題等を来す嫌あるが故に、可成事前に、朕が、内意を伝ふるものなりと仰せられたり。誠に御軫念の程、恐懼に堪へざるなり。

二月二十七日

廿七日拝謁の折り、暴徒にして軍統帥部の命令に聴従せずば、
朕自ら出動すべしと屢々繰り返され、其後二十八日も亦、朕自ら近衛師団を率ひて現地に臨まんと仰せられ、其都度左様な恐れ多きことに及ばずと御諫止申上ぐ。其当時陛下には、声涙共に下る御気色にて、早く鎮定する様伝へ呉れと仰せらる。真に断腸の想ありたり。

二月二十八日

午前十時頃御召あり、
幾多軍部将校に会したるが、先刻の梨本宮殿下の態度には、朕も感激に耐へず、殿下は陸軍の長老として何

共責任の重大感に堪へずとて落涙あらせらる。

朕も共に涙潸然たるものありしとて、殆んど涙を以て仰せられ、どうか此梨本宮の気持が全軍に通ずる様努めよとの御沙汰あり。繁も自ら感涙にむせび、仰視する能はず、御前を拝辞し室に帰りて中島武官を呼び、

武官長自ら青年将校の所に臨み、陛下御軫念の模様を語り、順逆の理を解き最後の引導としたしとて研究を命ぜしが、

爾他武官は奉勅命令さへ聞かざるものを、此上武官長の伝達をも聴かざるが如きに至るときは大変なりとて右中止の意見を述べしより遂に武官長自らの説得は見合したり。

此日午後四時半、杉山参謀次長、香椎戒厳司令官拝謁し攻撃遅延の罪を謝し、本夕充分の準備を為し、明朝必ず攻撃を実行すべきを奏上し退下したる後ち、自分は、御前に於て軍は凡て、

陛下の軍たるに、世評今回の事件解決を陸軍が殊更に遷延し、之を重大化し、大なる陰謀を企図するものなりとの風評、乃至陸軍は殊更らに

陛下の命令を奉ぜざるものなり抔の噂を為すものあるが如きは、固より誤解の大なるものなりとは雖、之れ取りも直さず

陛下の軍隊に大なる汚点を与ふるものなり。何共恐懼に耐へずとて自ら落涙滂沱云ふ所を知らず、其儘御前を退下す。暫くして、

陛下再び御召あり、

武官長の先刻昂奮して語りし如き風聞は、各軍事参議官も知れるや、宜しく此の有様を伝へ置けとの御沙汰なりしゆへ、

軍事参議官の代表の来室を求めし処、荒木大将武官長室へ来りしゆへ左の要旨を伝ふ。

其一

陛下は、此不祥事を速かに鎮定せよとの御意図なり。其御心中を拝察するに、

1 日本帝都の陸軍省、参謀本部は暴徒に占領せられ、三日を費して尚ほ回復し得ず、日本軍部の内容甚だ薄弱なりとの感想を海外列強に与ふ。

2 海外為替は殆んど停止し、銀行取り付けは始まり、財界の不安増大せんとす。

3 帝都人心の不安、日に募り夫れが全国に波及せんと

す。実に臣民に与ふる迷惑大なり。

4 第一師団の各部隊に動揺の虞れあり。為に迅速なる攻撃出来ざるものなりと伝ふ。時日の遷延と共に、他師団に伝染するが如きことあらば如何、我軍の堅実を疑はる寔に憂慮の至りなり。

等は皆鎮定を急がせらるゝ理由なりと拝す。

其二、陸軍は皇軍相撃つの憂慮すべき結果を云々し、且つ武士道上戒むべきなりと云ふ。而も、

朕が手足たる重臣を、悉く殺戮し、此等の老人に最も残虐なる仕打を為せり。之れこそ武士道に反せずや、陸軍の云ふ所、解し難し。

其三、反乱者の行為は許す可らざるものなるが、而も其誤謬は別とし、真意の邪悪なきことは判明す。而るに彼等将卒の中の一部のものは、飲酒乱酔すと云ふ。果して真面目のものなりや疑はる。

其四、武官長が昂奮して語りし陸軍に対する今次事件の非難、即ち陸軍の陰謀なりと云ひ、又、

朕が命を奉ぜず抔の風聞の陸軍の名誉を傷づつけつゝあることは、軍事参議官連中は果して能く承知せりや宜しく之を伝へよと仰せられし旨

述べし所、荒木大将も彼等が割腹云々を伝へしがゆへ、事実なりと認めありし処、正午過外部より無電にて割腹を止めよとの指令ありて、俄かに中止せりとのことを耳にし、軍事参議官連中も最早之れまでなりと覚悟し、迅速なる攻撃を必要とするに至りありと語れり。依て予は右は自分の、

聖旨のある所を忖度せしに止まれる旨を附言し、適当に取捨して全軍事参議官に伝へられたしと要求し、同大将も承諾して去る。

三月二日

午前十一時過ぎ御召あり、

近く西園寺上京すべく新内閣の問題も決定すべきの処此等に対する軍部の要望は依然強硬なるが如く、其政策も亦積極なるが如し。之を容れざれは再び此種事件を繰返すの懸念あるがゆへ、可成其希望を酌み入れ与へたし。去りとて余りに急激なる革新は、必ずや一般社会状勢と相容れざるべし、自然慎重なる考慮を要す。此点、

朕としても、矛盾を感ぜしめらるゝ次第なり。従て軍部に於ても国防の充実は可なるも、国家経済の如き、富の分配まで云々するに至るが如きは適当ならず。

武官長が軍部上層に接するに於て、此意を体しあるを要すと仰せられたり。

三月五日

午前十時半御召あり。

朕として、今回の事変に鑑み、将来の為め陸相へ与ふる戒飭的注意は、新内大臣の閲視を経て内意を聴くとのことなるが、此は則ち憲法に則りての遣り口なる処、憲法を無視してかゝる一部将校等は、復た此は内大臣の意見なりとて之を云々し

自分の真意が結局、徹底せざることなきにあらずやとの御言葉なりしゆへ、

今や全陸軍は非常に恐懼し、如何にすれば再び斯る失態を惹起するに至らざるやの工夫に熱中しあり。従て一部将校のみを相手とせず、全陸軍の奮励しある処に合致激励する御言葉を賜はることが、此際何より必要と存ぜらる。従て矢張、慎重に内大臣の同意を得て御内意を承はる事が必要なりと信ずる旨、奉答し且つ御上の御言葉は皇宗皇祖の御精神を体せられてのことなるが故に、御言葉にして万々一にも御聖徳に係はるゝと思はるゝ節ある場合には、敢て其事情を披攊進言することが忠誠の道に適ふものなりと存ずる旨、附け加へし処、

陛下には、夫れは其通りなりとて御許るしを得たり。

第三部　爀日余光

昭和八年四月侍従武官長拝命以後

宮中奉仕後第三者ヨリ聴取シタルモノ

一、鈴木侍従長ノ直接承レリトテ、同侍従長ヨリ聴取セシモノ

陛下ニハ、箕作元八氏ノ大部ノ歴史ヲ、詳細読了アラセラレアル処、嘗テ左ノ如ク語ラセラレタリ。

一、奈翁ノ前半世ハ、仏国ノ為ニ尽セルモ、後半世ハ自己ノ名誉ノ為ニ働キ、其結果ハ仏国ノ為メニモ世界ノ為ニモナラザリキ。

二、露国帝政ノ滅亡ハ、露帝室ガ自己ノ栄華ノ為ヲ計リテ、其国民ノ為ヲ思ハザリシニ因ス。

三、独乙帝国ノ滅亡ハ、独乙ノミノコトヲ考ヘテ、世界ノ為ヲ思ハリザシニ由ルト。

実ニ克ク其大綱ヲ把握セラル。

又論語ニ付テ仰セラレタルコトアリ。即チ論語ニ子貢ノ政治ヲ問フモノニ答ヘタル中、左ノ言アリ。

国家ニ不足ノ事起レバ

先ヅ兵ヲ去レ

次ニ食ヲ去レ

国家ノ信義ニ至リテハ、遂ニ去ル能ハズト。

国家ニ信義ノ特ニ重ズベキヲ説クトコロ、深ク味フベキナリト。

四月十七日

阿南陸軍、桑折海軍各武官ヨリ聴取。

四月十五日関東軍長城線占領ニ付、勅語ヲ賜ハル手続ニ関シ、此日午前ニテ結構ナリト仰セアリシニ対シ、阿南武官ヨリ、午前ハ生物学御研究ノ御予定ユヘ、午後ニテ宜シキ旨御答ヘ申上ゲシニ、

陛下ハ、自分ノ勝手ノ事ノ為メニ公務ヲ遅レシメテ如何ダロート御言葉アリ（強ヒテ夫レニハ不及申トシ午後ニ御願ヒセリ）。

又四月十七日、桑折武官ヨリ大角海軍大臣ノ拝謁ヲ同日午後、伏見軍令部長殿下、拝謁ノ後ニ御願ヒシテ、可ナリト申上ゲシニ

陛下ハ、自分ノ都合ニテ大臣ノ拝謁ヲ午後ニ移スハ如何ト仰セラレシガ、同武官ヨリ大臣ノ上奏ハ演習ニ関スル人事ノコトユヘ、軍令部長ガ演習計画ニ関スル奏上ノ後ガ却テ宜シカルベシト申上ゲ、始メテ承知遊バサレタリ。

公務ニ関シ、特ニ深ク注意アラセラルル次第ハ、誠ニ恐懼ノ至リナリ。

五月十八日

此日、海軍々事参議官会議ノ後、各参議官及重ナル海軍将校ヲ御陪食仰付ケラレ、食後

陛下、各将軍ヨリ種々御話申上ゲアル途中ヨリ、予腹痛ヲ催シ桑折武官ニ依頼シテ座ヲハズシ、暫クシテ帰来セシニ、已ニ

陛下、御入御ノ後ニシテ扈従ノ任ヲ果シ得ザリキ、依テ帰室後侍従長ニ計リ

陛下ノ御前ニ罷リ出デ御詫ヲ申上ゲシニ、陛下ハ、何ノ御咎モナキノミナラズ却テ最早回復セシカトノ御尋ノ御言葉ヲ賜ハリ、恐懼ニ耐ヘザリキ。

六月二十三日

此日

陛下ニハ、瑞典皇甥「カール」殿下ヲ御招宴アラセラル、此際「カール」殿下休息室ニ入ラセラレ陛下ニ拝謁ノ折

陛下ハ、態々侍従長及武官長ヲ、御自身デ殿下ニ紹介ヲ給ハレリ、真ニ感激ノ至リナリキ。

七月十四日

陛下ハ御用邸御着後間モナキ此日、侍従長ヲ召サレ三浦半島一帯、非常ノ旱天ニテ百姓困窮セリト聞ク、此際自分ガ採取抔ニ海上ニ出ヅルハ如何アランカト御下問アリ。侍従長ハ種々事情ヲ申上ゲ、特ニ海上御運動ヲ中止アラセラルルニハ及バザルベシト奉答シ、別ニ半島ヲ巡リテ農村ノ情況ヲ視察シ、又神奈川県知事ニ状況ヲ聴キ、更ニ模様ヲ奏上シタリ。

陛下ノ御仁徳、恐懼ノ次第ナリ。

五月二十日頃

五月二十日頃、関東軍ノ一部、通州ニ迫リ北京動揺シ居留民ノ安否気ヅカハレシヨリ、天津駐屯軍司令官ハ其部隊ノ一部ヲ北京ニ入ラシムルコトトシ、汽車ニ拠リ若シ途中敵ノ線路破壊等ノ妨害ニ遭ハバ直チニ徒歩又ハ自動車行軍ニ拠リ、此北京増援ノ目的ヲ遂行セントセリ、此際予ハ北支ノ戦況ヲ奏上シタル後、天津駐屯軍部隊ノ北京進入ニ誤解ヲ生ゼザランコトヲ祈リアル旨ヲ申上ゲシニ、

陛下ハ「夫レハ差支ナイ。駐屯軍当然ノ任務ダカラ如何ナル事ガ起ロート仕方ガナイ」ト仰セラレ

陛下ノ御意図ハ「筋ノ通ツタコトナラバ堂々トヤツテ差問ナイ。只筋ノ立タナイ列国ノ信ヲ失フ様ノ事ナカラシムベク心懸ケヨ」トノ事ニアルベキヲ拝シ恐懼シタル次第ナリ。

七月二十日

此日湯浅宮内大臣、故武藤元帥ニ男爵ヲ授ケラレタキ
奏請セシニ当リ
陛下ハ、武藤ノ功績ニ対シ授爵ハ然ルベキ事ナガラ子供ハ如何カト御下問アリ、大臣ハ元帥生前二人ノ女子ヲ他へ嫁セシメ可然家ヲ他ニ相続セシムル強キ意思ナキ旨語ラレ居リシトノ武官長ノ話ナルガ、未亡人ガ如何ナル態度ニ出テラルルヤハ判リマセヌト奉答シタル由ナリ。
右御下問ハ常ニ
陛下ガ、近時華族ノ体面ヲ汚スモノ続出スルノ実状ニ御注意遊バサレ、現制度ノ儘ニテハ華族ヲ増スコトニハ深甚ノ考慮ヲ遊バサレアルニ因ルト拝聞ス。

七月二十八日

此日　新任関東軍司令官、駐満大使、関東長官兼任ノ親補親任式ヲ行ハセラレタリ。終リテ勅語ヲ賜ハル、式ノ前武官長ニ隣邦諸国へ親善ノコト及列国ニ対スル、機会均等ノコトヲ示サントス、如何トノ御下問アリ。結構デアリマスト奉答セシ処、果シテ其式ニ於テ、
朗々タル威厳アル御言葉ニテ勅語ヲ給ハリタル後、最モ明晰ニ
隣邦ニ対スル親善ヲ念トシ、特ニ諸外国ニ対スル機会均等ニ注意セヨト宣セラレタリ。
誠ニ神威ニ打タルルノ感懐ナリキ。

七月二十四日

七月二十三日
陛下、汐見御茶屋ノ磯ニテ御採取ノ際、皇后陛下モ小磯ノ先端マデ岩石ノ間ヲツタヒ御散歩相成リ、御妊娠中ユヘ危険ト認メ、御供中ノ湯浅大臣ヨリ御帰還ヲ申上ゲタリ。
右ニ付、二十四日侍従長ハ
陛下ニ対シ

皇后陛下ニハ、御大切ノ時期ニアラセラルルユヘ、万一ノ御怪我等アラセラレザル様、危険ノ行動ヲ避ケラルル様御願シタルニ

陛下ハ、夫ハ尤モノコトナルモ、此ノ狭キ一定ノ処ニテ余リ制限シテハ運動ガ出来ヌデハナイカトテ、容易ニ御同意遊バサレザリシモ、危険ナキ様、方法ヲ講ズルマデハト強ク申上ゲ、漸ク御許シニナリシトノコトナルガ、陛下ハ夫ニ引続ヒテ或ル公務ノ事ヲ侍従長ニ仰セ付ケラレシガ、其時ノ御態度ニハ最早前ノ御不満ノ御様子ハ全ク忘レラレ、明朗其モノノ如クアラセラレタリト。

此ノ或ル事ニ付テ一時御不満ニアラセラレタル場合ニ於テモ、他ノ事ニ転ゼラレテハ、前ノ不満ヲ次ニ及サルル杯ノ事ハ寸分ナキ、即チ俗ニ云フ怒ヲ移ス等ノ事ハ微塵モナキ、実ニ気持ヨイ御気質ト側近ノ何レノモノニ対シテモ（側近外ノモノハ尚更）決シテ愛憎トカ、別ケ隔テヲ持セラレヌ天真爛漫ノ御風格ハ真ニ欽仰スベキ御聖徳ナリト拝ス。

八月十日

此日ハ東京警備司令官指導統轄ノ下ニ、関東一円ニ亘リ、防空演習ヲ実施シ、三浦半島ノ如キモ神奈川県指導ノ下ニ、各地防護団ニ於テ燈火管制等ニ熱中シアル折柄故、陛下ニシテ、若シ汐見御茶屋ノ端末マデ御出御ヲ願ハバ、独リ演習ニ従事セルモノノミナラズ、一般ノ感激多大ナルモノアリトシ、黒田侍従ヲ経テ奏請セントシタルニ当リ、同侍従ハ夜間御出御ノ事ニモアリ、更ニ侍従長、皇后太夫ノ意見ヲ徴シタル処、両者トモ夫レニハ及バザリシトノコトニテ、侍従ハ躊躇シアリシ由ナリシモ、更ニ武官ヨリ督促ノ結果、侍従ハ率直ニ武官長ハ出御ヲ請ヒ、侍従長、太夫ハ夫レニハ及バザルベシト申居ル事情ヲ其儘陳ベテ陛下ノ御思召ヲ伺ヒシニ

陛下ハ夫レデハ出ヨウト仰セラレ

皇后陛下モ御供致シタシト（皇后陛下ハ、御妊娠中ニアラセラルルユヘ寧ロ御出御ナキ様致シタシト考ヘ居リシ位ナリキ。）仰出サレ午後八時過ヨリ御同列ニテ非常演習信号ト

共ニ侍従、侍従武官、女官等全部扈従シ、侍従長、皇后太夫モ参邸シ、宮内大臣モ参邸御供シ、皇宮警視儀仗衛兵、地方警察モ皆夫々所要ノ配置ニ就キ、供奉将校等適宜ノ位置ヲ採リ、同時ニ此機会ニ於テ非常御動座ノ訓練トモナリ得タリ。（全部携帯電燈ノミヲ持シタリ。）

陛下ハ、汐見御茶屋ノ台上ニ出御ノ後、三浦半島西岸各地ノ燈火管制ノ実状ヲ御視察アラセラレ、其良否ノ御批評及倫敦ノ航空襲撃ヲ受ケタルトキノ損害ノ案外尠ナカリシ事抔、愉快ニ物語リ遊バサレ、十数分ノ後還御アラセラレタリ。

陛下ガ此新ラシキ国民的軍事演習ノ為メ、過去殆ンド見ザリシ夜間御出御ヲ全然陛下ノ御気持ノ下ニ、断行セラレタルハ、特ニ該演習ニ従事セルモノニ深キ感動ヲ与ヘタリ。

八月十七日

海軍大演習中、此日御召艦比叡艦上ニ於テ、湯浅大臣、鈴木侍従長及予ノ三名椅子ニ倚リ切リニ談話中、側ラノ椅子ニアラセラレシ陛下、椅子ヨリ立タレ、運動ヲ始メラレシヨリ、我々三名モ椅子ヨリ離レ起立シタリ。此時、

陛下ニハ、特ニ侍従ヲシテ、我々三名ニ自分ハ自分ノ便宜デ甲板上ヲ逍遙スルモ、爾等ハ夫レニ及バズ、随時話ヲ続クベシト御伝ヘ給ハリタリ。吾々ニマデ細心ノ注意ヲ払ハレ、慈悲心ヲ注ガセラレ給フハ感泣ノ至リナリ

八月十九日

此日ハ演習モ終了シ、帰航中ニアリシガ、御召艦甲板上ニ於テ側近ノモノ一同

陛下ト共ニ遠慮ナク「デツキゴルフ」ノ運動ニ耽リシ際常ニ

陛下ノ組ハ勝利トナリシノミナラズ、他ノモノノ動作ヲ眺メラレツツアリシ

陛下ハ

自分ノ方ハ常ニ協同一致ニ出テ、敵手ノ球ヲ分散セシメヨ又撞球ノ要領ニ拠リ、幾何学ノ考ヲ以テセヨ等

其御器用、御明敏実ニ恐縮シタリ。

八月三十日

陛下、葉山ニ御避暑中、各大臣御機嫌奉仕ニ参内シ、御陪食ヲ賜ハル慣例ノ赴ニテ、七月二十二日（牧野内大臣、斎藤総理、内田外相、大角海相、中島商工相、倉富枢密院議長）同二十六日（高橋蔵相「蔵相ハ健康上拝謁ノミデ御陪食ヲ拝辞ス」小山法相、鳩山文相、荒木陸相、後藤農相）八月三十日（山本内相、三土鉄相、南逓相、永井拓相）ニ御陪食ヲ賜ハリ食後別室ニテ、種々談話ヲ交ヘサセラレ、各大臣ヲシテ談話ノ間ニクツロイデ、其政治上及社会各方面ノ観察ヲ陳ベシメラレ、夫々其管掌事項ニ付テノ適切ナル御下問アラセラルルニハ、一同驚歎シアリ。七月二十六日ノ如キモ鳩山文相ニ向ヒ、新聞ニ重要事項ヲ漏ラサザル方法ナキヤトノ質問ヲ発セラレ、嘗テ、内閣書記官長トシテ新聞記者ヲ内閣ニ入ルルコトトセシ文相ノ奉答ハ、平時ノ能弁ニモ似ズ拙劣ナリシハ、一興ニシテ何レノ大臣モ此点ニハ上出来ニアラザリキ、此八月三十日ノ如キモ永井拓相ニ対シテハ、北樺太ノ状況ヨリ南蘭領「ニユウギニヤ」ノ状況ト、邦人発展ノ模様、南逓相ニ対シテハ、郵便貯金ト銀行預金ノ関係ヨリ経済界安否ノ模様、内相ニハ思想問題及之ガ取締方法、三土鉄相ニハ自動車発展ノ模様、自動車ト鉄道及船舶ノ関係等ニ及バレ、各相亦和気藹藹ノ裏ニ其薀蓄ヲ尽シテ奉答シ、極メテ有益ニ見受ケラレタリ。

恐レ多キコトナガラ、寶算尚三十三歳ニ過ギサセラレザルノ御身ヲ以テ、此ノ博識適切ナル御下問ニハ一同感歎ヲ禁ゼザルモノアリキ。

九月五日

此日、新任ノ中島武官ハ都合ニヨリ、軍事ニ関スル事ヲ侍従ニ依嘱シテ申上ゲシニ、陛下ハ、軍事ニ関スルコトハ、矢張此後、武官ヨリ直接申出ヅル様致セト仰セラレタリ。

陛下ガ、側近ノモノ等ニ至ルマデ、其職域ヲ混淆セザルコトニ注意アラセラルルノ一面、軍事ニ対スル深キ大御心ヲ拝シ得ベキナリ。

九月十五日

防空ニ関スル相談ノ為メ来葉セル木下工匠頭談話ノ一節

大正三年十二月初、大礼式(京都)ヨリ御還幸ノ直後、二重橋前ニ於テ都下学生団ノ視閲アリ、晴雨ニ係ラズ御実施ノ予定ナリシ処、アイニク朝来豪雨臻リシヨリ、一木宮相ハ予メ設備セル天幕内ニアツテ、御視閲アラセラレン事ヲ奏請セシニ、

陛下ハ、幾万ノ学生ガ雨ニ打タレツツアル以上、朕モ亦、天幕ヲ要セズト宣セラレ、宮相ハ玉体ノ自重アラセラレザルベカラザルヲ再三請ヒシモ、遂ニ御聴シアラセラレズ、然ラバ「マント」ヲ御用ヒアラセラレタシト願ヒシニ、夫レナラバ可ナラントノコトニ話纏リ、

陛下ニハ、御召自動車ニ召サセラレ、二重橋前ノ玉座近クニ御下車アリ、側近ノモノヨリ捧グル「マント」ヲツケラレシガ、玉座ニ上ラセラルルト共ニ、断然「マント」ヲ後方ニハネ落サレタリ。斯クテ爰ニ至リテハ場所柄ト云ヒ、最早誰レモ諫争モ出来ズ、遂ニ其儘大雨ノ下ニ一時間余御立チ遊バサレ、学生ノ分列式其他ノ御視閲ヲ完全ニ終了アラセラレ、学生一同ノ感激ハ勿論、爾他一般ノモノモ、亦其光景壮厳ニ感歎尽キザリシ次第ナリシト。

又昭和七年秋、大阪府、奈良県ニ跨ル特別大演習ノ後ノ大阪市練兵場ニ於ケル観兵式ニ際シ、夜来大雨止マズ時遇々、

陛下ニハ、東京御発輦当時ヨリ御風気ニ渡ラセラレ、観兵式前夜来、御発熱モ軽微ナガラアラセラレシヨリ、此雨中ノ観兵式御出御ニハ侍医ハ勿論反対シ、側近ノモノニモ異論多カリシガ、武官長等ハ演習幕僚長等トモ相談シ、出来ル事ナラバ此ノ如ク多数参加セル将兵ノ志気振興上、御出御ヲ願ヒタシトテ、

陛下ノ御裁断ヲ仰ギシ処、

陛下ハ、万障ヲ排シ出場スルト仰セ出サレ、遂ニ観兵式場ニ臨マレシガ、降雨ハ益々劇シク、暴風雨ト云フベキ実況ナリシニ、

陛下ハ、御座所台上ニ凛然ト豪雨ヲ浴ビツツ一時間余

直立アラセラレシ光景ハ、寧ロ□□□〔欠字〕ナルモノアリキ為ニ、御前ニ歩ヲ進ムル数万ノ分列諸隊ノ感激極リナク、悉ク御馬前ニ身命ヲ捧ゲタキ感懐ニ満チタリ。独リ将校ノミナラズ、一般民衆ノ如キハ寧ロ驚歎ノ実情ナリキ。

当時、南軍司令官タリレ予ノ如キモ、観兵式ハ兎モ角モトシテ、同日午後ノ御賜餐ニハ依然降雨続ケルコトトテ、ヨモヤ出御ハアラセラレザルベク、宮様ノ御代理ナルベシト存ジアリシニ、

陛下ニハ、此御賜宴ニモ、亦平然御出御アラセラレ、全将校其他、御賜宴ノ光栄ニ浴セル一般人士ヲシテ、恐懼措ク所ヲ知ラザラシメタリ。

今上陛下ガ、此種軍人及一般民衆ノ師表トナラセラルル事ニ、御勤メアラセラルルコトノ異常ナルモノアルハ、誠ニ難有極ミナリ。

九月二十五日

海軍々令部条例改正ニ関スル御下問アリシ折リ、

陛下ハ、侍従長ニ対シ、

往時、和蘭ガ尚旺ナリシ頃、名将「ルイトル」将軍ハ海軍ヲ率ヒ、英海軍ヲ撃破シ、テイムス河口内マデモ進入セシニ拘ラズ、其後、和蘭陸軍ノ形勢悪シク、之ヲ増ス為メ海軍ヲ縮少セシコトアリ、之ガ為メ名将「ルイトル」将軍モ施スニ術ナク、遂ニ和蘭ヲ衰憊ニ導キタルコトアリ、

故ニ、軍備ハ縮少スベカラズ、去リトテ国家財政ノ不均衡ヲ来スガ如キ増兵モ許スベカラズ、其調節コソ誠ニ重要ナリト宣ハレタリ。

十月二十七日

十月二十三日、特別大演習御統監ノ為メ、福井市大本営ニ御著御以後、同二十七日観兵式終了ノ日ノ午後遅ク、平服ヲ御召シアラセラレシヲ拝セシ外、演習間ハ昼夜共軍服ヲ召サセラレシ、其演習ニ対セラルル御熱誠ノ模様ニハ恐懼ニ禁ヘザル次第ナリキ。

侍従ノ説明ニ拠ルニ、過去例年大演習ノ際ニ於ケル御態度モ、常ニ同様ニアラセラルト。

十月二十九日

特別大演習後、二十八日ヨリ地方行幸ニ移ラセラレ、二十八日ニハ福井藤島神社へ、二十九日ニハ敦賀町気比神社及金崎宮ニ御参拝アラセラレシガ、其際ニ於ケル、陛下御拝神ノ模様ハ、

最初一回、榊ヲ捧ゲラレテ一回、更ニ最後ニ一回、毎回共最モ敬虔ナル最敬礼ヲ遊サレシ崇敬ハ、真ニ恐懼ノ至リナリキ。

十月三十日

此夕、京都御所ニ於テ、関係者一同約二十七、八名ノモノニ御陪食ヲ給ハリシガ、席上　陛下ニハ、蒲第十六師団長ニ対シ、黒溝台（日露戦）ニテ負傷シタソーダガ其後ハ痛ナキヤト御尋ネアラセラレタリ。

二十三日大演習地へノ汽車中ニテ、武官長ヨリ蒲中将ノ重傷ニ付テ、内奏申上ゲシ事ヲ御記憶ニ止メサセラレテノコトト拝察ス。

師団長ハ、実ニ臣下ノ斯様ノ点マデ御注意ヲ給ハリアリシコトニ対シ、恐懼感涙ヲ催シアリタリ。

又同時食後、別席ニ於カセラレ、

陛下ハ、大森京都市長ニ対セラレ、市長京都市ノ状況ヲ申上ゲシヲ承ケサセラレ、直チニ新市ト旧市トノ融和状態如何ト御下問（市長ヨリ京都市ノ市外部落殊ニ比叡山上マデ延ヒシ拡大振リヲ申上ゲシニ基カセラル。）アラセラレシガ、其適切ナル御言葉ニハ一同感入リタリ。

此他多クノ陪食者ニ対セラルル御話ニ於テモ同様、感歎ニ耐へザルモノ多カリキ。

十一月七日

此日、第六師団長、坂本政右衛門中将、満州ヨリ其師団ヲ率ヒ凱旋シ参内、軍状ヲ奏上スルコトトナリシヲ以テ朝、拝謁ノ折リ「師団長以下、部下将兵一同克ク奮闘シ、誠ニ御苦労デアツタ」トノ意味ノ御言葉ヲ賜ハルヲ

得バ、仕合ナル旨奏上シタルニ、

陛下ハ、此マデ師団長ノ凱旋シタル場合ノ言葉ハ単ニ、「御苦労デアツタ」トノ簡単ナルモノナリシニ今回ノモノハ、大部長ヒ様ナルガ如何ナル訳カトノ御下問アリ、誠ニ其通リニテ固ヨリ深キ意味アルニアラズ、只ダ此師団ハ熱河及北支ニ苦戦奮闘シ、師団長単独ノ帰還ニアラズ、全師団ヲ率ヒテノ凱旋ユヘ、将兵一同ヘモ御嘉奨ノ聖旨ノ伝ハル様ニト存ズル次第デアリマスト奉答シタルニ、

陛下ハ、深キ御咎モナク、只能ク何レノ場合ニモ均リ合ヒガ取レル様ニセネバナラナイト仰セラレ、其儘御許ルシニ相成リタリ。

実ニ恐縮シタリ、而ル処師団長拝謁トナリシニ、

陛下ニハ、「師団長以下将兵一同誠ニ御苦労デアツタ。部下一同ヘモ能ク伝ヘテ呉レ」トノ御言葉ニテ誠ニ御注意ノ上ニ、而モ御仁慈深キモノトナリ、難有キ次第ナリキ。

昭和九年

一月三日

朝鮮黄海道ニ農業ヲ経営セル、予備陸軍少将佐治喜一氏ヨリ、 皇太子殿下御降誕ヲ謹祝スル為メ、客月二十四日、自ラ猟セル丹頂鶴雌雄一対ヲ宮中ニ献上シ呉ルル様依頼越シ、二日到着セルヲ以テ、三日献上ノ手続ヲ取リ侍従ヨリ、天覧ニ供セシ処、

陛下ニハ、可愛想ナ事ヲシタ、何ゼ、斯ル保護鳥ヲ射殺セシカ、ト非常ニ御憐愍ノ御様子ニテ、自分ハ食セヌカラ、可然処分セヨトノ事ナリシト、誠ニ斯ル動物ニマデ慈愛ヲ垂レサセラルル事ハ恐レ多キコトナリ。

同日、北白川宮殿下ヨリ、霞浦ニテ捕獲セシ、二尺六寸、重サ約三貫ノ鯉ヲ献上セラレシ処、尚ホ生アルモノユヘ、直ニ吹上御園ノ池ヘ放シ、又沈ミ去ルマデ、番人ヲ附ケ置ケト仰セラレタリトノコトナリ、恐懼ニ堪ヘズ。

鳥魚共ニ定メシ

天皇ノ此宏大無辺ナル御慈悲ニ、感応歓喜セルコトナルベシ。

一月八日

此日、午前十時、白耳義ヘ新任大使トシテ、赴任スベキ有田大使拝謁ス。

陛下ハ、御苦労デアルトノ御言葉ニ引続キ、白耳義皇

帝及皇室ノ方々ニ能ク伝ヘテ呉レ、トノ御言葉アリタリ。此レ他ノ国ヘノ大使ノ赴任ニハナキ御言葉ニテ、
陛下ガ、御渡欧ノ際、白国皇室ヨリ受ケラレタル厚意ヲ、御記憶アラセラレ、特ニ物堅ク仰出サレタルモノニテ、常ニ斯ル点ニ御注意深クアラセラルルコト、恐レ多キコトナリ。

二月二十六日

此日、林陸軍大臣参内、人事内奏ヲ為ス。終リテ左ノ御下問アリ。

1 人事異動ニ対スル方針如何

2 青年将校思想ノ動向如何

陸軍ハ、第一ニ対シテハ一九三五、一九三六年ノ重大時機ニ応ズル為メ、聯隊長等ノ隊附勤務ニ重キヲ置カントスル旨ヲ、第二ニ対シテハ、思想平定ニ赴カントスル、此際、人事等ニモ急激ノ変化ヲ及スコトナク、不安ヲ除去シテ、穏健ニ導カシメンコトヲ期スル旨、奉答セシ趣ナリ。

陛下ガ、実ニ此種ノ問題ニ、叡慮ヲ煩ラハサレ、誠ニ肯綮ニ中ル御下問ハ恐懼ニ堪ヘザル次第ナリ。

五月八日

元、侍従武官瀬川章友中将、胆嚢炎ニ罹リ、四月下旬危篤ヲ伝ヘラルルヤ、宿直武官町尻大佐、其晩
陛下ノ常侍官室ヘ玉歩ヲ運バレシ折、右瀬川中将病気ノ次第ヲ申上ゲシ処、
陛下ハ、直チニ、見舞品ヲ与フル様、仰セ出サレタリ。偶々、其席ニアリシ侍従、先例ナキ旨申上ゲシニ、瀬川ハ予ガ直接使ヒシモノ、先例抔云々ヲ要スヤト仰セラレタリ。

然ルニ、其後、侍従職ニテ研究ノ結果、病中御見舞ヲ給フハ、元老、大臣、其他重臣ニ限リ、爾余ノモノニハ絶対ニ其先例ナキガ故ニ、御見合セアリタク、其代リ、万一絶望ノ如キ場合ニハ、御手厚ク御願スル旨、申上ゲタル趣ニテ、病中御見舞ハ遂ニ沙汰止ミトナリシガ、七日夕、

陛下ハ復タ、瀬川ノ病状如何ト、当直武官及侍従ニ御下問アラセラレタリ。

旧臣ニ対セラルル御態度ハ、実ニ感激恐懼ニ堪ヘザル次第ナリ。

同日

五月八日正午、地方長官一同ニ御陪食ヲ給ハリ、午後一時十五分御食事終了後、各知事ノ管下状勢言上ヲ聴召サレタリ。

総理大臣斎藤首相、山本内相等ノ老齢ヲモ思召サレ、御椅子ニ倚リテ、聴シ召サレシトハ雖、実ニ午後四時五分マデ約三時間ノ長キニ亘リシガ、此間、何ノ御動キモアラセラレズ、熱心ニ御聴取アラセラレシ其御態度ハ、実ニ難有キ限リナリキ、而シテ、三重県知事ノ伊勢太神宮ニ関シ内奏スルヤ

陛下ハ、直ニ起立シテ敬聴アラセラレ、其終ルヲ待ツテ、椅子ニ寄ラセラレタリ。

其敬神ノ御模様、復タ実ニ感泣セザルヲ得ザリキ。

五月九日

此日、西園寺公参内、両陛下及皇太子殿下ニ拝謁（西園寺公ハ二年振リノ上京ナリキ）セシガ、陛下ニハ、午後二時過ギヨリ、特ニ、元老ヲ犒ハセラルル御思召ノ下ニ、茶菓ヲ賜ハリタリ（陪スルモノ西園寺公（八十六才）ノ外、牧野内府、湯浅宮相、鈴木侍従長、小職、広幡大夫、大宮宮内次官ノ七名ナリキ）

席上、西園寺公ガ、

陛下ニ対シ奉リ陛下ガ酒、煙草ヲ一切御用ヒアラセラレズ、

陛下モ亦、四五歳ノ頃、日本酒ニ痛ク酔ハサレシ為メ爾来酒ヲ好マザルニ至レルモノナリト、仰セラレシ御態度等ニ感激シ、

陛下ガ、臣民ニ模範タラントス、トノ意味ハ、寸分モ之ヲ漏ラサルルコトナクシテ、自然ニ模範トナラレツツアルコトヲ、御推奨申上ゲ、此微妙ノ間ニ、君徳増進ヲ会得アラセラルル様、申上ゲタリ。

老臣ノ忠誠、復タ敬服スベキナリ

六月七日

東郷元帥ハ、五月下旬、病革マリ、同三十日遂ニ薨去アラセラレシガ、出光海軍武官ヨリ、同月二十三日朝、元帥重態ノ旨委曲上聞ニ達セシ処

陛下ニハ、本人ガ病症ノ真相ヲ新聞等ニテ承知スルトキハ、却テ病勢ヲ昂ムル恐レアルベキニ付、出来得ル限リ、内密ニナシ置ク様、御言葉ヲ賜ハリ、

又程ナク、同武官ヲ召サレ、

癌ニ関シテハ、近来米国方面ニ於テ、植物性ノ新薬研究セラルト聞ク、至急、此治療法ヲモ考究シ、其適用ニツキ斯道ノ主任者ニ申伝ヘヨ、ト仰セラレタリ。

爾後、屢々東郷元帥ノ容体ニ付御下問ヲ賜（側近ノモノヘ）ハリ、同二十七日午後、容態悪化ノ趣、天聴ニ達スルヤ、深ク御軫念アラセラレ、同三十日、愈薨去ノ節ニハ公務ノ外、御運動ハ御取リ止メ遊バサレ、六月三日葉山へ御出発ノ御予定ヲモ、同五日ノ国葬ヲ終リタル翌六日御発輦ノコトニ御変更アラセラレタリ。

六月二十九日

此日、皇太后陛下五十年ノ御誕辰ヲ御祝ヒアラセラレ、自然、大宮御所ヨリ宮中へ御礼ノ御贈答モアリシガ如クニテ、皇后職ヲ経テ、鮮魚等ヲ側近ノモノヘ御下賜アラセラレタリ。此等ノ儀礼ニ付鈴木侍従長ノ内話スル処ニ拠レバ、当初ハ何カ廉アルコトアラバ、各宮家ヨリ競フテ鯛抔鮮魚ガ献上セラレ、夫レガ御廊下ニ併列セラレシ為メ、臭気特ニ甚シク、衛生上亦面白カラズ。

陛下ハ、特ニ之ヲ嫌忌セラレ、又、嘗テ海中ニ活潑ニ游泳セル鯛魚ヲ御実視セラレシヨリ、此等鮮魚ヲ、祝トシテ贈ルト云フガ、此等ハ、水中ニアリテコソ、目出度ケレ、陸上ニ其命ヲ絶タレテ、何ノ目出度コトアルベキ、況ンヤ、不潔極マリナキコトナルベキニ付キ、此ノ如キ弊風ハ断然改ムベシト仰セラレ爾来、侍従長等ニ於テ、各宮家別当等ト相談ノ上、特別ノ時ノ外ハ、此等生物贈答ノ虚礼ヲ廃止セラレタリト。

又、明治大帝、大正天皇ノ当時ニハ、御下リモノトテ、両陛下御服、其他ノ古物ヲ側近ノモノニ御下賜アラセラルルヲ例トセシガ、今上天皇ハ乃木将軍ノ御身廻ハリノモノト雖、皆人民ノ労力ノ結果ニナルモノナレバ、可成長ク御使用ニ相成リ、節約セラルベキナリト、御勧メ申上ゲシヲ御守リアラセラルル結果、自然上記ノ側近ヘノ賜物ノ如キハ、殆ンド過去ノ三分一位ニ減ゼシトノコトナリ。

倶ニ、誠ニ難有キ事ナリト拝セラル。

七月十七日

此日午後、陛下ハ新御建造ノ葉山丸ニ始メテ御乗船、御採取ニ御出掛アラセラレシガ、葉山丸ノ御座所等ガ、新造当時ノコトトテ、前三浦丸ニ比シ、立派ナリシヨリ、陛下ハ切リニ立派過ギハセヌカ、又勿体ナイ抔仰セラレタリ、一天万乗ノ御身ヲ以テ、彼バカリノ事ニ、斯ル御言葉ヲ拝スルハ、時代ノ趨向モ預レリトハ雖、誠ニ難有ク、其御倹素ノ一端ヲ窺フヲ得、恐縮ニ堪ヘザル次第ナリ。

七月十九日

侍医ヨリ葉山ヘ行幸以来、天候悪シク御水泳モ出来サセラレズ、然ルニ、陛下ノ御健康上ヨリ申上グレバ、当月末マデノ御予定通リトスレバ、余マリニ海水ニ浸リ遊バス時日ノ少ナキヨリ、皇后陛下モ、皇太子殿下モ、各内親王様モ、那須ニアラセラルルコトユヘ、陛下ニモ、早ク、那須ニ御移リ御望ミ遊サルルコトヲ拝察シツツモ、約一週間、葉山御滞在御延期ヲ御願ヒ申上ゲシ処、陛下ニハ、本秋ハ又大キナ大演習モアルコトユヘ、左様取リ計ヘトノ御意ナリシ趣、常ニ公ノ為ニ、御健康ニ注意遊バサレ、御躬ノ御楽ミノ如キ、之ヲ犠牲ニ供セラルルハ、誠ニ感激ノ至リナリ。

七月二十七日

廿五日、望月圭介氏、天機奉伺ノ為メ参内ノ砌リ、昭和五年、今上天皇ノ神戸観艦式ニ御幸ノ折リ、内務大臣トシテ扈従シタル際ノ趣ヲ謹話セシガ、紀州西海岸ニ於ケル大学ノ研究場ヲ天覧アラセラレシトキ、時ノ関係者ハ、陛下ハ生物ニ趣味アラセラルルコトヲ拝承シアリシヨリ、交ル交ル長時間ニ亘リ、御説明申上ゲ、側近者ヲシテ御疲労ヲ懸念セシメシ程ナリシガ、軍艦ニ御還御ノ後、又各種ノ標本ヲ予メ用意シアリテ、関係者ハ微ニ入リ、細ニ入リ御説明申上グルヨリ、侍従長、武官長ノ外、皆御側ヲ離ルル程ナリシニ、陛下ハ何等、倦怠ノ色ヲ現ハサセラレズ、終始熱心ニ御聴取アラセラレ、後チ、陛下ニ長ニ失シ御疲レアラセラレザリシヤヲ伺ヒシモノアリシニ対シ、「色々ト聴ケバ有益ナルコトモ尠クナイ」ト御答ヘアラセラレ、何等御不満ノ色見ヘザリシハ、神ニアラザレハ出来ルコトニアラズト感激ニ堪ヘザリシ趣ヲ漏ラセリ、望月氏ハ更ニ明治二十四年大津事件ノ後、自分伊藤公ニ面謁セシ折リ、公ハ彼ノ重大事件ハ、明治天皇ノ全ク御一言ニテ、無事ニ落着シタリト語ラレタリ、則チ彼ノ事件突発ニ際シ、重臣等皆為ス所ヲ知ラザリシ体ニテ、只論議ニ時間ヲ費スノミニテ、名案モナク、恐ル々々事実ヲ奏上セシニ、天皇ハ、朕自ラ露国皇太子ヲ見舞フト仰セ出サレ、直チニ西下アラセラルルコトトナレリ、露国側ニテモ、実ニ此御行動ニ感激シテ、穏便ニ収ムルニ至リシ次第ナリ云々ト語ラレシヨリ、望月ハ、夫レハ臣下ヨリ申上ゲシ結果ニテ、御発意ニアラザリシニアラズヤ、ト反問セシニ、爾等ハ、天意ノ程ヲ知ラズ、左様ナコトヲ考ヘ居ルカト叱責サレシヨリ、更ニ、去リナガラ、国家ノ重大事ニ当リテハ、宰相トシテ御願ヒスルモ亦止ムヲ得ザルニアラズヤ、ト反問セシニ、公ハ夫レハ事ニヨリケリデ、苟モ、一天万乗ノ君ニ、嘗テ前例ナキ自ラ鳳駕ヲ枉ゲテ御見舞ヲ請フ抔ノコトガ、臣下ヨリ言上出来得ルト思フカ、ト嗜メラレタリ、云々。斯クシテ、陛下ハ、京都ニ御臨幸、親シク旅館ニ、露皇太子殿下ヲ見舞ハセラレ、更ニ、神戸マデ御同車アラセラレ、御馬車ニ召サルル時抔、自ラ手ヲ採ランバカリニ、皇太子殿下ヲ先ニ乗車セシメラレ、尚又神戸ニテ、露皇太子殿下ノ請ヲ容レ、神戸ニ待泊中ノ露艦上ニ催サレタル御招宴ニ臨マセラレタリ、当時ノ国情ニテハ、約十隻ノ露艦ノ集マレルコトトテ、其儘、天皇ヲ御ツレ申シハセヌヤト憂フルモノ多カリシ秋ナリシナリ。

明治天皇ノ此等ノ恐レ多キ御行動ハ、全ク国家ノ為メニ、躬ラヲ犠牲ニ為サントノ、尊キ難有キ思召ニ外ナラザリシナリ、云々。

今上天皇ノ御平素ノ御行動モ全ク其精神ニ於テ、明治天皇ト同一轍ニアラセラレ、何ノ御楽ミモアラセラレズ、御窮屈ニ只管、国ト民トノ上ヲ御軫念アラセラルルモノト拝察ス。

近頃、丸々ト御丈夫ニ御生育遊バサレツツアル、皇太子殿下ノ御身ノ上ヲ想フニツケ、彼ノ恐レ多キ事ナガラ、御可愛ユキ極ミナル殿下ガ又々、天皇トシテ、国ト民トノ犠牲トナラセラルルカト想ヘバ、御痛ハシクモ恐察セラルト漏ラセリ。

八月八日

此日、午後二時ヨリ、侍従長ト共ニ「ゴルフ」運動ニ御供ス。将ニゴルフ技ヲ始メントスルトキ、陛下ハ、特ニ侍従ニ命ジ、侍従長ト武官長ニハ、道具持チノ「キヤデイ」ヲ附ケテヤレイ、ト仰セラレ、「キヤデイ」ハ我々ノ道具ヲ運ビ呉レタリ。

陛下ガ、常ニ斯ク年老ヒタルモノガ、疲レハセヌカトノ吾々ヲイタハセラルル大御心ハ難有キ極ミナリ。

十一月十六日

大演習後、桐生地方ヘ行幸ノ折、先ヅ中学校ヘ行幸アラセラレ、次デ、高等工業学校ヘ行幸アラセラルル予定ノ処、御先導ノ警衛警官、途ヲ誤リ、先ヅ高等工業学校ヘ成ラセラレシ為メ、同校ニ於テハ、多少狼狽シ、準備ニ幾分欠クル処アリ、松田文相等奉迎出来兼ネシノミナ

ラズ、事後問題トナリ、御先導警部ハ自殺（未遂）ヲ成スニ至リシガ、当時
陛下ハ、予定ヲ変ヘシニヤ、差閊ハナキモ、学校ニ於テ準備出来ズ、迷惑スル事ナキヤ、ト仰セラレタルノミナリキ。実ニ寛仁ノ大御心ニ感泣セザルヲ得ザリキ。

十一月二十三日

陛下ニハ、此日、新嘗祭ノ大礼ニ当ラセラレシヨリ已ニ、前晩、即チ二十二日夜ヨリ下衣等ヲ一切御召シ換ヘノ上、御奥ニ御寝遊サレズ、御政務室ノ側ニ御就寝遊バサルル等、実ニ御注意深クアラセラレ、又二十三日夕ノ儀、暁ノ儀ニ於テ、各約二時間宛御跪坐遊サルル等、実ニ其御態度ノ御厳粛ニ付テハ、恐懼ニ耐ヘザルモノアリキ。

十一月二十六日

此日、陸軍大臣拝謁、人事内奏ヲ為セシガ後ヨリ
陛下ハ、川岸侍従武官ハ転出後、兵器本廠附トアリシガ、左様ノ処ヘ転ズルニヤトノ仰セアリ、之ニ対シ、来春二月満洲ヘ新設派遣セラルベキ混成旅団長トナル為メ一時、兵器本廠附トナル次第ナリ、ト奉答セシニ満足アラセラレタリ。
陛下ガ御手許ニ御使用下サレシモノニ、斯ク御注意ヲ給ハリシ事ゾ、感激ノ至ナリ。

昭和十年

一月九日

正月早々風邪ニ冒サレ臥床ノ処、一両日前ヨリ平熱トナリ、且此朝
両陛下、葉山ヘ行幸ニ付、是非御供致シ度シトノ考慮ヨリ、医師ハ多少危フミシテ定刻宮内省ニ出勤シ、例ノ通リ侍従長、皇宮大夫ト共ニ、天機ヲ奉伺スベキノ処、多少遅レシ為メ、侍従長、皇宮大夫ノミ拝謁セシニ、
陛下ハ、皇宮大夫ニ対シ、武官長ハ如何ニセシヤト御下問アリ、大夫ハ、或ハ本日ハ朝ノ拝謁ナキヤニ武官長ニ於テ思推セルカ、ト奉答セシ趣ナリ。
陛下ガ、微臣ニ対シ、斯クモ御尋ヲ給ハルコト、誠ニ感激ニ堪ヘズ。
少シ後レテ予独リ、
陛下ニ、拝謁シ、風邪ノ為メ休暇ヲ願ヒ居リ、最早回復セシ御礼ヲ言上セシニ、陛下ハ最早宜シキヤ大丈夫カト御尋ヲ給ハリタリ、実ニ難有キ事ナリ。

一月二十三日

此日、中島侍従武官、満洲軍隊慰問ノ為、御差遣ノ命ヲ拝セシヨリ、御沙汰ヲ拝スベク御前ニ伺候シ、御沙汰ヲ拝セントセシ折、
陛下ハ、中島武官ヲ御呼止メニナリ、満洲ニハ、元宮中側近ニ奉仕セシ武官大部アル筈、之ニ宜敷伝ヘ与ヘヨ

トノ仰ヲ給ハリ、同武官ハ恐懼御前ヲ拝辞シタリ。

陛下ガ、斯クモ、旧側近奉仕ノモノニ御心ヲ掛ケサセ給フコト、真ニ難有キ極ミナリ。

四月六日

此日ハ、満洲国皇帝御着京ノ当日ニシテ、陸軍当局ニ於テハ、数日前ヨリ小官等満洲事変ノ叙勲ヲ、此日ニ間ニ合サシメ、特別ノ光栄ニ浴セシメント努メラレ、漸ク御裁可ヲ経タル次第ニテ、天皇陛下ノ東京駅ヘノ満洲国皇帝御出迎ノ扈従ニハ間ニ合ハザリシ次第ナリシガ、当日ノ晩餐ニハ佩用スルヲ得、特別ノ光栄ニ浴シタル次第ナリ。

此日、午後一時五十三分、満洲国皇帝宮城ヘ参内アラセラレシガ、当時我陛下ニハ、御車寄階段上ニ御出迎ヒアラセラルル途上、西一ノ間ニテ御待チノ折、鈴木侍従長ヲ召サレ、武官長ニ功一級金鵄勲章ヲ下賜スルコトトナリシガ、本夕ノ晩餐ニ間ニ合フカトノ御下問アリタリ。

陛下ガ、実ニ斯様ナル処ニマデ、御気ヲ留メサセ賜ハリシ御仁慈ノ程ハ、難有極ミニテ真ニ感泣ノ外ナキ次第ナリ。

四月十二日

四月十一日、若山中将凱旋、御陪食ノ際
陛下ハ、御陪席ノ閑院宮殿下及ビ梨本宮殿下ニ対シ、満洲国皇帝御歓迎ニ付、同皇帝ノ非常ニ御満足ノ次第、御互ニ御物語リアリ、特ニ過グル九日ノ観兵式ニ、満洲国皇帝ハ、天気予報ニ反シ、雨モナク好都合ナリシハ全ク、

日本天皇臨御アリシ結果ナリ、ト御喜ビアリシ抔、御話シヲ拝セシヨリ、十二日拝謁ノ折リ、若シ、自分ガ入江満洲国宮内次官ヨリ聴キシ処ヲ申上ゲシコトヲ御漏ラシ相成リシモノトセバ、直接皇帝ヨリ聴キシ次第ニアラザリシユヘ、万一其間ニ、間違ヒアリテハ申訳ケナシト考ヘ、此日此次第ヲ申上ゲシ処
陛下ハ、否ナ、夫レハ観兵式当日、式場ニテ満洲国皇

帝御自身、直接御話シアリシモノナリト仰セラレ、
陛下ガ一言一句、軽ル々々シク遊バサレ居ラザルコトヲ拝シ、感激ス。

四月二十二日

午後二時、児玉拓相参内、台湾震災ノ模様ヲ奏上セシガ其際、
陛下ハ
1 救護ニ努メ、特ニ内地人ヨリモ台湾人ニ重キヲ置ク位ニ致セ
2 禍ヲ転ジテ福トナスベク、内台人ノ融和ニ之ヲ活用セヨ
トノ御沙汰アリタリ。

五月二十二日

高級海軍侍従武官、出光少将ガ交代スルコトトナリ、海軍人事局ヨリ送付セシ、第一、第二候補名簿ヲ武官長ガヨリ内奏申上ゲタル後、御手許ニ此儘差上置クベキヤ、御思召シヲ伺ヒシ処、
陛下ハ、否ナ、人事ノ事ニモアリ、他ノ者ノ目ニ触ルル事アリテハ宜敷カラザルユヘ、武官長持チ帰リ保管セヨ、ト仰セラレタリ。
軍事、特ニ人事ノ秘密ニ付キ斯クマデ御注意ヲ遊サルル段、誠ニ恐懼ニ堪ヘザルナリ。

七月二十九日

去ル七月六日、満洲国宮廷ノ事ニ付、皇太后陛下ヘ約一時間ニ亘リ御話シ申上ゲシ折ニモ、種々難有キ御言葉ヤ御下問ヲ賜ハリシガ、
七月二十九日
天皇陛下、明治天皇祭ノ為メ避暑地葉山ヨリ宮城ニ御還幸アラセラレ、其際、
陛下ハ、大宮御所ヘ、鈴木侍従長ヲ差遣ハサレ、皇太后陛下ヨリノ御使ニ対スル御礼及御機嫌ヲ伺ハセラレシガ

皇太后陛下ハ正式ノ御話ヲ終ハラサレタル後、侍従長ニ対シ、

武官長ハ如何ニシアルヤ、宜シク伝ヘヨトノ御言葉アリシ趣、侍従長後チ繁ニ伝ヘラレタリ。

皇太后陛下ノ、一武官ニ対シテ、如此難有キ御言葉ハ、誠ニ感激ニ堪ヘザリシ処ナリ。

八月八日

前ニ、満洲国軍政顧問、佐々木到一少将ヨリ「満洲帝国ノ治安問題」ナル其編述ニ係ル小冊子ヲ送付シ来タリ。内容満洲国ノ治安ノ実相ヲ明カニセルヲ以テ、八月六日、種々内外ノ情報ヲ内奏申上ゲタル機会ニ、右小冊子ノ天覧ヲ給ハリ度申上ゲ、同時ニ暑中ノ事ニモアリ、何時ニテモ御暇ノ時ニテ結構ナル旨、附ケ加ヘ置キシニ、越ヘテ八日ニ至リ御召アリ、武官長ノ記印ヲ附セル処全部読了シタリトテ、右小冊子ヲ御下ゲ渡シニナリシニハ、実ニ其迅速ニ読了ヲ給ハリシニ驚キ（繁自ラト雖此冊子ヲ読ムニ相当ノ時日ヲ要シタリ）、且ツ恐懼シタル次第ナリキ。

陛下ノ物事ヲ捨置キ給ハズ、凡テキチキチト処理遊バサルル実例ヲ目ノアタリ拝シ、深ク感激セザルヲ得ザリキ。

十月八日

此日午後、御召アリ、軍務ニ関スル御下問ニ先チ、桑折海軍侍従武官転出スルコトトナリ（此朝、遠藤海軍大佐、桑折大佐ノ後任タルノ御許ルシヲ得）、其時期ヲ、海軍省ヨリ十一月一日トシタシトノ申出アリ、武官府ハ、陸軍大演習ノ関係モアリ、出来レバ十二月一日頃トシタキ意嚮ニテ、尚ホ時期ニ付テハ未定ナルヲ申上ゲアリシ所、

陛下ハ、御召シノ上、差ツカヘナクバ、十二月ニ致ス様セヨ、夫レハ十一月二十六日、孝宮ノ着袴式アリ、可成桑折ヲ同式ニ参列セシムル様致シ度シ、トノ御言葉ヲ賜ハリ、

陛下ガ、斯ク側近ノモノニ慈悲心ヲ垂レサセラルルカト拝察シ、難有御思召シニ感泣シ、平田海軍高級武官及桑折武官ニ伝ヘタル次第ナリ。

十月二十六日

此日、孝宮内親王殿下ノ御誕辰ニテ殊ニ本年ヨリ呉竹寮ニ御移居アラセラルルコトトテ、一段賑ハシク、午後六時ヨリ側近者一同ニ御陪食ヲ賜ハリシガ
其席上、自分ハ
皇太子殿下ノ沼津御用邸ヨリ御還御ノ折、東御車寄ヨリ参殿、休所前マデ元気ニ御歩行遊バサレシ光景ヲ拝シ、其御発育ノ御立派サヲ目ノ当リ拝シ、ウレシサノ余リ、殿下ノ御元気ノ模様ヲ、
皇后陛下ニ申上ゲシ処、
皇后陛下ハ此日舞楽ノ折リ、
皇太子殿下ノ終始熱心ニ御覧アラセラレシノミナラズ、終リシ時ハ御単独ニテサツサト御独歩御帰リ遊バサレシ様子ヲ御物語リアラセラレ、又、
天皇陛下ニハ本夏、
皇太子殿下ガ、那須ニテ御用邸ヨリ嚶鳴亭マデ歩ミシ事抔ヲ、御物語リアラセラレ、宮庭ノ美シキ御繁栄振リニ感喜セリ。

十一月十二日

此日、都城中学校練兵場ニ於テ、陸海軍聯合大演習ノ御講評アリ、陛下御勅語ヲ賜ハルノ時機ニ到リ、武官長ヨリ御勅語ヲ差上ゲシ処、
陛下ハ、悠然トシテ整列セル全将校ヲ一瞥セラレ、直ニ朗読遊バサレズ、様子如何ト伺ヒシニ、恰モ、一召集将校貧血症ヲ起シ倒ルルアリ、
陛下ハ、其戦友ニヨリ運ビ去ラルルヲ見届ケ遊バサレタル後チ、徐ロニ勅語ヲ拡ゲ、御風気ノ跡ニ係ラセラレズ音吐朗々読ミ終ハセラレタリ。
其御態度ノ立派ニシテ、且ツ、将校ノ身ヲ痛ハセラルルノ情緒ニハ、誠ニ感涙ヲ催サシメタリ。
後チ、人ヨリ講評ヲ承ハレル将校等モ亦、同様ノ感激ヲ深クセリト、実ニ難有キ次第ナリ。

十二月二十三日

皇太子殿下ノ凜々敷御発育ハ、誠ニ目覚マシク、国民一般ノ感喜スル所ナルガ、宮殿内ニアラセラレ、常ニ御元気ニ御遊ビアラセラルル次第ハ、実ニ嬉シク拝スル次第ナル処、十二月二十三日ハ、第二回目ノ御誕辰ニ当ラセラルルヨリ、此日午前十時、宮相、侍従長、武官長、皇后太夫、侍医頭等一同ヲ代表シ、奥御殿ニ於テ、

天皇陛下及皇太子殿下ニ拝謁祝詞言上セシ処、僅カニ御三歳ニ成ラセラレタル皇太子殿下ニハ、紅色ノ御服ヲ召サセラレ、何等女官ノ輔ケモナク行儀ヨク、

聖上ノ側ニ起タセラレ（女官ハ遠ク離シ御室ノ一遇ニ控ユ）宮相以下吾々ノ拝賀ニ対シ、夫レ々々御答礼遊サレシ落付カセラレタル御態度ニハ、一同歓喜感涙ヲ催シタリ。

同日、晩ノ御学問所ニ於ケル御内宴ノ折リニモ、皇太子殿下ハ「モヨギ」色ノ御服ヲ召サセラレ、全然人見知リ遊バサレズ御膳ニ就カセラレ、終始喜々トシテ御宴ノ終ルマデ、御内宴席上ニ愉快ニ過サレタリ、此間、

聖上ニハ、宮中ニテハ第二回目ノ誕辰ヨリ、色ノツキタル服ヲ着サシムル慣例ナルニ付テハ、其御祝ノ日ニ至リ、色服ヲ肯ゼザル如キ事アリテハト想ヒ、二、三日前、誠〔秘カ〕ニ着セシメタル処泣キ出シタリ、併シ間モナク慣レタリ。三笠宮モ同様ナリシト聞ク抔、面白ク食卓ニ於テ御話ヲ賜ハリ一同、東宮殿下ノ御成育ト、其堂々タル御模様ニ感激シツツ、無上ノ光栄ノ下ニ御宴ニ侍シタリ。

因ニ、宮中ニテハ第二回御誕辰マデハ純白ノ御服ヲ召サレ、此御誕辰当日ヨリ色物ノ御服ヲ召サレ、之ヲ色〔直〕シト云フト、

聖上ハ御物語リアラセラレタリ。

昭和十一年

一月二十四日

此朝、天機ヲ奉伺シタル後、鈴木侍従長ハ予ニ左ノ如ク漏ラセリ。

陛下ハ、侍従長ニ対シ、武官長勇退ストノコト、昨夕ノ報知新聞ノ夕刊ニ見ユル処、直接武官長ニ尋ヌルモ変ナコトユヘ差控ヘシガ、事実如何ト御心配気ニ御下問アラセラレタリ。依テ、自分ハ多分「デマ」デアリマセウト御答ヘ申上ゲタリト。

予ハ、

陛下ガ、此ノ如ク、自己ノ身上ニ思ヲ掛ケサセラルルコトニ深ク感激シ、侍従長ニ対シ、平常ノ時ナレバ兎モ角、内外時局重大ノ折柄、自ラ御暇ヲ願フ抔ノ考ヘナク、

陛下ガ御使ヒ下サル限リ、忠勤ヲ抽ンジ、御奉公申上グルモノナリト答ヘ、

陛下ヘ、然ルベキ機会ニ右侍従長ヨリ言上方依頼シ置ケリ。

三月十八日

二・二六事件発生以来、

陛下ハ、御軫念啻ナラズ、事態ヲ重大視セラレ、終始軍服ヲ召サセラレ、御乗馬ノ時モ同様、軍服ノ儘ニシテ生研其他ノ御慰ミハ一切御中止アラセラ レタリ。然ル

ニ、事件モ大体終結シ、新内閣モ無事成立シ、最早状勢大体平静ニ帰シタルガ故ニ、広幡皇后大夫ト相談シ、陛下御日常ノ御動静ヲ御緩和アラセラル、コトノ、玉体ノ上ニ宜シカルベキヲ稽へ、此日朝、

天機奉伺ノ際、大夫ト共ニ申上ゲタリ。

陛下ハ、御領ヅキアラセラレタルモ、直チニハ御聴キ入レナク、自分ノ宮闕ヲ辞セシ後モ、相当久シク現状ノ儘過サレシト聞ク。御謹厳ノ有様、誠ニ恐懼ノ至リナリ。

第四部　帝都大不祥事件

第一　騒乱ノ四日間

第一日（昭和十一年二月二十六日）

一、二月二十六日午前五時頃、猶ホ、睡眠中ナリシ繁ノ許ニ、歩兵第一聯隊ニ週番勤務中ナル、女婿山口大尉ノ使ナリトテ、伊藤少尉周章シク来訪シ、面会ヲ求メシヨリ、何事ノ出来セシヤヲ憂ヘツツ会見セシ処、同少尉ハ、

聯隊ノ将兵約五百、制止シ切レズ、愈々直接行動ニ移ル、猶ホ、引続キ増加ノ傾向アリトノ驚クベキ意味ノ紙片、走リ書キ通知ヲ示ス。

繁ハ驚キ、即座ニ伊藤少尉ニ万難ヲ排シテ、此ノ如キ行動ヲ阻止スベク、山口ニ伝ヘヨト指示セシニ、少尉ハ已ニ出動済ミナルヲ告グ。繁ハ更ニ、兎ニ角、輦轂ノ下ニ許ス可ラザルノ事ナリ、猶ホ、之ガ制止ニ全力ヲ致スベク、厳ニ山口ニ伝フベク命ジ、同少尉ヲ還シ、直ニ岩佐憲兵司令官ニ此事ヲ電話シ、更ニ宿直侍従武官中島少将ニ電話シタル後チ、急ギ附近ノ自動車ヲ呼ビ、宮中ニ出勤ス。

途中、英国大使館前附近ニテ、約一中隊弱ノ部隊ニ遇ヒシガ、近衛ノ部隊ニアラザルヨリ推シテ、或ハ直接行動ニ出デタルモノニアラズヤト想像シタリ。

午前六時頃参内シ得シガ、湯浅宮相、広幡大夫等已ニ常侍官室ニ在リ、斎藤内府、岡田首相、高橋蔵相、渡辺大将殺害サレ、鈴木侍従長重傷、牧野前内府避難所在不明トノ情報ヲ聴キ、事体ノ愈々重大ナルヲ憂

フ。

参内早々御政務室ニテ拝謁、天機ヲ奉伺シ、容易ナラザル事件発生シ恐懼ニ耐ヘザル次第ヲ申上ゲシ処、陛下ニハ非常ニ御深憂ノ御様子ニテ、早ク事件ヲ終熄セシメ、禍ヲ転ジテ福ト為セ、トノ御言葉ヲ賜ハリ、且ツ、武官長ノミハ嘗テ斯様ナコトニ至リハセヌカト申セシガ如シト仰セラレタリ。

繁ハ唯ダ恐縮シテ御前ヲ退下ス。

二、続々武官府ニ蒐マレル情報ニ拠レバ、直接行動ニ出デシ目的ハ、其趣意書ニ於テ、

内外重大危急ノ際、元老、重臣、財閥、軍閥、官僚、政党等ノ国体破壊ノ元兇ヲ芟除シ、以テ大義ヲ正シ、国体ヲ擁護開顕セントスルニアルノ意味、ヲ示セリ。又最初ニ伝ハレル参加部隊ハ左ノ如シ。

歩兵第一聯隊ノ二中隊約四百名、歩兵第三聯隊ノ五中隊約五百名、近衛歩兵第三聯隊ノ中橋中尉以下約三〇、野戦重砲兵第七聯隊ノ約一〇、首脳者ハ野中大尉及安藤大尉ナリ云々。

右部隊ハ陸軍大臣官邸、陸軍省、参謀本部、警備司令部、警視庁等ヲ占領セル為メ、陸軍省、参謀本部ノ首脳部ハ憲兵司令部ニ集合、対策ヲ練ルコトトナレリ。

三、午前八時前後ヨリ正午ニ亘リ、伏見宮殿下ヲ始トシ、各軍事参議官、各大臣、各枢密顧問官等逐次参内アリ。

午前九時頃川島陸相参内、何等意見ヲ加フルコトナク、単ニ情況(青年将校蹶起趣意書ヲ附ケ加ヘ朗読申上ゲタリ)ヲ申述べ、斯ル事件ヲ出来シ、誠ニ恐懼ニ堪ヘザル旨ヲ奏上ス。之ニ対シ、

陛下ハ速ニ事件ヲ鎮定スベク御沙汰アラセラル。

午後宮中ニ於テ閣議(岡田首相其職務ヲ執リ得ザル状況ニ在ルヲ以テ、後藤内相、総理大臣臨時代理トシテ発令セラル。)及枢密院会議開催セラル。

陸軍々事参議官ハ宮中ノ一室ニ会合シ、軍長老トシテ種々対策ニ腐心シ、川島陸相、杉山参謀次長等モ時々参加シ、大体ニ於テ皇軍相撃ツコトナカラシメンコトニ苦慮シ、先ヅ行動部隊ノ将校ヲ説得シテ、飜意帰順セシムルコトニ最大ノ努力ヲ払ヒ、説得文ヲ作成セリ、同文ノ要旨ハ

諸子ガ蹶起ノ趣旨ハ、
天聴ニ達セラレタリ。
諸子ノ真意ハ、国体顕現ノ至情ニ出ヅルモノト認ム、又、批政改善ノ件ハ当路及軍長老ニ於テ之ガ遂行ニ努ントシツツアリ。此以上ハ一ニ、
大御心ニ拠ル。

ト云フニ在リ。而シテ、此文書ハ単ニ行動部隊ノ将校ヲ説得スル為メノモノニシテ、公表スベキモノニアラザリシニ係ラズ、警備司令部幕僚伝達ノ齟齬ニ拠リ「諸子ノ精神或ハ真意」ト云フ意ヲ行動其モノトシ、且之ヲ一般軍隊ニ下達スルノ失態ヲ演ジタルガ如シ。

而シテ、各軍事参議官一同及山下軍事調査委員長、小藤大佐（歩兵第一聯隊長）、鈴木貞一大佐等ハ此日夕、陸相官邸ニ於テ、右文意ニ拠リ、諄々行動部隊将校一同ヲ説得セシモ遂ニ其目的ヲ達シ得ザリキ。

午後三時、第一師管戦時警備令下令セラル。

警備令ノ目的ハ、兵力ヲ以テ重要物件ヲ警備シ、併テ一般ノ治安ヲ維持スルニ在リ。

東京警備司令部ハ、此戦時警備令ニ於テ、

第一師団長ハ、本朝来行動シアル軍隊ヲモ含メ、昭和十年度戦時警備計画ニ基キ、所要ノ方面ヲ警備シ、治安ノ維持ニ任ズベシ。

ト令シ、又警備司令官ハ左ノ如キ告示ヲモ軍隊ニ下セリ。

本朝来出動シアル諸隊ハ、戦時警備部隊ノ一部トシテ、新ニ出動スル部隊ト共ニ師管内ノ警備ニ任ゼシメラルルモノニシテ、軍隊相互間ニ於テ絶対ニ相撃ヲ為スベカラズ。

尚ホ、宮中ニ於テ大臣等ハ、現出動部隊ノ考ヘアル如キコトハ大ニ考ヘアリシモ、今後ハ大ニ力ヲ入レ、之ヲ実行スル如ク会議シ、申合セヲ為セリ。

如此命令、告示アリシニ拘ラズ、事件鎮定直後、反乱行為ハ営門ヲ出デタルトキヨリ始マルモノニシテ、此種命令ハ一ノ鎮定方便ナリト主張セラレアリ。然ラザレバ右説得文ト云ヒ、此命令告示ト云ヒ、法律的ニハ皆、無作為反乱幇助罪ヲ構成スト云フ。

四、此日、海軍第一艦隊第二艦隊ハ、各東京湾及大阪湾警備ノ為メ回航ヲ命ゼラレ、横須賀警備戦隊ハ、東京警備ヲ命ゼラレ午後遅ク芝浦ニ到着ス。

五、此日遅ク、内務大臣ハ帝都及全国各地トモ一般治安ハ維持セラレ、人心動揺ナク平静ナル旨発表ス。

六、此日

陛下ニハ、二、三十分毎ニ御召アリ、事変ノ成行キヲ御下問アリ、且ツ、鎮圧方督促アラセラル。

内大臣ハ襲撃ヲ蒙リ避難シ、侍従長ハ重傷ヲ負ヒ、加フルニ事、陸軍々人ノ行為ニ属セルヨリ、武官長専ラ御下問ノ衝ニ当リ、責任ノ正ニ重大ナルヲ感ゼリ。

此夜、

陛下ハ午前二時ニ至リ、猶ホ御召アラセラレタリ。自然御格子ハ同時以後ニ渡ラセラレシモノト拝ス。実ニ恐懼ノ至リナリキ。

広幡皇后宮大夫ハ御下問ニ対シテハ、全ク不案内ノ事柄ニシテ奉答シ得ズト為シ、湯浅宮相ニ内大臣ノ気持ニテ奉仕センコトヲ述ベシモ、宮相ハ政治ニ干与スベキニアラズトテ躊躇セリ。併シ、宮相ハ事実ニ於テハ、

御上ノ御下問ニモ、勢ヒ奉答スルコトトナリ、又事件発生以来、宮中ニ起居セル一木前宮相等モ、裏面的ニ種々奉仕ヲ為スコトトナレリ。

武官長ハ勿論、右各側近者モ凡テ此日ヨリ新内閣成立ノ日マデ宮中ニ宿泊セリ。

第二日（二月二十七日）

一、午前一時過、内閣ハ総辞職スルコトニ決定シ、後藤内相臨時首相代理トシテ各閣僚ノ辞表ヲ取纏メ、早朝闕下ニ捧呈セシガ

聖旨ニ依リ、後継内閣成立マデ政務ヲ見ルコトトナレリ。

陛下ニハ、最モ重キ責任者タル、川島陸相ノ辞表文ガ、他閣僚ト同一文面ナルコトヲ指摘遊バサレ、彼ノ往年虎ノ門事件ニテ内閣ノ総辞職ヲ為セル時、当ノ責任者タル、後藤内相（新平）ノ辞表文ハ一般閣僚ノモノト全ク面目ヲ変ヘ、実ニ恐懼ニ耐ヘザル心情ヲ吐露シ、一旦却下セルニ更ニ、熱情ヲ罩メ、到底現状ニ留マリ得ザル旨ヲ奏上セルノ事実ニ照シ、不思議ノ感ナキ能ハズトノ意味ヲ漏ラサレタリ。

当時、武官長ハ陸相ノ辞表ハ内閣ニテ予メ準備セ

ルモノニ署名シ、同時捧呈セルモノニシテ、何レ改メテ御詫ビ申上グルモノト存ズル旨奉答ス。

二、午前二時五十分、戒厳令公布セラレ、警備司令官香椎浩平中将戒厳司令官ニ任ゼラル。

此戒厳令ハ勿論、枢密院ノ諮詢ヲ経テ、勅令ヲ以テ公布セラレタルモノニシテ、東京市ナル一定ノ区域ニ限ラレタリ。

此日、行動部隊ハ依然参謀本部、陸軍省、首相官邸、山王ホテル等ニ在リ、午前十時半頃ヨリ、近衛師団ヲ半蔵門、赤阪見附ノ線、第一師団ヲ赤阪見附、福吉町、虎ノ門、日比谷公園ノ線ニ配置シ、占拠部隊ノ行動拡大ヲ防止セシム。

弘前ニ御勤務中ノ秩父宮殿下ニハ、此日御上京アラセラルルコトトナリシガ、高松宮殿下大宮駅マデ御出迎アラセラレ、帝都ノ状況ヲ御通知アラセラレタル後チ、相伴ハレ先ヅ真直グニ参内アラセラレタリ。

此ハ宮中側近者等ニ於テ、若シ、殿下ニシテ其御殿ニ入ラセラルルガ如キコトアリシ場合、他ニ利用セントスルモノノ出ヅルガ如キコトアリテハトノ懸念ニアリシガ如シ。

此日、閣僚全部、尚ホ依然宮中ニ在リ。岩佐憲兵司令官病ヲ押シテ参内シ、窃カニ岡田首相ノ健在ナルコトヲ告グ、其儘伝奏ス。

三、此日、戒厳司令官ハ武装解除、止ムヲ得ザレハ武力ヲ行使スベキ勅命ヲ拝ス。

但シ、其実行時機ハ司令官ニ御委任アラセラル。戒厳司令官ハ、斯クシテ武力行使ノ準備ヲ整ヘシモ、尚ホ、成ルベク説得ニヨリ、鎮定ノ目的ヲ遂行スルコトニ努メタリ。

此日拝謁ノ折リ、彼等行動部隊ノ将校ノ行為ハ、陛下ノ軍隊ヲ、勝手ニ動カセシモノニシテ、統帥権ヲ犯スノ甚ダシキモノニシテ、固ヨリ、許スベカラザルモノナルモ、其精神ニ至リテハ、君国ヲ思フニ出デタルモノニシテ、必ズシモ咎ムベキニアラズト申述ブル所アリシニ、後チ御召アリ、

朕ガ股肱ノ老臣ヲ殺戮ス、此ノ如キ兇暴ノ将校等、其精神ニ於テモ何ノ恕スベキモノアリヤト仰セラレ、又或時ハ、

朕ガ最モ信頼セル老臣ヲ悉ク倒スハ、真綿ニテ、朕ガ首ヲ締ムルニ等シキ行為ナリ、ト漏ラサル。

之ニ対シ老臣殺傷ハ、固ヨリ最悪ノ事ニシテ、事仮令誤解ノ動機ニ出ヅルトスルモ、彼等将校トシテハ、斯クスルコトガ、国家ノ為メナリトノ考ニ発スル次第ナリト重ネテ申上ゲシニ、夫ハ只ダ私利私慾ノ為ニセントスルモノニアラズト云ヒ得ルノミト仰セラレタリ。

尚又、此日

陛下ニハ、陸軍当路ノ行動部隊ニ対スル鎮圧ノ手段実施ノ進捗セザルニ焦慮アラセラレ、武官長ニ対シ、朕自ラ近衛師団ヲ率ヒ、此ガ鎮定ニ当ラントト仰セラレ、真ニ恐懼ニ耐ヘザルモノアリ。決シテ左様ノ御軫念ニ及バザルモノナルコトヲ、呉々モ申上ゲタリ。

蓋シ、戒厳司令官等ガ慎重ニ過ギ、殊更ニ躊躇セルモノナルヤノ如クニ、御考ヘ遊バサレタルモノト拝サレタリ。

此日、杉山参謀次長、香椎戒厳司令官等ハ、両三度参内拝謁上奏スル所アリシガ、

陛下ニハ、尚ホ二十六日ノ如ク、数十分毎ニ武官長ヲ召サレ行動部隊鎮定ニ付御督促アラセラル。

常侍官室ニアリシ侍従等ハ、此日武官長ノ御前へノ進謁、十三回ノ多キニ及ベリト語レリ。

此日午後遅ク、行動部隊将校ヨリ真崎大将ニ面会ヲ求メ、同大将之ニ応ジタル結果、更ニ阿部、西両大将モ之ニ加ハリ、種々説得ニ努メタルヨリ、彼等将校等モ大体ニ諒解シ、明朝ハ皆原隊ニ復帰スベシト答ヘシ由ニテ、此夜ハ警戒等モ特ニ寛大ナラシメラレタリ。

第三日（二月二十八日）

一、午前七時、伏見軍令部総長宮殿下参内アリ、武官長ニ対シ、二十七日ニ於ケル皇族御会合ノ模様及閑院宮殿下ノ御転地先、小田原ヨリ至急御帰京アラセラルベキ必要ヲ説示アラセラレタリ。

依テ、杉山参謀次長ノ来府ヲ乞ヒ、右皇族ノ意嚮ヲ閑院宮殿下ニ伝フベク依頼ス。

杉山参謀次長躊躇シアリシ折柄、秩父宮殿下ヨリモ時局重大ノ際ナレバ、多少ノ無理ヲ押シテモ、御帰京遊バサルル様、直接御通知アラセラレシ趣ニテ、閑院宮殿下ニハ、此日遅ク御帰京遊バサレタリ。

二、午前十時、梨本宮殿下参内、拝謁ノ上、真摯熱誠ヲ籠メ、今次事件ニ付御詫アラセラル。後チ、
陛下ニハ、武官長ニ対シ、
自分ハ、梨本宮殿下ノ真面目ナル御態度ニ全ク感激シタリ。各将校ガ悉ク、梨本宮ノ如キ心持ヲ体シ呉レシナラバ、此ノ如キ不祥事ハ発生セザリシモノヲト、御歎ジアラセラレタリ。

三、此日、朝ニ至リ、行動部隊ノ将校ノ態度一変シ、又々現隊復帰ヲ肯ゼズ。

前晩、真崎大将等、三軍事参議官ノ説得ニテ、行動部隊ノ将校等ハ、部下ノ部隊ヲ原隊ニ帰スベク決意セシ模様ナリシニ、夜半ニ至リ、電話ニテ首相官邸ニアル、右等将校ニ電話指令セシモノアリ（北、西田等ナリト噂セラル）。為ニ、彼等将校ノ態度一変セリト云フ。

午前十時、杉山参謀次長参内シ、愈々武力行使断行ヲ奏上セントセシトキ、又々戒厳司令部ヨリ、模様一変ノ為メ、暫ク武力行使ヲ見合スベク通知アリ。

午前十一時頃ニ至リ、戒厳司令部ハ、一般市民ノ立退キ区域及時刻等ノ処理ヲ指示ス。

正午頃、戒厳司令官ハ、愈々奉勅命令ヲ行動部隊将校ニ伝ヘ、速ニ最後ノ決心ヲ為シ、軍隊ヲ原隊ニ復帰スベク促ス所アリタリ。

而ルニ、彼等将校ノ或ルモノハ、該奉勅命令ハ徹底セザリシト云ヒ、或ルモノハ、機関説信奉者ノ奉持スル命令ハ随フノ要ナシ抔種々辞ヲ設ケテ、躊躇決スル所ナカリシガ如シ。

午後三時、杉山参謀次長参内、帝都警備兵力ノ増加、及参謀総長ノ戒厳司令官ニ対スル区処権ニ付奏上シ、御裁可ヲ得。

午後四時半、杉山参謀次長、香椎戒厳司令官ト共ニ参内、武力行使ハ時間已ニ遅ク、明日ニ延期スルノ外ナキ旨ヲ奏上ス。

四、此日午後一時、川島陸相及山下奉文少将、武官府ニ来リ、行動将校一同ハ大臣官邸ニアリテ自刃罪ヲ謝シ、下士以下ハ原隊ニ復帰セシム、就テハ、勅使ヲ賜ハリ死出ノ光栄ヲ与ヘラレタシ、此以外解決ノ手段ナシ、又第一師団長モ部下ノ兵ヲ以テ、部下ノ兵ヲ討ツニ耐ヘズト為セル旨語ル。

繁ハ、斯ルコトハ恐ラク不可能ナルベシトテ、躊

踏セシモ折角ノ申出ニ付、一応伝奏スベシトテ、御政務室ニテ右、
陛下ニ伝奏セシ処、
陛下ニハ、非常ナル御不満ニテ、自殺スルナラバ勝手ニ為スベク、此ノ如キモノニ勅使抔、以テノ外ナリト仰セラレ、又、師団長ガ積極的ニ出ヅル能ハズトスルハ、自ラノ責任ヲ解セザルモノナリト、未ダ嘗テ拝セザル御気色ニテ、厳責アラセラレ、直チニ鎮定スベク厳達セヨト厳命ヲ蒙ル。

固ヨリ、返ス言葉モナク退下セシガ、御叱責ヲ蒙リナガラ、厳然タル御態度ハ却テ難有ク、又条理ノ御正シキニ寧ロ深ク感激ス。

午後二時半、第一師団司令部ニアリシ山口大尉ヨリ、武官府宛電話ニテ、事変以来、聯隊副官ノ如キ地位ニアリテ、働キアルコト、及ビ行動将校等ノ考ヘガ、屢々変転セルコトヲ述ベタル後、皇軍相討ツノ失態ナカラシメンガ為メニハ、彼等最後ノ場合ニ勅使ヲ給フノ一事アルノミトテ、尽力ヲ請ヒシモ、絶対不可能ナリトテ諭シテ、電話ヲ絶チタリ。

午後三時、参謀次長拝謁ノ後チ、
陛下ニ対シ、曩ニ、伝奏セシ行動将校等自殺ノ際ニ、勅使ヲ賜ハリタシ云々ハ、自刃ノ状況検視ノ意味ナリ、ト訂正ヲ願出デ置キタリ。

又、午後四時半、参謀次長、戒厳司令官拝謁ノ後チ、
陛下ヘ、昨今陸軍ハ大命ヲ殊更ニ奉ゼザルモノナリトカ、或ハ、軍政府ヲ樹立セントスルモノナリトカ、風評スルモノアリ。
陛下ノ陸軍ヲ、誣ユルノ甚シキモノニシテ、同時ニ、現事件ヲ速カニ、且ツ、円満ニ解決セントスル、陸軍ノ努力ヲ無視スルモノナリトテ、一般ノ空気ト、誤解ノ酷ナルヲ訴ヘシトコロ、其刹那、感極ツテ覚ヘズ涕泣言葉出デズ。
陛下ハ、其儘入御アラセラル、暫クシテ、
陛下ヨリ更ニ御召アリ。武官長ハ泣ヒテ、陸軍ニ対スル誹謗ヲ訴ヘシガ、兎ニ角、速カニ解決セザレバ、容易ナラザル結果ヲ招来スベキガ故ニ、武官長ノ所感ヲ、軍事参議官ニ伝ヘ、且ツ、速カニ、事態ヲ収拾スベク取リ計ヘト仰セラル。

之ニ於テ、軍事参議官代表者ノ来室ヲ求メシニ、荒木大将参リ、早速前記ノ次第ト御恩召シノ程ヲ伝ヘシ処、同大将モ、奉勅命令ノ出デシ以上、最早実力行使ノ外ナシト答ヘタリ。

五、午後四時、岡田総理無事ナリシトテ、迫水秘書官ニ伴ハレ参内、拝謁、恐懼ニ耐ヘザル態度ニテ、謹ンデ御詫ヲ申上グ。

六、此日午後、宮中ニ秩父宮殿下、高松宮殿下ヲ始メ、伏見、梨本両元帥宮殿下、朝香宮、東久邇宮殿下其他各宮殿下参内、御会合、各種情報ヲ聴取ノ上、相伴ハレ宮城堤上ヨリ、行動部隊占拠ノ状況ヲ視察アラセラレタリ。

第四日（二月二十九日）

一、二十八日夜ヨリ二十九日朝ニ亘リ、戒厳司令官ハ、装甲自動車及飛行機ヲ以テ、反軍下士兵卒ニ対シ、順逆ヲ説キ、速ニ反省スベキ意味ノ宣伝文ヲ撒布ス。

就中「兵ニ告グ」ノ勧告文ハ名文ニシテ、条理ヲ尽シ、一般ヲ感動セシム。午前六時ヨリ戒厳司令官ハ、蹶起将校等ハ勅命ニモ従ハザルニ至リシヨリ、武力ニ拠ル、強行解決ヲ図ルニ決セル旨ヲ発表シ、引続キ、一般市民ニ対シ、叛軍鎮圧区域ノ狭少ニシテ、波及ノ大ナラザルヲ示シ、且ツ平静ナルベキコト、及ビ、戦闘区域附近ノ市民ニ立退区域、及戦闘発生ノ場合ノ注意ヲ与フ。

午前六時ノ戒厳司令官ノ発表ニ拠レバ、

「勅ヲ奉ジ、現姿勢ヲ撤シ、各所属ニ復帰スベキ命令ヲ、昨日伝達シタル処、彼等ハ尚ホ、之ヲ聴カズ、遂ニ勅命ニ抗スルニ至レリ」

トアリ、又此日、午前九時ノ戒厳司令部発表ニ拠レバ、

「永田町附近ニ占拠セル、矯激ナル一部青年将校ハ、奉勅命令ノ下リシニモ拘ラズ、夫レニ服従セズ、遂ニ叛徒トナリ終ツタ」

トアリ。即チ、叛徒ナル名ハ、右戒厳司令部発表ヲ正シキモノトスレバ、此奉勅命令降下後ニ於テ、始メテ附セラルベキモノト想ハル。

陸軍当局ハ、此等発表ハ、鎮定ノ為メノ、一ノ

謀略ナリト解シアルガ如シ。

戒厳司令官ハ、第一師団ニ対シ、午前八時以後、住民避難ノ状況ニ応ジ、可成速ニ指定区域ノ掃蕩ニ任ズベク、近衛師団ニ対シテハ、之ニ伴ヒ、指定区域内ノ反軍ヲ攻撃スベキヲ命ズ。

斯クテ、第一師団ハ、午前八時半ヨリ、近衛師団ハ、同九時頃ヨリ行動ヲ開始ス。午前十時頃ヨリ、続々下士兵ノ帰順投降アリ、同十一時半頃ニ至リテハ、山王「ホテル」ニ於ケル安藤大尉ノ指揮スル二百名内外、及首相官邸ニアル若干名ノミトナル。

午後二時頃、山王「ホテル」ノ叛乱部隊ハ安藤大尉訓示ヲ下シ、帰隊ヲ命ジタル後自殺セルモ死ニ到ラズ、其後帰途ニ就キシ部隊、再ビ「ホテル」ニ引返セシモ間モナク帰順セリ。

之ヨリ前キ、首相官邸ニアリシモノモ、正午頃ヨリ逐次撤去セシモノノ如シ。

午後二時過、杉山参謀次長、同二時半香椎戒厳司令官参内拝謁、事変一段落ノ旨奏上ス。

午後四時十分以後、東京市環状線ノ交通制限ヲ解除ス。

午後五時、伏見軍令部総長宮参内、今次事変ニ伴フ海軍ノ行動ヲ奏上アラセラル。

同五時半、川島陸相参内拝謁、事変ニ対スル御詫ヲ申上グ。

此日、陸軍大臣官邸ニ集マレル反乱将校ニ対シ、関係者ヨリ代ル々々自決スベク諷示セシ由ナルモ、野中大尉ノ自殺セシ外、之ヲ肯ゼズ、凡テ憲兵隊ニ拘留セラル。

反乱将校ガ、自決ヲ肯ゼザリシハ、更ニ法廷ニテ、自己ノ真意ト主張ヲ、堂々陳述シタキ意思モアリシナルベク、又自己ノ行為ヲ、不正不忠ト認メアラザリシニ因ルコトモアルベシトハ云ヘ、一般ヨリハ、甚ダ遺憾ナリトセラル。

二月二十八日附ヲ以テ、野中、安藤両大尉以下十三名ノ反乱将校ニ対ジ、本官ヲ免シ、位記返上ヲ命ゼラレシガ、此日更ニ、事変関係将校五名ノ本官ヲ免ゼラレタリ。此日、事変鎮定後、川島陸相ハ左記要旨ノ声明ヲ発表セリ。

輦轂ノ下ニ於テ、軍内ヨリ未曾有ノ叛乱ヲ惹起シテ、宸襟ヲ悩マシ奉リ、遂ニ、戒厳ノ布告ヲ見ル等、昭和聖代ノ歴史ニ、拭フベカラザル汚点ヲ貽スニ至リシハ、恐懼痛恨ニ堪ヘズトシ、若干時日ノ遷延セル事情ト顚末ヲ述ベ、治安ノ完全ナル恢復ト、粛軍ノ達成ニ、今後最善ノ努力ヲ払ヒ、更始一新、団結鞏固ナル国軍ノ真価ヲ充実シ、以テ、
　叡慮ニ酬ヒ奉ランコトヲ期ス。云々

二、陛下ニハ、二十八日町田代理蔵相ノ奏上等ニ拠リ、事変ノ経済界ニ与フル影響、就中、海外為替ノ停止ニ至ルベキヲ御軫念アラセラレシガ、此日、事変ガ比較的早ク片付キシヨリ、最早差シタル影響ヲ与ヘズ、大丈夫ナリト御漏ラシアラセラレ、御安慮ノ体ニ拝シタリ。

附記

一、二月二十九日、事件鎮定後、臨時憲兵司令部ニアリシ、参謀本部ノ首脳部ハ、本部ニ、翌一日、陸軍省ノ首脳部ハ本省ニ復帰ス。

　事件中、一部ノモノハ、本部、本省ニ踏ミ止マリシガ如キモ、其首脳部ガ、殆ンド悉ク、他ニ移ラザルヲ得ザリシガ如キハ、将来ノ為メ、大ニ研究考慮ヲ要スベキモノナリトス。

二、三月一日朝、政府ハ、今次大不祥事件ニ対シ、左ノ要旨ノ声明ヲ発セリ。

　責任ノ重大ナルヲ痛感セルコトト戒厳令ノ一部ヲ施行シテ、秩序ノ回復ニ努メ、遂ニ、御稜威ニ拠リテ、暴挙ノ鎮圧セラルルニ至リシコト、及国民ガ、異常変ニ処シテ、平静ヲ持シ、経済界モ其常態ヲ失ハザリシコト、並ニ今後、相共ニ矯激ヲ戒メ、制節ヲ尚ビ、国民ノ本分ヲ尽サンコトヲ切望シテ止マズ、ト云々。

　尚ホ、同日午後、閣僚一同拝謁シ、事件ニ対シ、恐懼ニ堪ヘザル旨、御詫ヲ申上ゲタリ。

第二　三月一日以後事件善後ニ関スル諸件

其一、御宸襟ヲ悩マセシ諸相ノ一端

今回ノ事件発生以来、日夜非常ナル御深憂ノ裡ニ御過シアラセラレシ事ハ、前各日ノ記事ニ詳カナル処ナルガ、

三月一日晩、反乱将兵ノ総数、一千数百名ノ多数ニ上ル次第ヲ奏上セルニ対シ、左様ニ多数ノモノノ参加セル事ガ、何故予メ判明セザリシカ、トノ

御下問アリ。

誠ニ、御尤モノコトニシテ、当時ノ一般空気ノ影響モアルベシトハ云ヘ、各級幹部、上下ノ連絡、和合ノ不完全、軍紀ノ弛緩等、重ナル原因タルベク申訳ナキ事ナリ。

同二日、午前十一時頃、御召アリ、軍部ノ要望ハ或程度マデ聴入レ、如此失態ヲ、再ビ繰リ返サザルノ注意ヲ必要トスベシ、去リトテ、急激ナル事ハ危険ナリ。之ガ善後処置コソ、重要ナリト御漏ラシアラセラレ、午後八時、更ニ御召シノ上、新聞ニヨレバ、陸軍ノ要求（川島陸相ガ西園寺公ニ軍ノ要望ヲ述ベシトノ記事）ナルモノ過大ニシテ、誠ニ憂慮ノ次第ナリ、ト仰セラル。

三日、午前九時半拝謁、取調ノ結果、昨夕、

御下問ノ新聞紙ニ見ヘシ川島陸相ガ、西園寺公ニ述ベシト云フ、意見云々ノ如キ、全然無根ニシテ、現ニ、川島陸相ハ未ダ、西園寺公ニ面会シアラザル旨、申上ゲシ処、御安堵アラセラレタリ。

斯ク申上ゲタル後チ、川島陸相及杉山参謀次長ニ、

陸軍トシテ、国防ノ事ヲ主張スルハ当然ナルモ、政策ノコトマデ余リニ露骨ニ発表スルハ、御思召ニ適フモノニアラズ、ト拝スル旨伝フ。

七日、午後七時御召アリ、暴動将校下士兵等ガ、外部ノ非難ノ甚シキモノアルヲ知レルヤ、トノ

御下問アリ、之ニ対シ、

目下、軍トシテハ連累者ノ検索ニ忙シク、夫等ヲ知ラシムルマデニハ至ラザルベシトテ、種々状況ヲ申上ガ置キシガ、此等モ亦、只ダ、表面ノ空気ノミヲ内奏スルモノ、尠ナカラザルノ結果ナリ、ト推想セザルヲ得ザリキ。

十八日、午前九時三十分、広幡皇后宮大夫ト共ニ拝謁、申上ゲ、

陛下ガ、事件発生以来、非常ニ御軫念ノ結果、始終戒厳ト云フ御気持ノ下ニ、御寝所ニ入ラセラルルコトモ遅ク、且ツ、御格子マデ軍服ヲ解カセラレズ、又御慰ミニ属スル事ハ、一切御中止遊バセラレアルヨリ、斯クテハ、玉体ニ累アラセラルルノ虞ナシトセズトテ、閣僚等モ、恐懼心配シアル旨、奏上シ、已ニ事態モ大体平安ニ帰シタル次第ニ付、右御緩和アラセラレンコトヲ御願申上ゲタリ。

但シ、其後戒厳撤廃マデハ、依然緊張ノ御態度ヲ継続アラセラレシモノノ如シ。

其二、軍法会議ノ構成

三月一日午後、這次、不祥事件ニ対スル軍法会議構成ニ付、緊急勅令ヲ仰グベク閣議アリ。

四日午前十時ヨリ、枢密院本会議ニ於テ、

陛下臨御ノ下ニ、前項閣議決定ノ軍法会議ニ関スル勅令案ニ付、御諮詢アリ、可決ノ上、議長ヨリ上奏御裁可アラセラル。

此軍法会議ハ、東京ニ、東京陸軍々法会議ヲ設ケ、二・二六事件ニ関スル被告事件ニ付、管轄権ヲ有セシムルモノニシテ、裁判ハ公開セズ、一審ニテ決定シ、上告シ得ザルモノトス。

此日、午後二時御召アリ、已ニ、軍法会議ノ構成モ定マリタルコトナルガ、相沢中佐ニ対スル裁判ノ如ク、優柔ノ態度ハ、却テ累ヲ多クス、此度ノ軍法会議ノ裁判

長、及ビ判士ニハ、正シク強キ将校ヲ任ズルヲ要ス、ト仰セラレタリ。

此軍法会議ニ於テ、裁判スルモノハ非常ニ多数ニ上ルガ故ニ、五組ノ裁判所ヲ設クルコトトシ、各師団ヨリ、法務官及裁判長、判士タルベキ将校ヲ撰抜召集ノ上、中央ニ於ケル此等要員ノ不足ヲ補フコトトナレリ。

其三、新内閣ノ成立ト其経緯

三月二日午後四時、元老西園寺公入京参内、新内閣ノ首相ニ関スル御下問ニ奉答シ、爾後宮中（宮内省）ニ宿泊ス。四日、西園寺公ノ奉答ニ基ヅキ、近衛公爵ハ新首相タルノ大命ヲ拝セシガ、種々考慮ノ後、之ヲ拝辞セリ。

此事ニ関シ、

陛下ハ、繁ニ対シ、近衛ノ首相拝辞ハ色々ノ噂アル由ナルモ、全ク胸部疾患ノ為ニシテ、実ハ内大臣タラシメントセシモ、之ヲモ病気ノ故ヲ以テ固辞シタル位ナリ、ト仰セラレタリ。

然ルニ、近衛公爵ハ其後、昵懇ナル某大将ニ対シ、自分ノ首相ヲ拝辞シタルハ、健康ノ事、固ヨリ大ナル理由ナルモ、一ニハ元老ガ案外時局ヲ認識シアラザルコト、又一ニハ、陸海軍両相ノ地位ガ、現下最モ重要ナルニ拘ラズ、現在其人ヲ見出シ得ザルコトガ、重大原因ナリト語レリト。

近衛公ノ此話ハ、多少ノ潤色アリトスルモ、事実タルニハ相違ナキ理由アリ。従テ、元老及側近者ハ、真相ヲ、天聴ニ達シアラザルモノト謂ハザルヲ得ズ、誠ニ遺憾ナリ。

五日、午後三時過、西園寺公参内、近衛公拝辞ノ為メ、新内閣ノ首相トシテ、改メテ広田弘毅ヲ適任者トシテ奉答ス。

広田弘毅氏、同午後三時四十分御召シ参内シ、大命ヲ奉持シテ退下ス。

首相ノ決定ニ伴ヒ、湯浅宮相内大臣ニ、松平恒雄氏宮相ニ決定シ、六日親任式ヲ挙行アラセラレタリ。

広田弘毅氏、大命ヲ拝シタル後、其組閣ノ行悩ヲ伝ヘラレシガ、

七日朝、天機奉伺ノ砌リ、武官長ニ対シ、

陛下ハ、広田組閣ノ行悩ミハ、財界ニ機微ナル反響ヲ与ヘアリト仰セラレタリ。同午前十一時、湯浅内大臣御召シノ後チ、更ニ、武官長ヲ召サレ、陸軍ノ真意ハ、広田内閣ヲ絶対排斥セントスルモノナリヤ、否ヤヲ取調ベヨ、トノ仰セアリ。

午後、中島武官ヲ陸軍省ニ派シ、内聞セシメタル結果、陸軍トシテハ、組閣ニ対シテハ軍ノ要望ヲ述ブルノミニシテ、断ジテ、広田個人ヲ非難スルモノニアラザル旨ヲ奉答ス。

八日朝モ、組閣ニ対スル軍部ノ要求ノ過酷ナルニアラズヤ、トノ御懸念アラセラルル様拝セシガ、

九日、午前九時半御召アリ、陸軍ハ、政、民両政党ヨリノ入閣ハ、各一名トスベシトノ要求ニテ、広田ハ、最早組閣ヲ断念スル外ナシト、為セル由ナルガ如何ナルヤ、トノ御言葉アリ。

武官長ノ御召シニ先ダチ、湯浅内大臣ヨリ政情ヲ申上ゲタルニ由リ、特ニ御軫念アラセラレタルガ如シ。

此朝、予メ杉山参謀次長ニ確メ置キシ結果、一時右様ノ主張、部内ニ昂マリシモ、寺内大将ノ主張ニテ、両政党ヨリ各二名ヲ入閣セシムル当初ノ意見ヲ、俄カニ変更スル能ハズトテ、予定ノ通リ、陸軍部内ヲ纒メ得タリシ旨、承知シアリシヲ以テ、組閣ハ最早、頓挫スルコトナカルベキ旨奉答セシ処、夫レナラバ、誠ニ結構ナリ、一木枢相及湯浅内府等心配シアルユヘ、早速其由ヲ知ラシメヨ、トノ仰セニテ、御安心ノ様子ナリキ。

斯クテ、此日午後七時半、広田首相ハ漸ク、閣員名薄ヲ捧呈シ、同九時半、新内閣員ノ親任式ヲ挙行アラセラレ、引続キ、対満事務局総裁、及大角海軍大将ノ軍事参議官親任式ヲ実施アラセラレタリ。

新内閣、漸ク成立セシニ依リ、此夜始メテ側近者一同、宮中ヲ辞シ帰宅セリ。

其四、閑院宮参謀総長及朝香、東久邇両宮軍事参議官ノ進退問題

一、今回ノ不祥事件ニ関シ、各軍事参議官ハ、何レモ陸軍ノ長老トシテ責任ヲ採リ、進退伺ヲ提出セシガ、皇族タル軍事参議官ハ如何ニスベキヤ、ニ付テハ、陸軍

当局ニ於テモ、種々考慮セシガ、此回ハ軍事参議官ハ、軍事参議官タル職責上ノ責任ニアラザルヲ以テ、陸相ヨリ、朝香、東久邇両宮殿下ニハ進退伺ヲ御提出ナキ様、御願セリ。両宮殿下ニハ、

三月二日午後、軍事参議官ノ御資格ヲ以テ、武官長侍立ノ下ニ、
陛下ニ拝謁シ、左ノ如ク御詫ヲ言上セラレタリ。

皇族ノ身分ニアリマシテ、軍事参議官ノ栄職ヲ辱フ致シ居ル私共ハ、今回ノ事件ニ就キ、誠ニ恐懼ニ耐ヘマセン。謹ミテ御詫申上ゲマス。

二、閑院宮参謀総長殿下ニハ、事件勃発当時、御病気ノ為メ、小田原御別殿ニ御静養中ニシテ、前記（騒乱ノ四日間記事第三日ノ分参照）ノ如キ経緯ノ下ニ、二月二十八日御帰京遊バサレシモ、直チニ拝謁シ得ザル御容体ニアリ。

三月八日ニ至リ、閑院宮殿下ハ武官長侍立ノ下ニ拝謁、左ノ如ク御詫ヲ言上アラセラレタリ。

此度、輦轂ノ下ニ於テ、未曽有ノ不祥事ヲ惹起シ、深ク宸襟ヲ悩マシ奉リマシタコトハ、寔ニ恐懼ニ耐ヘザル所デアリマス。偶々、載仁、不幸ニシテ病ヲ得マシテ、直接其処理ノ衝ニ当ルコトガ出来マセンデ、益々其責ノ重大ナルコトヲ痛感致シマス。爰ニ、謹ンデ御詫ヲ申上ゲ奉リマス。

此際、軍ハ更始一新、厳ニ統帥権ヲ確立シ、真ニ団結、鞏固ナル国軍ノ真価ヲ充実シマシテ、以テ、
叡慮ニ副ヒ奉ランコトヲ期シマス。

九日朝、杉山参謀次長武官府ヘ来訪、陸軍ノ長老、各大将ガ、全部責ヲ負フテ勇退シタル此際、陸軍ノ最長老ニシテ、参謀総長ノ地位ニアラセラルル、閑院宮殿下ノ進退ガ、自然問題視セラルル次第ナルガ、朝香、東久邇両宮殿下ヨリ、閑院宮殿下ヘ、此際、御勇退可然旨申上ゲラレシモ、閑院宮殿下ハ左程意ニ介セラレズ、前記ノ如ク、参内御詫ヲ言上セラレタル次第ナルガ、其後御直宮タル、秩父宮殿下ヨリ重ネテ同様ノ進言アリシ為メ、閑院宮殿下ニハ、苦慮中ニアラセラルトテ、之ニ対スル意見ヲ求メシガ、予ハ現下ノ状勢ニ於テ、実際問題トシテ留任セラルベキモノト思ハルルモ、此ハ一ニ、陸相ノ意見ニ従フノ外ナカルベシ、トノ意ヲ漏ラシ置キシガ、此日午後四時、川島陸相参内、拝謁ノ上、

載仁親王ニ於カセラレマシテハ、今回ノ事件ニ関シ、陸軍ノ最長老トシテ、将又、統帥部ノ長トシテ、深ク責任ヲ感ゼラレ、参謀総長ノ職ヲ退キタシ、トノ御決意極メテ強固ニアラセラルルモ、現下ノ時局、特ニ国軍ノ現状ニ於テ、極メテ重大ナル参謀総長ノ職務ハ、親王ヲ措キ、目下他ニ其人ヲ求メ得ザルニ稽ヘ、再三懇願シ、枉ゲテ慰留ヲ乞ヒ、漸ク一応ノ御許ヲ得タル旨、

奏上シ、御裁納ヲ得タリ。

尚ホ、閑院宮殿下ノ御意嚮ハ、

陛下ノ、御言葉ヲ給ハリテ留任シタシトノコトナリシモ、

陛下ノ御言葉ニテ留任セラルルコトハ、陸軍大臣トシテ、輔弼ノ責ヲ果サザルコトトナルノ虞アルガ故ニ、陸軍人事当局ノ希望ニ拠リ、大臣ノ懇請ニテ、殿下留任ノ事ハ決定シ、其上

陛下ヨリ、優諚ヲ拝セラレ、殿下ノ御心境ヲ安ラカナラシムルコトトナレリ。

武官長ヨリ右内奏シ、御許ルシヲ得タル結果、同日午後五時、

陛下ハ閑院宮殿下ヲ御召シノ上、左記優渥ナル御言葉ヲ賜ハレリ。

今回、卿ガ、参謀総長トシテ採ラレシ進退ニ関スル決意ハ、之ヲ諒トスルモ、今ヤ、時局極メテ重大ノ折柄ユヘ、陸軍大臣ノ申出デヲ聴許シ置ケリ。従テ、此際留任セラルベク、又事件ノ関係ヨリ見テ、現下特ニ、軍ノ統制ヲ必要ト信ズ、此点ニ深ク留意努力セラルベシ。

右御言葉写ハ、殿下ノ御希望アリ、内大臣披見ノ後、天覧ヲ経タル上、武官長ヨリ殿下ニ差上ゲ、陸相ヘモ送付セリ。

陸軍省ハ、上記各宮殿下ノ御進退ニ関シ、三月十日午後三時、川島陸相謹話ノ形式ヲ以テ、之ヲ外部ニ発表セリ。

其五、軍上層首脳部ノ責任ト之ニ対スル人事処理

事件鎮定ト同時ニ、陸軍上層部ノ進退ガ問題トナリ、当ノ責任者トシテ、川島陸相ノ引退ハ当然ノ事ナルガ、

爾余、各軍事参議官等ノ責任ガ論議セラレ、各長老、相互ノ意見ノ不一致ガ、派閥ノ因ヲ為セリトシ、且ツ、事件発生以来ノ行動モ、適切ヲ欠ケリト難ズルモノ相当多ク、当初ハ林、真崎両大将及責任者タル、川島大将ノ引退説ニ止マリシガ、粛軍徹底ノ興奮的空気強ク、中堅将校ニ押サレ、陸相ハ只管、下僚ノ意見ノ儘トナリシ結果、各大将ノ内ニモ、其必要ナキノミナラズ、此重大時機ニ、軽卒ナル人事ハ慎マザルベカラス、トノ意見アリシモ、川島大将ハ、各大将ニ懇請シ、一時ハ西、植田、寺内各大将ノ退職ヲモ望ム様子ナリシモ、当該三大将ハ、軍事参議官就任後日浅ク、又余リニ極端ニ失スルトキハ、上層ニ其人ナキニ至リ、軍秩上適当ナラズトノ理由ノ下ニ、三大将ノミハ止マリ、大臣、総督及関東軍司令官ノ要職ニ就クコトトナレリ。斯ル事情ノ下ニ、川島陸相ハ、三月四日正午参内、先ヅ、事変ノ為メ、前ニ内奏セシ人事移動ノ変更ヲ奏請シ、新教育総監トシテ、西大将ヲ奏請セリ。右御聴許ノ上、五日午前十時、西新教育総監ノ親補式ヲ挙行アラセラレタリ。

六日午後三時過、西教育総監、陸相ノ意ヲ承ケ来訪シ、陸相内奏中ノ一、二ガ御思召シニ拠リ、留任トナル様ノ事アラバ、現下ノ陸軍人事行政上、甚ダ面倒ナル事態ニ立チ到ルガ故ニ、予メ申上ゲ置キ呉レトノ依頼アリ、事、大権ニ属スルモノナルガ故ニ、其結果ヲ云為スルヲ避ケ、一応伝奏スルコトトセリ。

同日午後五時三十分、川島陸相参内、南、林、真崎、阿部、荒木五大将全部ノ待命ヲ奏請シ、同時ニ植田大将ヲ関東軍司令官ニ奏請ス。

午後六時御召シアリ。川島陸相ノ五大将退職奏請ノ事ヲ御漏ラシアラセラレ、退職不満ノ結果、後害ヲ遺ス虞ナキヤトノ御下問アリ。

誠ニ遺憾ノ事ナリトスルモノアランモ、去リトテ、之ガ為メ、策動ヲ為ス抔ノ事ハ、敢テ之レナカルベシト存ズ、ト奏答ス。

陸相ノ軍司令官奏請ニ引続キ、広田首相ヨリ、南大将ノ駐満大使ヲ免ジ、植田大将ヲ同大使ニ任命アリタク奏請ス。

此日、午後九時三十分、植田軍司令官ノ親任式ヲ挙行セラル。

斯ク夜分ニ遅ク、急遽親任式ヲ御願セシコトニ付テハ、当路者ガ他ヲシテ意見ヲ挾ムノ余地ナカラシメントノ考ニ出デタルモノナリ、トノ非難アリ。

翌七日午後四時半、新任植田関東軍司令官ニ勅語ヲ賜フ。

十日、林、真崎、阿部、荒木、川島ノ五大将ニ予備役仰付ケラル。

事件ノ犠牲トハ云ヘ、悲痛ノ感ナキ能ハズ、実ニ前述ノ如ク、陸相ガ粛軍徹底ノ興奮的空気ニ煽ラレ、陸軍人事行政ノ中心ヲ失ヒ、大臣、次官等ハ只、佐官級ノ進言ニ押サレツツアル課長、部長等ノ意思ノ儘ニ動カサレシ嫌アリ。上層威信ノ皆無ヲ表現セルモノト謂フベク、歎ズベキコトナリトス。

其六、新教育総監ノ教育方針ニ就テ

三月五日午前、西新教育総監ノ親補式終了後御召アリ。

陛下ハ、新教育総監ノ、教育方針ニ付テ御下問アラセラレ、聴キ合セタル上、申シ上グベク奉答セリ。

三月十三日、西総監来室シ、教育方針トシテ、

「特ニ軍紀ノ刷新、武士道精神ノ昂上」等ヲ述ベショリ、

其儘伝奏セシ処、

陛下ハ、青年将校等ガ、社会状勢ノ表裏ニ通ゼズ、緩急是非ヲ識別スルノ能力ナキコトモ、亦今回ノ如キ大事変ヲ惹起スルニ至ル所以ナラズヤ、トノ仰セアリ。

此旨、新教育総監ニ伝フ。

翌十四日、御召アリ、武官長ヲ経テ、西総監ニ伝ヘシメタル社会状勢云々ノコトハ、誤解ナキ様注意セヨトノ仰セアリ、即チ、社会状勢云々ハ、常識ノ養成ノ必要ナルノ御意味ナルコトヲ、更ニ、後藤侍従武官ヲシテ、同総監ニ伝ヘシメタリ。

其七、事件関係将兵ヲ出セシ聯隊ノ存廃問題

今回、叛乱ノ名ヲ附セラルル将兵ヲ出セシガ如キ、我国軍ノ歴史ニ、容易ナラザル汚点ヲ印シタル、近歩三、歩一、歩三並ニ野重七ノ四ケ聯隊ハ、軍ノ名誉ノ為メ、之ヲ廃止スベシトノ意見、特ニ、参謀本部ニ於テ熾烈ナル

モノアリ。或ル機会ニ、此空気ヲ上聞ニ達シ置キシ処、六日午後二時御召アリ。

陛下ハ、叛乱将兵ヲ出セシ聯隊ヲ、解隊スベシトノ話ハ、如何ニナリシヤ、トノ御下問アリ。乃チ、

不名誉ノ聯隊ヲ廃スルコトハ、国軍全体ニ対スル、大ナル戒飭トナルノ利アルノ反面ニ於テ、此事件ニ関係セルモノハ、一部ノモノニ過ギザルニ、解隊ノ悲運ニ遭ヘリトセバ、大部ノ将兵ハ、未曽有ノ痛恨事ナリトシ、中ニハ悲憤自決スルモノサヘ出来スルノ虞レナシトセズ、又、此等聯隊出身ノ在郷将兵ハ、過去ノ名誉アル戦歴等ヲ追想シテ、多大ノ失望ヲ感ズルニ至ラン。

何レニセヨ、目下尚ホ、主任者ニ於テ考究中ナリト奉答ス。

但シ、参謀本部ノ廃止意見ニ対シ陸軍省ハ大ニ慎重、考慮ヲ要スルモノアリトシ、之ヲ存置スルノ意見多カリキ。

斯クテ、省部会議ノ結果、結局、之ヲ廃止セザルヲ可トスルニ意見一致ス。陸軍省ハ当初、之ヲ上聞ニ達スルノ意向ニ在リシガ、武官府ニ於テハ、聯隊ノ存廃ハ、軍旗親授ノ関係モアルコトユエ、単ナル上聞ニテハ事足ラズ、少クモ、

御内意ヲ伺フヲ適当トスル、ノ意見ヲ主任者ニ伝ヘタリ。

陸軍省、参謀本部、並ニ教育総監部、更ニ研究シ、上聞、御内意伺、及ビ、

聖断ヲ仰グ（聖断ヲ仰グト云フコトハ穏当ナラズト主張多カリシ）等、区々ノ意見アリ。結局、

御内意ヲ伺フコトトナレリ。

三月十四日、村上軍事課長、此問題ニ付、武官長ノ許ニ往復シ、只万一廃止ノ、

聖慮ヲ拝スル如キコトアランカ、当局ノ立場、困難トナルヲ以テ、侍従武官長ニ於テ、右ニ関スル、

御内々意伺ヲセラレ度旨、要望シ来リ、武官長ヨリ予メ之ヲ奏上シ、御内々意ヲ伺ヒタル後、

同十六日午前、今井軍務局長ノ来府ヲ求メ、叛乱将兵ヲ出セシ聯隊存置御許ルシノ、

御内意ヲ伝フ、斯クテ、

同十七日、陸軍大臣、参謀総長、参内拝謁シ、左ノ如ク連署上奏ス。

近衛歩兵第三聯隊、歩兵第一聯隊、歩兵第三聯隊及野戦重砲兵第七聯隊ニ属スル将兵ガ、統率ノ系統ヲ紊リテ蠢動シ、来曽有ノ不祥事ヲ惹起シタルハ、光輝アル、帝国陸軍史、特ニ当該聯隊ノ歴史ニ、拭ヒ難キ汚点ヲ印シタルモノニシテ、聯隊並ニ将校団ノ本義ニ鑑ミ、右四聯隊ハ、之ヲ廃止セラルルモ已ムヲ得ザルモノアリ、ト思料セラルルモ、事実叛乱タルコトヲ意識シテ、之ニ参加シタルモノハ、此等諸部隊ノ一小部分ニ過ギズ、而シテ、其蠹毒ヲ徹底的ニ芟除シ、併セテ、当該部隊ニ対シ、厳正ナル善後措置ヲ講ジテ、其更生ヲ図リ、尚ホ、全軍ニ対シテハ、中央部率先シテ、粛正ノ実ヲ挙ゲ、上下一体、愈々統率ヲ厳飭シ、団結ヲ鞏固ニシ、克ク国軍ノ重責遂行ニ邁進スル決意ニシテ、関係各隊、亦恐懼、謹慎、更始一新ノ実ヲ挙グルニ努メツツアルヲ以テ、右四聯隊ハ依然之ヲ存置シ、死力ヲ竭シテ、其栄誉ヲ恢復セシメ度、

陛下ハ、右上奏後、大臣、総長ニ対シ「ソレデ宜シイ。尚ホ、将来ヲ戒シメル様ニセヨ」トノ畏キ御言葉ヲ賜ハリタリ。

各団隊長ハ之ニ基キ、各聯隊ニ対シ、厳粛ナル訓示戒諭ヲ与ヘタル後、三月二十日午後、近衛師団長、第一師団長、相伴フテ武官長ヲ訪ヒ、聯隊存置ノ御礼ヲ申述ベ、之ガ伝奏ヲ乞ヒ、武官長ハ同二十三日朝、此旨陛下ニ伝奏セリ。

其八、陸相ヘノ御言葉

今回ノ事件ガ、痛ク、宸襟ヲ悩マシ奉リシコトハ、誠ニ恐懼ノ至リニシテ、武官長ハ各種ノ機会ニ於テ、御軫念ノ御言葉ヲ拝シタリ。武官府ニ於テハ、事件一段落ヲ告ゲ、陸相ノ御詫奏上ノ際、同相ヘ御戒飭ノ御言葉ヲ賜ハリ可然シト考ヘ、其内容及之ニ関スル責任ノ所在、等ニ付研究ス。

武官長ハ、御言葉御下賜内奏ノ手続、及責任等ニ付、当時一木枢相ノ宮中ニ宿泊セラレアリシヲ幸ヒ、同枢相ノ意見ヲ徴シタルガ、同枢相ハ、

御言葉ノ簡単ナルモノハ、

陛下ノ御発意ニヨリ、思召ノ儘ニ下サルルコト、明治大帝以来、其例アルモ、御言葉ノ重要ナルモノハ内

大臣ノ輔弼ニ待ツヲ、適当トストノコトナリキ。

武官長モ亦、同意見ニシテ、且ツ希望スル所ナリシヨリ、

之ニ基キ、武官府ニ於テ、種々準備スル処アリ。

陸軍大臣ハ、二月二十九日、事件一段落ノ直後、取リ敢ヘズノ御詫ヲ申上ゲ三月三日、更ニ事件ニ関シ、正式御詫ノ奏上ヲ為シタルモ、当時尚ホ、未ダ、内大臣ノ任命ナカリシヲ以テ、御言葉ヲ賜ハルニ至ラズ。

武官長ハ、御言葉ヲ賜ハルノ要アル旨、已ニ言上シアリシガ、

四日午前九時、御召アリ、

陛下ニハ、此言葉ハ余リ強キニ失シテハ、復タ内大臣ヲ恨ムニ至ル虞アルガ故ニ、其程度ハ篤ク考慮ヲ要スルモ、

自分トシテハ、

最モ信頼セル、股肱タル重臣及大将ヲ殺害シ、

自分ヲ、真綿ニテ首ヲ締ムルガ如ク、苦悩セシムルモノニシテ、甚ダ遺憾ニ堪ヘズ、而シテ其行為タルヤ、憲法ニ違ヒ、明治天皇ノ御勅諭ニモ悖リ、国体ヲ汚シ、其明徴ヲ傷ツクルモノニシテ、深ク之ヲ憂慮ス。

此際、十分ニ粛軍ノ実ヲ挙ゲ、再ビ斯ル失態ナキ様ニセザルベカラズ。

五日午前十時半、更ニ御召アリ、陸軍大臣ニ与フル言葉ハ、憲法ヲ無視スルガ如キ将校ニ、普通ノ方法ニテ与ヘ、果シテ効果アリヤトノ御下問アリ。

右御内意ニ基キ、且ツ事件以来、武官長ノ拝聴セル、聖旨ヲ体シ、武官府ニ於テ、左記御言葉案ヲ作成シ、八日、新内大臣湯浅倉平氏ノ同意ヲ得、花押ヲ求メタル後、同日午前十時頃拝謁、御内意ヲ伺ヒ、御許ルシヲ得タリ。

左記

近来、陸軍ニ於テ、屢々不祥ナル事件ヲ繰リ返シ、遂ニ今回ノ如キ大事ヲ惹キ起スニ至リタルハ、実ニ勅諭ニ違背シ、我国ノ歴史ヲ汚スモノニシテ、憂慮ニ堪ヘヌ所デアル。就テハ、深ク之ガ原因ヲ探究シ、此際部内ノ禍根ヲ一掃シ、将士相一致シテ、各々其本務ニ専心シ、再ビ斯ル失態ナキヲ期セヨ。

同八日、午前十一時頃更ニ御召アリ。御言葉案中ニ於テ、国体ヲ汚ス云々ノ字句ヲ避ケタシトノコトナル

ガ、国体明徴ヲ高調スル陸軍ニ於テ、国体ヲ如何ニ解シアリヤトノ御下問アリ。之ニ対シ、

我国体ハ、万世一系ノ天皇ガ、皇宗皇祖ノ遺訓ヲ奉ジテ、国家ヲ統治遊バサルルニ在リ。

従テ、今回ノ事件ハ、誠ニ恐懼ニ堪ヘザル次第ナリトハ云ヘ、敢テ国体ヲ汚シタリトハ申シ得ズト存ス、ト奉答ス。

斯クテ、

三日十日午後一時三十分、寺内新陸軍大臣ヲ特ニ宮中ニ召サレ、御学問所ニ於テ、武官長侍立ノ上、前記ノ御言葉ヲ賜ハリタリ。

陛下ハ、尚最後ニ「此趣旨ノ克ク部下ニ徹底スル様ニセヨ」ト仰セラレタリ。

此御言葉ハ、禍根ヲ一掃スルノ必要上、相当強キガ如ク拝セラルルモ、当初ノ案ヲ、漸次緩和セラレタルモノナリ。

右終リシ後、武官長ハ御言葉ニ対シ、将来疑義ノ生ゼザル為メ、予メ準備シ置キタル御言葉写ヲ、休所ニ於テ大臣ニ手交セリ。

此日午後四時、更ニ御召アリ。陸軍大臣ニ与ヘタル、彼ノ言葉ヲ大臣ハ如何ナル手段ニ拠リ全軍ニ達スルヤ、ノ御下問アリ。之ヲ、陸相ニ伝ヘシ処、同相ハ恐懼シ、早速慎重考究スルコトトセリ。

三月十九日、陸軍省ニ於テ、関係当事者会同シ（酒井侍従武官モ陸軍省ノ希望ニヨリ参加ス）此際、陸軍ニ御勅語ノ御下賜ヲ奏請スベキヤ、否ヤニ付キ、意見ノ交換アリシガ、結局、

イ、従来御叱リノ勅語ヲ拝シタルコトハ殆ンド前例ナク、今回、陸軍一部ノ行動ニ付「勅諭ニ違背シ我国ノ歴史ヲ汚ス」トノ御意思ノ勅語ヲ陸軍全般ニ拝スルコトハ、陸軍ニ拭ヒ難キ汚点ヲ遺ス嫌アリ。

ロ、御勅語ノ奏請ハ、陸軍大臣トシ、三長官ニ於テ、万全ノ努力ヲ為スモ、尚ホ及バザルノ時ニ於テ、始メテ採ルベキノコトニシテ、三長官トシテ、今日御言葉ノ趣旨ヲ体シテ、更ニ努力スベキノ余地アリ。

トノ理由ノ下ニ、此際御勅語ノ御下賜ハ奏請セザル意見ニ概ネ一致シ、之ヲ陸軍大臣ニ具申ス。

三月二十日、寺内陸相ハ武官長ニ対シ、師団長会議ニ当リ、大臣ノ訓示中ニ御言葉ノ全文ヲ書キ示シ、部下ニ徹底セシムルコトハ如何、トノ内話アリ。武官府ニ於テ

ハ、勅語及御言葉等ノ原則的本質ニ付、宮内省参事官、内大臣府ノ意見ヲ徴シタル結果、

陸相ハ、御言葉ノ趣旨ヲ克ク軍隊ニ徹底セシムル為メ、其訓示中ニ御言葉ノ趣旨ヲ書キ入ルルコト、固ヨリ必要ナルモ、御言葉ノ全文ヲ書写シテ、配布スルコトハ、之ヲ避クルヲ適当トス、尤モ軍司令官、師団長等ニ御言葉ヲ伝フルコトハ差支ナシ。

ト云フコトトナリ。三月二十六日、武官府ハ、正式ニ右意見ヲ陸軍当局へ回答シ、陸軍省ハ該意見ノ通リ実施セリ。

第三　武官長タル自己ノ引責ト宮中ノ御優遇

今回ノ事件ニ関シ、関東軍司令官タリシ南大将及各陸軍々事参議官ハ、責任ノ有無ニ付、夫々意見アリシモ、結局、陸軍ノ長老トシテ責任ヲ採ルコトトナリ、進退伺ヲ提出スルニ至リシガ、繁モ亦、同ジク長老ノ一人トシテ、進退ニ付考慮スル所アリタリ。

然ドモ、陸軍人事当局及各侍従武官等、武官長ハ側近奉仕者トシテ、最モ中正ノ立場ニアルベキモノニシテ、従来、軍ノ統制ニ付兎角ノ非難アリシ軍事参議官等ト同様ノ行動ニ出ヅルコトハ、却テ適当ナラズトシ、只、女婿山口大尉ガ、事変ニ参加セシ青年将校ト交遊深ク、殊ニ、事変勃発当時、歩兵第一聯隊ノ週番勤務ニ服セシヨリ、疑惑視サレアルノ事情ニアリシヨリ、若シ、同大尉ニ罪跡アリトセバ、寧ロ其程度ノ如何ニ拠リテ、公明ナル進退ヲ為スベキナリ、トノ意見ニシテ、繁モ之ト所見ヲ同フスルニ至レリ。

然ルニ、事件勃発当時ハ、山口大尉ハ、何等之ニ干与シアラズトテ、参謀本部ノモノ等ヨリ、好意的通知ヲ為シ呉レシ次第ナリシガ、何分ニモ、暴挙将兵ヲ出セシ聯隊ノ週番勤務者トシテ、自ラ懸念シアリタリ。而ル処、

三月二日正午過ギ、憲兵隊ヨリ、山口大尉ハ、事件ニ関係アリトノ嫌疑ニテ、二月二十八日夕以来、師団司令部ニ監禁セラレアリトノ通知ニ接シ、益々痛心ス。

三月五日、西大将ノ教育総監親任式後、自ラ同総監ニ対シ、繁モ、女婿ノ事ヨリ、退職ヲ請フノ外ナキニ至ルベキ旨語リ、同大将ハ、仮リニ、女婿ニ罪アリトスルモ、実子ニアラザル以上、夫レニハ及バザルヘク、西ノ此意見ハ、新陸相タルベキモノ、其他ニモ話シ置クベシトノコトニシテ、

三月七日夕、中島侍従武官、北支ニ使スベク出発ノ頃マデハ、山口大尉ニ、仮令罪アリトスルモ、停職位ノ程度ナルベク、陸軍当局ノ意見ハ、武官長ニ適任者モ見出シ得ザル今日、引続キ現位置ニ勤メ、且ツ、出来得ベクンバ、永ク陸軍ノ長老トシテ、現役ニ止マラレタシトノ空気モアリ、進退伺ノ如キハ、是非見合ハシ呉レ、トノ希望ナリシ位ナリキ。

三月八日、植田新関東軍司令官ノ、武官府ヘ来訪ノ折リニモ、山口大尉ノ取調ノ結果ニ因リテハ、引退スベキ旨語リ、其後、寺内新陸相ニモ同様ノ事情ヲ述ベシ処、新陸相ハ、自分モ苦敷立場ニアリ、心淋シキモノアル次第ニ付、左様ノ事ハ念頭ニ浮ベ呉レザル様、トノ挨拶ナリシガ、其後、取調ベノ進ムニ従ヒ、山口大尉ノ罪状ハ相当重ク、到底起訴ハ、免レザル状態ニ立チ到レリ。

三月十二日午後二時、後宮人事局長来室、山口大尉ノ罪状ヲ述ベ、近ク起訴セラルベキヲ告ゲシヨリ、予トシテハ、予想通リ退職然ルベク、只ダ山口大尉ノ処分発表前ニ、予ノ退職ヲ見ル様取扱ハレ度、依頼ス。

尚ホ、局長ハ、武官長ノ分ノミ一般ト別扱トシ、依願予備役仰付ケラルト致スベキカ、抔語レリ。

其後、予ハ進退伺ヲ起草シアリシモ、中島侍従武官、北支ヘノ出発ニ当リ、其帰還マデ、進退伺提出ヲ差控ヘ置キ呉レ、トノコトニテ、依然、手許ニ保管シアリタリ。

同十六日、寺内新陸相宮中ニ予ヲ訪ネ、山口大尉ノ罪状ヲ述ベ、誠ニ気ノ毒ナリトノ意ヲ表シツツ進退ニ付繁ノ意見ヲ求ム。

予テ用意シアリシコトトテ、即座ニ退職方取計ヒ呉ルル様回答ス。

陸相、帰去ノ後、前記、中島侍従武官等ノ希望モアリシモ、事爰ニ至リテハ、最早躊躇ノ要ナク、早速進退伺ヲ秘書官経由陸軍大臣ニ提出ス。

此日、山口大尉ノ留守宅ヲ引越サシメ、荷物ハ山口老中将ノ許ニ、芳江及子供ハ山口家親族ノ依頼ニ依リ、繁ガ宅ニ住ハシムルコトトセリ。

同十七日午前九時半、天機奉伺ノ際ニ自ラ、陛下ヘ、一ニハ軍ノ長老トシテ、二ニハ親戚ノモノノ事件ニ干与セルノ嫌疑アルヨリ、此際引責然ルベク、勿論、正式ニハ、陸軍大臣ヨリ奏上スベキモ、常ニ御手許ニ御使ヒヲ蒙リ居ルモノトシテ、只ダ事ノ成行ノミヲ非

公式ニ上聞スル次第ナリ、ト申上グ、

陛下ニハ、親戚ノモノノ干与トハ、如何ナル程度ノモノカ、トノ御下問アリ。

程度ニ付テハ明カナラザルモ、兎ニ角、粛軍ヲ主トセル、現下ノ状勢ニアリテハ、余儀ナキ次第ナリ、ト存ズト奉答セシ処、

陛下ニハ、夫レモ然ラン、能ク考ヘテ置ク、ト仰セラル。

同日午後〇時三十分、後宮人事局長来訪。武官長ノ交迭手続ヲ相談ス。同日午後二時半、湯浅新内府ニ引責退職ノ手続中ナルコトヲ語ル。

内府ハ、同一家庭内ノモノニアラザル、女婿ノ事ニマデ、責任ヲ採ルコトトナラバ、殆ンド要路ニ其人ヲ得ザルニ至ル虞レアリ、況ンヤ、連座法ヲ認メザル今日ニ於テヲヤ、陸軍ノ内情ニ付テハ識ル処ニアラザルモ、夫レニモ及バザルベシト思フト述ブ。

同午後三時半、松平新宮相ニ右同様ノ事情ヲ語ル。

宮相ハ、誠ニ意外ナリトシ、内府同様他家ノ人タル女婿ニ付テマデ、引責ノ要ナカルベク、兎ニ角、武官長ノ人柄ヲモ熟知セル、松平ハ内府トモ相談ノ上、御上ニ、松平ノ意見ヲ述ベタシ、ト思フトノコトナリキ。

同十八日、午前十一時御召アリ。

武官長ハ、引責退職ノ事ヲ申出デシガ、若シ武官長ニ於テ留任スルナラバ一番宜敷モ、夫レガ出来ズバ、後任武官長ハ海軍側ヨリ出サセテハ如何トノ御内意アリ、之ニ対シ、

海軍ヨリ侍従武官長ヲ撰出スルコトハ、規則上何等差支ナキモ、多年ノ慣例モアリ、仕事ノ量モ、陸軍ノ海軍ニ比シ、多キ等ノ関係モアリ、陸軍側ニ於テ難色アルベシト奉答ス。

又タ、

陛下ニハ、武官長ノ人事ニ付テハ、武官長自ラモ自己ニ関スルコトユヘ、自身ヨリ申シ上ゲ難シト述べ居リ、直接、武官長ヘ相談モ出来兼ヌルユヘ、陸軍大臣、及武官長以外ノ中間者ヨリ内々奏ヲ聴取シタキモノナリ、トノ仰セアリ。

依ツテ、繁ハ、内大臣ヲシテ、之ヲ取扱ハシメラレテハ如何カト言上セシ所、「内大臣ニハ、之レマデモ軍事ニ関シテハ、余リ問ヒ尋ネアラズ、又、之ガ為メ、内

大臣ヲ非議スルモノヲ生ズルコトモ考慮セザルベカラス」ト、仰セラレシニヨリ、繁ハ、然ラバ、宮内大臣ヲシテ、之ヲ取扱ハシメテハ如何、ト申上ゲシ処「宮内大臣ハ就任、日尚ホ浅ク、事情ニモ通ゼザル故、如何ナルモノカ」トノ思召モアラセラレタリ。又タ、

陛下ニハ、内山侍従武官長更迭ノ際ニハ、後任者ヲ宮内大臣ヲ経由シテ申出デ、奈良侍従武官長交迭ノ際ニハ、後任者ヲ武官長ヲ経由シテ申出デタリ。併シ、奈良武官長ノ交迭ハ、円満退職ニシテ、今回ノ本庄ノ辞職ノ場合トハ聊カ趣ヲ異ニス、ト仰セラル。

之ニ於テ、武官長ハ、一旦御前ヲ退下シ、陸軍省人事局長ト打合セ、其同意ヲ求メタル後、宮内大臣トモ打合セ、

同十九日、拝謁ノ際、

将来、侍従武官長ノ交迭ノ際ノ内々奏（後任者ノ件ヲ含ム）ハ、宮内大臣之ヲ取扱フヲ適当トスル旨、奉答シ、御聴許ヲ得タリ。

勿論、此事ハ、宮内大臣ガ、軍令系統ノ人事ニ干与スルヲ認ムルモノニアラズ、只、陸(海)軍大臣ノ職域タル、人事内奏ヲ非公式ニ御取次スルノ意タルニ止マル。

此日午後、後宮人事局長来室、武官長後任者トシテ、第一候補者、香月中将ヲ推薦ノ旨語リ、更ニ、松平新宮相ノ同意ヲ求メ、同宮相ヨリ新武官長トシテ、香月中将ノ内々奏ヲ為ス。然ルニ、同日夜ニ入リ、香月中将ノ次男、呼吸器病ノ形跡アリトノコトニテ、俄ニ第二候補者、宇佐美中将ヲ推薦シ来ル。

二十日朝、松平宮相ヨリ、取扱錯誤ノ御詫ト共ニ、改メテ新武官長トシテ、宇佐美中将ヲ内々奏シ、御許シヲ得、此日午後二時、陸軍大臣参内、事変責任者タル近衛、第一両師団長以下、各引責者ノ人事内奏ヲ為ス。武官長タル、繁ノ待命処分モ此中ニ包含セラル。

単独ニ待命トセズ、爾他待命者ト同時ト為セシコトモ、外部ノ注意ヲ惹カシメヌ考慮ナリキ。

之ガ結果トシテ、此日遅ク、待命ノ内報ニ接ス。

二十三日午後二時五十分、御学問所ニ於テ、新武官長宇佐美中将ニ引続キ拝謁シ、在職中ノ御礼及今次事変ニ対スル御詫ヲ申上グ。此時、

陛下ヨリ「永々御苦労デアッタ」トノ御言葉ヲ賜ハル。

引続キ、宮中便殿ニ於テ、

皇后陛下ニ、拝謁仰付ケラレ、在職中ノ御礼及御暇乞ヲ申上グ。

皇后陛下ヨリ「永々御苦労デアッタ、今後健康ニ注意スル様」トノ御言葉ヲ頂ク。

次デ、宮内大臣ノ下ニ至リ、賜金及賜物目録（金時計及金蒔絵文庫）ヲ拝領ス。

現品ハ四月六日拝受ス

午後四時三十分、大宮御所ニ至リ、

皇太后陛下ニ拝謁シ、在職中ノ御礼ヲ申上ゲ、且ツ、事件ノ為メ、御宸襟ヲ悩マセシ御詫及御暇ヲ申上グ。

皇太后陛下ヨリ「永々御苦労デアッタコトト思フ、又劇職ヲ離レシ際ナレバ、一層健康ニ注意スル様」トノ意味ノ御言葉ヲ賜ハル。

午後五時、呉竹寮ニテ、

照宮、孝宮両殿下ニ拝謁シ、在職中ノ御礼及両殿下ノ益々御壮健ニ渡ラセラルル様、御祈リ申上グル旨、言上ス。

退職ノ此機会ニ於テ、陸軍省ハ「本庄侍従武官長モ亦、今回ノ事件ニ対シ、軍ノ長老トシテ責任ヲ痛感シ、勇退セラレマシタ」トノ意味ヲ、閑院宮殿下ノ御留任ノ件ト共ニ発表セリ。

事実ハ女婿、山口大尉ノ為メノ引責ナルモ、外部ニ目立タヌ様、特ニ一般ト同様、軍長老トシテノ責任引退ト為シ呉レシモノナリ。

爾後、数日間、武官府ニ出勤シ、後任者ニ申送リヲ為シ、且ツ、此間、宮内省各局課長等ニ退職ノ挨拶ヲ為ス。

三月二十八日午後一時、宮中ニ於テ、広幡侍従次長ヲ経テ、更ニ、

聖上、皇后両陛下ヨリ御下賜金ノ外、

聖上陛下ヨリ、益頭峻南ノ鶏ノ掛軸、

皇后陛下ヨリ、竹模様蒔絵手文庫ヲ拝領シ、終リテ又タ、

御政務室ニ於テ、

聖上陛下、御手ヅカラ「永々使ツタカラ之ヲ与ヘル」トノ御言葉ト共ニ、常ニ御使用ノ文鎮一対ヲ賜ハル。

之ニ対シ、繁ハ、

今回、事変ノ為メ、申訳ナク退職致シマスルニモ拘ラズ、数々ノ御賜物ヲ頂キ、感激ニ堪ヘマセヌ、

謹テ、御礼申上ゲマスト、

言上ス。次デ、御奥御便殿ニテ再ビ、

皇后陛下ニ拝謁シ、

聖上陛下ニ対セシト、略ボ同様ノ御礼ヲ言上ス。

四月十日午前十一時十五分、大宮御所ニ於テ、再ビ、

皇太后陛下ニ拝謁ヲ許サレ、特ニ、御椅子ヲ賜ハリ、約二、三十分ニ亘リ、種々御話ヲ拝聴申上グ。終リテ御前ニテ、

御下賜金及「プラチナ、カウスボタン」ヲ賜ヒ、尚ホ、何方ヨリカノ献上鮮魚及孝宮学習院御入学御祝ノ御餅ヲ賜フ。

皇太后陛下ノ、鮮魚及御餅等ノ御心使等、御寵遇実ニ感泣ノ至リニ耐ヘズ。

四月二十二日、南大将等ト共ニ予備役仰付ケラル。愈々数十年来ノ軍職ヲ去ルコトトナリ、愛着ノ念ナキ能ハズ。

四月二十八日、午前十一時半参内、御学問所ニ於テ、

天皇陛下ニ拝謁シ、現役中ノ御礼ヲ言上シ、

陛下ヨリ、

「在職中御苦労デアツタ」トノ御言葉ヲ賜ハル。

右終リテ、侍従長ヲ経テ、又更ニ、

金一封及銀瓶一対ヲ拝領ス。

今回ノ如キ重大不祥事件ニ際シ、側近ノ重責ヲ負ヘル侍従武官長トシテ、日夜、

御宸襟ヲ悩マシ奉リ、寔ニ恐懼ニ耐ヘザル実状ナリキ。此時、女婿山口ガ此事件ニ関与シアリト聞クニ及ビ、繁ガ憂慮ハ、殆ンド其極ニ陥リ、全ク申訳ナク、平素彼ニ対スル指導ノ到ラザルノ罪、亦浅カラズ、引責退職ハ当然ノコトナリ。而ルニ、

皇室ニ於カセラレテハ、斯ル事情ノ下ニ於ケル引退ナルニ拘ラズ、

聖上、皇后両陛下、及皇太后陛下ニハ再三拝謁ヲ許サレ、難有御言葉ヲ賜ハリ、殊ニ、恩賜金及数々ノ賜物ヲ拝領シ、感激措ク能ハズ。

永年ノ軍職ヲ退キシ現状ニ在リテハ、只管、

皇室ノ御安泰ト、御繁栄ヲ祈ルト共ニ、最早、奉公ノ途モ無カルベキモ、若シ機会ヲ得バ、更ニ忠誠ヲ擢ンデ、必ズ以テ、今日ノ罪ヲ償ハザルベカラズ、又子孫ニ此微衷ヲ伝ヘ、尽忠報国ノ真ノ良臣タラシメンコトヲ期ス。

附録　満州事変関係資料

第一章　胎　動

北満参謀旅行―石原構想―遼西方西参謀旅行―満鉄調査課との提携―占領地統治の研究―現地戦術研究

北満参謀旅行

昭和四年七月四日長春名古屋ホテルの一室で、関東軍参謀石原莞爾中佐は異常の熱意をもって「戦争史大観」を講述していた。傾聴するもの統裁官である高級参謀板垣征四郎大佐をはじめとし、専習員として参加した加藤怜三工兵少佐（旅順要塞参謀）、高橋茂寿慶大尉（関東軍参謀）、菅野謙吾大尉（同上）、堀内一雄および佐久間亮三両大尉（部付）であった。旅順を前日に出発した一行の第二日であるが、演習としては正に第一日である。

石原中佐の戦争史観は、ドイツ留学三年間に研鑽したフリードリヒ、ナポレオンおよびモルトケ等戦史の結論として既に昭和二年に一応概成したものであって、所謂世界最終戦論の発端をなすものである。中佐の考え方はすべてここから発するとみて差支へがないばかりか、否このことを理解することなくしては諒解できないともいえる基本理念でもあった。

石原戦争史観の一部は別掲の通りであるが、それよりもこの記念すべき北満参謀旅行について付言しなければならない。

戦争史大観　（石原中佐述　第二日於長春説明）

一、緒　論
二、戦争指導要領ノ変化
三、会戦指揮方針ノ変化
四、戦闘方法ノ進歩
五、戦争参加兵力ノ増加ト国軍ノ編制
（筆者注・以上本文省略）
六、将来戦争ノ予想

1、最近ノ欧州戦争ハ欧州諸民族最後ノ決勝戦ナリ「世界大戦」ト称スルニ当ラス
欧州大戦後西洋文明ノ中心ハ米国ニ移ル次テ来ルヘキ戦争ハ日米ヲ中心トスルモノニシテ真ノ世界大戦人類最後ノ大戦争ナリ　（文化史的観察）

2、前述セル戦争ノ発達ヨリ見ル時ハ来ルヘキ戦争ハ飛行機ヲ

以テスル殲滅戦争ニシテ次ニ示ス諸項ヨリ見テ人類争闘力ノ最大限ヲ用フルモノニシテ人類最後ノ大戦争ナルヘシ
イ、真ニ徹底セル殲滅戦争ナリ
ロ、吾人ハ体以上ノモノヲ理解スル能ハス
ハ、全国民戦争ニ参加シ且戦闘員ハ個人ヲ単位トス即チ各人ノ能力を最大限ニ発揚シ而モ全国民ノ全力を用フ
3、然ラハ此戦争ノ起ル時機如何
イ、日本カ完全ニ東洋文明ノ中心タル位置ヲ占ムルコト
ロ、米国カ完全ニ西洋文明ノ中心タル位置ヲ占ムルコト
ハ、飛行機カ無着陸ニテ世界ヲ一周シ得ルコト
右三条件ハ殆ト同速度ヲ以テ進ミアルカ如ク決シテ遠キ将来ニアラサルコトヲ思ハシム

七、現在ニ於ケル我国防

1、欧州大戦ニ於ケル独乙ノ敗戦ヲ極端ナラシメタルハ独乙参謀本部カ戦争ノ本質ヲ理解セサリシコト亦有力ナル一原因ナリ学者中ニハ既ニ大戦前之ニ関スル意見ノ一端ヲ発表セルモノアリ「デルブリック」氏ノ如キコレナリ
2、日露戦争計画ハ「モルトケ」戦略ノ直訳ニテ勝利ハ天運ニヨリシモノ多シ
目下我等カ考ヘ居ル日本ノ消耗戦争ハ作戦地域ノ広大ナル為ニ来ルモノニシテ欧州大戦ノソレトハ根本ヲ異ニシ寧ロ奈翁ノ対英戦争ト相似タルモノアリ所謂国家総動員ニハ重大ナル誤断アリ若シ百万ノ軍ヲ動カササルヘカラサルモノトセハ日本ハ破産ノ外ナク又若シ勝利ヲ得タルトスルモ戦後立ツヘカラサル苦境ニ陥ルヘシ
3、露国ノ崩壊ハ天与ノ好機ナリ
日本ハ目下ノ状態ニ於テハ世界ヲ相手トシ東亜ノ天地ニ於テ特久戦争ヲ行ヒ戦争ヲ以テ戦争ヲ養フ主義ニヨリ長年月ノ戦争ニヨリヨク工業ノ独立ヲ完ウシ国力を充実シテ次テ来ルヘキ殲滅戦争ヲ迎フルヲ得ヘシ

× ×

石原中佐は、前年八月の定期異動で陸大兵学教官から関東軍参謀に転じたのであるが、板垣大佐は、所謂張作霖爆死事件の後仕末として河本大佐転任のあとをうけて、この年の五月十四日発令されたばかりであった。当時同大佐は奉天駐屯の歩兵第三十三連隊長だったので、着任には大した日数を要しなかったとはいえ、また昔からの同憂の士ではあったけれども、関東軍では出来たてのホヤホヤコンビである。

板垣参謀着任間もなく、即ち五月中に関東軍情報会議があった。この会議において「張作霖爆死以後の状況がどうも満州問題もこのままでは納まりそうもなく、今後何か一度事が起つたら結局全面的軍事行動となる恐れが充分にある。従つてこれに対する徹底した研究が必要である」との結論に達したのであつた。その結果が「対ソ作戦計画の研究」を目的とするこの参謀旅行実施となつた。

なお石原中佐が村岡軍司令官からこの計画を突返されたの

附表

近世戦争進化景況一覧表

時代	戦争ノ性質	作戦：目標	作戦：国軍ノ編成	作戦：会戦ノ性質	作戦：戦闘（隊形）	作戦：戦闘（単位）	戦闘員
フリードリヒ大王	消耗戦争	土地	単一指揮（師団）	第一線決戦	横隊 線	大隊	常備傭兵 業職
ナポレオン モルトケ、シュリーフェン	殲滅戦争	軍隊 会戦前集結 会戦場集結 敵ノ側背へ	軍（数軍団） 数軍	第二線決戦 第一線決戦	散兵 縦隊 中隊縦隊 散兵 線	中隊 小隊	国民皆兵 義務
欧州大戦	消耗戦争	土地	数方面軍	第二線決戦	戦闘群 面	分隊	国民皆兵 全健康男子 義務
世界大戦（将来戦）	殲滅戦争	国民（敵国中心）	？	一挙決戦	？ 体	個人	国民皆兵 全国民 義勇

を、板垣大佐一流のねばりで成功したと語り伝えられている。

ともあれ北満旅行は、第三日車中哈爾賓に向つた。第一問題は「哈爾賓攻撃のための地形判断」、第四日自動車で郊外を地形偵察して、前日の問題にひきつづき「松花江渡河作戦」を研究した。そして第五日には、車中斉々哈爾に向いながら「哈爾賓占領後の前進陣地」の研究に費した。これで第一会戦を了つたわけである。

第六日は斉々哈爾滞在、在留邦人等と語り且つ城内を見学した。当時斉々哈爾には一三一名しか日本人は居らなかつた。第七日車中海拉爾に向う途中「興安嶺東側地区における遭遇戦」を問題としつつ海拉爾に一泊した。

海拉爾では、その特異の地形上相当身を入れた研究をしたようである。課題は「ハイラルの防禦」であつたが、先ず蒙古人タプハーヘフ（蒙古騎兵）を招致して、満州里方面からする海拉爾攻撃の要領を聞き、次の日ハイラル周辺の地形偵察を実施して防禦陣地の一案を立案させた。加藤少佐、菅野大尉は工兵科出身だつたので、その主担任を命ぜられたとのことである。

このとき初めて石原中佐は原案を示した。その一つは、海拉爾中心の円形陣地、後の国境守備隊築城地帯であり、もう一つは、ホロンバイル平原は騎兵不適の結論であつた。第八日午後には満州里に向い、同地滞在二日間研究課題なく、国境視察、満州側からの招待等に費し、第十日には満州里を後に昂々渓を経て洮昂線泰来に下車、日本人二名の家に分宿した。ここでは「洮南に於ける主力集中の掩護陣地」が研究課題であつた。

　この地方は、所謂広漠地であつて、前年に公平大尉等が踏査して「海洋の如し」と報告したことで有名であつた。石原中佐は広漠地の戦闘法研究を提唱するとともに、海軍戦法を取入れなければならぬと語つた。

　第十一日洮南に一泊し、第十二日旅順帰着、北満旅行終了ということであるが、日程等は当時の関係者竝に残存関係資料等により大きなまちがいはあるまい。

石原構想

　石原資料によれば、前述北満旅行の際石原中佐は、自己の抱懐する満蒙問題解決構想を書類にして準備したことは明らかである。だが、前掲戦争史大観以外は配布もされなかつたし、適確な説明もなかつたと専習員は回想している。それが正しい事実かも知れぬ。

　しかし旅行間折にふれ、時につけ、その構想の一端は語られたと信ぜられる節が多く発見される。満州里で説明すべく準備された満蒙領有計画の末尾にある佐久間大尉および伊藤主計正に命ずる予定の課題は、第二日長春において分課されたというが、佐久間大尉が翌年四月完成した「占領地統治の研究」は、その趣旨まことによく類似し、別人の作業とは思えないものがある。

　占領地統治の研究については、詳細後述するが、左記の準備書類は、満州事変解明に重要な意義をもつものとして看過することは出来ないだろう。即ち一は「国運転回の根本国策たる満蒙題解決案」であり、その二は「関東軍満蒙領有計画である。これを閲読することにより、石原構想は十分窺い得ることと思う。


国運転回ノ根本国策タル満蒙問題解決案　石原中佐案 第三日 於車中討議

一、満州問題の解決ハ日本ノ活クル唯一ノ途ナリ
1、国内ノ不安ヲ除ク為ニハ対外進出ニヨルヲ要ス
2、満蒙ノ価値
イ、満蒙ノ有スル価値ハ偉大ナルモ日本人ノ多クニ理解セラレアラス
ロ、満蒙問題を解決シ得ハ支那本部ノ排日亦同日ニ終熄スヘシ
3、満蒙問題ノ積極的解決ハ単ニ日本ノ為ニ必要ナルノミナラス多数支那民衆ノ為ニモ最モ喜フヘキコトナリ即チ正義ノ為日本カ進テ断行スヘキモノナリ
歴史的関係等ヨリ観察スルモ満蒙ハ漢民族ヨリモ寧ロ日本民族ニ属スヘキモノナリ
二、満蒙問題解決ノ鍵ハ帝国々軍之ヲ握ル
1、満蒙問題ノ解決ハ日本カ同地方ヲ領有スルコトニヨリテ始メテ完全に達成セラル
2、対支外交即チ対米外交ナリ即チ前記目的ヲ達成スル為ニハ対米戦争ノ覚悟ヲ要ス若シ真ニ米国ニ対スル能ハス

ソハ速ニ日本ハ其全武装ヲ解クヲ有利トス
3、対米持久戦ニ於テ日本ニ勝利ノ公算ナキカ如ク信スルハ対米戦争ノ本質ヲ解セサル結果ナリ露国ノ現状ハ吾人ニ絶好ノ機会ヲ与ヘツツアリ

三、満蒙問題解決方針
1、対米戦争ノ準備成ラハ直ニ開戦ヲ賭シ断乎トシテ満蒙ノ政権ヲ我手ニ収ム
満蒙ノ合理的開発ニヨリ日本ノ景気ハ自然ニ恢復シ有職失業者亦救済セラルヘシ
2、若シ戦争ノ止ムナキニ至ラハ断乎トシテ東亜ノ被封鎖ヲ覚悟シ適時支那本部ノ要部ヲモ我領有下ニ置キ我武力ニヨリテ支那民族ノ進路ヲ遮リツツアル障碍ヲ切開シテ其経済生活ニ潑剌タル新生命ヲ与ヘ以テ東亜ノ自給自活ノ道ヲ確立シ長期戦争ヲ有利ニ指導シ我目的ヲ達成ス

四、対米戦争ノ為調査方針
1、東亜カ封鎖セラルルモノトシテ其経済状態ヲ調査シ之カ対策ヲ立案ス（政府ノ業務ナルモ差当リ東亜経済調査局ニ依頼ス）調査ノ方針ハ徒ニ西洋流ノ学問ニ捉ハルルコトナク我武力ニヨリ支那積弊ノ中枢ヲ切開シテ四億ノ民衆ニ経済的新生命ヲ与ヘ之ヲ相手トシテ我商工業ヲ振興シナルヘク速ニ欧米列強ニ対シ我工業ノ独立ヲ完ウスルコトヲ根本着眼トスルヲ要ス
2、満蒙及支那本部ヲ占領スル場合ニ於ケル其領有方法ノ立案（軍部自ラ其根本ヲ立案シ細部ハ之ヲ各専門家ノ具体的研究ニ俟ツ）
戦争ヲ以テ戦争ヲ養フヲ根本着眼トシ要スレハ海軍ニ要スル戦費ノ一部又ハ大部モ亦大陸ノ負担タラシムルモノトス

関東軍満蒙領有計画

石原中佐案
第 日於満州里説明

第一　平定

一、軍閥、官僚ノ掃蕩其官私有財産ノ没収
二、支那軍隊ノ処分
1、巧妙ナル武装解除（散佚ヲ妨ク）
2、兵卒ノ処分
三、逃走兵及土匪ノ討伐掃蕩
四、此等ニ要スル臨時費ハ没収セル逆産及税収ニヨルヲ本旨トス

第二　統治

一、方針
最モ簡明ナル軍政ヲ布キ確実ニ治安ヲ維持スル以外努メテ干渉ヲ避ケ日鮮支三民族ノ自由競争ニヨル発達ヲ期ス
其結果日本人ハ大規模ノ企業及知能ヲ用フル事業ニ鮮人ハ水田ノ開拓ニ支那人ハ小商業労働ニ各其能力ヲ発揮シ共存共栄ノ実ヲ挙クヘシ
二、行政
1、根本方針トシテハナルヘク急激ナル変化ヲ与ヘサルコ

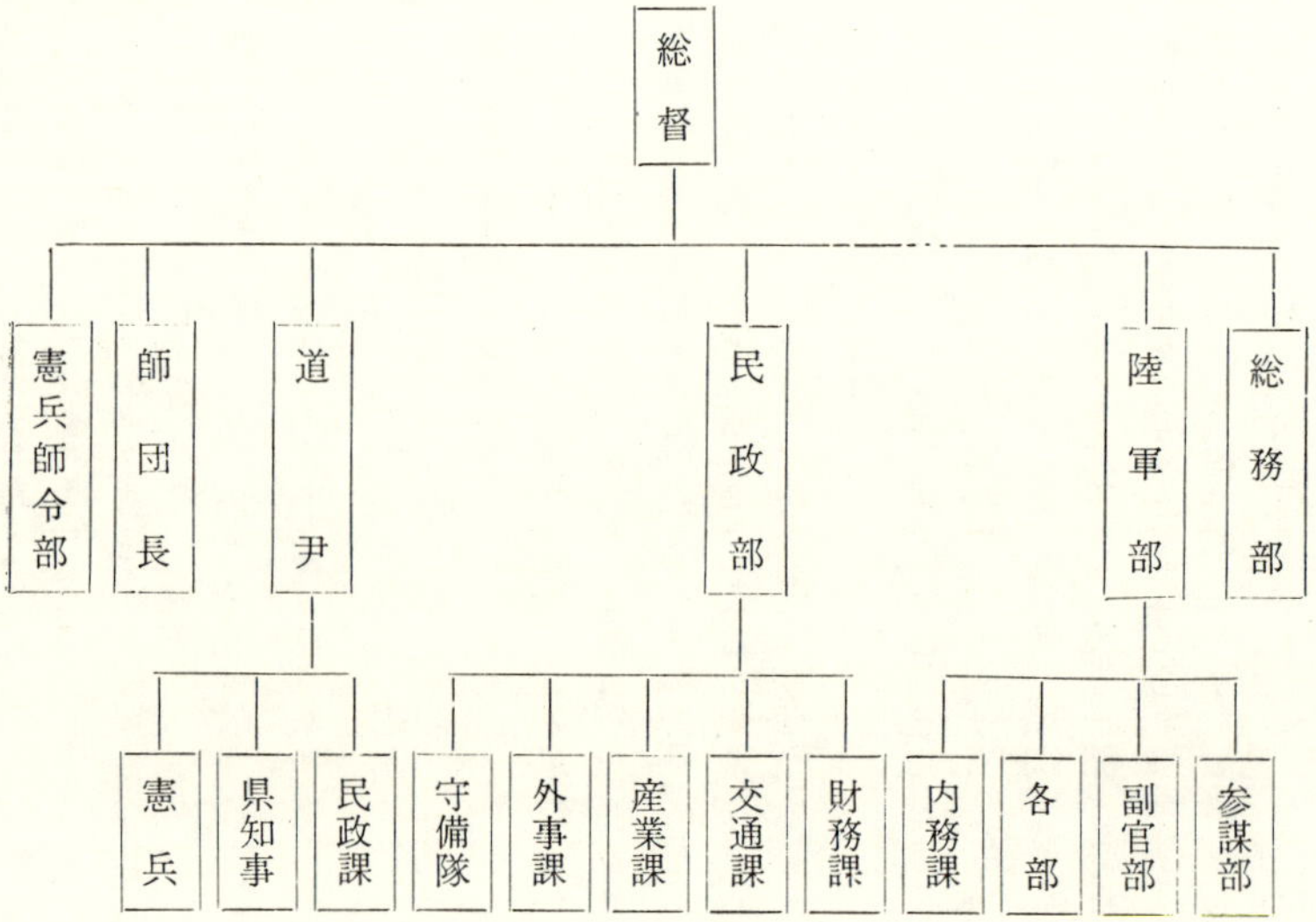

ト

2、行政組織及区域

イ、総督府ノ編制（位置ハ長春又ハ哈爾賓）

㈠、陸軍部ト民政部トノ関係ヲ如何ニスヘキヤノ問題

(1) 総督ノ下ニ庶務部ヲ置キ右両部ヲ統一スルカ

(2) 陸軍部ヲ幕僚部トシ民政部ノ事務ハ凡テ幕僚部を経由セシムルカ

㈡、重要ナル幹部タルヘキ人ノ予定ヲ内定シ置クコト

㈢、守備隊ト警務（憲兵ノミヲ用フ）トノ関係

㈣、警務ハ陸軍部所管トスルカ民政部所管トスルカ

イ、省ハ支那在来ノ関係上尤モ重要ナル単位ナルモ我軍行政第一ノ着眼ハ治安ノ維持ニシテ治安維持ノ為ニハ道ヲ単位トシ道尹ニ守備隊ヲ備フルヲ尤モ簡明ナル制度トスヘシ

ロ、道ノ境界ハ在来ノモノヲ成ルヘク尊重スルモ鉄道交通ニ重キヲ置キ若干ノ変化ヲ必要トスヘシ

ハ、海拉爾、黒河、同江等ハ該地守備隊司令官直接軍政ヲ司ル

ニ、日本人ハ如何ナル地位迄之ヲ行フヘキカ支那人ヲ必要トスル位置如何

3、治安維持

イ、治安維持ノ主体タル守備隊ノ活動ハ先ツ鉄道線路ヲ第一トス

次ニ県城其他ノ諸点ニハ若干ノ兵力ヲ配置ス（最小限一小隊）此守備隊ノ兵力ハ約四十五大隊トス
鉄道守備隊ヨリ分離シテ数箇ノ守備隊司令部ニ統一セシムルヲ可トスルヤハ研究ヲ要ス
ロ、地方ニヨリテハ若干ノ自治警察ヲ許スモ厳ニ其行動ヲ監視ス
ハ、憲兵ハ総督（陸軍部長？）ニ直属スルモ必要ナル事項ハ道尹ノ区署ヲ受ケシム
憲兵ハ地方警察ノ為道尹ニ属スルモ高等警察ノ為総督直属ノ憲兵ヲモ存置ス

道名	鉄道（：）	鉄道守備隊	県数	県守備隊	計	摘要
奉天	七〇〇	三	一六（六）	一	四	
安東	二〇〇	一	八（五）	一	二	
栄口	九〇〇	三	一五（六）	二	五	
鄭家屯	九〇〇	三	一七（九）	三	六	
吉林	六〇〇	二	一三（九）	三	五	
哈爾賓	四〇〇	二	一七（一〇）	三	五	
綏化	二〇〇	一	一四（一一）	三	四	
斉々哈爾	七〇〇	三	一九（一六）	四	七	
熱河			七（七）	三	三	
開魯			九（九）	三	三	

4、財政

イ、税ノ種類　成ルヘク間接税ニヨルヲ本旨トス
ロ、徴税組織
ハ、幾何ノ歳入ヲ予期シ得ルヤ
ニ、歳出
軍事費　守備隊　二千五百万円
駐剳師団　四千万円
計　六千五百万円
行政費

5、金融及産業

交通通信
此等ノ事業ノ根本ハ満鉄会社ヲ利用スルモノトス
産業ハ大体自然ノ発展ニ待ツト雖戦争ノ為満州経済界ノ受クル影響ヲ予メ研究シテ対策ヲ計画シ必要ノ統制ハ総督ニ於テ之ヲ行ハサルヘカラス（例ヘハ大豆輸出ノ減少ニ伴フ対策ヲ必要トシ要スレハ大規模ノ大豆工業ヲ官営スルカ如キコレナリ）
鉄道ノ研究

三、司法

当分二重制度トス
道尹所在地ニ法院ヲ設ケ裁判ニ当ラシム

第三　国防

一、約四師団ヲ用ヒテ露国ノ侵入ニ備フ
二、帝国ノ国力之ヲ許スニ於テハ対露戦争ノ場合「チタ」又

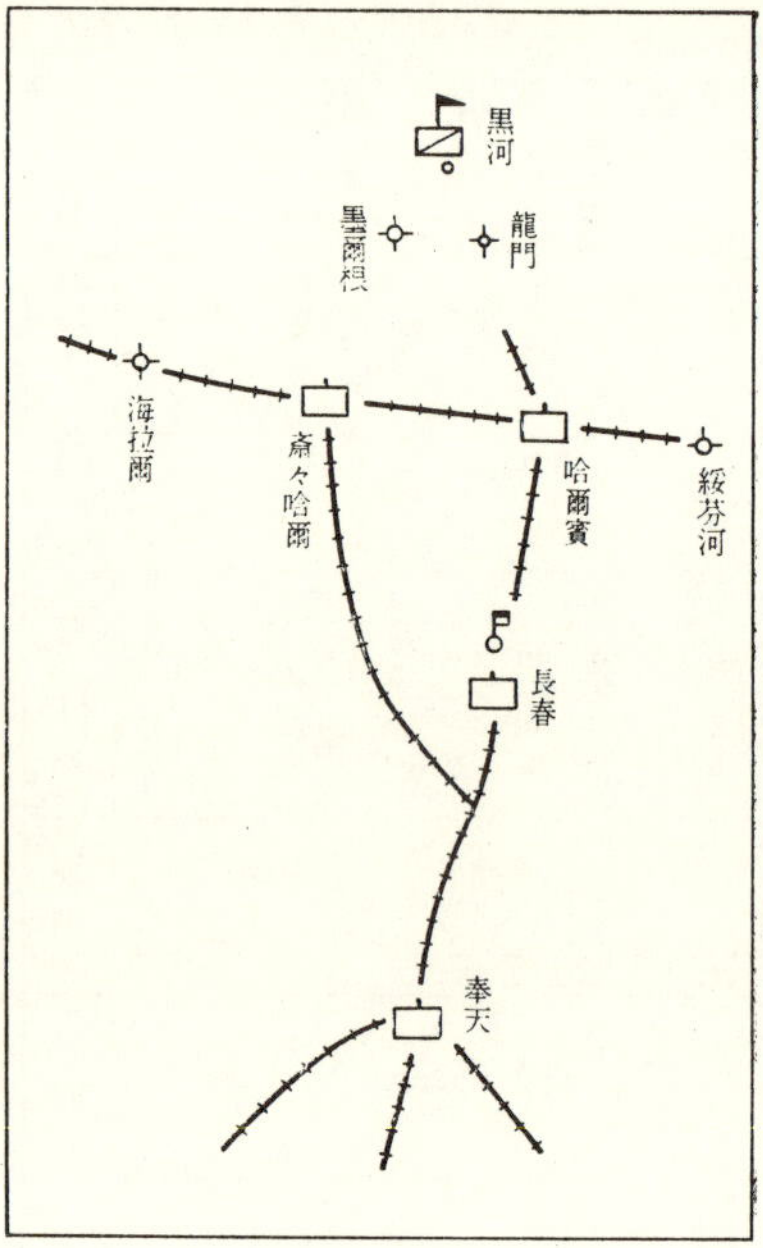

ハ「イルクーツク」ニ向ヒ攻勢作戦ヲ行フコト固ヨリ可ナルヘキモ我満州ノ力ヲ以テ露国ノ侵入ヲ拒止セントセハ竜門、墨爾根、海拉爾付近ニ作戦ノ拠点ヲ編成シ「ブラゴエ」及「チタ」両方面ヨリ予想セラルル敵ノ攻勢ニ対シ内線作戦ヲ以テ其企図ヲ挫折セシム

開戦ノ時ニハ朝鮮ヨリ一兵団沿海州ニ作戦スヘク該方面ハ満州総督府ニ於テ顧慮ヲ要セサルヘシ

二、飛行機ノ攻撃ニヨリテハ彼我共ニ未タ戦争ノ決ヲ与フル能ハサルヘシト雖長大ナル後方連絡線ヲ有スル両軍特ニ露軍ノタメニハ飛行機ニヨル後方連絡線ノ攻撃ハ尤モ痛痒ヲ感スル所ナルヲ以テ飛行隊ハ我軍ノ為尤モ重要ナリ平時ヨリ四師団中ノ一、二ヲ減シテ飛行隊若干ヲ増加スルヲ可トスヘキヤニツキテハ大ニ研究ヲ要ス戦時ニ於テハ速ニ増加ヲ必要トス

四、北部北満殊ニ呼倫貝爾地方作戦ノ為ニハ軍隊ノ機械化ヲ有利トス

即チ四師団ヲ三師団又ハ其以下ニ縮少シ砲兵及機銃ヲ自動車隊編成トシ強大ナル装中自動車隊ヲ属スルヲ可トスヘキカ具体的研究ヲ要ス

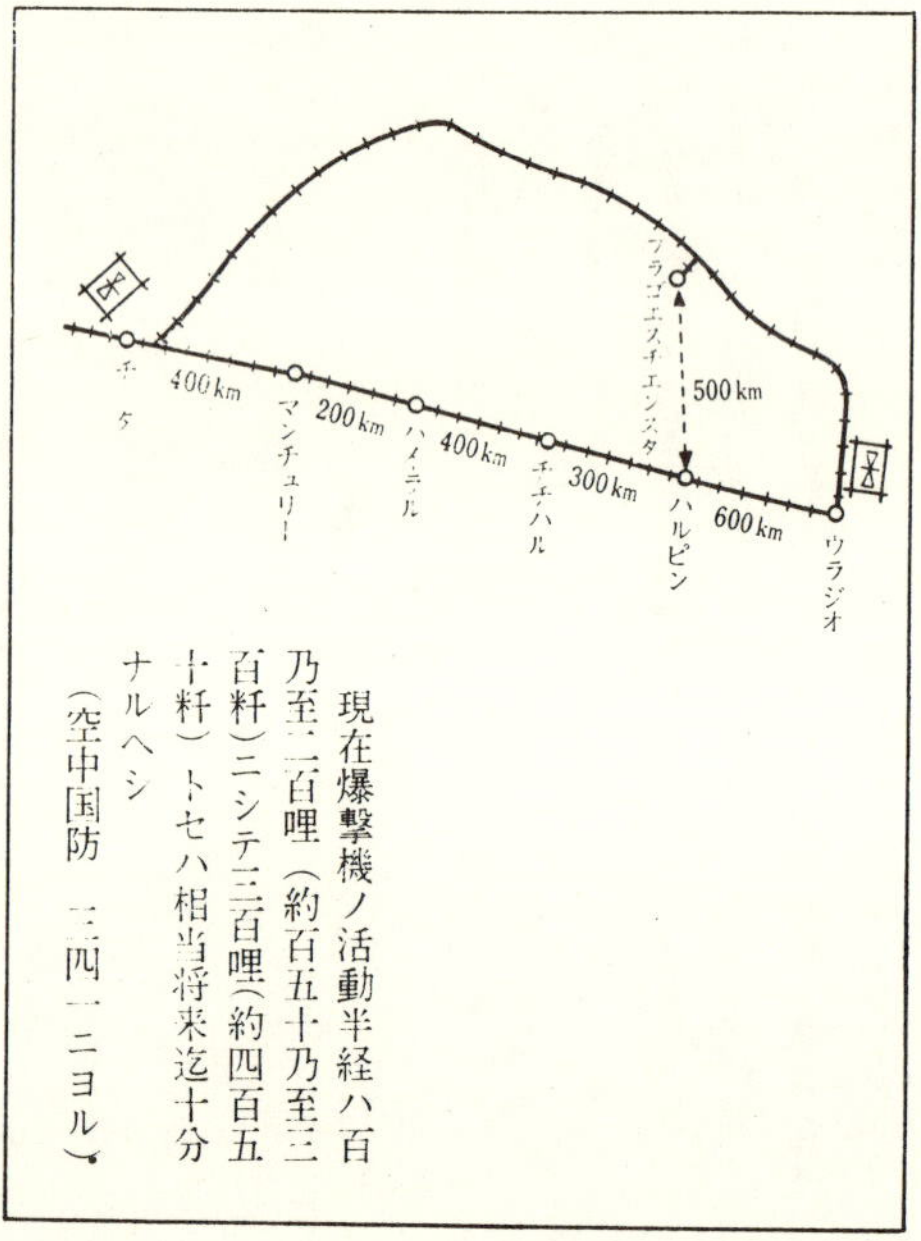

現在爆撃機ノ活動半経ハ百乃至二百哩（約百五十乃至三百粁）ニシテ二百哩（約四百五十粁）トセハ相当将来迄十分ナルヘシ

（空中国防　一二四一ニヨル）

調査方針

先ツ左ノ三要素ノ調査ヲ急キ本年中大体之ヲル

一、行政組織ヲ如何ニスヘキヤ　　佐久間大尉

二、財　政　　伊藤主計正

三、対米戦争ノ為満蒙経済界ノ受クル影響竝ニ之ニ対スル策案　　伊藤主計正

四、総督府（軍司令部）民政部ノ編制　　伊藤主計正

遼西方面参謀旅行

河本大佐や川越大尉等は、五月前後に転任したこと既述の通りであつたが、軍司令官村岡長太郎中将は、八月に待命となり関東軍を去つた。大将進級を予想された将軍であつたと惜まれたものである。この後任には畑英太郎中将が着任した。

新軍司令官をめぐる諸事が一通り終了して一息した十月、今度は遼西地方に参謀旅行が計画実施された。この演習旅行は、前回とはガラリ構想が変り、関東軍本来の任務達成に資することを目的とするものであつた。

統裁官板垣大佐、補助官石原中佐のコンビは前回同様であるが、専習員は駐劄第十六師団の幕僚を中心としたものであり、対抗演習の形式が採用された。即ち日本軍は第十六師団からの横山貞槌参謀および岡田菊三郎参謀、加うるに関東軍からの菅野参謀（後方主任）および佐久間大尉（情報主任）をもつて構成、外に草場辰己中佐（満鉄嘱託将校）が特別参加した。一方支那軍は、森岡皐中佐と堀内一雄大尉とであつた。

第一日旅順を夜行で出発、早朝奉天に到着するとともに直ちに演習は開始された。「関東軍は一部を以て奉天付近の支那軍を撃破掃蕩後主力は奉天付近に集中中にして、その先遣隊は既に新民に進出しあり、しかして支那軍は中央軍の増援を得たるものの如く先遣隊はその包囲を受けつつあり」という想定であつた。

先ず「新民の渡河攻撃」が第一問題であつたが、石原中佐は「戦理は四分」という持論をもつて強行渡河を指導した。その日は新民一泊、続いて第二日は「錦州に向う追撃」、次いで「錦州付近攻撃のための地形判断」が課題であつた。この時錦州兵営などをつぶさに偵察したが、他日石原中佐錦州爆撃の確信となつたといわれる。

さらに興城温泉に清の太宗戦死の戦跡をたずねた後演習は、「山海関西方地区に於ける攻撃」に移つた。この攻撃のために、後続兵団を敵の背後秦皇島に上陸させて敵を挾撃するというところで演習終了となつた。

第三日以後関東軍司令部の幕僚は、天津、北京を見学の上北支那駐屯軍の幕僚と交歓会食したのち、帰途は塘沽から船で大連着、全日程を了つた。この頃まで、関東軍と支那駐屯軍との間にはしつくりしないものがあつたが、この旅行以来両者の間はいちぢるしく改善されたとのことである。首脳参謀間には、ある種の默契が行われたのではないか。参加者には、この種所感を持つている人があることは事実である。

関東軍の在満州支那軍に対する作戦計画は如何なるものであつたのか。これに対する解答は、前掲「関東軍満蒙領有計画」第一平定の部に概略示されていると云つてよいかと思う。そしてそれは、あくまで掃蕩、討伐であつて、本格的な攻防戦など考えてはおらないということである。

この考え方即ち基本的な構想は、その後の指導に大きな意味を持つものであつて、その後の実際の推移を理解するための大切なポイントであろう。しからばこのような構想計画は、いつ頃から樹てられたのか。時期は前年即ち昭和三年九月頃張作霖爆死事件後石原中佐が参謀となつて着任した当時にさかのぼる。

石原中佐は、内地における本事件をめぐる情勢論議を相当承知の上で着任した。しかし同中佐は内地の情勢がどうあろうと、関東軍は専心満蒙問題解決に打込むべきであるとの積極的意見を述べ、河本大佐とともに作戦計画の検討を幕僚会議に提議したのであつた。

その頃までは、奉天城攻略の計画に三案あつた。

1、奉天に兵力を集中する。

2、之を許さないときは遼河北方地区に兵力を集中する。

3、已むを得ないときは遼河南方地区に兵力を集結する。

右三案とも本格的奉天城攻撃が基本となつていることが了解されるが、この幕僚会議で採択された案は、「如何なる場合でも奉天に兵力を集結して奉天城を攻略する」ものであつた。従つて攻略の具体的方法には、自ら別途の方策が研究準備されなければならない。この辺の事情は、後述する事実で逐次諒解していただけると思う。

× ×

この年即ち昭和四年五月十九日東京において一夕会が誕生した。記録によれば、午後六時富士見軒にて発会、集るもの大中少佐級正義の士、一夕会と命名されたという。この第一回会合で、(イ)陸軍の人事を刷新して諸政策を強く進めること (ロ)満蒙問題の解決に重点をおき、(ハ)荒木、真崎、林の三将軍をもりたてながら正しい陸軍を建て直すことを申合せるとともに、会の世話役として清水、土橋、武藤の三名が指名された。

会合は毎月一回を標準として行われたが、大体において討議よりも懇親を深め、会員の団結を鞏固ならしめるのが目的のようであつた。結局のところ、会員を重要なポストにつかしめ、それぞれの職域において上司を補佐して、会が意図するところを実現せしめるように互に協力することである。同憂の士が志を同じうして諸事の刷新正常化に邁進しようとするものであつた。

会員は十五期から二十五期に亘る主要な人々で、所謂一騎当千の約四十名におよんだ。もちろん加入に前後あり、必ずしも常に京東におるとは限らないが、これら大部の人が満州事変に重要な役割を果したといつていいのではないだろうか。関東軍の板垣、石原はもとより、あとから赴任した士肥原大佐もメンバーであつた。

しかしてこの一夕会は、これより先に結成されていた同人会若くは二葉会と称していたものと、国策研究会または木曜会といわれた会との大同団結であつたことも注目すべきであろう。

同人会は、すでに世上に流布されている大正十年十月二十七日バーデンバーデンにおける永田、小畑、岡村所謂十六期三羽烏の密約に端を発するものである。すでに大正末期からこの頃まで、多くの会合を持つた実績があつた。いちばん多く渋谷二葉亭が使用されたので二葉会の名が生れ、同志的会合の意味から同人会とも呼ばれた。十五期から十八期にわたり、十八名乃至二十名に達したことがあつた。

もう一つの俗称国策研究会（無名の会という方が正しいかも知れぬ）は、昭和三年十一月三日の明治節に偕行社で初会合が開かれた。このときは、二十一期から二十五期までの約十名で、鈴木貞一中佐司会、石原中佐の卓説戦争論を聞いたという。第二回目は十二月二日満蒙問題の論議に火花を散らしたのであつたが、この頃から会合の度毎に二葉会の二、三名が傍聴出席するようになつた。そして遂に合同拡大ということに発展したのであるが、その肝入りは永田、東条、鈴木（貞）の三氏であつたと推察される。

満鉄調査課との提携

昭和四、五年頃の関東軍は、所謂小関東軍であつて、まことに人手薄であつた。参謀も少く、部付もほとんどいなかつた。諸種の研究調査の必要は、石原構想等にしばしば説かれているにかかわらず、部内に人なく如何ともし得なかつた。僅かに支那馬調査班（中央の出店）から佐久間大尉を引上げて、占領地統治の研究（後述）に専念せしめたごときはいわば苦肉の策である。

昭和五年三月一日石原中佐は満鉄調査課の希望によつて、一席講話する機会を待つた。その要旨原稿は左記の通りであるが、本心はかねて抱いていた調査課の全面的協力期待であり、その懇請にあつた。大望を果す上の絶対的要請でもあつたのである。

当時の調査課長は佐多弘治郎博士であり、法制係主任に松木侠、またロシヤ係に宮崎正義がいた。幸に佐多課長の共鳴を得て全面的協力の快諾となつた。これが偉大なる推進力となつたことは論を俟たない。

ソ連の五ヵ年計画および国力の現状等を調査した宮崎氏や、支那の財政、法律制度および旧慣等を担当した松木氏などは後にいたるまで縁がつづくことになつた。

昭和五年三月一日講話要領（於満鉄調査課）

一、日米戦争は必至ノ運命ナリ

二、日米戦争ハ先ツ持久戦争次テ決戦戦争

　決戦持久両戦争ノ変遷

三、対米持久戦争

　1、持久戦争ノ原因——┬軍隊ノ素質
　　　　　　　　　　　├地域ノ広大
　　　　　　　　　　　└正面堅固

2、日本ノ持久戦争ト欧州戦争トハ大差アリ
儲カル戦争ト金ノカカル戦争（露国ノ判断）
3、対米持久戦争ノ予測
(イ) 西太平洋制海権ノ確保
(ロ) 満蒙ノ占領
敵軍隊ノ掃蕩逆産ノ没収
解散軍隊ノ利用
統治ノ方針ハ我兵力ヲ以テ徹底的ニ治安を維持シ重要ナル企業ノ統制ヲ行フ外日支鮮蒙各民族ノ自然的発展ト其共栄共存ヲ計ルニアリ側支那農民ノ富力ヲ増進スル為特別ナル方法アラハ之ヲ行フニ吝ナラス行政等ハ成ルヘク在来ノ制度ニ準シ極メテ簡明ナラシメ財源亦極メテ単一ナル方法ニヨル
対露国防
(ハ)、支那本部ノ領有
支那本部ニ兵力ヲ用フル場合ハ英国ノ参戦ヲ覚悟セサルヘカラス
領有ノ範囲　使用兵力
統治要領ハ最モ重要ナル地点及鉄道ヲ日本軍隊ニテ守備シ概シテ清朝ノ方式ニヨル之カ為我要スル費用ハ主トシテ海関及鉄道収入ニヨル
支邦民族自然ノ発展ヲ妨害スル病根ヲ打破シ之ニ新生命ヲ与フルヲ要ス
(ニ)、日本国内ノ統一国力ノ統制を完ウシ日支ヲ打ツテ以テ一丸トスル大経倫ノ実行
四、満蒙問題解決ノ唯一方法ハ満蒙ヲ我有トスルニアリ
コレカ為準備スヘキ重要事項
1、対米戦争準備ヲ完了スルコト
満蒙ハ　関東軍司令部　満鉄調査課
支本ハ　参謀本部　東亜経済調査局
国内及全般　政府？
2、国民ヲシテ左ノコトヲ了解セシム
満蒙ノ真価
満蒙占領ハ我正義ナルコト
対米持久戦ノ恐ルヘカラサルコト
3、小策ヲ止メ支那ヲシテ益々増長セシメ自然ニ好機ヲ招来スル如クスルコト

この年五月末嘱望された逸材畑軍司令官が病魔のため逝去し、新軍司令官には菱刈隆中将が着任した。その直前令弟畑俊六第一部長の統裁する参謀演習旅行が長春を振出しに行われた。また同時頃陸大学生の戦史旅行（秩父宮参加）もあった。石原中佐の左記「軍事上より観たる日米戦争」なる要旨原稿は、長春においてその何れかの専修員に対する講話として準備されたもののようである。

前掲満鉄調査課におけるものと重複するところがあるが、内地の錚々たる現役軍人に対する啓蒙の熱意察するに余りあり。

軍事上ヨリ観タル日米戦争

五・五・二〇 於 長 春

一、日米戦争ハ必死ノ運命、二十世紀ニ於ケル最大重要事ニシテ世界歴史ノ大関節ナリ

二、日米戦争ハ先ツ持久戦争、次テ決戦々争

決戦持久両戦争ノ変遷ノ研究

三、日米決戦々争

原因　東西両文明ノ最後的選手タル日米ノ争覇戦

戦争ノ性質　飛行機ニヨル神速ナル決戦ニシテ未曾有ノ悲惨ナル状態ヲ顕出スヘク人類最大ノ大戦争ナリ

戦争ノ行ハルル時機

米国ニ西洋文明ノ集中完了スルコト
日本文明ノ大成スルコト
飛行機カ無着陸世界一周ヲナシ得ルコト
} 数十年後ナルヘシ

四、日米持久戦争

原因　支那問題

平和ナキ支那ヲ救フハ日本ノ使命ニシテ同時ニ日本自ラヲ救フ唯一ノ途ナリ之カ為メニハ米国ノ妨害ヲ排除スルノ必要ニ迫ラルヘシ

戦争ノ性質

持久戦争原因ノ考察

軍隊ノ素質

地域ノ拡大

防禦力ノ靭強

米国ニ対スル持久戦争ハ欧州大戦日露戦争トモ性質ヲ異ニス

露国恐ルルニ足ラサル今日我等ハ十八世紀ニ於ケル英国ノ如ク戦争ニヨリ得ル所大ナリ即チ此戦争ニヨリ日本ハ目下ノ国難ヲ打開シテ国運発展ノ基礎確立シ同時ニ対米決戦々争ノ根本的準備ヲナスモノトス

五、結　論

先ツ国内ヲ統一スヘシトノ論ハ歴史ノ大勢ヲ知ラサルモノナリ目下ノ時世ハ日清日露戦争時代ノ如ク国家カ直線行進ノ時代ニアラスシテ明治維新ニマサル急角度ノ方向変化ノ時代ナリ此ノ如キ場合ハ先ツ武力的大成功ヲ必要トス

即チ日本ハ先ツ近ク行ハルヘキ日米持久戦争ニヨリ国内ヲ統一シテ国運ノ基礎ヲ固メ次テ行ハルル決戦々争ニヨリ世界統一ノ大業ヲ完成ス

占領地統治の研究

佐久間亮三大尉は、支那馬調査班員として満州に赴任したのであったが、張作霖爆死当時秦真次機関長の奉天特務機関に勤務した。そして河本参謀に張軍に関する情報を収集提供することによって貢献したのであるが、昭和四年三月河本大佐によって、司令部附兵要地誌主任幕僚となった。

以来約一カ月日露戦争からの調査資料を専心整理した。五月河本、板垣交代する頃石原中佐からホロンバイルの研究を命ぜられ、次いで七月北満旅行に専習員として参加したのである。

演習第二日長春の宿舎において、板垣、石原両参謀から爾後満蒙占領地統治の研究に専念すべく命ぜられたことは既述した通りである。帰来大尉は一室をあてがわれ、約一年間全く自由に板垣、石原両参謀庇護の下に研究に没頭した。

伊藤主計正にも分担があったのだが、大連の関東倉庫を管理し且つ資源調査等を職としていた同主計の協力を得ることは出来なかった。文字通り石原中佐とのみ討議を重ねながら心血を注いだと当時を回想している。この間石原構想の骨子は、佐久間研究に血となり肉となって盛り込まれたものであろう。

五年九月原稿完成、印刷に着手し、十二月に印刷物（本冊、抜萃共）が仕上ったということである。三宅参謀長は「ああ立派なものが出来た。これが役に立つときが来たらいいがなあ」といいながら一頁もみずに捺印したそうだが、石原参謀は「これでよし。あと二年」、と満足の意をもらしたとのことである。

現存のものは、本冊では目次と第一篇本文だけであり、抜萃は僅か十五部印刷ではあったがそっくりそのまま残っている。東京へは送付したが、世話になった朝鮮軍の希望にも応じなかった。左に抜萃の目次およびその本文の一部を掲記する。

満蒙ニ於ケル占領地統治ニ関スル研究抜萃

一、研究ノ目的及要領
　1、研究ノ目的
　2、研究ノ要領
二、内容ノ要旨
　1、総　説
　2、満蒙占領ノ目的意義及統治方針ノ確立
　3、軍政実施要領
　　(一) 行政機関及行政一般ノ組織
　　(二) 行政着手及一般ノ経過
　　(三) 占領地人民ニ対スル処置
　4、治安維持
　　(一) 守備隊ニ就テ
　　(二) 憲兵ニ就テ
　　(三) 自衛団
　5、立法及司法
　　（筆者注・以上本文省略）
　6、財政

占領地ノ財政ハ占領地ニ於テ自給自足シ帝国一般財政ニ累ヲ及ホササル如クスルモノトス但シ初期若干期間ヲ除ク

占領地ノ財源ハ主トシテ一般ヨリ徴集スル租税時トシテ行フ臨時取立金及各種官営事業ノ収入ニヨル

之カ為メ民衆ノ経済状態ヲ考察シ従来支那側ニ於テ実施セルモノニ比シ民衆ノ負担ヲ転減スルコトヲ主眼トシテ最モ徴収容易ニシテ収入大ナル税則ヲ制定スルト共ニ金融ヲ統制シ通貨ヲ確定シ且交通産業ノ開発ニヨリ民衆ノ富力ヲ増シ財源ノ増収ヲ図ルト共ニ速ニ官営事業ヲ興シ以テ一ツハ戦時不足資源ノ供給ヲナスト共ニ一ツハ以テ統治財源ヲ得ルコトニ努

ム

占領地統治費ノ収支予想ニ就テハ固ヨリ予測困難ナルノミナラス又時期ニヨリ其趣ヲ異ニスルモ概ネ左ノ如ク予想シアリ

第一期　作戦当初ニシテ某地方ニ於テハ已ニ軍政ヲ開始アルモ其ノ他ノ大部ノ地方ハ作戦ノ渦中ニアル時期概ネ半年乃至一年ト予想ス

本時期に於テハ占領地ヨリ多大ノ収入ヲ予想スルコト困難ニシテ多クモ各局ニ於ケル行政費ヲ得ルヲ以テ最大限トシ中央行政費ニ属スルモノハ我戦時費ヨリ支出セサルヘカサルヘシ

第二期　概ネ予定統治地域ノ全部ヲ占領シ予定ノ如ク軍政ヲ開始シタルモ未タ一般ノ情勢安定スルニ至ラサル時期概ネ一年—二年ト予想ス

本時期ニ於テハ地方ニヨリテ状態ヲ異ニシ某地方ニアリテハ既ニ所望ノ成果ヲ収メ得ル所アリト雖全般的ニハ完全ナル収入ヲ期待シ難ク概ネ東三省現在収入（一億二、三千万元）ノ40～50%ヲ以テ軍ノ収入ト予想ス

不足額ハ依然トシテ帝国戦時費ヨリ補填セサルヘカラサルモノトス

第三期　全般ノ地域ニ於ケル軍政概ネ安定シタル時期

本時期ニ於テハ概ネ東三省現収入ノ程度ハ予想スルニ難カラサルノミナラス某専門家ノ説ニ従ヘハ約二億円ノ収入ヲ得ルコト敢テ困難ナラスト

右ニ対シ我統治費ハ是亦時期ニヨリ浮動アルモ概ネ年一億六、七千万円ニテ終始シ得ルモノト見ラルルモ或ハ更ニ之ヲ縮少スルコトモ不可能ニアラサルヘキヲ以テ第三期以後ニ於テハ茲ニ自給自足ヲナシ得ヘク其他官業ノ施設ニヨリ帝国戦費ヲ援助シ得ルモノト認メアリ（第二篇第七章及第九章参照）

其他我統治ニヨリテ占領地ヨリ取得シ得ル資源ハ現時国軍ノ胸算セルモノヨリモ更ニ大ナルモノヲ見ルニ至ルヘク其帝国ニ利スルヤ大ナルコト論ヲ要セル所ナリ

7、交通、通信

占領地ノ鉄道ハ先ツ野戦鉄道幹部之ヲ管理運用シ次テ満州鉄道会社ヲシテ経営セシム

郵便通信ハ軍司令官ニ隷属スル逓信局ヲシテ管理セシメ先ツ現在ノ伲日支通信機関ヲ併合シ逐次之ヲ統制スルト共ニ航空ニ関シテモ漸次民間航空運輸ノ開拓ヲ図ルモノトス

（其他第二篇第八章参照）

8、産業

産業ハ農業ヲ以テ本位トナシ概ネ左記方針ニヨリ指導ヲナス

イ、支鮮人ノ農業ノ発展ヲ助長シ併セテ邦人ノ農業ニヨル満蒙進出ヲ促進ス

ロ、帝国ニ対シ食料資源及工業原料ノ供給地タラシムル如

ク農業ヲ指導シ之ニ要スル諸施設ヲナス

ハ、鉱業、林業ヲ指導統制シテ官業、民営等ニ関スル計画ヲ確定シ且勧業ノ為メ所要ノ施設ヲナス

ニ、工業ハ我帝国ノ工業ヲ脅威セサルコトヲ主眼トシ現地原料ニヨル工業ヲ促進セシム

其他戦争ニ基ク産業状態貿易関係ノ変動ヲ予測シ所要ノ手段ヲ計画ス

戦時満州ノ特産ニ与フル脅威ハ頗ル大ナルモノアリテ延ヒテハ一般財政ニ対シ大ナル不安ヲ感セサルモノナシトセサルモ某専門家ノ研究ニヨレハ所要ノ対策ヲ講スルニ於テハ帝国ニシテ南洋方面ニ亘ル海上権を把握スル場合ハ敢ヘテ大ナル不安ヲ感スルコトナカルヘク若シ一部欧州ニ対スル貿易ヲ継続スルコトヲ得ルニ於テハ更ニ楽観スルコトヲ得ヘキモ之ニ反シ経済交通ヲ満州、帝国内地及支那本土間ニ局限セラルルニ於テハ全ク情況ヲ異ニスルニ至ルヘク之カ為メニハ更ニ一段ノ研究ヲナシ産業維持ニ対スル対策ヲ準備セサルヘカラサルモノアリト（第二篇第九章参照）

9、教育、宗教

特ニ政策上之ヲ要スルモノノ外概ネ現況を維持スルノ程度ニ止メ殊ニ統治ノ初期ニ於テ此等ニ要スル経費ハ成ルヘク之ヲ節約スルモノトス（第二篇第十章参照）

結　言

右ハ満蒙統治ニ関シ具体的計画ヲ立案スル為メノ参考事項ヲ述ヘタルモノニシテ未タ研究ノ第一楷梯ニ過キス将来ノ為メ真ニ準備ヲ整ヘ有事ノ日之カ著手及実行を容易ナラシメントセハ宜シク更ニ各方面ニ亘リ権威アル専門家ノ徹底的計画ヲ立案シ其骨子ヲ整ヘ置クコト必要ナリトス（本文結言参照）

明けて昭和六年一月から毎土曜日これが内容について研究会が開かれた。参謀全部と他は有志調査班員（六年四月から従来の支那馬調査班は、竹下義晴中佐を長として実質的に関東軍調査班となつた）とであつた。左記石原中佐自筆手記は、この研究会で述べられた意見である。

本研究会が、いつまで続いたかは明らかでないが、五、六月頃何かの会同の際、その大要を佐久間大尉が説明したとのことである。そして八月には、佐久間大尉は内地の師団参謀となつて満州を去つた。

一、先ツ財政、産業、交通ニ関スル根本方針ヲ決定スルヲ要ス

1、財政、産業、交通ハ一貫セル方針ノ下ニ統制シ差シ当リ合理的ナル範囲内ニ於テ最大ノ収入ヲ得テ之ヲ尤モ有利ニ運用スルニ在リ

2、資本主義的カ国営主義カ

3、官営ノ多クヲ有スル資本主義的ト仮定シテ

(イ)　中央政費ハ間接税ニヨル

関税

官業（逆産ノ調査）（満鉄ノ政府所有株ハ軍ニ属ス）
専売、
富籤
(ロ)　軍政署ノ費用ハ各地方ノ直接税ニヨル
チ、戦時ニ於ケル貿易ノ範囲ニ関スル予想
二、細部ニ関スル一、二ノ所見
1、軍費ノ見積過大ナリ
2、収入減ニ関スル見積過大
(イ)　金本位トスル以上金銀ノ差ヲ見積ル必要ナシ
但シ金本位ニ変換シ得ルヤハ大ニ研究ヲ要スヘシ
(ロ)　官僚軍閥ノ没落ニヨリ大ナル収入減ヲ来サス
(ハ)　軍事占領ニヨル経済界ノ変調ハ大ナラサルヘシ
3、産業、交通等ハ根本方針ニ示セル即チ採算本位ヨリ細密ナル計画ヲ要ス

現地戦術研究

昭和五年に行われた関東軍の戦術戦法の現地研究は次のようなものであつた。昭和五年に比較すれば低調ともいえるかもしれないが、寧ろ地味でしかも具体的なものになつたといつてもいいのではないか。

1、佐久間大尉統裁、関東軍司令部将校専習員
　奉天城攻撃要領研究
2、石原参謀統裁、関東軍幕僚専習員
　弓張嶺夜襲の現地研究
3、高橋茂寿慶参謀統裁、関東軍司令部将校専習員
　東部国境方面現地戦術

先ず佐久間大尉の奉天城攻撃の現地研究であるが、同大尉は奉天特務機関時代から奉天城攻撃の特殊要領を研究していた。奉天城に敵が立籠つたときには、簡単には攻略出来ない。即ち城壁の破壊は爆薬でも砲撃でも困難である。弱点発見によつて致命部を制することが必要であるとの信念の下に、城壁の脆弱部や損壊個所、要人邸、または周辺の致命的個所等の偵察をつづけた。

この現地指導は、早春の候に行われたが、第一に飛行場を制し、城壁の損壊個所を選んで城内進入を敢行するものであつた。しかしてこれが具体的原案を配布したところ、石原参謀は、その散佚をおそれ、直ちに回収を命ぜられ、あらためて駐劄師団および守備隊に研究資料として交付した。

次に、弓張嶺における現地研究であるが初夏の候石原、高橋のコンビで、日露戦争における有名な第二師団の夜襲についてのものであつた。石原中佐は、現地において先人の赫々たる戦歴を偲ぶとともに、これも持論であつた「日本の軍人は学問が足らぬ。少くとも国防にかけては誰にも劣らぬ自信を持つまでに勉強しなければならぬ」と強調することが狙いであつたようである。

最後に行われた秋の東部国境現地戦術は、最初は例の如く板垣、石原コンビの計画であつたが、専習員の都合等で実現をみ

ず、結局高橋参謀統裁の司令部将校現地戦術となった。しかし全満にわたって一通りの踏査研究を了り、翌昭和六年春には駐劄師団の交代を迎える実情であった。

×　　×

さて昭和五年この年における東京の情勢はどうであったか。前年に誕生した一夕会はますますその団結を固め、陸軍の推進力たる地歩を固めつつあったし、同人会また一夕会とは不即不離の立場で、独自の活動をつづけていた。しかし何といっても、この年はロンドン軍縮会議が国の上下を揺り動かし、且つ桜会が結成されてただならぬ空気をかもしだしたのであった。

土橋勇逸少佐は、陸軍省軍事課々員から昭和五年八月一日懇望されて歩一東条連隊の大隊長になった。すると間もなく、会合に出席してくれとの通知を受取ったので偕行社へ行った。八月の末であったろうかと。また当時渦中の人であった田中清大尉は九月末と手記している。

当日の会合に出席した面々は、意外にも隊附や学校官衙の若い将校が多数を占めていた。二十一期坂田義郎中佐（陸軍省）が座長で、橋本欣五郎中佐が一席弁じた後、これもすでに知られているような趣意書が全員一致で採択された。

閉会後結成祝いに一盃搠まうと、橋本が神楽坂の料亭に案内した。集まった顔ぶれは、坂田義郎中佐、根本博中佐、橋本欣五郎中佐、長勇大尉、土橋勇逸少佐外一、二名であったという。

土橋少佐は、酒席に移る前に一言述べさせてもらいたいと求めて、「今日の模様から察すると(イ)クーデターでも起し兼ねないことが心配である。(ロ)隊附や若い将校を結集することは危険である。(ハ)革新それは自分も大賛成だ。しかし過激な手段は断乎排撃し、あくまでも合法的手段に頼るべきである」と説いた。けれども会合の成功に酔っている一同には、馬の耳に念仏のようであった。これに失望した土橋少佐は、その後の会合には一切出席しなかった。

この会に関係深かった前記田中清氏によれば、発起人は橋本、坂田および樋口（季）三中佐で、発会当時は二十数名の会員であった。その志すところは、国家改造を終局の目的とし、これがためには、要すれば武力行使も辞せずというのである。会員は、中佐以下の現役将校で私心なきものに限られた。

目的達成のための準備行動

一、一切の手段をつくして国軍将校に国家改造の必要なる意識を注入

二、会員の拡大強化（昭和六年五月頃約五十名）

三、国家改造のため具体案の作為

一夕会などとは本質的に性格を異にした桜会は、その後陸海両軍の内部に、あるいは部外に着々活動の歩をすすめ無気味な底流をなしつつあった。暗雲低迷、嵐のきざしすでに歴然というべきか。

第二章　前　　夜

満鉄・満洲青年連盟―調査班の設置―石原構想の発展―関東軍の満蒙解決策―北満参謀旅行―二十四榴据付―情勢判断と満蒙問題解決方策―軍司令官・師団長会議―万宝山及び中村大尉事件―青年連盟の母国遊説―本庄軍司令官着任

満鉄・満洲青年連盟

満蒙経略のための諸準備中諸種の研究調査のため満鉄調査課の全面的協力を得たことは既述したが、満鉄社員の心あるものまた関東軍諸公にも劣らぬ熱情を以て、満蒙問題の根本的解決に取組んでいたのであった。そしてその代表的存在が満鉄調査課であったと云っていいのではないか。

昭昭和六年一月二十四日旅順の軍司令部で、調査課長佐多弘治郎博士は「科学的に満蒙対策を観る」という演題で烈々たる講演を行ない、多大の感銘を与えた。要約すれば次のような趣意である。

一、満蒙対策の公理―基調に就て

東四省に経済活動の絶対自由を確保し、生命財産の安全確実を期する。

二、如何なる形式にて経済自由、生命の安全を獲得すべきか

この形式には二つある。即ち一つは満州に清朝を恢復し、これと連合せんとするもの、一は満州に日満漢鮮の四族共和国を建設せんとするものである。しかしてこれらの実現に方っては、現下の情勢上表面これをカムフラージュする必要がある。

三、目的達成の手段

完全なる満州とし政治的独自の状態におこうとするものであって、これが目的達成のため、準備と実行とに分ける。

その実行の手段において「準備行動中愈々沿線地方に不祥事続発し機熟するや、直にこれを捉え、在満邦人一致結束敢然蹶起し、一時母国に対し謀叛を行い、直に満鉄を占有してその資金を自由にする。次で吉林、奉天等の諸要地を占有するとともに軍隊に托して治安を維持する」と、いうものであった。

四、結言（筆者注・原文のまま）

以上極メテ簡略ニ平素ノ素懐ヲ述ヘタルモ未タ完璧ヲ期セス研究ノ余地亦尠カラス然レ共予ハ徒ラニ机上ノ空論ヲ述フルニアラス牢固タル決意ノ下ニ之カ実現ニ努力シ以テ我日本国家ノ現状を打開セントスルノ熱意ニ溢ルルモノニシテ特ニ軍部諸彦ニ期待スル所大ナルモノアリ各位ノ高教ヲ垂レ後援セラレンコトヲ切望スルモノナリ

右講演要旨を通読するとき、軍部の奮起を要望すること切なるものがあるとともに、彼等自身熱烈な気魄が窺われる。即ち在満邦人および満鉄従業員ともに武装蹶起して、軍と一体とな

つて直接事にあたり、また挙国一致の後援を喚起作為するに努めるというのであつた。

さらに民間有志の団体の活躍とその事蹟において忘れてならないのは、満州青年議会を揺藍とした満州青年連盟であろう。河本大佐は政府特に外務官憲等に慊らず、ひそかに満鉄社員を中心とした有志の団結を画策し、その活動によつて大いに輿論を喚起せしめようとした。満州青年議会の設立は、これに端を発したものであつた。

昭和三年春大連新聞社が突如として「満州青年議会」の企てを発表した。全員九十名の青年議員を新聞紙上で公選し、これを一堂に会せしめ、大いに若人の純真なる情熱と愛国心とをもつて満蒙問題を議論し、且これが解決に資せんと企図したのである。

その第一回は、昭和三年五月四日、五、六日の三日間大連市満鉄協和会館で、第二回は同年十一年十一日大連市基督教青年会館において開かれたのであるが、第二回議会終了後、大連新聞社側の諒解を得た全議員は、満州青年連盟結成案を提出してこれを附議し、満場一致をもつて満州青年連盟は成立した。同時に理事長に小日山直登を推し、さらに宣言、規約および役員を決定したのである。そして翌昭和四年一月から全線主要地に巡回遊説を試み、大いに気勢をあげるとともに、それぞれ各地に支部を設立したのであつた。

第一回青年連盟議会は昭和四年六月一、二、三の三日間大連の満鉄協和会館で、第二回は同年十一月二十三、四の両日奉天春日小学校で開かれた。このとき顧問である宝性大連新聞社々長は、その挨拶において「およそ何れの時代においても、社会の革新と飛躍とは青年の手によつて成さるべきは、歴史の明示するところであります。明治維新回天の大業において吉田松陰先生の松下村塾の如きその大なるものの一であります。……云々」と激励した。

爾后昭和四年から五年にかけて、連盟はさかんに活動した。大石橋滑石鉱区紛争事件に際しては、是安理事を派遣してその真相を調査し、本渓湖石灰山事件については大羽理事を派遣して同様調査せしめた。また金洲三崎山三烈士の追悼講演会、その他社会的方面にも順次活動の手をのばしていつた。

昭和五年には役員会を開くこと二十八回、講演会を開くこと八におよび、榊原農場問題の実施調査および第三回青年連盟議会の開催等顕著なるものがあつた。さらに長春における満州燐寸問題に対する長春支部の活躍、また危機をはらむ胡蘆島築港問題に対し、大いに輿論の喚起を促した。

殊に昭和六年に入つて、張学良軍閥の排日運動と、わが特殊権益の蹂躙ますます暴を極めるにおよんで、青年連盟は奮然蹶起、先ず第一段の運動として「新満蒙政策確立」の方針を明らかにせんとして「満蒙問題とその真相」を発表し、第二段の運動として条約擁護、生存権確保、難局打開の演説会を企画した。大連新聞社後援の下に、その第一回を六月十三日大連歌舞伎座に、続いて第二回を同月二十日沙河口小学校に、第三回を旅順に、第四回鞍山、第五回奉天、その他全満各主要地に遊説隊をおくつて演説会を開いたが、いずれも盛会を極め、生存権確保の悲痛な叫びは澎湃として全満州に満ち溢れるにいたつた。

関東軍調査班の設置

昭和六年を迎えた関東軍は、先ず佐久間亮三大尉起案の「占領地行政の研究」即ち満蒙経略の具体策研究会からはじまつたことは先に述べた通りである。その間早春三月には、各兵科実施学校の教官連が一団となつて満鮮視察にきた。この教官視察団に対し板垣大佐が「軍事上より見たる満蒙に就て」という講演を行ない、満蒙問題武力解決の必要を力説啓蒙につとめたのであつた。

内容は㈠満蒙に対する帝国の使命㈡満蒙の兵略上の地位㈢満蒙開発の歴史と資源の現況㈣満蒙問題と米国㈤在満邦人の支那側の態度に関するものであつたが、その結論として次の如く述べた。

密かに考えまするに、満蒙問題の解決は現下支那側の態度より考察して、単に外交的平和手段のみを以てしては到低其目的を貫徹することが出来ないという結論に到達せざるを得ないのであります。

御承知の如く満蒙は、対露作戦に於ては主要なる戦場となり、対米作戦に於ては補給の源泉をなすものであります。従つて満蒙は、実に米、露、支三国に対する作戦ともつとも重大なる関係があります。之に依つて見るに、軍事上より見て満蒙が如何に重要なる地位にあるか充分御諒解を得たことと考えます。

三月は陸軍の定期異動の月であつた。満州を離れるもの、勇躍渡満するもの悲喜交々の情景を呈したのであるが、関東軍特に石原中佐にとつて、年来の懸案であつた関東軍調査班の設置とその陣容整備とが一応実現をみたことは特筆に価する所産であつた。先にもちよつと触れたように、従来の支那馬調査班は中央の出店であつて、関東軍の意図通りには動かなかつた。佐久間大尉の引上げは特例とも称すべきことであつたのである。

しかるに今回の異動を機会として、支那馬調査班は完全に解消し、同時に人員の入換えが行なわれ、四月早々には名実兼ね備えた調査班が誕生した。班長には新たに着任した竹下義晴中佐が任命され、班員は次のような錚々たる人々であつた。

歩兵少佐　臼田寛三・騎兵少佐　佐久間亮三（八月騎兵大尉岡部英一と代る）・輜重兵大尉　江崎秀雄・騎兵大尉　小松巳三雄・歩兵大尉　茂川秀和・三等主計正　佐藤与助・一等主計　住谷悌

板垣、石原両参謀は、これら幕僚に対して、その意図を徹底せしめ、有事に際し一致即応の態勢強化のため指導これつとめたであろうことが想像される。殊に石原中佐の構想および施策の根源である「現在及将来に於ける日本の国防」と、既述した昭和四年七月北満参謀旅行第二日長春において説明した「戦争史大観」とが、再印刷して配布されたのもその一端を物語るものといえよう。

左記の一つは、再印刷にあたつて石原中佐が新に序文を附したものおよびその内容の一部であり、他の一つは「戦争史大観」中訂正加筆された分を摘記したものである。

このころ内地陸軍中央部では、橋本欣五郎、大川周明等に踊らされて、所謂三月事件が潜行するとともに、いまだその余燼消えやらぬ四月十四日第二次若槻内閣成立し、宇垣大将に代り南次郎大将が陸相として登場した。

現在及将来ニ於ケル日本ノ国防

昭和三年度陸軍大学校二年生ノ為講義セル「欧州古戦史」ノ結論ヲ昭和二年十二月三十日伊豆伊東ニ於テ起案セルモノテアル今日之ヲ読ムニ純軍事的以外ノ事項特ニ「マルクス」十二講等ヲ引ッ張リ出シテ居ル辺ハ御恥カシイ極ミテアルカ当時学生ニ講義セルモノナル以上全ク筆ヲ入レスニ印刷スルコトトシタ又元来甚シキ文章下手ノ上ニ人ニ読マセル考ハナク走リ書キシタモノデスカラ唯其精神ヲ読マレンコトヲ切望致シマス

昭和六年四月　於旅順　石原　莞爾

一、世界ノ大勢
二、日本ノ使命及日本ノ武力
三、戦争ノ現在及将来
（筆者：本文省略）
四、現在ニ於ケル日本ノ国防
五、日本将来ノ国防

吾等ノ最大目標タル世界戦争カ刻々切迫シツツアルコトハ再三論シタル所ナリ之ニ対スル根本準備ノ重要ナルコト論ヲ俟タス今之ニ関スル二、三ノ着意ヲ述ヘン

一、最モ重要ナル攻撃兵器殊ニ飛行機ノ研究ニ全力ヲ傾注スルコト徒ラニ飛行機を云々スルヨリモ寧ロ目下ハ根本的設備ニ力ヲ用フヘク又目下ノ状況上徒ラニ民間営利事業ヲ奨励スルヨリモ官業能力ノ主力ヲ先ツ之ニ用フルヲ有利トスヘシ

二、次ニ防禦能力増進ノ為ニハ

イ、国民ニ自覚ヲ与フルコト尤モ緊要ナリ即チ国民全体トシテ強固ナル意志ナクンハ到底将来戦ノ惨状ニ堪ヘ難キナリ

ロ、団体的訓練ノ必要

敵機ノ襲来ニ当リ爆撃瓦斯攻撃等ニ対シ甚タ必要ナルニ関セス我国民ノ欠点ナルヲ以テ殊ニ力ヲ用フルヲ要ス

ハ、木材耐火ノ研究

世人動モスレハ木造家屋ノ不利ヲ説ク然レトモ余ハ之ニ同スル能ハス将来ノ爆撃ニ対シテハ煉瓦、コンクリート、石造等ハ却ッテ惨害大ナルニ非スヤ数十層ノ大建築カ爆撃セラルル状況ヲ想像セハ直ニ之ヲ了解スルヲ得ヘ

シ「バビロン」ノ滅亡、「カルタゴ」ノ最後モ到底将来戦ノ惨状ニ比スヘクモアラサルナリ之ニ対シ日本ノ如キ文明的設備分散シ且ツ木造建築大部分ヲ占ムルハ却ツテ損害大ナラサルヘク唯木材ノ耐火ニ就キテハ十分ノ研究ヲ払ワサルヘカラス之単ニ国防上ノミナラス国家経済上極メテ有意義ナリ

中略

最後に一言スヘキコトハ軍事当局トシテ特ニ重大ナルハ此重大ナル変転期ニ於テ適時其国防機関ノ大変革ヲ行ヒ得ヘキ準備ニツキ常ニ欠クル所ナキヲ要スヘク之カ根本ハ将校ノ精神的準備ニアル点ニアリ

「戦争史大観」の一部

七、現在ニ於ケル我国ノ国防

1、同文

2、日露戦争ニ於テ我国ハ「モルトケ」戦略ヲ応用セル作戦計画アリシノミニシテ理論的ニ之ヲ観レハ初期ノ作戦方針ノ外攻勢ノ終末点及之ニ伴フ財政外交等ノ戦争計画ヲ要セシナリ

3、現在ニ於ケル我国防ハ根本国策タル満蒙問題解決ヲ妨害スル敵ノ実力的行為ヲ撃破スルニアリ而シテ之カ為生スル戦争ハ対米ノ公算最モ多ク対露、対支、対英ノ戦争モ同時ニ発生スル恐レナキニアラス

此ノ如キ大戦争ハ一見現在ノ日本ニ対シ頗ル困難ナルカ如キモ静カニ我国ノ兵要的地位ヲ研究スル時ハ決シテ然ラス否寧ロ此戦争ハ我行キ詰レル国情ヲ打開スル唯一ノ道ナリ

欧州大戦ノ経験ニヨル仏国式国家総動員ノ如キハ我国ノ事情ニ合セス露国カ北満ヨリ撤退セル我消耗戦争ハ軍需品ヲ要スルコト多カラス戦争ニ要スル物資及費用ノ大部ハ之ヲ我占領地ニ求ムルヲ得ヘシ即チ欧州大戦ノ如キ消耗戦争ニアラスシテ寧ロ奈翁ノ対英戦争ニ似テ而モ大勢ハ奈翁ニ比シ我国ハ甚タシク有利ノ位置ニ立ツヲ以テ「フリードリヒ」大王ノ決心奈翁ノ機略アラハ世界ヲ敵トスルモ決シテ恐ルルニ足ラサルナリ

石原構想の発展

石原将軍が後年語つたところに依れば、昭和四年七月の北満旅行の際長春の旅舎において、夜半過ぎても板垣大佐の室に電灯がついているので、のぞいてみたところ何か一心にメモしていた。「こんなに遅くまで何してるのですか」と聞いたら「君の今日の説明を忘れないうちに整理しているのだ」と答えられたのには、流石の石原中佐も感激恐縮、この人のためには心魂を打込んで按画しなければならぬと思つたという。

板垣、石原両参謀の構想は、いよいよ磨かれて発展し、そして軍内はもちろん外部に対しても、逐次滲透していつた。左に掲げる石原手記は、もとより既述のような部内特に新設調査班の指導のためのものではあるが、石原構想の発展を物語る好個の資料と思う。自筆注記のように、調査班に対して行なつた欧

州戦史講話の結論原稿である。別冊戦争計画の方は、「対米戦争計画大綱」または「満蒙問題解決の戦争計画大綱」と表題は二通りになつているけれども、内容の全く同じものが二様に印刷されているだけである。幕僚および盟約の士に配布されたと思われる。

結　論

昭和六年四月

近キ将来ノ国防

一、戦争発達ノ大勢ハ人類ノ最後大闘争タル世界大戦ノ近キヲ示ス

二、三—省略（筆者注・日米決戦の世界大戦生起とその時期とについてであるが、既述と同じ論旨）

四、人類ソ歴史最大事ハ近ク来ラントス振ヘ日本男子
吾国民ニシテ此点ヲ了解センカ一ノ激励一ノ説教ナクシテ志気忽チ昻ラン

現今に於ケル国防

一、国防トハ国策ノ遂行ヲ可能ナラシムヘキ武力運用ノ謂ナリ

二、現今ニ於ケル我国策トハ速ニ東洋文明ノ選手権ヲ獲得スルニアリコレが為
(1) 内之ニ相応スル文化力ト
(2) 外東洋諸民族ヲ指導シ且露国ノ侵入米英ノ圧迫ニ対スル威力ヲ有セサルヘカラス

三、右ノ目的ヲ達スル為対外的第一ノ目標ハ
(1) 中日本建設
(2) 朝鮮、支那ノ指導
(3) 対露戦略
コノ為切要ナル問題ヲ解決スルニアリ

四、満蒙問題ハ之ヲ我領土トナスコトニヨリテ初メテ解決スコレ単ニ戦略上及中日本建設等ノ為ノミナラス在満蒙諸民族ノ幸福ヲ保護増進スヘキ正義ノ使命ナリ

五、満蒙ヲ我領土トスル為ニ米国ヲ主トスル諸国ノ武力的圧迫ヲ予期セサルヘカラス此戦争ハ長年月ニ亘ル消耗戦争タルヘク我国刻下ノ最大急務ハ速ニ其ノ戦争計画ヲ確立スルニアリ

対米戦争計画大綱（別冊）

目下ノ急務ハ次ノ二要件ニ帰着ス
(1) 満蒙ノ真価ト其領有カ如何ナル困難ニ遭遇スルモ強行ヲ要スル正義ナルコトヲ国民ニ徹底セシムルコト
(2) 対米戦争計画ヲ速ニ確立スルコト

満蒙問題解決ノ為ノ
戦争計画大綱（**対米戦争計画大綱**）

第一　戦争目的

（消耗戦争ニ於テハ戦争目的〈講和条件〉ヲ確定シ置クコト特ニ切要ナリ「フリードリヒ」大王カ第一乃至第三「シュレシヤ」戦争ニ亘リ「シュレシヤ」確保ヲ決定的戦争目的トシテ得意ノ時モ失意ノ時モ毫モ動揺スルコトナカリシハ彼カ無比ノ苦境ヲ打開シテ目的ヲ達セル有力ナル一因ナリ之ニ反シ欧

州大戦中ノ独乙ハ「マルヌ」敗戦ノ結果消耗戦争ニ入ルヤ戦争目的ニ対スル論争盛ニ行ハレ戦争終結迄遂ニ決スルコトナク軍部ト政治家トノ間ヲ離隔スル一大原因トナレリ）

一、満蒙ヲ我領土トナス

二、西太平洋制海権ノ確保

1、「フリッピン」「ガム」ヲ我領土トス已ムヲ得サレハ「フィリッピン」ヲ独立セシム

2　成シ得レハ「ハワイ」ヲ我領土トスルカ或ハ之カ防備ヲ撤去セシム

第二　戦争指導方針

一、米ノミヲ敵トスルコトニ努ム

之カ為満蒙ヲ領有シ「フィリッピン」「ガム」等ノ占領以外支那本部ニハ成ルヘク兵ヲ用フルヲ避ケ威嚇ニヨリ支那ノ排日及参戦ヲ防止ス

二、支那ノ態度到底前記ノ方法ニヨリ解決シ難キ場合ニ於テハ一挙ニ南京ヲ攻略シ中支那以北ノ要点ヲ占領ス

三、英国ノ諒解ヲ得ルコトニ就テハ十分ナル努力ヲ払ヒ支那本部占領地域ノ撤退等ニツキテハ要スレハ考慮ヲ払フヘシト雖已ムナキ時ハ断乎トシテ英国ヲモ敵トスルコトヲ辞セス

四　極力露国トノ親善関係ヲ継続スルコトヲ勉ム

開戦ノ已ムナキトキハ速ニ攻勢ノ終末点迄兵ヲ進メ戦争ノ経済的持久ヲ図ル

五、欧州諸国トハ親善関係ニ立チ英露ヲ牽制ス

六、国内ノ政治ハ先ツ成ルヘク各方面ノ急激ナル変化ヲ避ケ状況ニ応シ逐次所要ノ改革ヲ行フ主義トスルモ要スレハ戒厳令下ニ於テ重要ナル内部改造ヲ断行ス之カ為一日モ速ニ日本社会改造ノ根本原理ヲ把握シ所要ノ計画ヲ進ムルコト特ニ切要ナリ

七、戦争ノ経過不良ニシテ広ク世界ノ封鎖ヲ受クル場合ハ国内及占領地ヲ範囲トスル計画経済ヲ実行シテ断乎戦争ヲ継続シ進ンテ我産業ノ大進展ト支那ノ大改新を策ス我本土カ敵機ニ対シ甚シク不安ナル時ハ主要ナル政治経済施設ヲ逐次大陸ニ移スコトアルヘシ国民ハ日本民族百年ノ大計ノ為アラユル犠牲ヲ忍フ覚悟ヲ要ス

第三　軍部ノ任務

一、陸軍

1、満蒙ノ占領及統治

満蒙占預直後ニ於ケル統治ノ成果如何ハ啻ニ戦争運命ニ重大ナル影響アルノミナラス帝国百年ノ大計ニ大ナル関係ヲ有ス而テ其統治ノ方針ハ徒ニ眼前ノ小事ニ拘泥シテ日本人保護ニ偏重スルコトナク日支満蒙各民族ヲシテ各其特性（日本人ハ軍事及大規模企業、支那人ハ商業、農業、労働、鮮人ハ水田、蒙古人ハ牧畜業）ヲ発揮シ真ニ共栄共存ノ実ヲ挙ケシムルニアリ

2、対支戦争

イ、作戦方針

敵軍隊ノ撃滅掃蕩ニ於テ敵ノ意表ニ出テ卓抜ナル軍事的成功ヲ収ムルコトハ爾後ノ統治ヲ容易ナラシムル為最モ必要ナリ謀略ト相俟テ敵ヲ散乱セシメサルコトニ注意ヲ要ス

ロ、占領範囲

占領地域ハ我統制経済ニ必要ナル最小限度ノ範囲ヲ含有スルハ勿論ナルモ我力ヲ分散シ徒ニ之ヲ消耗セシメサル為適当ニ制限スルコト亦必要ナリ状況ニ依リ差異アルヘシト雖先ツ中支那以北ト予定ス

ハ、占領地統治方針

支那人ノ自治ニ委スルヲ主義トスルモ漢民族カ目下ノ苦境ヲ打開シテ進ムヘキ必然的方向及其進展ヲ妨ケツツアル病根ヲ明確ニ認識シ我武力ニヨリ之ヲ打開シテ四億ノ民衆ニ新生命ヲ与フルヲ要ス斯クシテ我支那本部統治ハ支那人ヨリ衷心ノ歓迎ヲ受ケ我武力ノ真価ヲ永ク史上ニ留ムルヲ得ヘシ

右ノ問題ハ我等軍人カ支那ヲ研究スル第一ノ着眼ナリ

ニ、占領地統治兵力

我兵力ハ主要都市及鉄道ヲ守備スルニ止メ地方ノ治安維持ハ其支援ノ下ニ支那人自身ノ自治ニ委スルヲ主旨トシ我軍ノ維持費ハ関税、塩税及鉄道収入ニヨルモノトス

3、対露戦争

北満領有後ニ起ル戦争ナルヲ以テ現今我国ノ予想スル対露戦争ト自ラ趣ヲ異ニスルモノアリ

イ、作戦方針

敵ヲ北満平地ニ誘致シテ一大打撃ヲ与ヘ速ニ之ヲ屈服スルコトニ努力スルヲ有利トスル場合絶無トハ言ヒ難キモ我北満領有後ナルヲ以テ敵ハ軽挙大兵ヲ北満ニ進ムル公算ハ極メテ少シ即チ我軍ハ予想セル攻勢ノ終末点ヲ占メ戦争ノ持久ヲ計ルト共ニ敵国内ニ向ヒ極力反「ソビエト」宣伝を行ヒ其崩壊ニ努力スルヲ要ス

ロ、攻勢ノ終末点

十分ナル研究ヲ要スルモ興安嶺及呼倫貝爾ハ天与ノ地形ト云フヘシ

攻勢ノ終末点占領後成ルヘク経済的ニ戦争ヲ持久スル為ニハ該地方ノ地形ニ応スル軍隊ノ編制装備（軍隊ノ機械化）及其運用ニ就キ研究ヲ要ス

ハ、占領地ノ統治

西比利戦争ノ経験ニ基キ露国人統治ノ要領ヲ研究スルト共ニ占領地ノ産業開発ニツキテモ予メ調査シ置クヲ要ス

ニ、外蒙経略

外蒙ハ内蒙ノ保護スル障壁ニシテ露国ノ東進ヲ牽制

スル根拠地ナリ而モ滅ヒ行ク成吉斯汗ノ後裔ニ一度新生命ヲ与フルハ我等ノ義務ナリ

　満蒙領有後ハ適時外蒙人ヲ懐柔、其産業ノ復興、武力団隊ノ編制ニ力ヲ用ヒ対露戦争ニ際シテハ十分其威力ヲ発揮セシムルヲ要ス

4、海軍ト協力スル作戦及占領地統治

イ、「フィリッピン」及「ガム」

ロ、「ハワイ」

ハ、香港及「シンガポール」

二、海軍

西太平洋制海権ノ獲得

1、敵亜細亜艦隊ノ撃滅

2、敵主力艦隊ノ東航ニ際シテハ其撃滅

3、陸軍ト協力シテ敵海軍根拠地ノ奪取

第四　政府ノ任務

一、内治

1、挙国一致国難ニ当ル決心ヲ堅メシム

イ、此戦争カ世界史上甚タ重大ナル意義ヲ有シ日本民族ノ運命ヲ決スル大事件ナルコトヲ徹底セシム

ロ、社会組織ノ改善

2、国民経済

イ、国内経済ノ統制

ロ、国内経済ト占領地経済ノ調和統制

状況ニヨリテハ右ノ範囲内ニ於ケル徹底セル計画経済ノ断行

ハ、軍需工業動員

3、戦時財政

占領地ノ軍費ハ占領地ニヨリ自給スルヲ本則トス

二、外交

1、漢民族ハ自ラ治安維持ヲナス能力ナキヲ以テ日本ノ満蒙領有及支那本土ノ政治的指導ハ単ニ日本ノ存立上必要ニシテ支那人ノ幸福ナルノミナラス結局世界各国民カ支那大陸ニ経済的活動ヲ為スタメニモ最モ希望スヘキ所ナルコトヲ広ク宣伝ス

2、露国及英国ヲシテ日米戦争ノ場合米国ニ協力シ得サラシムル為アラユル力ヲ用フ

イ、露国ニ対シ

(1)極東ヲ断念シ近東印度乃至新疆ヘ進出ヲ意図セシム

(2)欧州方面ニ於ケル対露抗争ノ助長

ロ、英国ニ対シ

(1)露国ノ印度進出

(2)独仏ノ近接、独伊ノ融和

　さらに同年五月「満蒙問題私見」という石原中佐の手記が残っている。三月の板垣大佐「軍事上より見たる満蒙に就て」を受けていることは文中明らかであり、後述するように、この頃関東軍の解決方策が漸く固まりつつあったが、その基本をなす

ものと云ってよかろう。本文省略して手記の「要旨」のみ左に掲記する。

満蒙問題私見　　　　　　　　　　昭和六年五月

要　旨

一、満蒙ノ価値

政治的　国防上ノ拠点

朝鮮統治、支那指導ノ根拠

経済的　刻下ノ急ヲ救フニ足ル

二、満蒙問題ノ解決

解決ノ唯一方策ハ之ヲ我領土トナスニアリ之カ為ニハ其正義ナルコト及之ヲ実行スルノ力アルヲ条件トス

三、解決ノ時期

国内ノ改造ヲ先トスルヨリモ満蒙問題ノ解決ヲ先トスルヲ有利トス

四、解決ノ動機

国家的　　　正々堂々

軍部主動　　謀略ニ依リ機会ノ作製

関東軍主動　好機ニ乗ス

五、陸軍当面ノ急務

解決方策ノ確認

戦争計画ノ策定

中心力ノ成形

関東軍の満蒙解決策

前述のように、このとし三月には関東軍司令部の幕僚陣が刷新強化されたが、四月中旬には駐劄師団が交代した。即ち京都第十六師団が二年の駐劄を了り、新に多門二郎中将の率いる仙台の第二師団が勇躍渡満して、各部隊はそれぞれの駐屯地において第十六師団部隊と交代その任についたのであった。これは関東軍唯一の戦略兵団の交代整備であり、極めて意議深いことであった。殊に東北健児をもつて構成されている第二師団にとっては、満州はかつて日清、日露の両役において彼等の父あるいは祖父奮戦の古戦場であった。満蒙の風雲ただならぬとき、満州駐劄の任につく。同師団将兵の意気まさに天を衝く概があった。

各部隊が漸く駐屯地に落着くや、五月下旬部隊長会同行なはれ、つづいて金州城を中心に城壁攻撃の演習があり、師団内各部隊からは多くの幹部将校が見学のため召集された。新駐劄師団に対する最初の指導演習であったのではないか。

部隊長会同はいうまでもなく軍司令官の方針意図の開示であり、その徹底を図るためのものである。今回は連隊長（独立守備隊は大隊長）以上が会同せしめられた。五月二十九日この席上での菱刈軍司令官の訓示は左記の通りであるが、満蒙問題の根本的解決が国運打開の第一歩であることを強調し、これが任にあたる関東軍上下の決意と準備とを促したのであった。

昭和六年
部隊長会同席上　訓　示

茲ニ親シク諸官ト一堂ニ会シ其壮容ニ接シ本職平素ノ所懐ヲ披瀝スルハ寔ニ欣幸トスル所ナリ

惟フニ満蒙ノ地タルヤ帝国ノ国防並ニ生存ノ上ニ深甚且特異ノ関係ヲ有シ単純ナル経済的見地ノミヲ以テ律スヘカヲルハ固ヨリ喋々ヲ要セサル所ニシテ是歴代当局者ノ心血ヲ注キテ之カ解決ニ努力セル所以ナリ

熟々現下帝国ノ情勢ヲ顧ミルニ国難内外ニ逼リ邦家ノ前途誠ニ憂慮ニ耐ヘサルモノアリ克ク此ノ現状ヲ打開シテ国運ノ進展ヲ図リ将来世界ノ変局ニ善処シテ東洋永遠ノ平和ヲ維持シ因テ以テ帝国ノ高遠ナル使命ヲ全ウシ得ヘキ所以ノ途ハ実ニ満蒙問題ノ根本的解決ヲ以テ第一歩トス

飜テ隣邦支那ノ情勢ヲ察スルニ客年九月張学良ノ和平通電ヲ機トシ支那本土ハ一時小康ヲ得タルノ観アリシモ今次国民会議ノ開催ニ伴ヒ両広並ニ中原ノ地反蒋運動再燃シ軍旅相動キ前途遼遠ニ逆賭スヘカラサルモノアリ東北政権又其渦中ニ投スルノ虞尠シトセス一方支那官民ノ排日、利権回収運動ハ漸ク本質的トナリ其勢満蒙ニ及ヒ切リニ我勢力ノ排除ヲ策シテ怠ラス日支親善ノ実更ニ認ムヘキモノナク目下事実ニ於テハ政治並ニ経済上日支抗争時代ニ在リト謂フヘク誠ニ暗雲低迷ノ感ナキ能ハス加之列国勢力ノ侵潤ハ国際関係ヲ度外視スルヲ許サザルモノアルヲ以テ本問題ノ解決ニ当リテハ挙国一致ノ一大英断ヲ要スルモノアリ是我軍部ノ深ク期スル所アル所以ナリトス

夫レ非常ニ際シテハ非常ノ決心ヲ要ス諸官ハ宜シク部下将卒ヲ督励シ志気ノ振作ヲ図リ精鋭ナル軍隊ノ練成ニ努ムルト共ニ常ニ周到ナル準備ヲ整ヘ以テ応変ノ道ニ違算ナキヲ期セサルヘカラス本職深ク諸官ニ信頼シ上下一致斃レテ後已ムノ概ヲ以テ閫外ノ重任ヲ完フセンコトヲ庶幾フ

さらに同席上軍司令官訓示終了後高級参謀板垣大佐は、「満蒙問題に就て」と題する相当長時間にわたる講演を行なつた。これより先関東軍司令部内において満蒙問題処理についてしばしば研究討議され、この月には一案として「満蒙問題処理案」が成文化していた。しかしその内容は、板垣講演原文の趣旨を簡明にしたものと云える。ただその実行方法の第三、第四、即ち公表口外を憚つたがために、板垣講演にはそれほど明確具体的に示されていない部分のみ摘記するにとどめ、板垣講演はその一部を掲げる。

当時の関東軍首脳がこの問題を如何に考え、また内外の情勢をどのように観察していたか。そしてその解決の手段方法について如何なる方策を考察しつつあつたかを知る、もつとも端的な史料と思われるからである。少くとも隷下各部隊長に対して、満蒙問題解決に関する関東軍首脳の考える具体策を堂々開示したものとみて差支へはあるまい。

満蒙問題処理案

昭和六年五月
関東軍司令部

前略

第三、東北四省内部ニ謀略ヲ行ヒ利用スヘキ機会ヲ作成スル案

1、蒙古独立　間島独立　北満騒擾

2、排日大暴動

右ノ第一ハ現政権ヲ動揺セシムルコトニ依リ利用スヘキ何等カノ機会ヲ現出スヘク第二ハ治安ノ破壊トナルヲ以テ膺懲ノ師ヲ起シ一挙ニ解決ノ機会ヲ得ヘキモ相当大規模ニ密ナル連絡ヲ取リ而モ陰謀ヲ過早ニ暴露セサル様細心ノ注意ヲ要スルヲ以テ今日ノ程度ニ於テハ未タ進ンテ軍自ラ之ヲ操縦スルノ機運ニ到着セス

然レトモ現状ヲ以テ推移センカ之ニ類スル幾多ノ実行運動ノ発生ヲ見ルコト明ナルヲ以テ予メ如何ナル機会ニ之ヲ如何ニ利用シ得ヘキカヲ研究シ置クコト必要ナリ

如何ナル場合ニ於テモ非常ノ場合ニ於テハ関東軍独断ヲ以テ学良政府ヲ顚覆シテ満蒙占領ヲ企図スルノ覚悟アルヲ要ス

第四、其他

一、強硬政策決行以前ノ態度ヲ如何ニスヘキヤ即個々ノ問題ヲモ一々強硬ナル態度ニ出テ支那側ヲシテ警戒セシムルヨリモ某程度迄隠忍自重シテ一挙ニ解決スルコト等

二、満州ニ於ケル輿論ヲ統一スル必要アリ之カ為関東庁、満鉄幹部ノ確実ナル人物ト充分連絡シテ少クモ謀略遂行ニ障碍ナラシムルヲ要ス

三、国内輿論ヲ喚起沸騰セシムル方案ノ研究

四、軍隊ノ態度、教育訓練等ニ関スル件

満蒙問題について

昭和六年五月二十九日

一、満蒙問題の概念

満蒙問題の解決と一と口に申しますが、人々に依り其の概念を異に致します。換言すれば終局の目的が満蒙を如何なる状態に置くべきかと言うようなことに就て、日本人の間に於ても見解が区々で一定してない様に思はれます。即ち大別すれば㈠満蒙を領土或は保護国となさんとするもの、㈡商租問題、鉄道問題等の如き既得の権益にして未解決なるものを解決して実質上現在以上に権益を拡充せんとするもの、㈢消極的に現在の事実上の権益を維持し専ら経済方面に発展せんとするもの、㈣現在の政治、軍事的権益を放棄し新なる経済的発展の方式をらんとするもの等でありますが、細別すれば、此の外にもありましようし、又此等の中間に位するものもありまして、多数に分れることと考へます。

私共は、勿論終局の目的は之を領土とするに在り、仮令第二案を採用する場合に在りても直に第一案に向つて飛躍するの用意が必要であることを確信して疑はぬ者でありますが、国内輿論の大体の傾向から見まして、多大の距離があることを遺憾に存じます。然し軍部当局は勿論国内有識者の間には

此の第一案と同様の意見を保持して居る人が決して少くないのみならず、国内輿論も此の一両年の間に急速なる進展を見、真剣なる積極的意見が内地の田舎にも発生しつつある状態であります。現政府の政策如何と言ふことは之を具体的に知るの自由を有しないのでありますが、過去の歴史的事実と現在竝将来に於ける内外の情勢に照し、必然的に帝国に課せられたる使命を自覚する時満蒙の問題の解決は如何にしても以上の信念に到達せざるを得ないのであります。私は甚だ未熟ながら本講話に於て以上の判決を基礎とし、其の理由竝処置に就て申上げ、各位の御叱正を仰ぎたいと思います。

二、満蒙と帝国の国防竝生存との関係

帝国の国防を論ずれば、先づ対米、対露、対英等の問題を念頭に画かなければなりません。

帝国は東西二万吉米を有する太平洋を前地とし、北占守島より台湾に亘る延々五千吉米の諸島を以て亜細亜大陸を抱擁し、東西両洋交通の衝に当り、自ら東西文明を統一して世界の中心となり、帝国の必然の使命を果すべき形勝の要地を占めて居ります。

即ち海上に於ては、太平洋を前地となし、南洋諸島を前進陣地とし、千島列島、小笠原半島、琉球諸島竝台湾を以て第一線となし、樺太、北海道より本州を経て四国九州に亘る線を以て本陣地となし、しかも到る処良港に富み、全海軍の使用に適するを以て、海を越へて来る米、英等の敵に対し極めて有利な位置にあります。

我背後地たる大陸方面に於ては、朝鮮の領有竝満蒙に於ける特殊地位の確立に拠り、確実に大陸の一角に戦略的拠点を占領し、之に依りて露国の東進を掣肘し対露作戦を容易ならしむるのみならず、軍備不完全なる支那の死命を把握し、其豊富なる資源の利用を胸算し得るの姿勢にあります。

然し乍ら現在の如く我勢力が南満に限られ、北満に於ては露国が東支鉄道を根拠として相当の勢力を有しているが為、対露作戦に当り露国が戦場を北満の沃野に求め得る如き形勢に於ては、常に北方に或程度脅威を感ぜざるを得ないので我国防は安全なりとは申されません満蒙全般の地形を達観しまするに若しも満蒙問題が完全に解決せられ、我勢力が北満に及びましたならば、我国防の第一線は黒竜江の大河より大興安嶺に亘る線に之を選定し、呼倫貝爾の砂漠地帯を前地と致しますから、露国の優勢なる兵力を以てする攻勢は頗る困難となり、恐らく東漸を断念せざるを得ないでありませう。果してしからば、沿海州の如きも自然に我勢力範囲に入らなければならぬことになりませう。又支那に対しては、確実に其の死命を制し指導の位置に立つことが出来ます。

亜細亜大陸一般の地形上陸路他方面から外敵が支那に進入すると言ふことは殆ど不可能でありますから、玆に始めて帝国の国防は頗る安全の形勢に置かれ、海陸両方面より来る英、米、露の来寇に対し形勝の地を占め且確実に支那を掌握することに依り国力頓に増大し、真に東洋平和の鍵を握り、将来の世界の争覇戦に対する準備を完了することが出来るのであります。満蒙問題の解決は国防上此の如き重大なる意味を有するのであります。

次に国民の経済的生存の問題に就て考へますに、帝国は国土狭少にして資源に乏しく、年々六十万の人口増殖に対し、僅に二万の移民を海外に送りつつあるに過ぎず。然かも産業立国の基礎鞏固ならず現状維持すら困難なる状態にあります。蓋し欧州大戦後の列国は、何れも自国の経済力の恢復を第一義となし、競うて植民の門戸を鎖し関税の障壁を高くし、其の結果小国は経済的に独立することを得ず、自然に大国に対し従属の位置におかるるの情勢を醸して居ります。我国としましても産業立国を以て進まんとするも、原料の補給地竝製品の販路を確実に自国の勢力下に置くに非れば世界の大国に伍して国民の経済的生存を確保することを得ざること明瞭であります。

従て先づ第一着として、満蒙問題を完全に解決して之を領土となすを当面の急務と致します。蓋し満蒙は、我領土に接続し地形上竝歴史上最も密接なる関係を有するのみならず、食料品は固より鉄、石炭の如き重工業に必須の原料を豊富に保有し、我国の自給自足上絶対に必要なる地域であります。万一不幸にして我国力減退して満蒙を放棄せざるべからざる場合がありましたならば、超大国たる米、露、支の間に介在する我国は、白耳義、和蘭の如き小国の地位に下落し、終に此等超大国の従属の地位に置かれ、結局自滅に陥る外ないでありませう。

我国現在の経済難は固より世界的不況も重大なる原因でありますが、欧州戦後の趨勢に基く諸大国の経済的活躍に対し、我国の産業立国の基礎薄弱なるに基因するものであることは疑のないところであります。従て此の苦境を打開する根本の政策としては海外発展の外ないのであります。我国の経済界を支配する資本主義の立場から申しましても勿論であります。又無産階級の立場から申しまして国内の富の平均を図ることが固より必要なる要求でありませうが、元来富裕ならざる我国の世帯の範囲内だけでは国民全般の生活を保証する根本策を発見せんとしても結局行詰る外ないのであります。

之を要するに満蒙問題の根本的解決は現状を打開し、国民の経済的生活を安定せしむる為の唯一の途であります。将来世界の大国に伍して民族永遠の発展を図り、帝国の使命を全うし得るか、又は小国に下落して独立性を失ふかの分岐点に坐しているのであります。

三、満蒙問題と支那との関係
四、満蒙問題と国際関係
五、満蒙問題解決の手段方法に就て
（筆者略）

北満参謀旅行

次いで六月中旬には、森連中将の率いる独立守備隊の検閲が行なわれた。いうまでもなく独立守備隊は満州の生命線である満鉄の守備が主要任務であり、併せて付属地の治安維持にあたっていたが、局地的の出動にももちろん応じ得る態勢を整えていた。即ち六ヵ大隊の将兵が満鉄沿線に配置され、司令部は公主嶺にあった。検閲の結果は満足すべきものであったことは想像に難くない。

翌七月昭和四年に実施されたような北満参謀旅行が、例の如く板垣大佐統裁、石原中佐補助官の下に行なわれた。目的は「対ソ作戦攻勢終末点の研究」であったが、陣容を新にした関東軍幕僚に対して、滅多に観察し得ない北満全般の地形に親炙せしめるとともに、その戦略的価値などを認識させるのが狙いだったと思われる。一行は両氏の外専習員として調査班長竹下義晴中佐、参謀武田寿大尉、同中野良次大尉、部付片倉衷大尉、独立守備隊参謀斎藤正鋭少佐および満州里機関長上田昌雄大尉などであった。

七月十日か十一日に旅順を出発、鄭家屯、洮南、昂々渓、伊力克得、海拉爾を経て満州里に到り、帰路哈爾賓をまわって二十日に帰旅するという約十日間の旅行であった。旅行約一ヵ月前に各専習員別々に研究問題が与えられた。中野参謀に対する課題は「機械化部隊の運用に就て」であったし、現在残っている片倉大尉作業に成る「外蒙経略方策の研究」にも「演習旅行前に先ず課題研究の前衛として取敢えずまとめた」と註記されてある。なお出発前には泰来附近の地形に於ける広漠地広正面防禦の図上研究が行われた。満蒙処理上北満特にその西北部に対する石原中佐の異常な関心が看取されるようである。

中野参謀はこの旅行を次のように回想している。

洮南々北の地域は夜中の旅であったが、石原中佐が幾度となく「どの辺だ」と質すので当惑もし迷惑でもあった。単調な地形に加えて夜中でもあり、「地点の指示」は容易なことではなく、終始地図と対照を要し、睡眠も出来ぬと内心甚だ不服であった。

しかし考えてみれば、此の地域は対ソ作戦時国軍主力の決戦場となるのであって、自身関東軍赴任前国軍の通信計画を策案した因縁の地域でもあった。とはいうものの、茫漠たる四洮洮昂沿線の物珍らしさも長時間に亘るにつれて興味も減じ、夜の帳がおろされるとともに印象づけるべき地域も大体は朧気のうちに通過した。

満州事変が勃発して早速この地域が戦場化するにおよんで、はじめて石原中佐の仕草に感謝を覚えたが、いささか後悔事でもあった。凡人のたどる止むを得ない過程ではあろうが、朧気な夜間唯一回の旅も事変処理のためには強い助けとなった。現地現物に努めて親炙することの要をうたっている典令の教訓を今更のように味わったのである。

なおこの旅行中一行に強烈な印象となつた事件があつた。それは中村大尉の遭難事件である。昂々渓で東支線に乗り換えるため、汽車待ちの時間井杉元曹長の経営する昂栄館に休憩した。そのとき井杉氏の細君から「もう一ヵ月近くもなるのに、今だに何の便りもないので案じている。二十日頃まで何の手掛りもないようだつたら軍で配慮していただきたい」とたのまれた。途中注意して情報をあつめたが、哈爾賓で「両名とも遭難したらしい」という情報があり、旅順に帰つてその詳細を承知した。

二十四糎据付

奉天城攻略についていろいろ研究工夫されたことは既に触れたが、実際上なかなか極め手がなかつた。その城壁の堅牢度からみて小口径火砲はもちろん、野戦重砲程度でも破壊威力は十分ではないと判断された。どうしても攻城重砲即ち巨砲を布置して準備を整える必要があつた。

石原将軍は、戦後国際軍事裁判の証言で、昭和四年以来その必要を認めていたとしている。しかし具体的には、前年十一月永田軍事課長渡満懇談の際、一ヶ師団満州移駐問題とともに、この二十四糎榴弾砲交付のことなど討議要請されたと思われる。その結果、この年七月に至つて漸く軍の希望が入れられ、その二門が交付されることになつた。しかし、この巨砲の輸送および据付を極秘裡に実行することには、非常な困難が伴つたのであるが、その概要を叙述して、先人苦労のあとを偲ぶのもあながち無意味ではあるまい。

出来るだけこまかに分解されたものの、分解にも自ら限度があり、何分にも大物であつて、長さといい重量といい、運搬特に秘密裡の移動は容易でなかつた。東京から神戸まで汽車でおくられ、神戸からは殊更貨物線を避けて神戸—大連航路の客船で大連埠頭に輸送され、船艙から直接埠頭の地下室に揚陸された。軍の兵器部々員合屋成雄砲兵大尉、満鉄嘱託将校藤原幹治少佐、それに作業員として旅順重砲兵大隊から松本正文砲兵大尉以下二十名、しかも全員支那服を着た人夫として揚陸に、また列車搭載に従事したのである。

ながく東京の兵器廠に保管されていた在庫品だつたので、駐退機内部の腐蝕のため、駐退液や圧搾空気の漏洩などあり、予期しない苦労もあつたが、松本大尉はこの種火砲の権威者であつたので、比較的短時間に加修することができた。そして砲身の入つた箱は高官の柩、その砲架や架匡などは石碑の台石とか、風呂桶とか呼んで、ともかく目的地の奉天へ輸送したのであつた。奉天駅では駅長との間に若干のトラブルがあつたが、兵力によつて直ちに独立守備隊第二大隊兵営内に運搬、木蔭に遮蔽することができた。

備砲のための基礎作業は事前に実施したが、中径約五米、深さ約一米の掘土を必要とするので、兵員をまずごまかす必要があり、飛行機の上空飛来にも苦心した。備砲直前には、備砲地域全体にトタン葺小屋（十メートル平方で高さ七メートル）を作つた。そのなかで松本大尉以下が作業したのである。夜中の十二時から朝三時までを作業時間として、三日間で備砲作業は完了した。しかし、酷暑と夜中の重労働のため多数の夜盲患者がでるありさまだつた。物見高い現住民の目を逃れる苦労また並大抵ではなかつたわけである。

応急時の操砲は所在の守備隊歩兵が実施することも考慮され、一応の射撃操作を特定の歩兵に教育するとともに、射撃上の諸元は予め確定し、目標ごとに砲側に記録され、実射の際は、ただこれらの諸元をそのまま目盛にあわせるだけで事足りるよう準備を整えた。主として松本大尉の努力によつたのであるが、その後海城駐屯の野砲兵第二連隊長河村圭三大佐により、さらに諸元を点検し多少の修正を加え正確を期した。これがちょうど七月末頃であつた。

情勢判断と満蒙問題解決方策

さてこの頃の陸軍中央部はどうであつたか。三月事件直後四月には若槻内閣成立とともに陸相南次郎大将が登場したことは既に述べた通りであるが、この前後に建川第二部長統裁の下昭和六年度情勢判断が策定された。渡、重藤、根本、橋本など猛者連の合作になるものであつた。この情勢判断は非常に注目されているものだが、残念ながら原案はいまだに発見されない。従つてその全容を明らかにすることはできないが、推定によれば大要次のようなものであつた。

その体裁は判決、説明、結言といつたものであつたようだが、要するに主文は満蒙問題解決の必要およびその要領が骨格をなしており、それに国際情勢の分析判断を加えたものと思われる。そして一部の人から指摘されるような国内革新の必要は、その結言に附加されていた。その後も国策の躍進を期する場合、必ずといつてもいい位これがための機構改革等を要望するのが通例であつた。橋本中佐あたりは国内改造の断行以外眼中になかつたかも知れぬが、この情勢判断の眼目は、何といつても満蒙問題の根本的解決の必要を強調するにあつた。

なお解決要領としては三段階を設想した。第一段階親日政権樹立、第二段階独立国、第三段階満蒙領有というように要約して差支えないと判断される。事実この問題に関して、他日中央、関東軍間に大論争が展開されたのである。左記情勢判断に関する意見は、この年七月末か八月上旬に、関東軍参謀部意見として作成されたものである。内容の一斑を推定する史料として掲記する。

情勢判断ニ関スル意見

判　決

(1)　極東露領ノ価値如何
(2)　北支那亦可ナラスヤ
(3)　第三国カ我国策遂行ヲ妨害セハ武力抗争ハ辞セサルノ断乎タル決心ヲ以テ臨ムヲ要ス之ノ決心ナクンハ対支政策ノ遂行ハ不可能
(4)　直ニ着手スルヲ要ス

説明

(1) 東部西比利ハ領土トシテノ価値少ナシ森林、水産、鉱山、毛皮等ノ利権ニテ足ラン
(2) 一挙解決何故ニ不利ナリヤ満蒙ノ解決ハ第三国トノ開戦ヲ誘起スヘク戦勝テハ世界思潮ハ問題ニアラサルヘシ
(3) 好機会ノ偶然ヲ待ツハ不可ナリ機会ヲ自ラ作ルヲ要ス

第二　満蒙ノ情勢ト之カ積極的解決ノ必要

(1) 従来ノ隠忍自重ハ帝国ノ武力不充分ナリシニ非ストシテ而モ米国ニ考慮ヲ払ヒシハ矛盾ニ非スヤ

第三　米国ノ情勢

(1) 満蒙問題解決国策遂行ハ急速ヲ要ス急速解決ハ勢ヒ露骨ナラサルヲ得ス往時露骨ヲ避ケ漸次主義ヲ採用シ来リテ何等得ルトコロ無カリシニアラスヤ斯クノ如クンハ只往時ノ状態ヲ繰返スヘキノミ米国ノ武力及経済的圧迫恐ルルノ必要ナシトセハ何故断然タル決心ヲトラサルヤ

第四　蘇国ノ情勢

(1) 蘇ハ我国厄ニ乗シ只ニ満蒙赤化ノミナラス帝国内部ノ破壊ノ企図ニ出スルコトナキヲ保シ難シ
(2) 東部西比利問題ノ根本解決ニ関シテハ極東露領ノ価値ニ就キ充分ナル吟味ヲ要ス

第六　国際諸条約ノ関係

(1) 九国条約ニ関スル門戸開放機会均等主義ヲ尊重スルトシテモ満蒙ニ於ケル既得権益ノ実効ヲ収ムル手段ヲ理由トセハ兵力ノ使用何等問題ナカルヘシ
(3) 九国条約ヲ尊重セサル場合世界各国ノ感情ヲ害スルコトアルモ之カ為米国ニ対シテ積極的ニ刃向ヒ来ルモノ幾何
(3) 満蒙問題ノ解決ハ米蘇ト開戦ヲ覚悟シツツ而モ何ソ之ニ気兼スルノ要アラン米蘇ト開戦ヲ覚悟セサレハ実行シ得ス満蒙ヲ占領セハ直ニ之ヲ領土化スルヲ有利トス近来ノ列国ハ名ヨリモ寧ロ実利ニ依リ動ク実利ヲ得ントシテ名ヲ作ルナリ

結　言

(1) 未曽有ノ経済難不良外来思想ノ侵潤ハ単ニ一般的世界現象ナリト云フヲ得ス之ノ間米蘇ノ思想及経済的侵略ニ禍セラルルコト大ナリ従テ之カ防圧ノ手段トシテ両国ノ勢力ヲ打破スルノ必要アリ但シ経済的社会的必然ノ推移トシテ社会改造ノ必要アリ而シテ如何ニ帝国カ経済及社会的組織ヲ改メテ帝国発展ノ基礎ヲ固ムヘキヤハ外方ニ対スル国策遂行ト同時ニ研究スヘキ重大問題ナリ之ニ関シテ予メ充分ノ成案アルヲ要ス
(4) 速戦即決ハ作戦ノ範囲ノミ

元来情勢判断なるものは、そのもの自体は一種の意見書的価値を有するに過ぎない。それぞれ実行の局部に取上げられてはじめて、具体的効果を発揮するにいたるのである。果して六月十一日陸軍省永田軍事課長、岡村補任課長、参謀本部山脇編制課長、渡欧米課長、重藤支那課長の五名は、内密に委員を命ぜ

られ、情勢判断対策を策定することになつた。委員長は建川第二部長、この日偕行社で第一回の会合があつた。

爾来木下旅館、国本社等に屢々会合研討したが、早くも同月十九日に「対満蒙方策」の原案が略々成つたといわれる。もちろんその後も五課長会は継続されるが、その成案は今村回想録によれば別掲の通りであつた。なお余談だが、この五課長会は八月から山脇大佐の代りに東条大佐が、また今村作戦課長が新に加わり、少しおくれて磯谷大佐も参加した。正式の編制ではないけれども、省部の実力者が一堂に会して重要施策を策定したことは注目に値いしよう。

満洲問題解決方策の大綱

一、満州に於ける張学良政権の排日方針の緩和については、外務当局と緊密に連絡の上、その実現につとめ、関東軍の行動を慎重ならしめることについては、陸軍中央部として遺憾なきよう指導につとめる。

一、右の努力にもかかわらず排日行動の発展を見ることになれば、遂に軍事行動の已むなきに到ることがあるだろう。

一、満州問題の解決には、内外の理解を得ることが絶対に必要である。陸軍大臣は閣議を通じ、現地の状況を各大臣に知悉せしめることに努力する。

一、全国民特に操觚界に満蒙の実状を承知せしめる業務は、主として軍務局の任とし、情報部は之に協力する。

一、陸軍省軍務局と参謀本部情報部とは、緊密に外務省関係局課と連絡の上、関係列国に満州で行われている排日行動の実際を承知させ、万一にもわが軍事行動を必要とする事態にはいつたときは列国をして日本の決意を諒とし、不当な反対圧迫の挙に出でしめないよう事前に周到な工作案を立て、予め上司の決裁を得ておき、その実行を順調ならしめる。

一、軍事行動の場合、如何なる兵力を必要とするかは、関東軍と協議の上作戦部に於て計画し上長の決裁を求める。

一、内外の理解を求むるための施策は、約一ヶ年即ち来年春迄を期間とし、之が実施の周到を期する。

一、関東軍首脳部に、中央の方針意図を熟知させ、来る一年間は隠忍自重の上、排日行動から生ずる紛争にまきこまれることを避け、万一に紛争が生じたときは、局部的に処置することに留め、範囲を拡大せしめないことに努めさせる。

以上のように陸軍中央部は、満蒙問題武力解決を明年春以降とし、約一年間の準備において内外の理解を求むる努力と、細部用兵上の計画準備を完了することを主要局部長以上即ち省部首脳の決定とした。従つて海軍および総理等に対する打診あるいは了解取付などの工作は、直ちに実行に移された。早くも六月下旬には、海軍々令部長以下各班長および課長を偕行社に招待し、建川少将から情勢判断について説明理解を求めた。別に大した意見もなく、案外熱なく、特に新任坂野第三班長などは、「陸軍が満蒙々々と騒ぐが何が出来るものか。米国あっての満蒙なり」というような状態であったという。

建川部長は、総理、総長会談をしきりに具申画策していたが、七月十一日午後三時総長は、若槻首相を小石川の私邸に訪問、帝国々防上の見地から満蒙問題および軍縮について所見を座談的に開陳したのであった。首相は趣旨には同意したが、うまく逃げ、折角の会談も大した効果はなかった。建川少将は、さらに第二段の方法として再度の面談を求め、書いたものを残して来た方がよいと強調したが、かえって悪用せられるおそれがあり、再びそのことは実行されなかった。

七月三十日畑第一部長は、進級転任の挨拶をかね、海軍々令部及川第一班長を訪問陸軍は満蒙問題解決に熱意を持っているが、前回建川少将の場合のこともあり、海軍の決意如何と聞いたところ、第一班長の答は

(一) 海軍側にては、軍縮等に忙殺せられ未だ満蒙に関する確たる決意意見なし。何れ研究の上お答へすべし。

(二) 余の意見にては、あまり満蒙権益々々と騒ぐはどうかと思う。

(三) 一九三六年前に是非片付けるということは、これに越したることなきも、航空隊の拡張完成せば、必ずしも手なきにあらず。

ということで、甚だ手ごたえなく感じたと当時の記録に残っている。

軍司令官・師団長会議

既述の五課長会は引続き研究のための会合を開いてきた。そして七月十七日には八月三日四日に行われる軍司令官、師団長会議の原案を策定したのであった。その内容の細部は不明であるが、策定されたものは大臣訓示案であり、また今回は前例にかかわらずこれをも部外に発表しようということであったと推定される。もともと今度の会議は、例年四月初めに行われる定例の会議と異り、諸情勢の必要にもとづく臨時会議であった。

しかして同会議は、本庄関東軍、真崎台湾軍の両新軍司令官および林朝鮮軍司令官以下全軍の師団長会同して、八月三日参謀本部、同四日陸軍省担任で開催された。参謀本部では軍制改革要領案が主な説明事項であり、特に三軍司令官には情勢判断の精読方を要望された。四日陸軍省の会議では、冒頭軍人軍属都督の責任者である陸軍大臣から次のような訓示があった。そしてそれが、その日の夕刊に一斉に掲載された。

訓　示

大臣夙に内外の情勢を慮りて軍政調査会を設置し、研究調査を重ねたるは諸官の既に熟知するところなり。過般本官その業を継ぐに当りその研究はすでに大部を終了しありたるを以て爾来鋭意これが完成を図り、まず三長官の討議を遂げ、更に軍事参議官の会同を請うて慎重審議を重ね七月初頭その具体案を得たり。該案の内容竝にその経緯に関しては別に示すべきも、左にこれに関する二、三の所懐を開陳せんとす。

㈠　帝国陸軍はその編成装備において大いに向上充備を要するものあると共に、諸制度につきてもまた刷新改善を要するもの少なからずしかるに国家財政の状況はこれがため必要なる経費を国庫に仰ぐを許さず、従つてこれが十全なる解決は財政好転の時期に譲り、ただ緊急必須の事項のみに関し陸軍自体の捻出経費によりその実現を企図せり。故に今回の軍制改革の施設は徹底的なる能はざるの憾なしとせざるも、これを現下の情勢に照し全局より大観し諸般の情勢を参酌し、可能の範囲において最善を尽したるものにして、よつてもつて全軍の威力を確保せしむるものなるを信ず。諸官はよろしく叙上の趣旨を明らかにし、これを部下に徹底せしめ、必勝の信念を涵養することに努力せられたし。

㈡　改革に要する経費を陸軍自体に求むるの止むを得ざりし事情につき、本案実施の上は全軍中の一部において、或いは廃止縮少せられ或いは由緒深き衛戍地と離れ、或いは固有の団結を解きて新編組に移り、或いは歴史と伝統とを廃絶改革するの止むなきを生じ、また或いは有為の将兵若干をして麾下を去らしめざるべからざるに至るは誠に悲痛哀惜の極たり。然れども如上局部的痛恨事は、畢竟全局的改善のためやむを得ざる犠牲として国軍総威力上これを忍ばざるべからず。諸官はこの事情を諒察し、部下の指揮に際し細心の留意を望む。

㈢　軍制改革案の内容は、軍の更正に関する要求の最小限度にして、しかもその実行に際しては犠牲の甚大なるものあるに拘わらず、門外無責任の位置にある者乃至深く国防に関心せざる者に至りてはややもすれば軍部が国家の現況に盲目にして不当の要求を敢えてするかの如く観測し、あるいは四囲の情勢を審かにせずして妄りに軍備の縮少を鼓吹し、国家国軍に不利なる言論宣伝を敢てするもの所在少からず。諸官は当局と協力しこれら謬論を是正すると共に、進んで這次改革の必要とその適正なる所以とを管下の軍部内外に徹底せしめ、以て皇室国家を中心とする軍民の理解協調をもたらす如く最善の努力あらんことを望む。

㈣　満蒙問題　満蒙の地が国防的に政治的にはたまた経済的に帝国の生存発展上極めて密接なる関係を有するものにあるに拘わらず、近時該方面の情勢が帝国にとりて甚だ好ましからざる傾向を辿り、むしろ事態の重大化を思わしむるものあるは真に遺憾とするところなり。けだしかくの如き情勢を馴致せる所以のもの、或は国際政局の変化並に我国民元気の萎縮に伴う対外の国威の退潮と、長年月に亘り宣伝培養せられたる隣邦の排外的国権回復思想、並に新興経済力の満蒙方面発展案にこの根底を有し、決して一時的現象に非ずして永続的現象と認めざるを得ず。この秋に当り職を軍務に奉ずる者は益々奉公の誠を堅くし教育に訓練に熱と誠とを尽し以てその本分を完うするの用意に欠くる所なきを期せられたし。

(五) 軍縮会議国際連盟本会議は明春二月開催の予定にして我国またこれに参加することとなり、陸軍においてはこれが準備のため本年四月以来軍縮準備委員会を設けて鋭意研究を重ね、これが対策を練りつつあるを以て、近く適正なる主張態度を決し、関係方面とも協議をとげ、適当の期においてこれを公表し、朝野の支持を得ることに努めんとす。近時世上に軍縮会議に関連して軍備縮小を叫ぶ者少からざるも、つらつら列国の情勢を静観するにいまだ卒先真に自国の軍備を縮減せんとする国家あるを聞かず。然るに我国内においてはこれらの事情を直視せず、あるいはこれを曲解し、たまたま財政経済に不安を感じつつある国民の心理に投じて、国内的に軍備縮小熱を煽揚せんとするが如きもの所在少からざるは誠に遺憾とする所なり。諸官希くば一般国民に会議の本質並にこれに対する列国の態度を正解せしめ、国論の帰趨を中正ならしむることに配慮あらんことを。

昭和六年八月四日　　　　陸軍大臣　南　次　郎

俄然この訓示の内容および発表は、朝野の大問題となつた。八月五日東京朝日新聞は社説をもつて、陸軍を避難するとともに政府の無気力を難詰した。

もちろん与党である民政会でも問題にした。殊に「門外無責任の位置にある者乃至深く国防に関心せざる者に至りては……云々」をもつて、陸軍攻撃の材料にしたが、陸軍は少しもひるまず、所謂高姿勢をもつてこれに応酬した。左記は八月六日陸軍大臣の所信として新聞の報導したものであるが、別に新聞班からは軍人の政治干与問題に関する見解が発表された。即ち国防に関して意見を述べることは、何も政治干与ではないという趣旨のものであつた。

政府要路の人は、特別に大臣訓示問題に対して陸軍と正面衝突をするような行動には出なかつたようであるが、客観的には政府対陸軍の明らかな対立であつた。しかもこの頃は、経費節減問題、行政機構改革問題、軍人恩給問題、軍縮会議全権人選難等重要政治問題堆積渋滞し、その上万宝山事件および中村大尉事件等対満州問題の重圧が加はり政情騒然たるものがあつた。しかして対支外交は、重光によれば、「幣原外交は堅実に行詰つていた」のである。

陸軍大臣の所信

陸軍大臣として自己の所信を述べることは、職務上国政に参与している限り決して不当なことではない。従つて、これを他の閣僚から掣肘さるべき筋合はない。軍政改革問題は、単に陸軍だけが影響を受ける問題ではなく、この改革案を実施すれば数千名の将校を整理し、二万人以上に上る兵員を縮少しなければならぬから、国家としても大問題である。軍司令官や師団長は、直接その影響をもつ人々であるので、これらの人達によく真意を諒解させることが必要である。また陸相の訓示中満蒙問題については、発表された以外に、若槻首相が先般秋田の民政党大会においてなすべき演説として閣僚に内示したところによれば「支那の処置に不当不法なものがありますならば、あくまでもこれが矯正のために外交手段を尽すことは当然であります。又我国家の生存を防衛せんがためには如何なる犠牲をも顧みず、敢然として奮起しなければならぬこともあります」ということであつた。これは明かに我が満蒙問題に対する政府の見解を表明したものである。この政府の方針を体して「敢然として奮起しなければならぬ秋」の準備としてけ怠なきを期せよ、という意味のことを付加している。故に陸軍としては、政府の方針に背戻して満蒙問題を論議したものにあらず。況んや陸軍大臣は一面国務大臣として政治に干与しているものが、満蒙問題を論議するを得ずとなすは失当なる攻撃といはねばならぬ。もし攻撃すべきところありとすれば、現内閣の対支政策を目標とすべきである。

万宝山および中村大尉事件

対満蒙未解決の懸案事項は枚挙にいとまないが、七月以降激発した万宝山事件および中村大尉虐殺事件は、国民の憤激をその頂点にまで達せしめた特記すべき事件であつた。

万宝山事件は、七月上旬長春北方三十粁万宝山において、水田開墾に従事していた約二百名の朝鮮人農民に対する支那官憲および民衆協力しての実力弾圧事件である。そして朝鮮ではこの事件に報復して全鮮にわたつた暴動所謂朝鮮事件生起し、日支互にその非を詰問する外交々渉案件となつたが、畢竟朝鮮統治のためにも満蒙問題を速かに解決しなければならないことを物語るものであつた。

次に、中村大尉事件であるが、それを叙述する前に、日本陸軍の対ソ作戦計画とそれに基く兵要地誌調査の実状を紹介しよう。当時の日本陸軍は、対ソ戦争の場合、洮昂線の西方興安嶺東側地区概ね泰来東西の地区に第一会戦を予想し、ソ軍は、斉々哈爾昂々渓西方地区に主力軍を集中して南下するものと判断し、これに対して我軍は、洮南附近に主力十数コ師団を集中して北進する計画であつた。そして別に、有力な一支隊を洮児河上流地区から興安嶺を斜に縦断して、興安嶺分水嶺附近の伊《イ》力《レ》克《ク》得《テ》方面に進出せしめ、敵の背後を遮断することを考えていた。

このために、大正末年以来この方面の兵要地誌調査の使命を帯び参謀本部および関東軍の有為の将校が実地調査旅行を継続的に実施してきたのであつた。既に大正末期には笠原、井手、橋本、板花、森岡等による五調査班の興安嶺横断海拉爾にいたる調査あり、昭和三年には公平大尉の泰来附近、田中隆吉大尉の海拉爾―阿爾山方面から興安嶺地帯踏査、新妻少佐の興安嶺縦断調査（不成功）などを数えることができる。

参謀本部々員中村震太郎大尉の任務は、この興安嶺を斜に縦断する支隊のための兵要地誌調査即ち宿営、給養、給水竝に行動の難易等に関する実地調査であつた。同じ頃関東軍の佐久間亮三大尉は、主力十数コ師団の集中、前進地区の宿営、給養特に給水、行動に関する兵要地理の調査に当っていた。中村大尉と同行した井杉延太郎は、佐久間大尉と洮南から王爺廟に旅行したあとで、中村大尉の懇望によって別れた因縁もあった。

なお敵側の地形、物資等調査のために、この頃参謀本部から長勇大尉が興安附近より鉄道両側の地区を、同じく森赳大尉が札蘭屯附近より斉々哈爾の西北方に進出する地区の兵要地理実施調査に派遣せられ、その任務を果したのである。

中村大尉は井杉氏ほか白系ロシヤ人および蒙古人各一名計一行四名で、騎馬で六月六日イレクテをたって壮途についた。その後の消息は杳としてわからず、七月の北満参謀旅行中に述べたように、二十日一行旅順に帰ってから果然問題となった。二十五日片倉大尉は命令により、支那服に着替えて洮南に密行し、洮南満鉄公所を捜索本部として、捜索範囲を興安屯墾地区に指向してその足跡を追及した。

中村大尉一行の足跡は、大体挿図の通りであるが、その遭難の端緒は、七月二十三日頃安達方面の農業調査から斉々哈爾に帰った満鉄公所の佐藤氏から得た。即ち佐藤氏は、夕食のとき、夫人から意外な情報を聞いた。即ち夫人の朋輩植松菊子(酌夫であって屯墾軍将校の情婦ともいうし、当時蘇鄂公爺府の土地顧問をしていた王紹亭の夫人ともいわれる)の話によると、六月下旬同地で日本人二名、支那人一名、ロシヤ人一名が屯墾第三団のため殺され、緘口令が布かれているということであった。

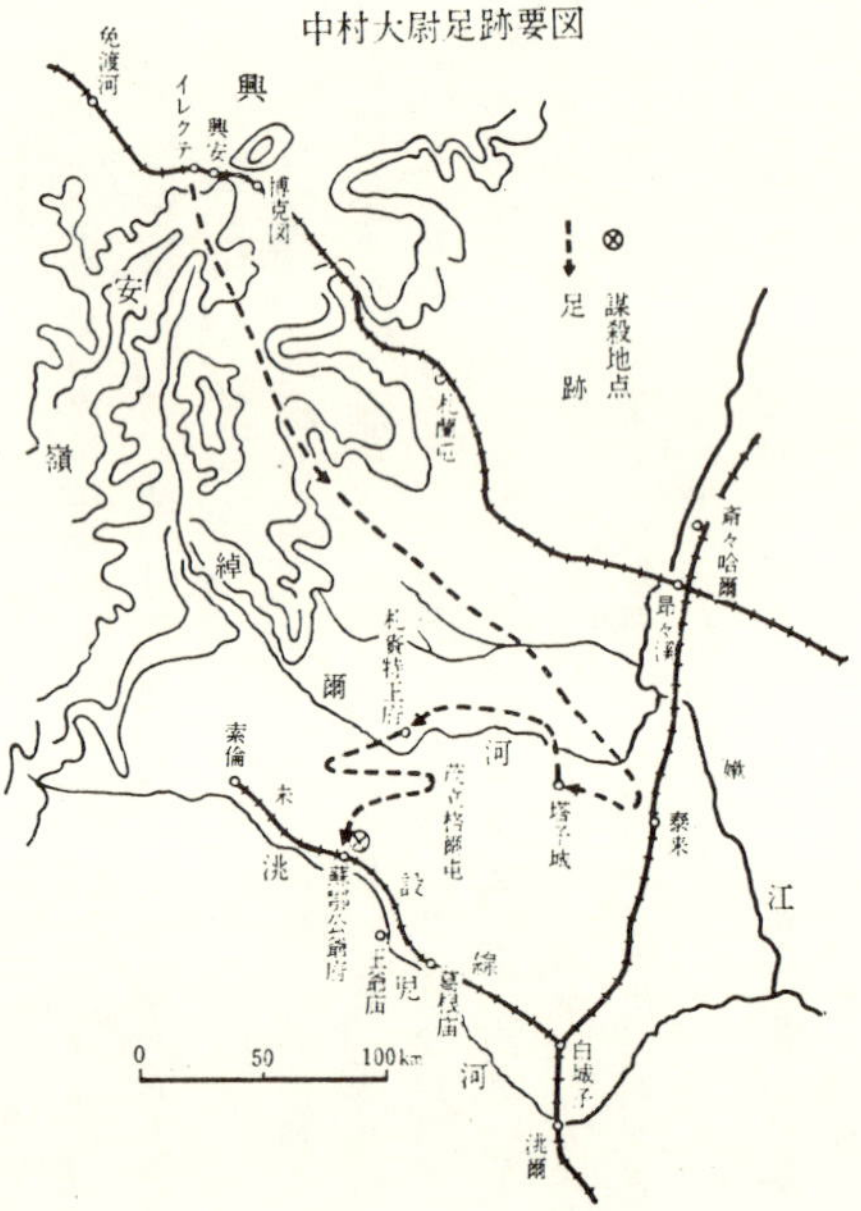

中村大尉足跡要図

哈爾賓特務機関その他一斉に物的証拠の収集に乗り出した。結局中村一行は、蘇鄂公爺府の一膳飯屋で休んでいるところを屯墾第三団のものに拉致され、第三団長関玉衡によって六月二十七日その東方二支里の地点で銃殺、油をかけて死体を焼却する暴行を加えられたことが分った。

事件発生後捜査の進捗に従い、総領事林久治郎からは東北政権渉外署へ、土肥原奉天特務機関長からは、東北軍憲へ抗議し、矢継早に解決の督促を行つた。支那側は当初、事実無根の浮説だとか、日本側の詐称だとか、口実を設けて時日を遷延し、この間に証拠の湮滅をはかつた。

関東軍は実力捜索の決意をもつて、装甲列車歩砲連合部隊を四平街に準備した。しかしこれは中央の阻止するところとなつた。左記書類は、石原資料に残つているものであるが、欄外に「此書類を携行満鉄に向はんとせる時中央より反対の指示あり不用となりしものなり」と、自筆注記がある。

参軍第二六五号関

中村大尉捜索に関する件

昭和六年八月十日　関東軍参謀長　三宅光治

南州鉄道株式会社

副総裁　江口定條殿

参謀本部々員中村震太郎ノ遭難ニ関シ軍ハ近ク奉天軍憲ニ交渉ヲ開始スル予定ニ有之状況ニヨリテハ実力調査ヲ行フコト可有之其場合貴会社ヨリ左記人員材料ノ提供ヲ受ケタキ予定ニ付予メ貴意ヲ得候也

追而四洮洮昂鉄道トノ交渉其他ニ就テモ配慮ヲ煩ハシ度此段申添候也

左　記

一、人員

装甲列車	一	運転要員
大型軽油動車	一	
装甲軌道車	一	
モーターカー	四	
軍用列車	四	運転竝乗務員
修理班	一	所要人員

二、材料

機関車	五
有蓋貨車	八〇
無蓋貨車	二〇
大型軽油動車	一
モーターカー	四
修理材料（主トシテ鉄橋）	若干

関東軍実力捜査の意見、中央の採用するところとならなかつたことに対し、石原中佐は、八月十二日軍事課長永田大佐に次のような書簡を送つている。信頼する永田鉄山大佐に、現地の切々たる衷情、やむに止まれぬ満蒙問題解決の急務を訴えたものではなかろうか。

昭和六年八月十二日　石原　中佐

永田大佐殿

拝啓　今回の中村事件に就き軍の意見中央部の採用する所と

ならざりしは誠に残念に御座候只今該事件につき生等の所感二三申上げ候も決して過去りたる事につき未練を申すに無之将来の御参考として御一覧の栄を得度候

1、「帝国軍隊及軍人ト支那側トノ間ニ生シタル係争問題一覧表」ハ我等ノ為ニハ大審院判決例にも該当スベキモノトス（鉄嶺事件ノ記述ニツキ軍ヨリ抗議ヲ申込ミタルモ之レカ為ナリ）該書は参謀本部発行ナルモ陸軍省モ同意ナルノミナラス外務省モ異存ナキモノト考ヘラル該書ノ精神ニ明ナル如ク満州ニ於テ日本ノ軍隊及軍人ト支那側トノ間ニ生シタル事件ハ先ツ軍部ニ於テ機且ノ処置ヲ執リ国軍ノ威信及名誉ヲ維持シ後適時之ヲ外務官憲ニ移スヲ主義トス之一般国際慣例ニハ合セサルコト勿論ナルモ我駐兵権ニ伴フ自然ノ特権ニシテ二十年来ノ慣行トナリ来リタルモノ之ニヨリテ事軍隊ニ関スル事件ハ其他ノ事件ト異ナリ迅速ニ結果ヲ得ルヲ常トセリ鉄嶺事件ノ際ハ中央部ヨリ過早ニ干渉ヲ加ヘ事件ヲ有耶無耶ニ終ルニ至リタルコトハ御来満ノ際申述ベタルカ如シ

2、軍人カ支那内地を旅行スルハ何等国際慣例ヲ破ルモノニアラス例ヘハ米国武官カ我軍機保護法ニ牴触セサル限リ自由ニ我軍情ヲ視察シ歩クト同様仮令軍事的視察ナリトスルモ支那国内法ニ反セサル限リ何等ノ抗議ヲ受クル必要ナキモノトス但シ国際上ノ道義的関係及我企図ヲ匿ス為メ成ルヘク身分ヲ秘スルヲ有利トスルコト多キハ勿論ナリ斯ノ如キコトハ勿論十分御承知ノ事ト存スルモ今日迄中央部（軍事課ト申スニアラス）ノ処置ニツキ生等ニ疑問ヲ懐カシムルコト再三アリシヲ以テ婆心ヲ以テ申述ヘタル次第ナリ

3、今回ノ事件ニ於テモ若シ軍カ直接東北軍憲ノ首脳者ト交渉シ大決意ヲ以テ之ニ臨マハ全般ノ状況上生等ハ最短期間ニ解決シ得ル確信ヲ有シタルモノナリ但苟モ我等事ニ当ル以上武力使用ノ決心ヲ蔵スルヲ要スルハ論ヲ俟タス

外務当局ノ厳重抗議ニヨリ迅速ニ事ヲ解決スルカ如き全ク一ノ空想ニ過キス若モ此ノ如キコト可能ナラハ数百ノ未決事件総領事ノ机上ニ山積スル訳ナク従テ今日喧シキ「満蒙問題」ナルモノハ存在セサリシコト明ナリ

4、軍カ「軍部ノ威信ヲ中外ニ顕揚シテ国民ノ期待ニ答ヘ満蒙問題ノ解決ノ端緒タラシムル為絶好ノ機会ナリ」トノ意見ハ稍誤解セラレタルモノノ如シ前述セル今日ノ満蒙問題ナルモノハ外交々渉ノ無力ヨリ生シ来リタルモノニシテ理解アル国民ハ軍部ノ力ニヨリ解決スル外ナシトノ意見ニ一致セントシツツアル今日陸軍大臣カ満蒙問題ニ対スル軍部ノ重任ヲ訓示セラレタル尤モ時機ニ適セルモノト拝察ス而モ此訓示ヲ一片ノ議論ニ止メス之ヲ事実ニ示ス為今回ノ事件ハ真ニ絶好ノモノタリシコト生等ノ深ク信スル所ナリ即チ領事館ニテハ到底解決シ得スト一般ノ信スル事件ヲ軍部ノ力ニヨリ最短期間ニ成功セハ軍部ニ対スル国民ノ信望愈々増進スヘク軍部カ国民ノ信望ヲ深クスルコトカ軍部主動

トナリ満蒙問題ヲ解決スル第一歩ト信ス如何ニ無謀ナル関東軍司令部ト雖独乙ノ山東ニ於ケル如ク中村事件ヲ以テ直接ニ満蒙占領ノ口実トナサントスルモノニアラス其辺ハ御安心ヲ乞フ

5、御承知ノ如ク洮南地方ハ支那側カ不当ニ邦人ヲ圧迫シ条約ヲ無視シテ居住営業ヲ妨害スルノミナラス洮索鉄道ヘ日本人ノ乗車ヲ許ササル等暴状言語ニ絶ス今回ノ事件モ根本原因此処ニアルニ着眼シ支那側ヘノ要求ハ在来ノ如ク面子上ノ条件ニ重キヲ置クコトナク洮南地方ノ解放ヲ第一トシ謝罪モ一部ノ日本軍隊ヲ遺骸受領ノ為洮南ニ進メテ支那軍隊ヲシテ謝罪セシムル方法ヲ採リ（此方法ハ高官ノ謝罪ヨリモ却テ容易ニ承諾スルニアラスヤト考ヘラル）以テ一斉ニ洮南地方ノ排日ヲ排除セハ唯ニ中村ノ霊ヲ慰ムル最良ノ方法ナルノミナラス陸軍の信望ヲ高ムル為計リ難キ効果アルコトヲ確信ス

以上縷々申述候ところ皆既に電報せる所に候要するに如何に有能なる中央当局と雖第一線の事情は細部迄御承知無きこと自然なるを以て成るべく第一線の意見を尊重し其活動に委せらるること国軍の為最も必要と存候若し第一線の人物を信頼し難き時は速に適当の人物を配置せらるること満蒙の形勢上目下第一急務と存じ候生等徒に現位置に恋々たるものに御座無く候若し中央部に於て処理せらるるならば適時適切に根本方針御指示被下度方針御決定に時間を要する時は其事情予め内報を賜り度候今回の如く各部隊迄軍としては内命を発し軍隊が緊張の最頂点に達したる時突如之に中止命令を下さざるべからざるに至りては軍司令官の威信を損ずるのみならず軍隊に悪影響を及ぼすこと尠からずと存じ候

更に小生率直に申上ぐれば今回の事件は中央部より派遣せられたる遭難者なるに関せず中央部の出先に対する態度冷淡なる感を与へあることも御参考迄御含み置被下度国家多事の場合意見の相違はとに角として中央出先相互に十分了解して気持よく事に当ること肝要なること申す迄も無之礼に倣はざる我等の罪大なること万々承知致居り候出先は動もすれば神経を尖らしむるものなることも御諒察被下度御願申上候

敬　白

八月十七日には、それまで新聞掲載を禁止していた事件の真相を発表した。参謀本部は森赳大尉を派遣して、十八日林総領事の臧式毅奉天省首席に対する抗議に列席させて、日本陸軍の不退転の決意を表明した。しかしてその後、生証人や物的証拠が着々集まり、遂に九月上旬、支那政権はその非違を認め、関玉衡を奉天に招致、軍法会議に附することとし、陳謝の交渉に転移するに至った。

さもあらばあれ、かくの如き暴虐は日本陸軍駐満二十六年未曾有のものであり、我が国論は極度に沸湯した。小桜会の激文もこの頃全国にとんだ。また当時自由主義の牙城といわれた東京朝日新聞すら、八月十八日の社説において、「我が将校虐殺

事件、暴虐の罪をただせ」と題し、「満州の奥地を視察中の陸軍大尉中村震太郎氏は、六月末から行方不明であつたが、途中支那屯墾軍兵のため、拘禁せられ、遂に銃殺されたことは、十七日陸軍当局の発表により判明した。同大尉は旅行免状を携帯し、一見して日本人であることが明白であるに拘らず、災厄にあつたのである。しかも北方の治安を維持し、民衆保護の任務を帯びる官兵のために、銃殺せられたのであるから、支那側の責任の到底回避すべからざるものあるは明かである……」と、堂々の論陣を張つた。

かくして満州問題解決への輿論は、翕然として朝野に盛り上つたのである。

青年連盟の母国遊説

六月における青年連盟の活動によつて、生存権確保の悲痛な叫びは澎湃として全満州に起つたことは既述した。しかしながら打倒帝国主義を標榜する支那の革命外交はいよいよ暴悪を極め、我が権益は刻々と覆滅の危機に瀕するに至つたに拘わらず、母国朝野の満蒙に対する認識は存外に不足であり、低調であつた。もはやこれ以上黙過することは出来ない、猛然起つて母国の人々に呼びかけ、その覚醒を促すことが第一の急務なりとする青年連盟の意見と、大連新聞社の首唱とが期せずして一致した。

大連新聞社は全満の代表者二名を公選して、青年連盟代表者と共に上京させることとなり、第一回母国派遣代表を次のように決定した。

本部理事	岡田猛馬
長春支部長	小沢開策
安東支部長	永江亮二
公選代表	高塚源一
公選代表	佐竹令信

この一行は七月十八日着京、各言論機関、当局および有力団体を訪問した。在京の満鉄関係者である平島、内海、遠藤、前川の諸氏また大いに奔走尽力するところがあつた。そして上野公園自治会館の国民大会、青山会館における市民有志大会、上野精養軒の満鮮問題大会、東京日日新聞主催大講演会等何れも盛会を極めた。

なお要路当局はもちろん、朝野の名士、政党総裁などあらゆる方面を動かして少からぬ感銘を与え、その結果東京七十一団体の結束を促がしたという。さらに七月三十日東京をたつて大阪に到着、大朝、大毎、商工会議所はじめその他の実業家と会見するとともに、公開演説会や懇談会を開いて満蒙の現状を訴えた。八月五日神戸、七日下の関および福岡で最後の演説会を開き、八日門司乗船十日帰連した。

約二十日間の母国訪問を了つて帰連した一行を大連市民は熱狂して迎えた。十一日大連劇場での報告演説会をもつてこの壮挙を了えたのであるが、東京に対外同志会、満州問題国民同盟その他八団体連合の満蒙問題連合大会を開くにいたつたのはこの壮行の所産であった。

本庄軍司令官着任

姫路の第十師団長であった本庄繁中将は菱刈大将に代つて、新関東司令官として八月三日四日の軍司令官、師団長会議に列席したことは、既述で明らかである。大将進級の菱刈軍司令官の後任で、別に意味はないとも云えるが支那通とその人柄を買われて、風雲急な満州の関東司令官にぎせられたものではなかったか。

本庄中将は、七月十三日宇垣朝解総督赴任を姫路駅に見送ったとき、旅順行内定を総督から告げられた。実際は七月十五日主要人事の内奏があったのだが、その日鈴木貞一中佐からも内報を受けた。正式の内報は七月二十日であった。

七月三十一日朝関東軍高級参謀板垣大佐の来訪を受け、要談の上昼夕食をともにして一緒に軍司令官、師団長会議のため上京の途についた。八月一日軍司令官親補、同三日四日の会議にのぞんだのであるが、この後は板垣参謀は所謂随行参謀という立場になる。しかし本庄軍司令官とは九日まで、少くも三回特別に面談している。

この間の板垣大佐の行動は明らかでないが、先ず東京に直行して各方面に連絡したのち、新軍司令官を姫路に訪ねたものであろう。そしてこの東京滞在間に、必要な人達に満蒙問題処理に関する関東軍の決意を訴えたことは先ず間違いあるまい。橋本中佐はこのことをはつきり口述しているし、金竜亭の女将などを時日は判然としないが、その事実を現在も肯定している。

本庄新軍司令官は五日いったん離京し、姫路で離任の仕事をすませ九日再度上京、あらためて参謀本部、陸軍省、外務省等を丹念に歴訪、各首脳とさらに要談を遂げた。この間永田軍事課長、岡村補任課長、重藤支那課長、小畑大佐などとも特別に会談した。板垣大佐とは九日に三時間ほど話した事実があるが、板垣大佐はその直後一足先に帰満したようである。

八月十五日菱刈大将を東京駅に迎えて、直ちに同大将の新借家で事務の引継をすませ、同夜七時三十分東京駅発満州へ向った。十六日神戸乗船、二十日大連上陸、旅順到着一場の訓示ののち幕僚と会食、これが新軍司令官着任の第一歩であった。爾後多忙な行事がつづくが、この間参謀長以下各参謀および片倉大尉などから連日当面の中村事件を筆頭とするその他懸案の満州問題ならびにおのおの担任業務の説明を聴取した。そして八月二十九日午前、参謀および板垣参謀に満州時局対策について根本方針を指示したのであった。

既述した中央の「満蒙問題解決方策の大綱」はもちろん大臣総長から示達されただろうが、板垣、石原の説く急進論も理解できたのではないか。この両者をいかに調節して関東軍の進退を決すべきか。着任と同時に新軍司令官の胸奥に去来した大きな問題であったと思う。それはともかく、九月一日着任第一声として隷下一般に、次のような訓示をした。

訓示

隷下一般

本職茲ニ関東軍司令官ノ大命ヲ拝シ閫外ノ重任ニ就クニ当リ親シク隷下部隊ノ堂々タル軍容ニ接シ衷心欣懐ノ至リニ堪ヘス

近時満蒙ノ情勢漸ク逼迫ヲ告ケ一日ノ偸安ヲ許ササルモノアリ我関東軍ノ責務真ニ重且大ナリト謂フヘシ

本職深ク期スル所アリ精鋭ナル我将卒ニ信頼シ戮力協心匪躬ノ節ヲ効シ以テ此変局ニ処シ相偕ニ国運伸展ノ大業ニ寄与センコトヲ庶幾フ

さらに九月三日関東軍部隊の二大支柱である駐箚師団長および独立守備隊司令官と左記のような懇談を遂げた。かくして満州現地の噴火山上にいる関東軍は、新軍司令官の下一触即発の緊急事態に対する万全の構えを完整しつつあった。

駐箚師団長
独立守備隊司令官 ニ対スル懇談事項　昭和六年九月三日

一、近時支那官民ノ排日運動ハ漸次組織化シ其根底深キモノアルヲ以テ両国民ノ感情ハ益々尖鋭化スヘク従テ今後更ニ幾多ノ不詳事ノ発生ヲ見ルニ至ルヘク此ノ如クシテ最後ノ解決ノ時期近ツキツアツルヲ思ハシムルモノアリ殊ニ注意スヘキハ最近支那軍ノ下級将校ハ日本軍ヲ軽侮シ兵卒ニ対シ排日ヲ鼓吹シツツアルコト是ナリ此ノ如クンハ勢ノ赴ク所彼等兵卒ノ無智蒙昧ト附加雷同性ト相俟チテ我軍ニ対シ挑戦的行動ニ出ツルモノナキヲ保シ難シ此ノ如キハ固ヨリ我ヨリ求メテ得ヘキニ非サルモ事態今日ノ如キ場合ニ於テハ終ニ日支ノ正面衝突ヲ惹起シ軍トシテ或ハ重大ナル決心ヲ要スルニ至ルヘシ第一線ノ軍隊ハ常ニ環境ノ変化ニ留意シ事件ノ突発ニ際シ決シテ不覚ヲ採ラサルノ覚悟ト用意トヲ必要トスヘク特ニ独立任務ニ服スル小部隊ハ如何ナル場合ニ於テモ消極ニ陥ルコトナク毅然トシテ其任務ヲ敢行シ苟モ国軍ノ威信ヲ失墜スルコトナキヲ期セサルヘカラス但シ我軍ノ行動ハ如何ナル場合ニ於テモ正々堂々ト正義ニ立脚スヘキモノナルヲ以テ故ナクシテ無辜ノ良民ヲ害スルカ如キハ厳ニ之ヲ戒メサルヘカラス

二、満蒙問題解決ノ為ノ前項ノ如ク乗スヘキ好機ハ直ニ之ヲ捕フヘキハ敢テ論議ノ余地ナキ所ナルモ現政府カ進ンテ断乎タル処置ニ出テ得サル所以ノ者国内輿論未タ此ニ到達セサルヲ憂フルニ存ス之カ為メ満蒙ノ真相ヲ内地ニ紹介スルコト最モ必要ナリ在満ノ民間諸団体ニ於テハ更ニ宣伝員ヲ内地ニ派遣スヘク計画中ニシテ軍ハ裏面ヨリ之ヲ支持シアリ

目下中村事件ヲ期トシ各地ニ於テ演説会開催セラレ満蒙問題竝一般国防思想普及ノ為メ相当ノ効果ヲ挙ケツツアリ固ヨリ軍ノ諒解ノ下ニ行ハレタルモノナルモ表面上軍トハ全然関係ナシト称シアリ然ラサレハ却テ効果ヲ減殺スル害アルヲ以テナリ

近時内地ノ一部ニ軍部ノ満蒙強硬論ハ軍部カ軍制改革乃至軍縮反対ノ苦肉策ナリト曲解スルモノアリ在満邦人中亦此ノ如キ曲解ナシトセス注意ヲ要ス

三、今回ノ軍制改革其他ニ関シ陸軍大臣ヨリ軍人ノ心得ニツキ懇談アリ主ナル事項左ノ如シ

1、隣邦ノ情勢竝国防上ノ諸問題ヲ詳ニシ国運伸展ノ為メ満蒙問題解決ノ重要ニシテ且当面ノ急務ナルコトヲ感銘シ個人ノ研究ニ於テモ又軍隊ノ教育訓練ニ於テモ此ノ趣旨ヲ徹底セシムルコト

2、満蒙問題ニ対スル結論（領土的解決、日支戦争）ハ軍部躬ラ主唱スルコトナク国民ヲシテ叫ハシムル如ク仕向クルコト

3、軍人ハ政治的策動乃至ハ支那浪人ノ陰謀ノ如キモノニ参加スヘカラス

第三章　勃発・建国

初度巡視・随時検閲―勃発・関東軍出動―柳条湖事件―吉林派兵・独断越境―陸軍中央部の前進―関東軍の決意表明―内田満鉄総裁との懇談―十月事件の余波―中央政局の波瀾―白川大将渡満―建国構想の曲折―天津事件・廃帝溥儀脱出―戦局の発展と委任命令問題―青年連盟の活躍―錦州軍政権掃蕩―板垣参謀上京―本格的建国準備―哈爾賓進出―満洲国誕生―連盟調査員来満・馬占山背反―関東軍主脳交迭

初度巡視・随時検閲

この巡視、検閲の日程、経路、各部隊等については本庄記によって挿図のように整理してみた。もってその大要を察し得ることと思う。なおこの間、九月十三日長春において独立守備隊に与えた次の訓示また注目すべきものであった。このことは、そのまま満鉄にも通報された。板垣大佐以下の各参謀および今田顧問等はこの日夕刻長春に到着した。

近時匪賊ノ跳梁甚シク鉄道ノ運行ヲ妨害シ剰ヘ我付属地ヲ窺フモノ多キハ誠ニ寒心ニ堪ヘサル所ナリ

我威武ヲ軽視スル是等不逞ノ徒輩ニ対シテハ進テ断乎タル処置ヲ採リ鉄道守備ヲ完ウスルト共ニ帝国在留民ノ不安ヲ一掃スルコトヲ努ムヘシ

駐箚第二師団長ニ与フル訓示

茲ニ本年度随時検閲終了ニ方リ其ノ実績ニ徴シ左ニ若干ノ所見ヲ開陳セントス

一、奉天駐地屯司令官カ事件突発ニ際シ神速ナル決心ヲ以テ断乎タル処置ニ出テタルハ可ナリ然レトモ苟モ支那軍隊ト戦闘ヲ交フル場合ニ於テハ在奉天駐屯部隊ヲ統一指揮シ其ノ全戦闘能力ヲ発揮スルノ著意特ニ必要ナリ

二、長春及遼陽駐箚隊ノ奉天赴援ニ関スル動作ハ概シテ可ナルモ鉄道当局トノ連絡ニ就テハ尚研究ヲ要スルモノアリ

事変前における彼我態勢要図

(付・軍司令官巡視検閲の日程経路)

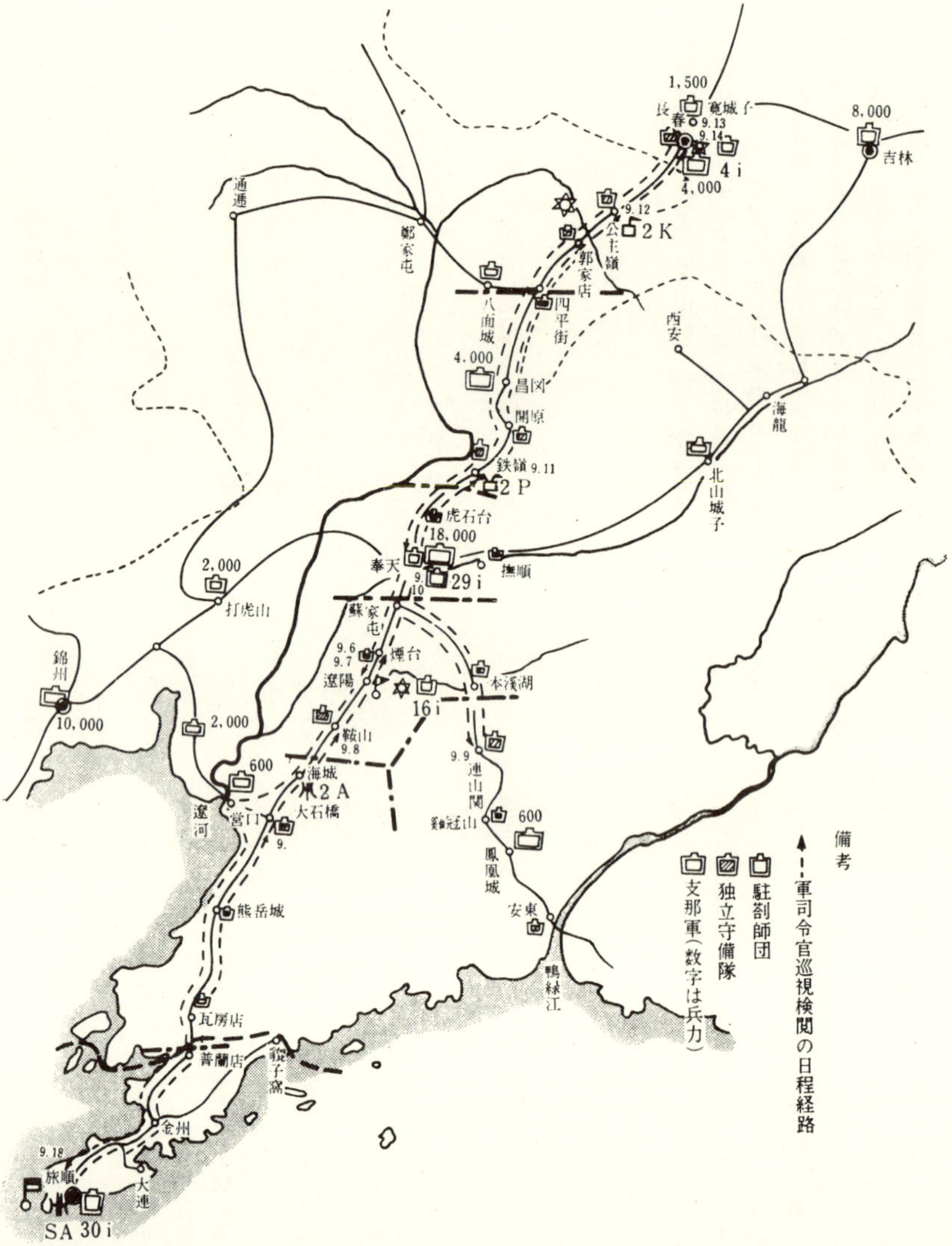

三、両旅団長ノ統裁セル図上戦術及奉天駐劄隊将校ニ対スル諮問ニ徴スルニ比ノ種作戦ニ対スル諸隊ノ破究準備ハ着々進捗シアルヲ認ム
四、奉天駐劄隊ノ城壁攻撃ニ関スル演習ハ適当ナリ
遼陽駐劄隊ノ市街戦ニ関スル破究ハ尚ホ向上ノ余地アリ
五、長春及奉天駐劄隊ニ於ケル山砲ノ教育ハ教育時日ノ短少ナルニ拘ラス能ク其ノ隊ノ戦闘目的ニ適応シ有利ニ使用シ得ルモノト認ム将来歩兵砲ノ一種トシテ其性能ヲ十分発揮シ得ル如ク更ニ深刻ナル破究ヲ望ム
六、装甲自動車ノ教育ハ概シテ適当ナリ
之ヲ要スルニ師団長ノ適切ナル指導ト将卒ノ精励トニ依リ駐劄日尚浅キニ拘ラス諸隊ノ作戦準備着々進捗シ士気亦頗ル旺盛ナルハ本職ノ最モ満足スル所ナリ
今ヤ満蒙ノ情勢ハ日ニ不安ヲ加ヘ一日ノ愉安ヲ許サス万一事件ノ発生ニ際シテハ宜シク各隊ハ進テ積極的行動ヲ採リ断シテ不覚ヲ取ラサルノ覚悟ト準備ニ於テ些ノ違算ナキヲ期スヘシ

昭和六年九月十八日

関東軍司令官　本庄　　繁

勃発・関東軍出動

検閲を了えた軍司令官一行は、午後二時遼陽発急行列車で帰旅の途についた。午後八時大連に到着したが、軍司令官のみ一行と別れ、かねて依頼されてモデルとなっていた野田画伯の家に立寄り、完成した油絵の肖像画をみた後自動車で旅順の官邸に帰着した。丁度午後十時であった。なお板垣大佐は遼陽から奉天に向った。それは参謀本部建川第一部長が連絡のため十八日夜奉天着のことが十七日に判明したので、同少将を迎えることを命ぜられたためであった。

午後十一時過軍司令官は、左奉天の板垣参謀からの電話連絡によって、奉天に於ける日支軍衝突および独断独立守備隊と駐劄連隊を出動せしめたという急報に接した。同時頃軍司令部宿直将校からの知らせで、幕僚達は間もなく参謀長官舎に集まった。少しおくれて入って来た石原参謀は直に電話にかかり、第二師団長に遼陽部隊の奉天出動命令を伝達し、幕僚諸君にすぐ軍司令部に出頭するよう促した。石原参謀は帰来後軍服も脱がず、そのまま写真の現像をしていたそうだが、急報とともに先ず軍司令官の官邸に行って遼陽第二師団奉天出動命令の決裁を受けたのであった。

午前〇時軍司令官は司令部庁舎に出頭し、各幕僚を集め「全線全関東軍同時出動、奉天軍攻撃」を下令するとともに、軍司令部また奉天に出動に決したが、これと同時に林朝鮮軍司令官に対し増援を要請するところがあった。午前三時三十分各幕僚をしたがえた軍司令官は、在旅順歩兵第三十連隊と同列車で旅順出発北上十二時過奉天着、一時停車場に在ったが、午后二時には東拓楼上の軍司令部に入った。

この日の軍司令官日記に「払暁我軍北大営ヲ占領シ正午頃奉

天城占領、次イデ東大営迄占領。此日長春ノ攻撃戦闘最モ激烈」とある。この短かい記事にうかがわれるように、十八日夜からの関東軍はまことに疾風迅雷、十九日一日のうちに満鉄沿線にあった学良軍の主要部隊を一挙に掃蕩してその本拠を完全に覆滅したのであった。全軍奉天集中の平時計画とは若干ちがったが、その行動は数日前の検閲演習をそのまま地でいったように整斉神速であった。

即ちこの電撃作戦は、奉天付近の戦闘、長春付近の戦闘および沿線各地の掃蕩戦に分けられるが、いずれも各地所在の指揮官が、特務機関の通報あるいは満鉄駅員からの情報等によって直ちに独断行動を開始し、次で関東軍命令を受領するという、一瞬の遅滞なく、しかも脈絡一貫統制ある行動となった。奉天付近は何といっても心臓部特に城内の政治中枢、北大営王以哲の指揮する六千八百の独立第七旅ならびに飛行場を速に制圧することが絶対的な要請であった。駐箚歩兵第二十九連隊の奉天城攻撃、独立守備第二、第五大隊の北大営攻撃、更に未明到着した遼陽の歩兵第十六聯隊の飛行場、兵工廠、東大営の占領がその主なるものである。

長春部隊の歩兵第三旅団長長谷部少将は、かねての計画とちがって「歩兵第四連隊と騎兵第二連隊を指揮し長春の警備に任じ同地付近の支那軍に対し窃に攻撃を準備」すべき軍命令を受けた。しかし、既に歩兵第四連隊第二大隊に南嶺攻撃の命令を下して進発せしめたあとであったばかりでなく、徒に待機するのは長春付属地を包囲する歩兵約二団、砲兵一団の支那軍に対して危険であると判断し、新に歩兵第四聯隊主力を以て寛城子兵営を急襲せしめるに決し、騎兵第二連隊を長春に招致すべく処置した。

寛城子攻撃は、午前四時四十五分頃奇襲を以て開始されたが、天明となるにおよんで強襲となり一時苦戦に陥ったが、増加装備山砲の活躍等も加わって午前十一時過完全に占領した。一方南嶺攻撃は、払暁第一営を奇襲奪取したが、距離の関係上第二、第三営に対する攻撃を更に準備しつつあったとき、森守備隊司令官の独断に依って急派された独立守備歩兵第一大隊主力と会し、午前十時頃から一斉に攻撃を開始した。敵は堅固な囲壁によって頑強、我方死傷続出、敵却って逆襲するという状況を現出したが、午後二時三十分頃完全に敵を撃退した。この間騎兵第二連隊も終末頃増援、戦闘に加入した。長春付近の戦闘では、我が損害戦死六十名、負傷七十九名にのぼった。

その他満鉄沿線では営口および鳳凰城の支那軍に対し、それぞれ独立守備の第三大隊および第四大隊をもつて十九日朝武装解除した。なお奉天に進出した軍は、長春の戦況に鑑み歩兵第三十連隊および海城の野砲第二聯隊第二大隊をして引続き北上長春に輸送を命ずると共に、奉天付近に到着している独立守備隊司令官に、隷下の第五、第六大隊および野砲兵第二連隊（一中隊）ならびに臨時野戦重砲兵大隊を指揮して昌図駅西北方約七粁の地点にある紅頂山兵営の敵掃蕩を命じた。

紅頂山攻撃部隊は、午後十一時過昌図に到着して、二十日払暁砲兵の射撃開始をもつて堂々攻撃に移つたが、敵影既になく午前七時三十分員兵営を占領した。ここに於て南満鉄道沿線の支那軍は完全に掃蕩され、その影を絶つにいたつたのである。

柳条湖事件

参謀本部編纂「満州事変史」は、事変の発端を次のように叙述している。

逼迫セル日支ノ関係ハ極度ノ危機ヲ蔵シ満洲ニ於ケル風雲ハ正ニ暗澹タルモノアリシカ昭和六年九月十八日午後十時過支那正規兵（兵力三、四百名）ハ突如柳条湖（奉天駅北方約七粁半）付近満鉄本線ヲ爆破スルノ暴挙ヲ敢テセリ

当夜虎石台駐屯独立守備歩兵第二大隊第三中隊（長大尉川島正）ハ文官屯（北大営北方約四粁）付近ニ於テ夜間演習中偶々北大営方向ニ当リ暗夜ノ寂莫ヲ破リテ轟然タル爆音ノ起ルヲ耳ニシテ事態容易ナラサルヲ判断シ直ニ演習ヲ中止シテ鉄道線路ニ沿ヒ北大営方向ニ急行セリ中隊長ハ行々支那兵ノ満鉄爆破ニ関スル報告ヲ受ケ其状況ノ極メテ重大ナルヲ察シツツ南下セシカ北大営西南側付近ニ到ルヤ俄然支那兵ノ射撃ヲ受ケシヲ以テ独断北大営ニ向ヒ攻撃ヲ開始シ玆ニ日支両軍ハ干戈相見ユルニ至レリ

これが所謂柳条湖事件である。大体において関東軍自身による点火行為と謂われているが、そのこと自体は内外ともにそれほど重大視されなかった。即ち、日支両軍の爆発点に達していた状態での自然発火現象とみて差支えなかったからではなかろうか。しかしその詳細は未だにはつきりできない。石原将軍は後日肉親に語るに「永久の謎」というのが常であつたという。或はその通りかも知れぬ。全貌については板垣、石原両者のみの胸三寸にあることであつて、政謀略を担当する板垣、そして作戦企画に任ずる石原、この両者の深謀遠慮は綿密を極めたと思われるが、その他には必要最小限のことを必要な人だけに限つてしか明さなかつた。このことは永田、岡村将軍なども当人から聞いている。

いずれにしても、当夜の実行の責任者は現地にいた板垣参謀であり、実施担当者は顧問今田新太郎大尉および前記川島中隊の中隊長及び河村中尉であつたことは大体において間違いのない事実であろう。しかし北大営、飛行場の二十四榴砲撃と爆破との関連などを知る由もないが、少くともこの場所の選定は石原中左においては既に昭和五年末に考えられていた。既述、永田鉄山軍事課長渡満の際、将来注目すべき地点としてこの付近を示唆したということである。

ただ決行時期についてはいろいろ問題がある。その一つは建川少将渡満との関係である。遼陽から命によって引返した板垣大佐は、午後九時頃奉天特務機関の花谷少佐とともに同少将を駅に出迎え、直ちに料亭菊水に案内した。何れ明日をと約し、板垣参謀は十時前に辞去した。直後勃発という事態になつたのが先ず真相といつてよかろう。しかし、巷間建川少将渡満の任務については、当時種々取沙汰された。もちろん部内でもこれ

を知っていた人は少なかった。参謀本部作戦課の機密日誌は次のように記述している。

九月二十三日（水）

一、午前中在郷軍人会理事赤井（春海）中将今村課長ヲ参謀本部ニ訪ヒ質問シテ曰ク

本事件ハ建川第一部長カ秘密ニ渡満シテ旅長王以哲ヲ買収シ事ヲ起シタルモノナリトノ風説アリ真ナリヤ

ト、課長ハ素ヨリ断シテ斯クノ如キ風説ノ虚構ナル所以ヲ詳説シ置ケリ

尚課長ハ右赤井中将ノ質問ニヨリテ世上ニ流布セラレアル虚構ノ言説ヲ知レルト共ニ従来課内部員ニ対シテモ秘匿シタル部長渡満ノ理由ヲ明示スヘキ必要ヲ感シタル以テ初メテ真ノ理由ヲ発表シタリ

即チ建川少将ハ曩ニ関東軍内ニ於テ中央部ト無連繋ナル積極的策動ノ企図アルコトヲ知リ上司ノ命ヲ奉シテ暫ク自重隠忍セシムヘク説得ノ為渡満シタルモノニシテ同少将未タ関東軍司令部ニ就キテ説得ノ機無キ時期ニ於テ事変ノ勃発ヲ見タルモノナリ即チ世上流布セラレアル風説トハ全然相反スル任務ヲ帯ヒテ渡満シタルモノナリ

尚右陸軍首脳部カ建川部長ニ右命ヲ与フルニ至レル重要ナル動機ハ外務省谷亜細局長カ陸軍省軍務局長ニ対シ関東軍ノ少壮士官ノ間ニ満洲ニ於テ支那軍ヲヤツツケル計画中ナリ真実ナリヤト質問シ来レルニ基因スルモノナリ

さらに当時の作戦課長であつた今村大将は、このことについて戦後次のように回想している。両方合せて略々全容をつくしたものといえよう。

九月十四日、関東軍参謀長三宅少将から、作戦部長建川少将に対し、

「関東軍は先々月指令された中央の方針にのつとり、極力事態の緩和に努力中であるが、張政権はいよいよ我を軽侮し、昨今の暴圧侮辱は、実に堪えがたいものがある。ついては日本政府の認識を適正ならしめる意味あいから、貴官と小磯軍務局長とが、自ら現状を視察ありたい」

との電報があつた。軍務局長は、手ばなし兼ねる用務で行けなかつたが、建川少将は十六日出発（筆者注、十五日の誤りならん）十八日午後奉天着を関東軍に通電した。軍の首脳部は、在満部隊を検閲し、十八日頃奉天で終ることが、通知されていたからである。同少将は、現地の情況視察を目的とはしていたが、総長、大臣の意図、即ち尚一年間の隠忍自重を更に説く使命を帯びていつたものである。

谷亜細亜局長の情報は、現地外務系統（撫順警備演習から推察）からもたらされたものであるが、直前花谷少佐が独立守備隊の若い将校連を集めて痛飲放談したことなどからも噂がとんだようであつた。花谷少佐が石原中佐によつて敬遠された一因もこんなところにあつたようである。

それでは、中央の意図（なお一年の準備期間）に反して九月

決行に踏切つた動機および理由は何であつたか。石原中佐の言として伝えられるところによれば、四囲の情勢は今年こそ好機であること、中央の方策了解はできるが、海軍あり、政府ありで百年河清を持つ結果となること明らか、関東軍自らの責任において中央を追随せしめる以外に方法はないということにつきるようである。本年中ということになれば、満洲の気候上九月中に事をあげなければ、寒波の襲来で北満経略に支障ありと考えるのが当然の帰結であつた。

張軍主力が反蔣動乱のため関内に出動している。ソ連未だ恐るるに足らず、経済恐慌の余波なお収まらず、したがつて英米また積極的に干渉することはないだろう。中村事件を契機に国論は沸騰してきた。陸軍中央部も帰一するところは同じという情勢はまたとない好機であつた。殊に一時、あるいは一万の寡兵で孤立しなければならないかも知れない関東軍にとつては、学良およびその主力軍隊が関内に出動していたこと、支那本土の反蔣動揺等は、大きな意義があつたのではなかろうか。

昭和五年四月以来中央政府首領蔣介石と西北派である馮玉祥、閻錫山と事を構えて交戦状態にあつたが、張学良はその虚に乗じ、名を停戦勧告、和平調停に藉り、九月中旬奉天省駐屯の兵力七万を提げて関内に出動した。そして一兵も損せずに平津の要地をその手中に収めたのであつた。爾後学良は北平にいて、陸海軍副司令の任に就いた。昭和六年に入つてからは、抬頭してきた反張運動を抑圧するために、逐次関内兵力を増加したが、事変勃発直前にはその兵力約十一万五千名に達していた。六年五月頃関東軍の手によつて、閻錫山を北支に送り込んだ謀略なども学良軍釘づけの一策とみてよかろう。

以上稍々冗長にすぎた嫌いがあるが、要は関東軍の意図するところを、その発端において捕捉せんがためである。自身点火して出動する以上満蒙問題を根本的に、しかも一挙に解決するにあることは明らかだつた。したがつて全満占領、自ら治安維持の全責任に当らんとする牢固たる決意を持つていた。しかし軍中央部は、大体に同意しながらも、認識の相違と、諸種の制約とによつて必ずしも同一歩調をとることができなかったところに、苦悩、混乱、感情の疎隔が生じたのである。以下中央、現地両輪の車が苦悩をのせて軌みながらも建国への途を進んだ跡を辿つてみよう。

なおこの項付足として、勃発当時要路にいた例の一夕会の面々を摘記する。このときだけでなく、爾後の方向を示唆するものがあるのではなかろうか。

陸軍省
　軍事課　永田課長、村上、鈴木、土橋の三課員
　補任課　岡村課長、加藤課員
　馬政課　飯田課長
参謀本部
　第一課　東条課長、清水部員
　第二課　鈴木（率）部員（直前陸大教官に転出）

第五課　渡　課長
第六課　根本部員
教育総監部　磯谷第二課長
関東軍
板垣高級参謀
石原参謀
土肥原奉天機関長

吉林派兵・独断越境

前述の通り、関東軍はこの機会に一挙解決を期していた。準備した構想と計画によって充分の成算を持っていたことであろう。奉天に進出した軍司令官から大臣、総長に宛てた電報の次の一部（石原中佐自筆）は、かねての構想をそのまま具申したものであった。

九月十九日午後五時四十分発
軍司令官ヨリ大臣総長宛

…………（略）…………

事態玆ニ至レル以上此絶好ノ機会ニ於テ先ツ軍カ積極的ニ全満洲ノ治安維持ニ任スルハ最モ緊要ナリト信ス之カ為平時編制三個師団ノ増援ヲ必要ト認ム之ニ要スル将来ノ経費ハ満洲ニ於テ負担シ得ルコト確実ナリ

（同時次官次長に稍々詳細なる説明をなす）

さらに同日深更板垣、石原両参謀、花谷少佐および片倉大尉は、建川少将とひそかに会合して意見の交換を行つた。激論数刻に及んだといわれる。席上建川少将は、此年四月策定した参謀本部情勢判断満蒙問題解決第一段階実施の時期である。即ち「条約又ハ契約ニ基キ正当ニ取得シタル我カ権益カ支那側ノ背信不信行為ニヨリ阻害セラレアル現状ヲ打開シ我カ権益ノ実際的効果ヲ確保シ更ニ之ヲ拡充スルコトニ勉ム固ヨリ政権ハ学良政権ニ代レル親日新政権ヲ以テスルモ支那中央政府ノ主権下ニ置ク」案を提言した。これに対し、板垣、石原両参謀は交々これを反駁し、今日満蒙問題を解決せずして好機また何時来るだろうか、と。特に石原参謀は、一挙第三段階の満蒙占領案に向つて断乎進むべきを提唱したが、遂に建川第一部長の納得を得るに至らなかつた。

この日朝関東軍の要請により朝鮮軍司令官は、独断混成旅団と飛行二中隊を派遣、該部隊は二十日払暁頃から逐次奉天に到着する予定であつた。関東軍司令官は、同旅団主力をして奉天付近を警備すると共に一部をもって新民東方遼河鉄道を占領せしめ、第二師団を長春付近に集結して、その一部で鄭家屯付近を占領せしめて漸次不安に陥りつつあつた哈爾賓、吉林方面に対する赴援を準備するに決し、十九日夕所要の命令を下達した。

ところが、夜十一時増援部隊は中央部の指示により飛行部隊を除き一時新義州以南に停止せしめられたことを知つた。したがつて軍は現状維持のやむない状況となつたが、哈爾賓および吉林方面の情勢は刻々不穏の度を加えつつあつたので、敢然第二師団主力を長春に集結することは決し、二十日午前それぞれ部署するところがあつた。

　吉林の危機に対処するための出動は、事件不拡大の中央方針に反する付属地を遠く離れた作戦行動であり、且つ南満鉄道沿線をガラアキにする大冒険でもあつた。しかし反面邦人現地保護の道義的意義、また吉林軍撃破は軍の自衛上にも大きな価値を持つていた。だがそれよりも、石原参謀の意図したことは、これをもつて拡大への第一歩たらしめると同時に、朝鮮軍を、越境増援に踏切らせることにあつたと思われる。吉林機関長大迫通貞中佐を招致して、出兵要請の運動通電を実行させるのみならず、守備隊の樋口敬七郎参謀および田所大隊長を熙洽のもとにひそかに派遣して出兵による紛糾を避けしめる工作をしたことなどまことに用意周到であつた。

　しかし吉林進出に対する軍司令官の態度は、慎重そのものであつた。石原参謀の起案命令は先ず却下された。次で参謀長による懇請も無駄だつた。参謀全員帯刀してその結果を期待していたのであつたが、深更にいたるも決裁は得られなかつた。最後に板垣参謀が時余にわたつて説明を重ね、遂に決裁を得たのである。この間実に午後十一時から午前三時におよんだ。かくて二十一日午前三時吉林進出の命令が下つた。

　同時軍司令官は、吉林出動を中央に報告するとともに、朝鮮軍司令官に重ねてその増援を要請した。朝鮮軍司令官は情誼上関東軍の苦境を座視するに忍びない。しかも状況は猶予を許さないものと判断して、自らの責任において独断新義州に待機中の混成第三十九旅団に越境奉天に向つて前進を命令した。即ちこの部隊は午後一時越境し、夜奉天に逐次到着した。

　これが所謂朝鮮軍越境問題である。これに対する中央部はどうであつたか。詳細説述はさけるが、極端にいうならば、二十二日までの中央部はこの問題をめぐつて明け暮れたといつても過言ではなかつた。大体省部関係の意嚮は、関東軍の行動を是認し且増援を認めたものであつた。しかるに先ず十九日閣議で、南陸相は増援派兵発言をなし得なかつた。金谷参謀総長また過早に天皇に増派しない旨言上していた関係上その経過は不決断、不手際を極め、大臣、総長の辞職まで真剣に考えなければならぬ状況に立到つたが、事実は二十二日の閣議でアッサリ承認（予算上の処置含む）され、午後允裁の上伝宣された。この間二十一日参謀総長の上奏（出動命令）をめぐつて省部の間若干の摩擦があり、また大権干犯云々の重臣方面の動きが心配されたことも事実であつた。

　つづいて哈爾賓および間島方面への派兵が問題となつたが、政府の現地保護をしないという厳然たる方針が貫かれた。しかしながら吉林派兵および朝鮮軍増援容認という事態は、満洲事変発展過程の一転機をなしたものといえよう。関東軍の構想にしたがえば、このの ち必然的に北満処理の問題があり、なお遼西地区に残存する学良政権の覆滅が必要であつたのである。

陸軍中央部の前進

建川少将は二十一日軍司令官と午餐をともにしたのち、午後三時発列車で帰京の途に就いた。前述のように満蒙占領案は、中央はもちろん建川少将すら全然不同意であつたため、翌二十二日軍首脳はさらに会同研討を加え、あらためて大臣、総長宛に「満蒙問題解決策案」を打電具申した。内容は満蒙独立国案であり、元首宣統帝、国防外交委嘱による掌理および交通通信の管理などが既に決定をみていることならびに熙洽、張景恵等と連絡の上その起用を予定していた事実をみることができる。即ち建設方式による事変処理であつて、石原参謀得意の戦争指導要領の基本方針を打出したものというべきであろう。爾後の発展経過特に作戦行動の推移は、この基本建設方針に沿うものであり、これを度外視しては理解し得ないのである。

左記策案は、注記ともに石原中佐自身筆記整理した所謂石原史料にあるものである、当時の心境が窺われると思う。

九月二十二日大臣、総長宛

満蒙問題解決策案

第一　方　針

我国ノ支持ヲ受ケ東北四省及蒙古ヲ領域トセル宣統帝ヲ頭首トスル支那政権ヲ樹立シ在満蒙各民族ノ楽土タラシム

第二　要　領

一、国防外交ハ新政権ノ委嘱ニヨリ日本帝国ニ於テ掌理シ交通通信ノ主ナルモノハ之ヲ管理ス

内政其他ニ関シテハ新政権自ラ統治ス

二、頭首及我帝国ニ於テ国防外交等ニ要スル経費ハ新政権ニ於テ負担ス

三、地方治安維持ニ任スル為概ネ左ノ人員ヲ起用シテ鎮守使トス

熙洽（吉林地方）

張海鵬（黒龍洮索地方）

湯玉麟（又ハ張宗昌）（熱河地方）

于芷山（東辺道地方）

張景恵（哈爾賓地方）

（右ハ従来宣統帝派ニシテ当軍ト連絡関係ヲ有ス）

四、地方行政ハ省政府ニ依リ新政権県長ヲ任命シテ行フ

「注」本意見ハ九月十九日ノ満蒙占領意見中央ノ顧ル所トナラス且建川少将スラ全然不同意ニテ到底其行ハレサルヲ知リ万斛ノ涙ヲ呑ンテ満蒙独立国案ニ後退シテ最後ノ陣地トナシタルモノナルモ好機再ヒ来リテ遂ニ満蒙領有論ノ実現スル日アルヘキヲ期スルモノナリ

さて直後のごたごたに身心を徒労した陸軍中央部ではあつたが、テンポ必ずしも快調とはいえないけれども、歩一歩前進解決の方途に向つて動いていつたことも事実であつた。例の省部主要課長委員会も頻繁に開催された。二十一、三、四、五、六日と何れも時局対策研究および同意見具申などを議している。

建川少将は二十四日から出務した。

これらの動きに関連して、先ず問題となつたのは、「軍事占拠の範囲に就て」即占拠地拡大一歩前進解決案であつた。大臣の頑強な拒否によつて決定されなかつたが、この辺が峠であつた。この頃課長委員会に教育総監部第二課長磯谷大佐が加わり、また本部長荒木中将が次官、次長とならんで協議に参加したことが特色であつて、とにかく陸軍一体となつて推進にあたつた当時の状況が看取される。この間の事情を、再び二十三日の機密作戦日誌によつて紹介する。

一、前掲

二、午前次官、次長、本部長、軍務局長会同シ関東軍ノ軍事的ニ占拠スヘキ範囲ニ関シ別紙ノ如ク決議セリ

右ノ決議案ヲ次官ヨリ大臣ニ報告シタル処大臣ハ全然同意セサル旨ヲ表明セリ

其理由トスル処ハ関東軍カ吉林ニ兵力ヲ派遣セシ報ニ接シタル時閣僚全部不同意ヲ述ヘタルニ対シ陸軍大臣ハ其最モ必要ナル理由ヲ説明シ只吉林以外ニハ兵力ヲ派遣セスト言明シタル言質関係モアリ右占拠範囲ニ示サレタル各地点ハ大臣トシテ承認スル能ハスト言フニアリ

右ノ大臣不同意ニ基キ次官、次長、軍務局長、参謀本部第二課長等ハ再ヒ会合シ更ニ右原案ノ必要ナル所以ヲ説明シタルモ大臣之ヲ肯セス遂ニ自ラ参謀総長ヲ自宅ニ訪問シ約二時間ニ亘リ会談シ総長ヲシテ自己ノ意見ニ同意セシムルニ至レリ

午後八時総長ハ電話ニテ総務部長ニ対シ、軍事的占拠スヘキ範囲ニ関シテハ午前ニ一応同意シタルモ大臣ト討究シタル結果大臣ノ説ヲ認ムヘキ理由アルヲ以テ改訂ノ必要アリ研究スヘキ旨ヲ命セリ

右ニ基キ爾後省部ノ間改メテ改訂案ヲ議シタルモ今村第二課長ハ頑トシテ大臣ノ案ニ服セス軍務局長亦激越ナル用語ヲ以テ熱烈ニ右第二課長ノ説ヲ支持セリ茲ニ於テ河合操大将ヲシテ大臣ヲ説得セシメンカトノ説モ起リシカ第二課長ハ之ニモ反対ヲ述ヘ次長次官及軍務局長ニ於テ大臣ヲ説クノ至当正道ナル意味ヲ極論シ全員之ニ同意シ午後九時半以後右三将官ハ大臣ヲ官邸ニ訪ヒ懇々説ク所アリシカ、大臣ハ三将官ノ熱烈ナル補助ニ対シ好意ヲ以テ大イニ感謝ノ意ヲ表シタルモ本問題ニ関シテハ依然トシテ承服スル処ナク全兵力ヲ付属地内ニ入レ軍ノ任意自由ナル配置ヲトリ以テ満蒙問題ノ根本解決ヲ計ル素地トナスヘク右問題解決上支障ナキ些細ノ問題ハ之ヲ政府側ノ主張ニ譲ル処アルモ可ナリトノ意ヲ固執セリ

次長ハ戦術上統帥上更ニ一夜熟考セラレムコトヲ要望シ夜十一時三十分解散セリ

別紙　**軍事占拠ノ範囲ニ就テ**　昭六、九、二三

一、既ニ東四省殆ト無政府状態トナリアル現況ニ於テ軍カ本来ノ任務ヲ遂行シ且軍自体ノ安全ヲ保障セムカ為ニハ長延

ナル満鉄線路ニ沿ヒ其外側ニ警戒部隊ヲ保持スルコト必要ナリ之カ為最小限度ニ於テ

(イ) 西方面ニ対シテハ概ネ遼河ノ線即チ鄭家屯、新民屯、営口ニ亘ル線ヲ

(ロ) 東方面ニ対シテハ吉林、海龍ノ線ヲ

二、支那ノ軍事的態度及其ノ他ノ拙日行為ノ景況ニヨリテハ其警戒線ノ根拠ヲ更ニ外部ニ拡張シ

(イ) 西方面ニ於テハ洮南、通遼、打虎山ノ線ヲ

(ロ) 東方面ニ於テハ敦化間島地方ヲ

軍事的ニ占領スルコトアルヘシ

三、哈爾賓及間島地方ノ居留民ヲ保護スル為ノ兵力出動ハ同地ニ在ル我外交官憲ノ請求ニ基キ必要ノ手続ヲ踏ミ大権ノ発動ニヨリ行動ヲ開始スルモノナルヲ以テ万一此間ニ重大ナル事態発生スルモ軍部ハ其責ニ任シ得サルモノトス

このように二十三日案は葬られたが、一日おいて二十五日課長委員間で起案された時局対策案は省部首脳会議で採択された。満蒙新政権による解決案であった。情勢判断以来の第一段階対処案に外ならない。つづいて九月三十日には「満洲事変解決に関する方針」成案となり、さらにこれを基礎とした十月八日の「時局処理方策」が三長官会議において決定を見、陸軍不動の方針が確立されたのであった。

「満洲事変解決に関する方針」は左記の通りであった。「時局処理方案」については。白川大将渡満の項に述べることにしてここでは省略するが、付言することは、二十四日の夕橋本第二部長が、西原中佐（軍事課）、遠藤少佐（作戦課）および今井大尉（支那課）を伴って所謂橋本ミッションとして渡満の途に就いたことである。一行は二十八日に奉天に到着したが、中央の方針確定しない現状では監視の域を出ない姑息な処置に過ぎなかったのではなかろうか。

満洲事変解決ニ関スル方針　昭和六年九月三十日

一、満蒙問題解決ノ目標

満蒙ヲ支那本部ヨリ政治的ニ分離セシムル為独立政権ヲ設定シ、初期ハ三、四個所ニ地方政権ヲ設立セシメ適当ノ時期ニ中央政権ヲ樹立セシム帝国ハ裏面的ニ此ノ政権ヲ指導操縦シテ彼ヨリ進ンテ帝国ニ信頼セシムル如クシ之ニ依リ懸案ノ根本的解決ヲ図リ満蒙ニ於テ帝国ノ政治的経済的地位ヲ確立スルコト

新政権ヲシテ我既存条約ノ実行ヲ約束セシムル程度ニテハ何等ノ効果ナク条約不履行ニ対スル保障ヲ要求スルハ対外的ニ見テ不利ナリ

張学良、南京政府又ハ現在ノ侭ノ広東政権トノ間ニ交渉ニ入ルコトハ厳ニ之ヲ避クルヲ要ス

二、支那本部ニ対スル策案

第一項ノ解決ヲ決行セントセハ支那本部諸政権トノ間ニ相当長期ニ亘ル紛争継続ヲ予期セサルヘカラス此等紛争ヨリ生スル結果ヲ憂慮シ満蒙解決方針ヲ前記以下ニ緩和スル

コトハ絶対ニ拒否スヘキモノトス然レトモ支那本部政権ヲシテ満蒙ニ生スル新事態ヲ黙認又ハ更是認セシメ彼我ノ政治的経済的関係ヲ緩和改善シ得ル方策ヲ立ツルコト此際緊要ナリト認ム

本目的達成ノ為支那現下ノ一般情勢ヨリ見テ速ニ左記策案ノ実行ニ着手スルヲ適当認ム

(1) 北支那ニ於ケル張学良ノ勢力ヲ一掃スルコト之カ為反蔣勢力又ハ北洋軍閥ヲ利用ス

(2) 広東政府ヲ支持シ南京政府ノ瓦解ヲ策ス

(3) 右二方策ノ目的ハ支那本土ニ於ル政治的混乱ニ依リ満蒙政変ノ重大性ヲ軽減シ且満蒙政権ノ樹立ト前後シ我国ノ好意的支持ニ依リ北支及中支ニ於テ立テル政権ハ俄ニ相互ノ間優越的地位ヲ占メ難ク従テ満蒙新政権ニ対スル抗争的態度モ大イニ緩和シ我国ニ対スル一般的態度ヲ善導シ易シト観ルニ存ス

三、国内的準備

第一項ノ満蒙問題決ハ必然的ニ米国ノ又時トシテ国際連盟ノ干渉ヲ招来スルコトヲ予期セサルヘカラス

之カ為対外宣伝ニ力ヲ用フルト同時ニ我国民ヲシテ満蒙問題解決ノ目標トシテ進ムヘキ最少限度ヲ理解認識セシメ且米国又ハ連盟ノ干渉ニ際シ挙国一致之ヲ排撃スル決意ヲ涵養スルノ手段ヲ講スルヲ要ス蓋シ此等ノ干渉ハ外交的ノ範囲ヲ出ツルコトナカルヘキカ故ニ国民ノ鞏固ナル意志表示ヲ以テ目的ヲ達シ得ヘシトノ確信ヲ有スレハナリ

関東軍の決意表明

十月四日関東軍は、次のように内外に対してその決意を表明した。独立、あるい新政権樹立の含みを持つとともに、断乎学良政権の否定撲滅を意味するものであった。

関東軍司令部公表

昭和六年十月四日

北大営駐屯歩兵第七旅長王以哲ノ率ヰル張学良直系中ノ最精鋭部隊トシテ其ノ威名東北四省ニ振ヒタリ然ルニ九月十八日夜暴挙ヲ行ヒ我軍ノ膺懲スル所トナルヤ敗退ノ各兵ハ逐次所在ニ集結シ勢威ノ恢復ニ努ムルト共ニ到ル処集団シテ暴戻ヲ恣ニシ婦女ヲ辱メ金品ヲ略取シ就中我同胞タル鮮人ヲ虐殺スルモノ続出シ殊大甸子ノ如キニ在リテハ其ノ兇手ニ仆レタルモノ百余ヲ下ラス我軍討代ニ出動スレハ忽チ白旗ヲ掲ケ軍使ヲ差遣シテ直ニ降伏ヲ装フ.

精鋭無比ヲ以テ任スル第七旅ニシテ尚且鬼畜モ敢ヘテセサルノ蛮行ヲ行フ爾余ノ素質劣悪ナル軍隊カ敗残以テ匪徒ト化シ秩序破壊ノ限リヲ尽セルハ毫末モ怪ムニ足ラサルナリ

之ヲ文明国家ノ軍隊ト謂ヒ或ハ独立国家ノ国格ヲ備ヘタルモノト称シ得ヘケンヤ

借問ス、之等ノ徒輩ヲ隷下トセル旧東三省政府ニ対シ同等ノ位置ニ立脚シテ国際正義ヲ論シ得ヘキヤ外交渉ヲ談シ得ヘキヤ

今ヤ政権樹立ノ運動各所ニ発生シ庶民斉シク皇軍ノ威容ヲ

謳歌スルモ旧頭首ヲ推戴セントスルノ風微塵モ無シ積年軍閥私慾ノ横暴ニ憤激セルノ結果ニ外ナラサルナリ

　軍ハ政治外交ニ超然トシテ専ラ治安ノ維持ニ任シ兵ヲ養ヒ静観ヲ持シアリ

　固ヨリ軍ニヨリ治安ヲ維持セラレアル奉天省城内ニ政権ヲ樹立シ或ハ密ニ此ヲ策スルカ如キハ断シテ之ヲ容認セス然レトモ満蒙在住三千万民衆ノ為共存共栄ノ楽土ヲ速ニ実現センコトハ衷心熱望シテ已マサル所ニシテ道義ノ上ヨリ之ヲ観ルトキハ速ニ之カ統一ヲ促進スルハ蓋シ我皇国カ善隣ノ誼ヲ発揮スヘキ緊急ノ救済策ナリト信シアリ

　之レ東洋永遠ノ平和ヲ確立スヘキ方策ニシテ敢ヘテ悖ラサル皇道タリ正義ヲ愛スル世界万国カ三千万民衆ノ幸福ヲ増進スル為之ヲ支持シ協力スルニ吝ナラサルハ瞭カナル所ナルヘシ

内田満鉄総裁との懇談

内田満鉄総裁は、内外の情勢を察し、事変解決のため積極的に一役を買うべく上京を決意した。そして先ず現地軍と懇談諒解を遂げようと意図し、十月六日軍司令官を訪問したのである。これより先、即ち五日本庄将軍は、参謀長および橋本第二部長を招致して懇談要旨を語るとともに、これを取纏めさしたのであつた。次に掲記するのがその取纏められた要旨記録である。

会談は六日午後および八日午前に行われ、腹蔵のない意見の交換を遂げた。そしてその要点は九日大臣、総長に打電されたのであつた。かつて巴布札布事件のときは、その控制の役割を演じた時の外相内田康哉伯であつたが、年移つて満洲事変に際してはその建国に大きな足跡をのこした。まことに奇しき縁ではあつた。

内田満鉄総裁に対する本庄関東軍司令官よりの懇談事項要旨

昭六、一〇、六
関東軍司令部

一、今回の事変に際し、貴会社の特別なる御配慮に依り繁劇なる軍事輸送を円滑に遂行することが出来、或は繁忙なる貴社業務の支障多きに係らず、当軍の依嘱に応じ幾多有能の士を派遣せられたる御厚情は衷心感謝に堪えぬ所である。其の他万般に亘り御援助を受け、軍の行動に寄与せられつつあるのは大いに意を強くしている次第である。

二、事件の経過――筆者略

三、占領後奉天省城の如きは在来の政権者流逃避散逸し為政の適任者がないので、取敢えず土肥原大佐を市長として之に若干の者を付け、其の指導を以て市政を行はしめつつあるが逐次治政の挙るのを待つて支那側の希望に基き各々其の実情に即し現地に適合した如く行政に任ぜしめている次第である。

　軍は、今や奉天、長春等満鉄沿線に主力を集結し、吉林、鄭家屯其他に一小部隊を派遣して専ら治安の維持に任ぜしめているが、敗残兵が所在に乱暴狼藉をするのには困却している。

四、事態今日の如く拡大し、一方張学良に対する民心既に去り其の威令は全く東北四省内に行はれていない。今や随所に政権樹立の運動が勃発しつつあるが、之等も我日本の態度や蘇露の窺愉を伺い、或は再び学良でも帰るのではないかと言ふ様な各種の揣磨憶測に迷って其の去就をも明確に決し兼ねて居る状態である。之を早く収拾し混乱を防止し安寧を保つことは東北四省三千万民衆の福利を増進し、我日本の利益を計る所以である。之れ刻下の最大急務と謂はねばなるまい。之を放置するに於ては、絶えざる不安に駆られ支那本土の対日感情も結局落着かないであらう。

五、其処で予は此難局を打開するためには是非共新政権を樹立するより外に策がないものと確信する。唯単に既得の権益を擁護する位では結局南満洲丈けの問題に留り禍根は永く後世に残るであらう。此の際は是非共在満三千万民衆の共存共栄の為或は我国家永遠の生存権を確立する為百年の大計を樹立し、建設的方策に向って積極的に邁進すべきである。而巳ならず此新政権の樹立は一日も速ならんことを必要と思惟するのである。

此新政権樹立のためには次の原則に準拠するのを有利と信ずる。

一、満蒙を支那本土より全然切り離すこと
一、満蒙を一手に統一すること
一、表面支那人により統治せらるるも実質に於ては我方の手裡に掌握せらるること

而して右の新政権は結局実質的には我国の保護下に置かなければなるまい。尠くとも軍事、外交、交通の実権を収めるの要がある。

経済上より観察し或は単に満鉄自体の発展を考ふるも、又国防上の見地より判断するも、将来の政治上の推移を予測するも何れも南満及北満は之を一元として策案を樹つることが絶対に必要である。

六、扨て近頃新聞紙上等で見受けるのであるが、徒に国際連盟とか米国の向背を気にして事変の根本原因を見究めず、対策も考へずに過早に南京政府に交渉するとか、撤兵するとかを論ずるのは徒に彼等に言質を与へ我立場を苦境に陥れるのみで、策の得たるものではない。断じて排撃せねばなるまい。

我軍出動の根本原因は積年支那軍閥官憲の使嗾する侮日行為からであり、軍今次の発動は当然な自衛権の行使である。その善後処置は治安維持に専念し衷心東北民衆の幸福を庶幾して居る次第で、正々堂々何等遠慮も心配も要らぬ所である。

若し彼等が満蒙の事情を深く究明せず横槍を入れるに於ては断乎として一蹴すべきである。

現時一般の情勢は軍事的に観れば決して心配は入らないと

思ふ。蘇露は目下の状況では決して大きな事は出来ない。英米亦然りである。仮令之等を対手とするも軍事的には何等恐るるに足らない。国力にしても満蒙を我手に入れてさへ居れば自ら北支を制し持久戦争の持続には何とか出来る見込がある。否此大決意さへあれば、現在の国際関係上此戦争は決して勃発するものではなく、中支の排日もピッタリと止むのは明瞭に窺はれる。

　今日消極的に陥れば結局我日本は満蒙は元よりのこと長江筋からも総退却の余儀なきに至り、排日排貨は今日以上となることは容易に想像せらるる所である。此際挙国一致一大決意を以て建設的方策を樹立することに精進すべきであらう。

　而して交渉は結局支那本土と分離せる新政権を擁立し、之との間に解決するを尤も賢明の策とすべく基礎薄弱な南京政府と懸引しても徒に歳月を要するのみで何等の期待も贏ち得まい。

　扨又此結末は我国現時の大局より見れば、結局閣下の御尽力を煩らすこととなるべく閣下も予の微衷を諒察せられ、上京の上は充分政府要路と意見を交換せられ、お骨折を願いたい次第である。

　尚ほ此際特に御依頼したいのは政権樹立の推移中より既得権益の不当に侵害せられているものはどしどし恢復し或は緊急の救済策を講じて良民を救ひ又一般経済行為を活潑に行ふことに進んで御尽力を仰ぎたいのである。

軍機至急　　昭和六、一〇、九

電報　　一〇、八後　七・二〇発　一〇・二〇着

参謀総長
陸軍大臣　宛　　関東軍司令官

参謀第六四四号

特ニ軍部ト諒解ヲ求ムヘク来奉セル内田伯ト懇談ヲ重ネタルカ同伯ハ現下一般ノ態勢ハ支那側の暴挙ニ端ヲ発セル今次ノ天祐的事変ニ際シ之ヲ活用善処スルノ要大ニシテ我当路ノ対策カ中途消極ニ陥ラントスルノ風聞カ外間ニ漏レ切角厚意ヲ表シ我方ノ態度処置ヲ是認シ来レル外国人側ニ却ッテ軍部カ何等カ後暗キコトアル為政府カ鈍ルニアラスヤトノ疑惑ノ印象ヲ与フル傾向アリ此際断乎トシテ積極的ニ邁進スルノ要大ナルヘシトノ意見ニ同意ヲ表セラレタリ

　又伯ハ政府軟弱ノ原因カ宮中方面ニ在リトノ風聞アルニ就キ其立場ヲ了シ西園寺公牧野内府等ハ十分満蒙ノ実相ヲ説明スヘク約束セラレタリ（但此点ハ特ニ極秘ヲ要望セラレタリ）伯ハ張学良或ハ南京政府ト交渉セサルコトハ全然同意ニシテ結局新政権ヲ樹立シ満蒙問題ノ徹底的解決ヲ図ルノ外ナシト信シ之ヲ国内要路ニ説得スヘシト語ラレタリ即チ時局多端ノ際伯今回ノ帰朝ハ全ク之ヲ目的トナシアリ一箇月内外ニテ再ヒ帰満ノ筈滞京中若槻首相幣原外相等ニ引摺ラレサル如ク軍部ニ於テモ積極的ニ活動セラルル如ク配慮セラルルヲ得策トスヘシ

内田伯自ラハ最後ノ交渉ヲ引キ受ケントスルノ底意アルヤニ観察セラルルモノアリ

十月事件の余波

橋本、張など少壮将校を首謀者とし、一部在京隊付将校などをもつてするクーデター計画は、十月十五日以後逐次陸軍要路の知るところなり、十七日には一味の保護検束をもつて一応未然に仕末した。荒木中将を首班にかつぐつもりであつたが、計画は杜撰極まり、かつ建設計画の伴はない幼稚なもので、自壊作用によつて中央部にその事件の終結を自ら求めた観があつた。

しかし、外関東軍の行動を利用して、国内武力革新を図ろうとした本事件所謂十月事件の政治的影響は少なくなかつたし、またたまたま彼等が不用意若くは故意に誇示せんとして放言した関東軍が本国から離脱即ち独立を以て呼応するという件は、中央部を驚駭せしめたと云つて過言ではなかつた。

十七日本庄日記には「午前九時三宅参謀長出発、安東へ侍従武官を迎ふ。此日東京に於て少壮将校不穏事件あり之に伴ヒ関東軍独立の徴ありとて差控ふべく電報し来る」とあり、翌十八日のには「此日満洲事件発端の一周月なり川岸侍従武官来奉聖旨令旨を賜はる此晩関東軍不穏電余り馬鹿らしく直ちに返電を発送す」とある。さらに十九日には参謀部一同の名で、次官、次長以下に対して次の糾明電報が打電されたが、これは片倉大尉の主唱による二、三参謀が憤激のあまり独断的に発せられたものであつた。

関参七七四　　十月十九日午前　一時五十分発

次長、次官、本部長、総務部長
軍務局長、建川少将、軍事課長　宛

乙（至急親展）

陸満一〇九号及号外電ノ如ク事実無根ノ浮説ニ帝国軍建軍ノ本義ヲ紊リ我名誉アル関東軍ニ対シ拭フヘカラサル疑惑ヲ以テ見ラルルニ至リテハ我等一同絶対ニ承服シ難キ所トス

陸満一〇九号カ真ナレハ既ニ未遂罪トシテ処分セラレタシ賢明ナル貴官等ハ何ヲ以テ之ヲ償ハントスルヤ我等ハ光輝アル帝国軍ノ威信ヲ失墜シ軍ヲ利用スル策士ハ其現職ニ在ルト退職セルトニ関セス徹底的ニ極刑ニ処シ帝国軍ノ栄誉ニ寸隙ナカラシメンコトヲ切望ス我等若シ大西郷ノ城山ヲ再演セントセハ之レ別ニ方策アリ時機アリ何ソ現職ニ弁々タランヤ又之ヲ企図セハ何ソ貴方ノ阻止ヲ待タンヤ若シ夫レ軍紀ヲ紊ルモノアランカ一刀両断スルノミ乞フ安ンセヨ。

関東軍参謀部一同

以上のような電報応酬とは別に、あわてた中央は長老白川大将を急遽派遣するに決し、作戦課長今村均大佐が随行十八日渡満のため出発した。同大将は二十一日着奉した。丁度川岸侍従武官がさらに北方に向い奉天駅を出発されたのと入れ違いであつた。この日の軍司令官日誌には「午後一時白川閣下を停車場に出迎へ引続き司令部にて関東軍、中央部と離脱に付会談馬鹿気たる話」とあるが、中央部にとつては笑い話では済まされないことであつたようである。

もつとも白川大将の渡満には、内容的にはさらに重要な満蒙問題解決に関する中央部の意図を篤と伝達する使命があつた。このことに就ては、あらためて後述に譲り、関東軍独立問題の波紋を機密作戦日誌によつて眺めてみよう。左記記事は当時橋本ミッションとして奉天にあつた遠藤三郎少佐が帰還後加筆したものであろう。

十月十八日

今村大佐白川大将ニ随行渡満ス

青年将校ノ政界改革運動表面化セントシ端ナクモ関東軍カ独立ヲ企図シアリトノ噂伝ハル中央当局ノ周章極ニ達シ先ツ電報（次官ヨリ）ヲ以テ関東軍司令官及第二師団長ニ対シ「独立ヲ企図スルカ如キコトナキ様」警告シ且急遽白川大将ノ派遣トナリタルモノナリ

右電報関東軍ニ到着スルヤ関東軍司令官以下幕僚ハ頗ル心外ナリトシ無根ノ噂ヲ基礎トシテ陸軍次官カ斯クノ如キ電報ヲ打チ殊ニ直接第二師団長ニモ打電スルカ如キハ極メテ妥当ナラストナシ其ノ責任ヲ糾断セントシツツアリ

当時関東軍ハ侍従武官ヲ迎ヘ天恩ノ優渥ナルニ感泣シ軍司令官以下忠誠以テ国軍ノ使命ニ邁進セント覚悟シアリシ際右ノ如キ電報ヲ見タルハ誠ニ遺憾ニシテ当時ノ関東軍司令部ニ在リシ遠藤少佐ハ電報ノ取消及速ニ善後処置ヲ講スルノ必要ヲ電報シテ意見ヲ具申スル処アリシモ白川大将既ニ出発ノ後ナリシ故之レヲ朝鮮国境ニ迎ヘ関東軍ノ実情ヲ報シ誤解ヲ解ク

中央政局の波瀾

陸軍中央部は、九月三十日の「満洲事変解決に関する方針」を基調とし、さらに十月八日に至り、左記「時局処理方策」を策定した。しかしてこれを三長官会議において正式に決定して陸軍不動の方策とし、これが実現推進に一致邁進する決意をかためたことは前述の通りである。

時局処理方案

昭和六年十月八日

一、満蒙ニ関スルモノ

(イ) 満蒙問題ハ支那本部ヨリ分離シテ満洲ニ樹立セラルヘキ新政権ト交渉シ根本的解決ヲ期ス

之カ為関東軍隷下部隊ハ概ネ現在ノ姿勢ヲ保持スルト共ニ治安ノ維持ニ任ス

新政権樹立ニ至ル迄ノ間地方支那官民トノ折衝ニ依リ為シ得ル限リ既得権益ノ実現ニ努ム

(ロ) 新政権樹立ニ対シテハ依然我官民不干与ノ方針ヲ継続シ且満蒙カ支那本部ヨリ分離独立ヲ期待スルカ如キ我カ意図ハ之ヲ秘匿ス

(ハ) 支那本部所在ノ政権トノ間ニ於テ行フ満蒙ニ関スル交渉ハ支那本部ト満蒙トノ一般関係事項ニ止メ満蒙自体ノ問題ニ関シテハ絶対ニ之ヲ避ク

(ニ) 満蒙問題ニ関シ容認セシムヘキ解決事項別紙ノ如シ

二、支那本部ニ関スルモノ

(イ)　支那本部政権ニ対スル排日排貨等不当不法ノ行為根絶ニ関スル我警告ニ対シ右政権ニシテ之ニ応セサルカ又ハ之ヲ事実ニ現ハシ得サル場合ニ於テハ帝国ハ必要ニシテ且有効ナル措置ヲ取ルヘキ旨ヲ通告シ且之ヲ中外ニ声明ス

(ロ)　現地ニ於テ帝国居留民ヲ保護スルノ必要生スレハ概ネ之ヲ北平、天津、青島、漢口、上海、厦門等ニ集合シ長江沿岸、青島、厦門等ニ於テハ海軍之カ保護ニ任シ北平、天津ニ於テハ所要ノ陸兵ヲ派遣シ之カ保護ニ当ヲシム

情況之ヲ要スレハ青島又ハ上海ニ一部ノ陸軍ヲ派遣ス

三、第三国（者）ニ対スル態度

極力諒解ヲ得ルニ努メ不法ナル干渉アルニ於テハ之ヲ排除ス

四、国民指導並宣伝

国民ニ対シ時局ニ関スル理解認識ヲ徹底セシメ挙国一致目的ノ貫徹ニ邁進ス

（別紙）

満蒙問題ニ関シ容認セシムヘキ解決事項

一、従来ノ諸懸案ニ関スル主ナル事項

（速ニ具現策ヲ講ス）

1、鉄道問題

(イ)　吉敦線ノ延長工事

(ロ)　長大線ノ敷設

(ハ)　吉敦、洮昂及四洮各鉄路局ノ会計管理

(ニ)　平行線問題

2、商租問題―満洲ノ解放

3、不当課税問題

二、本事変ノ直接善後処理トシテ要求スヘキ事項

1、排外的不法諸法令、諸施設等ノ即時撤廃及之ニ関スル将来ノ保障

2、満蒙ニ於ケル治安警察ヲ刷新完備セシムルコト

3、満蒙政権ニ属スル兵力ハ前項警察力ト相俟チテ治安維持ニ必要ナル最少限ニ止ムルコト

4、満洲ニ於ケル治安維持上必要トスル我軍ノ行動ノ自由ヲ獲得スルコト

5、損害ノ処理

三、将来商議協定スヘキ事項

満蒙ノ新政権樹立後ニ於テ其実現ヲ期スルコトトシテ当分表面ノ問題ト為スコトハ之ヲ避クルモ将来協定スヘキ事項ヲ予定スルコト左ノ如シ

1、交通運輸政策（空輸権ヲ含ム）就中在満蒙鉄道（満鉄ヲ含ム）日満合弁経営

2、金融ニ関スル諸問題

3、関税ニ関スル問題

4、資源ノ一般解決

5、赤化防止問題

恰もこの日、関東軍は偵察機十一機を連ね錦州を爆撃し、所謂錦州爆撃事件がおこつた。日本の朝野のみならず、英米に大きな衝撃を与えたのであつたが、このことは満蒙問題解決のため学良政権断乎排撃の四日声明を実力をもつて示したものであり、関東軍の並々ならぬ決意表明というべきものであつた。

そもそも関東軍に対する新任務付与および兵力増加の問題は、勃発直後から引続き案画研討を重ねられたのであつたが、結局軍上層部の逡巡によつて実現をみることなく、遂に十二月にいたつて大権委任問題をめぐつて、中央現地紛糾の頂点に達した。おそくもこの頃将来を洞察して英断に出ておつたなら、事態は一層円滑に遂行されたであろう。また中央がこのような方途を講ずることがとりも直さず「時局処理方策」具現への捷径でもあつたのである。

しかし、事変勃発直後は稍々消極的であつた南陸相も、この頃になると陸軍の根本方針確立と相俟つて、閣議席上強硬に政府の方針決定を迫るようになつた。十月五日および同月六日の閣議ならびに六日の主要閣僚懇談の模様、さらには枢密院の空気など、機密作戦日誌十月九日記事は次のように伝えている。政局波瀾の様相を察知するに足ると思う。

一、十月五日ノ閣議ニ於テ南陸相ハ時局処理ノ為政府ノ方針ヲ速ニ決定スヘシト強硬ニ主張セルニ外相ハ躊躇ノ色アリ他ノ閣僚ハ意見ヲ開陳セス若槻首相ハ各閣僚ノ意見ヲ聴取シタル後ニ於テ決定スヘシト述ヘタリ

二、十月六日ノ閣議ニ於テ時局処理ノ方針ニ関シ閣僚ノ意見左ノ如シ

首相ハ「国論統一セハ如何ナルコトニテモ為スヘシ」ト述ヘタリ

海相ハ単ニ中、南支那ノ事ノミニ意ヲ注キ満蒙問題ニ関シテハ何等定見ナク且極メテ消極的態度ヲ持シアリ

井上蔵相ハ「速ニ問題ノ解決ヲ図ルヘシ之カ為吉会線ノ如キ速ニ工事ニ着手スルヲ要ス但経費ノカカラサル如キ方法ヲ講スルヲ要ス」ト述ヘ安達内相ハ「満蒙問題ノ解決ハ陸軍側ニテ思惟シアルカ如ク半年ヤ一年位ニテ片付ケ得サルヘシ三、四年ハ要スルモノト思惟セラルルヲ以テ十分腰ヲ据エテ之ニ当ルコト必要ナリト信ス従テ財政的見地ニ基キ勉メテ経費ヲ節約シ得ル方法ヲ講スルヲ要ス」ト述ヘタリ

南陸相ハ満蒙問題ハ満蒙ニ於テ解決スルヲ要スル旨主張セルニ対シ幣原外相ハ支那中央政府ト交渉スルヲ要シ且之ト交渉セサレハ効果ナシト反対意見ヲ述ヘテ譲ラス

右閣議散会後陸相、海相、外相、蔵相、内相、農相（町田）及首相ハ相会同シ時局対策ニ関シ意見ノ交換ヲ行ヘリ其結果各閣僚ハ其大綱ニ関シテハ概ネ陸軍ノ意嚮ヲ是認シ且概ネ左ノ如キ意見ニ落チ付キタリ即チ

満蒙新政権ノ樹立ニハ日本人ハ一切干与セス且樹立セラルヘキ
新政権ノ性質ニ関シテハ何タルヲ問ハス
時局解決条項ハ
1、既得権益ノ確保
2、本事変ノ善後策
3、将来ノ要求事項ハ今直ニ表面ニ顕ハサス将来新政権樹立後機ヲ見テ提出スル如クシ保留ス
尚井上蔵相ハ満蒙新政権樹立迄ニ時日ヲ要スヘキヲ以テ之カ樹立ヲ待ツコトナク速ニ地方政権ト交渉ヲ開始スヘシト主張セルニ対シ外相ハ不同意ヲ表明シ満蒙問題ノ解決ハ支那中央政府ト交渉スルヲ原則トシ細部事項ニ限リ満蒙政権ト交渉スルヲ要スルト述フ他ノ閣僚ハ之ニ関シ何レモ賛否ノ意見ヲ述ヘサリキ
満蒙新政権樹立ニ関シテハ日本人ハ之ニ一切干与セサル閣議ノ決定ヲ見タル所ナルモ南陸相ノ真意ハ何等カノ方法アラハ之カ樹立ヲ促進スヘキ意嚮ナルカ如シ
三、時局処理ノ交渉相手トシ張学良ヲ避クルコトニ就テハ先頃来陸軍三長官ノ間ニ意見一致決定ヲ見アル所ナリ
然ルニ十月七日政友会ノ山本条太郎ハ総長ニ会見ヲ申込来リ第一部長代リテ之ト会見セルニ彼ハ交渉相手トシテ学良ヲ選フヘシトノ意見ヲ具申セリ
又十月七日ノ枢密院会議ノ懇談席上十月四日ニ於ケル関東軍司令官ノ声明（東北軍排撃）カ顧問官問ノ議ニ上リ伊東已代治ハ之ニ関シ陸軍カ張学良ヲ排斥シアルハ適当ナラストシテ詰問的態度ニ出テタリト（伊東ハ張作霖ト私的関係アリシカ如シ）
前ニモ述ヘタル如ク張学良ヲ排撃スルコトニ関シテハ参謀本部ニ於テハ已ニ部長会議ニ於テ決定シアル所ニシテ又関東軍司令官ニ対シ先ニ其意ヲ伝ヘアリシヲ以テ関東軍司令官ノ声明モ此中央部ノ意志ニ基因セルモノト判断セラル
仍テ参謀本部トシテハ素ヨリ関東軍司令官ノ態度ヲ飽ク迄支持スヘキコト論ナキ所ナリ学良排撃ニ方リテハ右国内的圧迫ノ外彼ト英米等トノ関係等ヨリシテ或ハ国外ヨリノ圧迫モ加ハリ来ルコトナキヲ保セスト雖叙上ノ経緯ニ鑑ミ参謀本部トシテハ飽ク迄素志ヲ貫徹スルヲ要ス
四、枢密院ノ空気
十月七日枢密院会議ニ於テ顧問官ノ全部ハ幣原外相ヲ論難攻撃シ殊ニ石井子ノ如キハ本事変ヲ国際聯盟ヘ持出セシメタルハ大失態ナリト痛撃シ加之江木千之ハ外相ハ暖簾ニ腕押ノ感アリト迄極言セリト
江木千之竝伊東已代治ハ満洲事変解決交渉ハ支那中央政府ト行フヘシト主張セリ
又江木ハ「陸軍ハヨイコトモスルカ時々脱線シテ困ル」ト述ヘタリト
さらに、既述「時局処理方策」は、陸軍の総意に基く方案と

して、十月九日若槻首相に手交された。いよいよ正式に政府の方針決定を迫ることとなり、政府も根本解決に向つて前進したかにみえた。機密作戦日誌十月十六日記事は次の通りであるが、事実は、十二月十三日総辞職まで国策として決定するにいたらなかつた。

一、南陸相ハ陸軍三長官会議ノ決定ニ基ク時局処理方案ヲ十月九日若槻首相ニ提言セリ之ニ対シ首相ハ「陸軍側ノ主張ハ大体ニ於テ了解セリ」旨答ヘタリ首相ハ外相ヲシテ外務側ノ時局処理ノ方案ノ提出ヲ求メタリ

右陸軍側時局処理方案ト外務側ノ夫トハ多クノ扞格アルカ如ク判断セラルルモ首相ハ右陸相ノ提言ニ刺戟セラレテ自己ノ成案ヲ得タルモノノ如ク数日来重臣及在野政党首領ヲ訪ヒ時局ニ関シ諒解ヲ求メツツアリシカ其結果国家首脳部ノ意見急速度ニ一致ノ気運ヲ醸成シツツアリ

二、国際聯盟カ満洲事変処理ノ為其理事会ニ米国代表ヲ出席セシムル様招請スヘシトノ主張ニ対シ帝国ハ之ニ反対スヘク幣原外相ハ芳沢大使宛最モ強硬ナル訓電ヲ発セリト而シテ其訓電内容ハ外務省トシテ未タ嘗テナキ強硬ナルモノナリト云フ

三、事変発生以来宮中重臣等ノ事変ニ対スル認識不充分ニシテ其挙措或ハ軍部ノ決意ヲ遂行スルニ不利ナル影響ヲ及ホス事ナキヤヲ懸念シアルヲ以テ参謀本部課長ノ協議ニ基キ今村第二課長ハ上原元帥ヲ介シ牧野内大臣ニ時局ニ関シ説明スルコトトシ恰モ元帥カ十月五日上京ノ際（元帥ハ一宮ニ在居ス）今村課長ハ此旨ヲ元帥ニ依頼セリ

次テ元帥ヨリ今村課長宛牧野内大臣ニ説明シ置キタル旨ノ私信アリ

其結果陸相ノ牧野内大臣訪問トナリタル次第ナリ

尚右上原元帥ヨリノ私信ニ依レハ牧野曰ク「自分ノ処ニハ海軍及外務省側ノ情報ハ送致セラルルモ陸軍側ノモノハ何等送致セラレアラス」トアリ仍テ爾今必要ノ情報ハ所要ニ応シ送付スルコトトセリ

白川大将渡満

十月事件にまつわる流言蜚語におどろいて、白川大将に今村作戦課長随行して十月十八日渡満の途にのぼつたことは既述の通りであり、まさに風声鶴唳のたぐいではあつた。従つて鎮撫使の役目は自然的に解消したのであるが、中央はこの際白川大将をして、中央の意図を伝達せしめ、中央現地間の意志の疎通を図るとともに関東軍の独走を戒めんとしたものでもあつた。左記「関東軍に伝達すべき事項」は、大臣から同大将に托したものである。

もつとも重要なのは、前掲「時局処理方案」即ち新政権を樹立し、その新政権との間に懸案を解決せんとする方案伝達であつた。本文そのものは、今日までの中央の施策経緯、あるいは努力の跡を縷説して諒解を求めたものといつてよいだろうが、敢えて全文掲記したのは、今日までの陸軍中央部の意図若くは

施策の跡を、記録によって再確認したいからである。

関東軍ニ伝達スヘキ事項　昭和六年十月十八日

事件発生以来軍司令官以下在満将卒カ帝国ノ生存ト国運ノ発展トヲ念トシ兵力ニ比シ著シク重大ナル各般ノ任務ニ服シ日夜精励其ノ本分ヲ発揮シアルハ国家国軍ノ推服感謝措ク能ハサル所ニシテ陸軍大臣ハ全陸軍ヲ代表シ此機会ニ於テ更メテ深ク其ノ労効ヲ多トス

我陸軍ニ於テハ夙ニ満蒙問題解決ニ関シ深ク考量スル所アリ昨年以来国論ノ喚起ニ全力ヲ傾ケ本年初夏ノ交参謀総長ヨリ内閣ノ首班ニ対シ国防ノ見地ヨリ近ク本問題解決ノ必要アル所以ヲ告知シ陸軍大臣亦閣僚ニ対シ著々之カ必要ヲ諒解セシムルニ努メ省部ノ間ニ於テハ本件ニ関スル大綱ヲ策定シ陸軍大臣参謀総長ニ於テ之ヲ決裁シ諸般ノ準備ヲ進ムルコトトシ過般ノ軍司令官、師団長会同ニ際シ遍ク全軍ニ対シ其ノ意ノ存スル所ヲ伝ヘ且其ノ要旨ヲ発表シテ中外ニ其ノ決意ノ片鱗ヲ宣示シ爾来外務省ニ対シテモ逐次折衝ヲ累ネ同省ニ於テモ十月初旬ニ至ラハ問題解決ノ端ヲ啓カントスルノ意ヲ抱クニ至リ次テ九月中旬中村事件ノ善後処理ニ関聯シ陸軍ニ於テハ此ノ機ヲ逸セス満蒙諸懸案ノ一併解決ニ邁往スルノ議ヲ練リ三長官会同シテ対策ヲ決シ陸軍大臣ハ最後ノ決意ヲ以テ之ヲ内閣ニ迫ルコトトセルカ此ノ秋ニ方リ偶々支那側ノ暴虐ニ依リ這次ノ事変勃発セルヲ以テ我陸軍省首脳部ニ於テハ此ノ千載一遇ノ好機ヲ把握シテ満蒙問題ノ根本的解決ヲ期スルコトトシ相結束シテ起チ籌劃ニ実行ニ日夜鋭意努力シ躊躇セル政府ヲ導イテ其ノ嚮フ所ヲ定メシメ国論を指導シテ以テ今日ニ至レリ今ヤ軍部ノ冀望ハ漸ク国論ノ支持スル所トナリ政府亦之ニ追随シツツアリ然レトモ内外ノ情勢ハ未タ俄ニ楽観ヲ許サス中央タルト出先タルトヲ問ハス益々結束ヲ固クシ統制ヲ保チ搏テ一団トナリ以テ内外ノ障碍ヲ排除シ有終ノ美果ヲ収ムルコトニ専念スルコト緊切ナリ

時局対策トシテ三長官ノ間ニ決定セル所概ネ別紙（軍司令官限リノ含ミトセラレタシ（筆者注・前掲「時局処理方案」）ノ如ク情勢ノ進展ニ伴ヒ之ニ即応スル如ク改訂ノ要アルコト勿論ニシテ未タ閣議ノ決定ヲ見サルモ之カ要綱ハ最後ノ決意ヲ以テ之カ遂行ヲ期シアリ而シテ本対策固ヨリ理想ニ非ス殊ニ環境ヲ異ニスル在満蒙ノ将士ヨリ之ヲ観レハ甚タ慊焉タルモノアルヘキヲ信ス然レトモ世界ノ大勢ト国内ノ事情トハ一気ニ理想ノ実現ヲ望ミ難キモノアリ内外ノ情勢ヲ洞察シ大局ノ見地ヨリ慎重考量ヲ加ヘ可能ノ範囲ニ於テ企及シ得ヘキ限度ヲ考定シ決定セルモノトス就テハ克ク其ノ意ノ存スル所ヲ体シ国軍ヲ挙ケテ一意之カ達成ヲ庶幾スヘク軍ノ行動亦之ニ則リ律セラルルヲ要ス

世上往々ニシテ中央ト出先トノ間乃至関東軍内ニ於ケル上下ノ間ニ意志ノ疎通ヲ欠クカ如ク憶測中傷ヲ為スモノアリ斯ノ如キハ国軍ノ伝統ト統帥ノ本義トニ鑑ミ断シテアリ得ヘカラサル所ニシテ固ヨリ歯牙ニカクヘキモノニ非スト雖モ揣摩

浮説ト雖モ其存スルハ国軍ノ威信上看過スヘカラサル所ナルヲ以テ相戒メテ之ヲ一掃スルヲ要ス

最近国事ヲ憂慮セル一部青年将校ニシテ世ヲ慨スルノ余リ部外ノ志士トモ連絡シ不規ノ行動ニ依ル救国運動ノ研究ヲ進メタルモノアルモ其事情判明セルヲ以テ去十六日不取敢之ニ保護ヲ加ヘ之ヲ中止セシメ指導スルコトトシアリ抑々軍人ノ行動ハ如何ナル場合ニ於テモ上下ノ統制ノ下ニ国軍結束シテ進止ヲ一ニセサルヘカラサルハ勿論ニシテ横断的結成乃至行動ハ厳ニ之ヲ戒メサルヘカラス時代思潮ノ趨向ニ鑑ミ此点ニ関シテハ特ニ留意ヲ要ス在満蒙軍隊ハ日ヲ経ルニ従ヒ労苦益々累加スヘク時漸ク寒ニ向ハントシツツアリ深ク将士ノ労苦ヲ想フト共ニ其ノ自重自愛益々国家ノ重寄ニ副ハンコトヲ希望ニ堪ヘサルナリ

二十一日午後一時奉天の白川大将、今村大佐は、到着直後から二十二、三日と、軍司令官および参謀と充分懇談打合をとげた。そして二十四日午前六時には一先ず北方視察に出発したのであつた。この間巷間流布されたような今村課長と板垣、石原参謀等との懇談が行なわれたのは事実であるが、つまるところ、中央の主張する新政権樹立と関東軍の独立国家建設とのくいちがい論争に帰着するもであつた。

なおこの会談について、筆者が数年前当時鶴岡市長だつた元顧問故松木俠氏を訪ねて彼の口述を筆記したところは次のようでだつた。時日は片倉日誌などと符合しているので、今村回想録にははつきりしていない最終的駄目おし的の談であつたのかも知れない。片倉日誌によれば、この会談には板垣、石原、竹下、片倉各参謀、花谷少佐、駒井、松木顧問が会同したことになつている。

二十日午後六時総領事官邸で白川大将以下の招宴があつた。私は両参謀からたのまれて、そこから今村さんを連れ出し料亭金六での会談となつた。

要するに今村課長は、「国内および国際情勢上てつとり早く新政権樹立でおさめてもらいたい」ということであつた。板垣、石原両参謀は「新政権樹立も建国も同じことだ。支那主権下の新政権では結局駄目であることは、今日までの事実が証明している。少くとも一挙独立国家建設に進む必要がある」と交々やり返したが、「あるいは同じかも知らぬ。しかし中央ではそう理解されていない。誰か説得に上京してくれ」というような訳で結論は得られないまゝで解散した。

板垣、石原両参謀は、帰途私に、今村さんをほめるとともに、「遺憾ながら支那を知らない」というような感想をもらしたことを記憶している。

今村大佐（白川大将は十一月二日離奉）は、往復約十日の満洲出張を終えて帰朝、十月三十一日には省部首脳にその視察報告をした。しかし軍中央部は、関東軍を統制すべき根本的な処置は何もなかつた。紛糾の禍根は依然として実在し、ことごとにその度を高めていつたのである。

建国構想の曲折

石原構想は、昭和四年以来満蒙領有案をもつて一貫し、これによつて内外の同志をリードしてきた史実はすでに記述した。しかして勃発とともに、中央殊に建川少将すら容認しない現実に直面して、一歩後退独立国家案を最後の複廓としたことはまた既述の通りである。しかし石原中佐は、その後もしばしば動揺していた。それらの事実史料は省くが、彼自身が記録に残しているように、心から領有論を精算して、支那人の統治する五族協和の新国家建設に踏切つた時期は、昭和六年も暮のことであつた。あるいは七年新春の候といつてもよかろう。

さて板垣、石原両参謀が今村課長とやり合つていた頃、関東軍は左記情勢判断にもとづき、十月二十四日即ち白川、今村在満中に「満蒙問題解決の根本方策」が策定された。もちろんこれが要旨は、十七日離奉（遠藤少佐残る）した橋本第二部長にも伝えられるとともに、今村大佐には成案が手交されたのであつた。

情勢判断　　昭和六年十月二十日

方　針

一般ノ情勢ハ我ニ有利ニ進展シツツアリ軍ハ持久ノ策ヲ採リ更ニ北支竝北満ノ形勢ヲ好転セシメ既定方針ノ徹底的解決ヲ企図スルヲ要ス

要　領

一、北支那ニ於ケル学良政権ノ崩壊ハ目下ニ於ケル最大ノ急務ナリ之カ為軍ハ北支那ニ最モ有力ナル機関ヲ配置シ現ニ醞醸シツツアル各種反学良運動ヲ統制シ之ヲ促進スルコト必要ナリ

二、錦州付近ノ支那軍ノ処分ハ先ツ企図心ヲ有スル支那軍ヲ利用スルコトニ努ム

三、北支ニ於テ日支両軍衝突ヲ惹起セル場合ニ於テハ軍ハ直ニ友軍ノ危急ヲ救フ為メ錦州山海関ノ学良軍ヲ掃蕩ス

四、北満ニ対シテハ既定方針ニ基キ先ツ黒竜江省旧政権ノ刷新ヲ図ル之カ為メ同一企図ヲ有スル張海鵬軍ヲ支持スル外黒竜江省内部ノ分解作用ヲ促進ス

五、蒙古ニ対シテハ可成統一性アル独立運動ノ助長ニ務ム

六、熱河ニ対シテハ暫ク情勢ノ推移ヲ傍観ス

七、奉天省政治ノ刷新ヲ図リ皇軍善政ノ実ヲ挙ケ財政経済ヲ整頓シ内面的ニ凡百ノ事業ニ嵌入シ以テ本邦実勢力ノ基礎ヲ確立シ持久ノ策ヲ講ス

八、新満蒙建設ニ関スル輿論ノ統一ニ向ヒ一層ノ努力ヲ傾注ス

九、一般民心ヲ反学良ニ誘フ為凡有ル手段ヲ講ス

一〇、益々軍ノ団結ヲ鞏固ニシ在満邦人ヲ指導シテ軍ト最モ密接不可分ノ結束ヲ図ル

満蒙問題解決ノ根本方策　　昭和六年十月二十四日

第一　方針

支那本土ト絶縁シ表面支那人ニ依リ統一セラレ其ノ実権ヲ

我方ノ手裡ニ掌握スルコトヲ目的トシ此間政権ノ神速ナル推移ヲ促進スルト共ニ実質的ニハ諸般ニ亘リ我方ノ経営ヲ進メ確固不抜ノ其礎ヲ確立ス

第二　要領

一、遼寧省ニハ我方ノ内面的支持ニ依リ特異ノ行政府ヲ樹立シ善政ノ実ヲ挙ケ此間吉黒両省ノ親日政権ノ迅速ナル確立竝安定ヲ期ス熱河省ニ対シテハ逐次形勢ノ好転ヲ待ツ

二、吉黒両省ノ政権略々確立スルヤ直ニ我方ノ内面的支持ニ依リ拙速ヲ旨トシテ右両者竝遼寧省行政府ノ聯省統合ヲ行ヒ茲ニ我要求条件ヲ容認スル新国家ノ樹立ヲ宣言セシム且同時ニ奉天省城ヲ主都タラシム

此際熱河省ハ形勢ニ応シ当初ヨリ統合スルコトニ努ム

三、新国家ノ要素ハ国防交通ノ実権ヲ我方ニ掌握セル在満蒙諸民族ノ共存共栄ヲ図リ得ヘキ機構（一例特異ノ共和制）ヲ備ヘ特ニ県（市）ハ自治行政ニ俟ツ如クス

四、新国家ノ建設中着々既得権益ヲ合法的ニ恢復シ又在満蒙民衆ノ福利増進ヲ旨トシテ新政権ノ樹立ヲ阻止セラレサル注意ヲ以テ諸般ノ経営ヲ行ヒ経済的ニ確固不抜ノ基礎ヲ確立ス

北満ニ対シテモ新国家建設以前ヨリ地方新政権ノ刷新ニ伴ヒ逐次之ヲ通シ実勢力ノ嵌入ヲ企図ス

五、新国家建設運動ハ表面飽迄支那人ノ手ニ依リ行フモ内面的ニハ今一層強力ナル支持ヲ与ヘ之ヲ促進シ特ニ速ニ黒竜江省政権ノ刷新、錦州政府ノ掃蕩、学良勢力ノ覆滅ヲ期ス

六、国内及在満蒙諸民族ノ輿論ヲ新国家建設ニ向ヒ指導スルト共ニ国際聯盟其ノ他外交交渉、政府ノ声明等ニ於テ建設運動ヲ阻止スルカ如キ言質ヲ与ヘサルヲ要望ス

七、我内面的建設運動ノ促進中武力ヲ以テ之ニ干渉シ又ハ之ヲ妨害スルモノアレハ断乎トシテ之ヲ排撃ス

我帝国ノ南京政府トノ総テノ交渉中ニハ新満蒙国家ノ領域ニ関スル諸般ノ事項ニ関シ何等ノ累ヲ及ホササルノ着意ヲ要望ス

右策案件中の重要案件は、何と云つても新国家建設のため速急に旧黒竜江政権を刷新し、且つ錦州政権の掃蕩、学良勢力の覆滅を図ることであつた。凡百の施策は、ここから発することを理解することが必要であつたのであるが、中央には国内事情による拘束は別問題としても、この辺の透徹した認識にも欠けるものがあつたのではなかつたか。

しからば実際の建国具体案は、誰によつて計画準備されたか、またどんな経緯をたどつたか。以下若干の解説を加えてみよう。

当時満鉄上海事務所にあつた松木俠は、十月一日付で関東軍国際法顧問の辞令を受けとつた。山西総務部長や田中隆吉補佐官の慫慂により、大急ぎで家族の帰郷などを仕末し、十月十日単独奉天に赴任した。既に満鉄からは岸谷、山田、小谷、久保田、山口などの面々が参加していたし、青年連盟の金井、中

西、雄峯会の笠木、中野、結城等は自治指導部で活躍していた。同じ部屋に駒井顧問（阪谷の代り）の外森武夫主計中佐がおつた。

本庄軍司令官、板垣、石原両参謀と懇談したところ、板垣大佐から「君に頼みたいことは国づくりのことだ。三条件は絶対、即ち支那からは完全に独立、日本のいうことをきくこと、国防は日本が引受ける、単なる条約上の駐兵権では駄目。それ以外はどんな形態の国でもよい。独立国家が出来ない限り三年でも五年でも頑張る覚悟」という指令であつた。この結果十月二十一日「満蒙共和国統治大綱案」をまとめた。本案は満蒙建国第一次の具体的策案であつた。

その後建国具体案について、本庄軍司令官と一晩じつくり話し合つた上、さらに板垣、石原参謀などの意見をも徴し、十一月七日成案となつたのが「満蒙自由国設立案大綱」であつた。二〇〇部程印刷され、所要方面の啓蒙指導に用いられた。松木氏によれば、十一月二日遼陽から出盧した東北文治派三巨頭（王永江すでに亡く、袁金鎧は早くより活動しあり）の一人于沖漢の政見を聞いて意を強うしたという。

于沖漢ノ出盧ト其ノ政見　　昭和六年十一月

于沖漢曰ク「絶対保境安民ノ実現ハ独立国家ノ建設ヲ絶対必要トス」

于沖漢政見ノ要旨

一、絶対保境安民主義ヲ徹底スル為ニハ新独立国家ヲ建設スルヲ必要トス
二、民力ヲ培養ス之ヵ為軍閥政治ヲ打破シ悪税ヲ廃止ス
三、官吏ノ給与ヲ改善シ品位ヲ向上ス
四、審計院（会計検査院）ヲ創設ス
五、警察制度ヲ改革ス
六、軍隊ヲ廃止シ国防ハ日本ニ委任ス
七、交通産業ヲ開発ス
八、自治制ハ歴史、人情、風俗等ヲ参酌シ漸ヲ追フテ完成ス

丁度この頃政権問題に関し、中央と関東軍間に応酬があつた。即ち十一月五日夜陸満一五五号をもつて大臣の指示があつたのであるが、政権樹立に関し支那本部と絶縁するの件分明でないばかりでなく、形式的なものが多かつた。今となつてなお方策が確立しないのでは、刻下の諸問題解決上極めて不得策であるとし、板垣、竹下、片倉各参謀（石原中佐嫩江支隊とともに北満にあり）協議の上軍司令官に意見具申した。しかし軍司令官はさらに熟考を加えたのち、七日朝片倉参謀を招致して返電に所要の修正を加へ、関参一六号ヲもつて重ねて意見を具申し、軍の企図する要点を明らかにしたのであつた。その要旨は次の通り。

一、軍の企図する所は一つの自由国の建設にして対世界的完全なる所謂国家の形式を謂はざるも支那本土の凡百の政権とは完全に絶縁するものとす
二、軍の企図する所亦飽迄表面支那側をして自然的推移の形

式を辿らしめ政情略安定せる時機に於て溥儀を民意の形式を以て迎へしむるものなり

而して統一せる自治体の形成と本国家の形成とは工作の時間対外関係に於て要するに同一なり

三、支那人の特性として目的を明確にせずんば結局其行動徒に揣摩憶測を恣にし各種の工作頓挫するは能く諒承せらるる所ならん

要するに軍は満洲政権が支那本部と絶縁せざる件に関しては絶対に承服し難き所とす

満蒙自由国設立案大綱は、㈠序言、㈡満蒙独立政権の誤…、㈢満蒙自由国建設案大綱、㈣結言から成り、所論にはそれぞれ歴史的解説が付せられておつて、相当長文である。が、貴重な文献と思うので、その大部を掲記する。なお十月中関東軍に寄せられた建国具体案は、先の于冲漢の本文草案、久保田忠吉嘱託および金井章次顧問のものがあつた。松木顧問は何れにも一応目を通したとのことである。また満洲蒙古諸盟からも満蒙独立国建設が要請された。

満蒙自由国設立案大綱　　十一月

主トシテ松木侠ノ起草ニカカレリ

㈠　序　言

我満蒙ニ於ケル地位ヲ危殆ニ導キタル理由ヲ検スルニ二アリ。一ハ即チ対内的理由ニシテ一ハ即チ対外的理由ナリ。

対内的理由ハ今本問題ト直接関係ナキカ故ニ暫ク之ヲ措クモ最モ重大ナル理由ハ満鉄ノ無為無策ニ帰ス　満蒙政策遂行ノ直接責任者タル満鉄会社カ過去二十年間ニ於テ単ニ社ノ営業的立場ノミニ捉ハレテ眼ヲ満蒙経営ニ向ケサリシコトヲ思ヘハ何人ト雖モ今日ノ危殆ヲ招来セシコトヲ首肯シ得ヘシ。

次ニ対外的理由トシテ其ノ時々ノ事情ニヨリテ種々ニ変化シタルコトヲ知ル。即チ大別シテ之ヲ四期ニ分ツコトヲ得ヘシ即チ第一期ニ於テハ露国ノ脅威是レナリ明治四十二、三年頃迄ハ第二ノ日露戦争ヲ予想シ一時ハ米国ノ資本ヲ取入レテ満蒙ヲ以テ日露ノ緩衝地帯タラシメムトスル如キ方策ヲ執リタルコトスラアリ。第二期ハ日露相提携シテ米国其ノ他第三国ノ介入ヲ極力阻止シタル時代ニシテ是レ欧州大戦前迄ノ状態ナリ。即チ第二期ニ於テハ米国ヲ始メ第三国ノ干渉カ我帝国ノ満蒙ニ於ケル地位ヲ脅威シツツアリタリ。第三期ハ欧州大戦中ニシテ我地位カ稍々小康ヲ得タルカ此時代ニ於テ我満蒙ノ地位ヲ永久的ニ安固タラシメムカ為ニ例ノ二十一箇条問題ノ第二項トシテ提議シタルカ其ノ結果ハ排日ノ創造トナリ支那側ノ条約拒否トナリ真ノ目的ヲ達スルコト能ハサリキ。第四期ハ欧洲戦後今日ニ至ル間ニシテ此ノ時代ニ於テハ支那殊ニ支那軍閥政権ニヨル条約蹂躙、排日侮日トナリ遂ニハ最近ニ於ケル極端ナル態度ニ迄至レルモノナリ。此ノ四期ヲ通シテ支那ハ常ニ以夷制夷ノ伝統的外交政策ヲ以テ我国ノ外交ヲ飜弄シ来レルモノナリ。

……（中略）故ニ此際帝国ノ地位ヲ泰山ノ安キニ置カムト

スレハ先ツ第三国ノ干渉乃至脅威ヲ再ヒ介入セシムルノ余地ナキ様敢然之ヲ排除スルト同時ニ支那軍閥ノ徹底的覆滅ヲ図ラサルヘカラサルハ何人ト雖論ナキ所ナリ。

㈡　満蒙独立政権説ノ誤謬

満蒙ニ於テハ独立国家ヲ建設スルニ非スシテ単ニ独立政権ヲ樹立シ以テ帝国ノ意ノ侭ニ動クモノタラシムトスル計画ハ果シテ可能ナリヤト言フニ是レ一ノ空想ニ過キスシテ斯ルモノハ再ヒ我地位ヲ危殆ニ導クヘキ根源ナルコトヲ知ル其ノ理由トスルトコロヲ述フレハ凡ソ次ノ如シ（筆者注・以下要項のみ摘記）

1、満蒙ヲ以テ支那国家ノ一部ト為ス以上之ト条約又ニ約束ヲ締結スルコト能ハス

2、独立政権ト条約ヲ締結シ得サル以上之ヲ意ノ侭ニ動カスコトハ絶対ニ不可能ナリ

3、加之既存条約上ノ義務サヘモ之ヲ蹂躙シテ省ミサルニ至レルコト之レ亦最近ノ日満関係ニ鑑ミテ明瞭ナリ

4、独立政権ナルモノハ必スヤ軍閥トナル其ノ理由トスル所凡ソ三アリ

a　独立政権ハ内部ノ統一ノ為ニ群小軍閥ヲ平定シ且統一維持スル為ニ相当ノ兵力ヲ養フ必要アリ

是政権ノ軍閥化スル内面的理由ナリ

b　独立政権ハ外敵ニ備フル為ニ大兵ヲ養フノ必要アリ外敵トハ一ニ支那本土ノ軍閥、二ニ露国、三ニ日本ナリ。

是レ新政権ノ軍閥化スル外面的理由ナリ

c　更ニ満蒙ノ地ハ此ノ軍閥ヲ成長セシムルニ足ル経済的素地ヲ有ス即チ年々数億ノ輸出超過ニヨリ莫大ナル銀円ハ自然ニ満蒙ノ地ニ堆積ス

5、斯テ成長シタル軍閥ハ其ノ実力ノ維持竝向上ノ為ニ左ノ如キ種々ナル手段ヲ弄ス

a　日露両国竝支那本部ヲ巧妙ニ操縦ス即チ以夷制夷ノ伝統的外交政策ヲ発揮シテ互ニ相牽制セシメ以テ自己ノ安全トソノ地位ノ向上トヲ図ル諺ニ曰ク「狡兎三穴アリ」ト

満蒙政権ナルモノハ日本ト支那本部ト更ニ露、米等ノ諸外国トノ三穴ヲ設ケテ此ノ間ヲ巧ニ逃ケ廻ルコト之亦従来三省政権ノ執レル所ノ実情ナリ

b　支那本部ノ内争ニ或ハ利セラレ或ハ自ラ進ミテ之ニ捲キ込マレ遂ニハ北京、上海迄モ手ヲ延シ其ノ為ニ益々苛歛誅求以テ満蒙ノ民庶ヲ極度ニ疲労セシム

c　独立政権ノ存在ハ排日運動ヲ促進ス

d　軍閥ハ苛歛誅求、切角ノ満蒙ノ楽土ヲ荒廃セシメ人民ノ怨府トナル

以上ニ依リテ満蒙独立政権ヲシテ我カ意ノ侭ニ動カサントスル計画ノ不可能事ナル理由ヲ概説シタルカ右ハ決シテ想像説ニ非スシテ一々例ヲ証シテ説明シ得ル所ナリ。

㈢ 満蒙自由国建設案大綱

(筆者注・この項要綱摘記)

理想論トシテモ満蒙三千万民衆ノ利益ヨリスルモ帝国ノ前途ヨリ考フルモ将又将来ノ国際関係即チ東洋平和ノ見地ヨリスルモ満蒙ヲ以テ我領土ノ一部ト為スヲ以テ最善ノ策タル事何人ト雖異議ナキ所ナルカ只従来ノ経緯モアリ今俄ニ之ヲ実現スルコトハ徒ニ国際間ノ物議ヲ醸ス虞レアリテ賢明ノ策ト云フヲ得ス故ニ現在ノ事態トシテハ次善ノ策トシテ満蒙独立国ヲ建設シ支那ノ行政支配ヨリ完全ニ分離セシメ以テ三千万民衆ノ安寧ヲ保持シ其ノ福利ヲ増進スルト同時ニ東洋ノ平和ヲ永遠ニ確保スル道ヲ講スルコト是レ帝国トシテ為ス可キ最少限度ノ国際的且道義的義務ナリト思考セラル

一　満蒙自由国綱領

ソノ大綱ヲ示セハ次ノ如シ

1、軍閥政治ヲ排除シ文治主義ニ依リテ統治ヲ為ス

2、国政ハ出来ル丈ケ人民ノ自治ニ任シ官治行政ノ範囲ヲ少ナカラシム

3、徹底的ニ門戸開放、機会均等ノ政策ヲ執リ内外ノ資本及技術ヲ取入レ資源ノ開発産業ノ振興ヲ図ル

4、租税ヲ軽減シ治安ヲ図リ人民鼓腹シテ奉天ヲ謳歌スル自由ノ楽土タラシム

以上述フル所ハ決シテ空想的ノ考ニ非スシテ満蒙ノ実際竝数字的根拠ニ即シタル議論ニシテ現在ノ実状ハ之カ実現ニ最モ適シタルモノト云フヲ得ヘシ

二　満蒙独立国ノ機構

1、満蒙独立国ハ民主政体タルヘキモノナリ(敢ヘテ民主政体ノ形式ヲ固執スル必要ナキカ実際上民意ニ基ク政治ヲ布キ得ル制度ヲ執ルコト肝要ナリ)

2、満蒙独立国ハ左ノ六省区ヨリ成ル

奉天省、吉林省、黒竜江省、熱河省、東省特別区、蒙古自治領

3、以上ノ六省区ヲ以テ聯省自治ヲ行フヘキカ又ハ中央集権主義ヲ執リテ各省区ノ権限ヲ縮少スヘキカハ考慮ヲ要スル問題ナリ方法論トシテハ各省区カ支那ノ中央政府ヨリ独立ヲ宣言シ(現ニ独立ヲ宣言セル省区大半ヲ占メ居ルカ之レヲ更ニ徹底セシム)次ニ各省区聯合シテ満蒙ニ中央政府ヲ組織シ支那本土ヨリ完全ニ独立スル方法ヲ執ルコトカ最モ自然ニシテ可能性多キ方法ナリ諸外国ニ対スル関係ヨリ見ルモ最モ無難ナルカ斯ル手段ニ依ル中央政府ハ勢ヒ権力弱ク各省区ノ権限強大ニシテ宛然独立政権ノ観アルヘク従テ各省区ノ行政費モ嵩ミ軍閥化スルノ虞アリ故ニ理想トシテハ強固ナル中央政府ヲ先ツ作リテ各省区ヲソノ下ニ統一スルニ若カサルモ之レ現在ノ情勢竝国際関係ニ鑑ミテ可成ノ困難ヲ伴フ故ニ先ツ前者ノ方法ニ依リテ聯省自治的ニ中央政府ヲ作リ然ル後漸状中央政府ノ権限ヲ拡張シ殊ニ軍憲、司法権、税権等ヲ統一シ

テ各省区ノ権力ノ縮少ヲ図ルノ外途ナカラム

4、満蒙独立国ハ立憲政体トス

（立憲政体ト為スノ意ハ単ニ法律的意義三権分立ニ於テ然ルノミニシテ政治的意義代議政治ニ於ケル立憲政治ハ之ヲ執ラスソノ理由ハ満蒙ニ於ケル民衆ノ政治意識カ未タソノ領域ニ達セサルモノト認メラルルカ故ナリ）

5、省区ノ下ニ従来通リ県市ヲ置キ人民ノ自治ニ委ス

三　満蒙独立国建設手段（階梯）

1、満蒙独立国ノ建設ハ支那人自身之ヲ行フモノナリト雖固ヨリ帝国ノ有形無形ノ援助並指導ナクシテハ到底実現セサルコト明ナリ但シ支那人ハ由来面子ヲ重ンスル国民ナセルヲ以テ若シ表面上日本人ノ干渉乃至監督下ニ在ルコトニ於テハ為政者ノ威令ハ決シテ下ニ行ハレス彼等ハ統治ノ任ニ当リ得サルコトトナルヲ以テ此点深甚ノ注意ヲ要ス

2、国家建設ノ作用ハ下層政治機関即チ県市ノ自治ヲ完成セシムルト同時ニ上層機関即チ省ノ独立ヲ確立シ漸次中央政権ノ樹立ヲ期ス

3、右独立各省区ハ漸次中央政権ノ確立ヲ図リ茲ニ支那中央政府ヨリ完全ニ独立シタル一政府ヲ組織ス

4、右独立政府ハ漸次国家形態ヲ整備スル為ニ着々準備ヲ進ム即チ憲法其ノ他ノ法令ノ公布、軍事、司法、税務等ノ統一ヲ期シ其ノ為ニ必要ナル国家機関ヲ構成スヘシ

5、斯テ漸次独立国家トシテノ体裁ヲ整ヘ実力ヲ涵養シ内外共ニ独立国家トシテ認容スルニ至ラハ帝国ハ率先シテ之ニ承認ヲ与ヘ且英米其他諸外国ノ承認ヲ勧誘スヘシ

四　満蒙自由国ト帝国トノ関係

1、満蒙自由国ノ国防ハ帝国ニ於テ之ニ任ス

2、右ノ如クニシテ国防ノ安全ヲ期シタル以上ハ帝国ハ右独立国ニ対シテ内政上余リ些細ナル点マテ干渉ヲ為スノ必要ナク其ノ代リ帝国ノ国防上（経済的意義ヲモ含メテ）絶対必要ト認ムルモノ例ヘハ鉄道、航空路等ハ完全ニ帝国ノ統制下ニ収ムル必要アリ

3、内外人ニ対シテハ出来ル丈ケ平等ノ取扱ヲ為シ従テ帝国臣民ノ満蒙自由国内ニ於ケル活動モ何等差別ヲ設ケス自由ナラシム

4、其ノ代リ義務モ亦平等ニ納税、警察、裁判等モ当然平等ナラシム但シ法権ノ如キハ当分ノ間特別裁判所ヲ設ケテソノ管轄内ニ置クコトヲ要ス

5、満蒙自由国ヲ指導監督スル為ニ当分ノ間帝国臣民ヨリ成ル顧問府ヲ設ケ重要ナル事項例ヘハ条約ノ締結、重要法令ノ公布等ニ対スル同意権ヲ留保ス

㈣　結言（筆者略）

関東軍に関する限り、右建国具体案で大体かたまつたとみて差支えないのである。

天津事件・廃帝溥儀脱出

清朝の廃帝宣統帝（：儀）を新満洲政権の統領に迎えようとの構想は、事変前からあつた。しかし関東軍において正式に議題となつたのは、九月二十日関東軍首脳と建川第一課長懇談席上であつて、このとき両者ともこれ以外にはあるまいとの結論に達した。そしてこのことは、二十二日関参四一一号によつて中央に具申した「満蒙問題解決策案」中に表明されたのである。従つて、新政権たると独立国家たるとを問わず、宣統帝溥儀を起用することは当初より既定の方針というべきものであつた。

十月に入ると、京津地方が騒然となつてきた。支那駐屯軍は、これが対処策について中央および関東軍と応酬しきりという状況であつた。この情勢を察し、関東軍では早くも十月十日、現在微力な天津軍を援助して、反張運動を助長し錦州政権覆滅を図るため、土肥原大佐以下を天津軍に派遣する案を研究準備するところがあつた。そして既述十月二十日策定の情勢判断に「北支ニ於ケル学良政権ノ崩壊ハ目下ニ於ケル最大急務ナリ之カ為軍ハ北支那ニ最モ有力ナル機関ヲ配置シ……」とあるように、この北支機関の長に土肥原大佐をあてることが決定されたのである。なお土肥原起用の裏には、この機会に奉天市政公署の改革を実施する含みもあつた。

二十五日軍司令官は、土肥原大佐を招致して訓令を与え、且注意するところがあり、同大佐は二十七日天津に向い出発した。彼の秘命は、山東の韓復榘を利用するなど各種謀略によつて、平津地方を攪乱して学良政権の崩壊に資せんとする外、そのすきを利用して、天津日本租界宮島街の張園に隠棲している溥儀を満洲に脱出させようとするものであつた。しかし溥儀の出廬については、幣原外相は絶対反対し、その訓令を受けた桑島主計天津総領事は、溥儀の脱出を阻止すべく特に厳重な警戒を加えたのであつた。

十一月八日、土肥原大佐はついに天津支那街で暴動を起させ、天津軍の出動を誘導した。この暴動（第一次天津事件）は、同大佐の報告にもある通り満足すべきものではなかつた。さらに資金および人員を派遣して再行を期することになつたし、また溥儀脱出最初の予定は変更を余儀なくされたものの、その後の連絡により、溥儀は十日天津を脱出し、十一日塘沽出発、十二日営口に上陸する予定を知つたので、再び内藤雅男（甘粕正彦の変名）を営口に派遣したのであつた。同時に関東軍では、関東庁長官に記事禁止方依頼するとともに、林総領事にもこの旨通告した。

天津暴動により、身辺の危険刻々加重するを感じた溥儀は、かねて関東軍の慫慂もあり、仏租界碼頭から一隻のランチに搭乗して白河を降つた。急遽意を決して、十一月十二日即ち陰暦十月二日の夜暗に乗じ、一行は、溥儀の外に従者五名（内邦人三名工藤忠、宮島大、上角利一）であつた。停船シグナルも、一斉射撃も知らぬげに、疾風の如く渤海に突進した。弦月淡く、碧海をてらす頃、波のまにまにエンジンを止めて何者かを人待ち顔の一商船があつた。天津―営口間往復の淡路丸である。波を蹴たてて突進してきたランチは、淡路丸に近づき、一行は急いで乗船した。そして一行を乗せた淡路丸は、全速をもつて営口に向つた。

淡路丸は翌十四日午前八時半営口に到着、甘粕等のひそかな出迎えを受け、その人たちとともに、直ちに一路湯崗子に向い、一先ず同地で二、三日の休養をとり、次いで準備された旅順粛親王府に落着いた。（筆者注・片倉日誌は十三日営口着となつているが、船中鄭孝胥が同船の荘国四郎氏に与えた揮毫に、陰暦十月三日となつているので、その方を正しいとして日付を合せた。）

関東軍では、右の溥儀脱出に関し、関東庁、満鉄、総領事、隷下軍隊、憲兵隊等に次の通牒を発した。

溥儀ハ天津ニ於テ暴動勃発シタル為大ニ身辺ノ危険ヲ感シ安住ノ地ヲ求ムル為自発的ニ天津ヲ脱出シ十一月十三日午前十時突如営口ニ上陸保護ヲ願出テタルヲ以テ人道上ノ見地ヨリ溥儀ノ請ヲ容レ不取敢湯崗子ニ収容シ保護ヲ加フルコトトセリ

但シ時局ニ鑑ミ政治運動ヲ禁止シ且外部トノ交通ヲ遮断シ専ラ保護ヲ確実ナラシメツツアリ

以上ハ何等内外ニ対シ憚ル所ナキモ現下満洲ノ政情ニ於テ溥儀ノ行動ハ帝国ノ対外関係上機微ナル点アルノミナラス保護ノ完全ヲ期スル必要上適当ノ機会ニ至ル迄溥儀ノ行動ニ関スル一切ノ記事ノ発表ヲ禁止スルコトトセリ

戦局の発展と委任命令問題

満蒙問題解決に関する関東軍の構想、準備および事変勃発後の決意とその対処策は既に史実によつて解説したところであり、軍中央部また一挙北満進出に関する不一致以外基調とするところはその軌を一にしておつたと断じて差支えなかつた。第一部長建川少将と関東軍首脳との間に行なわれた数次の会談でも、領有論、新政権説との対立はあつたが、漸次接近を見せ、大体において関東軍の方針を認め、軍の積極的行動に敢えて拘束を加えないことを約束したのであつた。

従つて爾後の軍行動は、スムースにいかなければならない筈のものであつたが、中央省部が最初の出足において国内事情のため円滑を欠いたことが、もつれる最大の原因となつたとみるべきであろう。

左記電文は建川少将が二十日夕軍司令官諒解の下に大臣および総長に具申したものである（関参電第三八三号）。

今回ノ事局ニ対シ帝国ノ対満蒙策ニ関シテハ張学良、張作相ノ態度如何ニ関係スヘク若彼等カ武力ヲ以テ我ニ対向スルニ至ラハ千歳ノ好機ニシテ根本的解決実現ニ進ムヘキモ恐ラクハ斯カル行動ヲ採ラサルモノト判断セラル然ル時ハ直ニ此機会ヲ以テ領土的解決ニ邁進スルコトハ大局上如何カト感セラルルモ政府ノ既ニ表明シアリト想像セラルル消極的解決ニ甘ンセントスルカ如キハ既ニ彼等ト軍事的対立関係ヲ生シ我カ軍彼ヲ根本的ニ撃破セル今日断シテ排撃スヘキモノト信ス

時局対策ニ対シテノ意見左ノ如シ

一、最小限度トシテ情勢判断対策第一段階ノ実現ニ邁進ス即チ満蒙ノ支那本部ヨリノ独立我カ国ノ適当ト認ムル政府ノ擁立、該政府ノ指導方針ノ確立実現

二、満洲政権ノ潰滅セル現状満洲ノ要地カ悉ク我カ軍ノ占領ニ帰セル今日且又世界カ認メテ我カ国ニ右案ヲ実現スル十分ノ実力ト能力アリ之ニ依リ満蒙人ニ幸福ヲ齎スヘシトノ了解シアル状況ニ於テ速ニ政府ノ態度ヲ決シ之ヲ世界ニ声明シ着々実現ニ進ムヲ要スト認ム

三、吉林ト洮南ハ此際兵力ヲ以テ占領スルコト将来ノ対策ノ為必要ト認ム軍司令官モ之ヲ熱望セラレアルモ朝鮮ヨリノ援軍ヲ俟タサレハ兵力上多大ノ困難アルヤニ見ユ又哈爾賓ハ居留民不安ノ状態ニ陥ラハ保護ノ為派兵ヲ要スト考ヘラルルモ其際ニ処スル兵力ナシ速ニ大方針ヲ確立シ相当兵力ノ増派ヲ希フ

四、第一項方針ニ進ムコトハ軍司令官モ全然同意見ナリ
新政権トシテ擁立スヘキ者トシテハ小官ハ宣統帝及其周囲ノ者ヲ以テスルヲ適当ト考ヘアリ

五、小官ハ二十一日発二十四日朝帰京ス

しかして翌二十一日夜軍司令官は、満蒙問題解決に関して陸軍大臣から左記中央部の方針を受けとつた。

陸軍中央部ハ国家国軍ノ威信保持上支那官民ノ帝国軽侮観念ヲ芟除スル為満蒙諸懸案ヲ根本的ニ解決スルノ必要ヲ認メ政府当局ト接衝努力中ナリ然レトモ貴電三七六号（筆者注・満蒙領有ノ具申）ノ如ク満蒙ヲ直ニ我カ領域タラシメント欲スルモノニアラスシテ事態ヲ正調化シ支那人統治下ニ於ケル日支民族共存ノ楽土タラシメントスルモノニシテ貴官ニ於テモ中央部ノ意ノアルトコロヲ体セラレタシ

これによつても窺知できるように、政略構想においては根本的の差異はない。要するにあとは構想実現のための具体策の問題であつた。つまり対内外政策上の政府の問題と治安維持の兵力あるいはその行動の問題、即ち軍統帥の一事に帰する。換言すれば、建川意見具申の第三項を、如何に中央が処理するかにかかつていたのであつた。だからこそ既述のように、関東軍は九月十九日夕中央に対し、「全満洲の治安維持に任ずべきこと。これがために平時編成三個師団の増派を必要とする」ことを、先ず第一に意見具申したのであつた。

本来統帥の要諦は、適確なる任務の付与、作戦目的の明示を第一とするものであつてみれば、前記関東軍意見具申ならびに建川電第三項の処理が根本的な処理事項であつたとすること敢えて不当ではあるまい。少くとも吉林派兵以後は、如上の見地から、迅速適確な大命によつて関東軍に新任務を付与し、その行動を律する必要があつたのではないか。特に大きな政略目的

達成のためには、この点周密な配慮をもつて行動の基準となる大命が政戦略指導吻合一致の上、下達されて然るべきであつた。

関東軍本来の任務は、大正八年施行左記「関東軍司令部条例」に規定されているものである。これではとても、建国もしくは新政権樹立の母胎たるべき関東軍の行動準拠とはなり得ないこと明瞭である。

関東軍司令部条例（大八、四、一二 軍令陸一二）

第一条　関東軍司令官ハ陸軍大将又ハ陸軍中将ヲ以テ之ニ親補シ　天皇ニ直隷シ関東州及南満洲ニ在ル陸軍諸部隊ヲ統率シ且関東州ノ防備及南満洲ニ在ル鉄道線路ノ保護ニ任ス

第二条　軍司令官ハ軍政及人事ニ関シテハ陸軍大臣、作戦及動員計画ニ関シテハ参謀総長、教育ニ関シテハ教育総監ノ区処ヲ受ク

第三条　軍司令官ハ関東州ノ防備及鉄道線路ノ保護ヲ行フ為必要ト認ムルトキハ兵力ヲ使用スルコトヲ得

軍司令官ハ関東長官ヨリ其ノ管轄区域内ノ安寧秩序ヲ保持スル為及南満洲鉄道付属地ニ於ケル警務上ノ必要ヨリ出兵ノ請求ヲ受クルトキハ之ニ応スルヲ得但シ事急ニシテ関東長官ノ請求ヲ待ツノ遑ナキトキハ兵力ヲ以テ便宜処理スルコトヲ得

前各項ノ場合ニ於テハ直ニ陸軍大臣及参謀総長ニ報告スヘシ

以下省略

陸軍統帥部においても新事態に対処する関東軍の行動準拠を示す必要を認識したことは当然である。既に述べたように、九月二十三日大臣、総長と次官、次長以下との間で展開された「軍事占拠の範囲」をめぐる論争がそれであつた。この努力が結実しないにもかかわらず、事変処理方策については逐次かたまつていつたことも前述の通りであつて、これがため事変解決策と軍事行動とがますます相反する結果となつたことも否むことはできまい。

十月八日決定の「事局処理方案」を持つて渡満した白川大将および今村作戦課長出発の翌日「関東軍ニ治安維持ノ新任務ヲ与フルト共ニ更ニ兵力ヲ増加スヘキ意見」を作戦課は成案した。この案（左掲）は、当時における至極妥当な案であつたと思われるが、またしても有耶無耶のうちに葬られてしまつた。これら施策が実行に移されていたならば、ソ連の介入に備えつつ、北満経略および錦州政権覆滅を歩武堂々と進め得たであろうに……。まことに惜しいことであつた。

関東軍ニ治安維持ノ新任務ヲ与フルト共ニ更ニ兵力ヲ増加スベキ意見（昭六、一〇、一九 第二課）

一、関東軍ハ従来単ニ其固有ノ任務ニ立脚シ南満沿線ヲ離レテ行動スルハ此ノ任務達成ヲ目途トシテ真ニ已ムヲ得サル場合ニ於テ一時的必要ノ最小限度ニ止ムルノ主旨ヲ遵奉シアル関係上広地域ニ亘リテ完全ニ兵匪ヲ掃蕩シ以テ事態ノ

拡大ヲ真ニ阻止スルコト不可能ナル状態ニ在リ

軍カ当初ノ積極的行動ヲ終止シタル後ニ於テ止ムヲ得スシテ鉄道沿線近距離ニ小部隊ヲ行動セシメタル回数ハ付録ニ記載セル所ノ如シ（筆者注・付録省略）

斯クノ如ク底止スル所ナキ小策動ヲ繰リ返サシムル所以ノモノハ之レ実ニ軍ノ任務ヲ固有ノ侭ニ束縛シ従テ兵力ヲ極メテ小ナラシメアル自然ノ結果ニシテ之レ徒ニ此小兵力ヲ奔命ニ疲レシメ敵ノ正規兵、匪賊又ハ便衣ノ徒ニ対シ将校以下ヲシテ朝夕緊張シテ些ノ予裕ナカラシメ不知不識ノ間ニ心身ノ疲労倦怠ニ陥ラシメ而モ何等抜本的ニ事態ヲ安定化スルコト能ハス寧ロ対手ヲシテ事態ヲ悪化スルノ動因ヲ醸成セシムルニ過キス

是ニ於テカ軍ニ満洲方面ニ於ケル一般治安維持ノ新任務ヲ付与シ之ニ所要ノ兵力ヲ与エ以テ速ニ且完全ニ満洲ヲ戡定シ以テ真ニ事態ノ根本的安定ヲ期スルコト肝要ナリトス

二、抑々軍トシテ治安維持ニ任センカ為ニハ概ネ吉長—北部満鉄、四洮、京奉ノ三線ヲ軸トスル三個ノ遊動兵力ヲ有シ以テ各方面ニ於テ他方面ニ顧慮ナク機宜行動シ以テ治安妨害ノ根帯又ハ其蛹ヲ掃蕩セサルヘカラス之カ為現下ノ状態ニ在リテハ前二者ノ方面ニ於テ辛ウシテ処理シアルモ昌図、開原、奉天付近ヲ含ミ京奉線方面ニ対シテハ兵力甚タ寡弱ナリ　加之一般ノ情勢上更ニ遼西又ハ京奉沿線ニ不穏ノ状況ヲ呈スヘキ虞アルハ之ヲ予期セサルヘカラス

以上ノ理由ニ拠リ此際軍ニ治安維持ノ新任務ヲ与フルト共ニ所要ノ兵力ヲ増加スルヲ緊要トス

三、右ニ要スル兵力ハ従来匪賊ノ横行瀕繁ナル昌図、開原、奉天付近ニ於ケル我守備兵ヲ増加シ尚最近ノ情報ニヨル遼西（通江口、法庫門付近）ニ於ケル義勇兵新募ノ情況竝錦州付近一帯ノ正規兵（約二万内外）ニ対シ我ニ於テモ更ニ最小限二万内外ヲ要シ之カ為ニハ現在ノ第二師団ヲ動員スル外動員ニヨル一師団若ハ応急動員ニヨル二師団ヲ必要トス而シテ満洲ニ於ケル軍行動ノ特質上所要ノ鉄道及通信部隊ヲ付加スルノ必要アリ

十月下旬白川大将来満の機会に、関東軍においては、独立国家樹立、これがため速に北満を戡定し、錦州政権を覆滅せんとする方策を確立したことは既述の通りであつた。丁度その頃即ち十月十五、六日頃関東軍の支援を受けた張海鵬軍の前進を阻止するため、蘇連の援助を受けていた馬占山の黒竜江省軍が嫩江鉄道橋を江橋付近で焼却した事件がおこつた。

洮昂線は満鉄借款鉄道であるばかりでなく、時恰も北満農産物の出廻期であつて、そのまま放置すれば満鉄は約五百万円の損害を蒙むることとなる。関東軍は権益擁護のため正々堂々これが復旧をはかるということになつた。因に中央では江橋の破壊は、蘇軍の策動によるのみならず、黒軍は蘇の有力なる支持下にあるものと判断した。

しかしこれに対処する関東軍の行動は十月二十五日から発起されたが、十一月二日輸送を開始した鉄橋修理掩護に任ずる嫩江支隊（浜本喜三郎大佐の指揮する II/16i, I/2A, 2P および偵察一中隊）派遣までは問題は先ずなかつた。その後の行動において、蘇軍に対する顧慮上極端に慎重であつた中央特に統帥部に対し、むしろ迅速に北満を処理することが蘇軍を封ずる所以であり、また軍の積極的行動に対して敢えて挑戦することはあるまいとの見地に立つていたのが関東軍であつた。中央の対ソ判断も大体において関東軍と大差なかつたが、結局は内外の大勢大局に鑑みての配慮というべきであろう。

以上のような中央、現地の喰いちがいはつぎの電報応酬をみればおおよその理解が得られると思う。

十月三十日次長電

蘇国ノ北満ニ対スル武力的侵入ニ対シ帝国カ直ニ競争的ニ逐次武力的対抗手段ヲ講スルハ対蘇ノ方策トシテ適当ナラス寧ロ彼ヲシテ其程度ニ深入リセシメタル後断乎タル策動ヲ以テ蘇国勢力ヲ覆ス如クスルヲ可ナリト信シアリ仍テ貴軍ハ参謀総長ヨリ必要ノ区処ヲナス時機迄北満ニ対スル積極的作戦行動ヲ実施スヘカラサル議ト承知シ置カレ度

十月三十一日軍参謀長発　次長宛

一、蘇国ヲ北満に引キ入レテ後断乎タル策動ニ出ツルハ相当ノ時日ヲ要ス

二、蘇国カ直接兵力ヲ北満ニ進ムルコトハ到底判断シ得ラレス。

三、馬占山ノ買収ハ現在ノ情況ニ於テ不可能ナリ

四、内面的策動及買収金トシテ最小限度三百万円至急送付セラレタシ

五、此際断乎錦州、斉々哈爾ヲ我方ニ収ムルコトハ時局収拾上ノ捷径ナルヲ十分了解セラレタシ

十一月二日総長発　軍司令官宛

鉄橋修理掩護ノタメ電報々告ノ兵力使用ハ本職ニ於テ同意ス然レトモ前電一〇五号（筆者注・十月三十日次長電）ノ主旨ニ則リ右目的達成後ハ速ニ之ヲ撤退セシムヘシ

要スルニ内外ノ大局ニ鑑ミ嫩江ヲ越エテ遠ク部隊ヲ北進セシムルハ如何ナル理由ヲ以テスルモ断シテ許サレサルモノトス。

このように、関東軍に対して中央部の意図方針を示して、その奔逸防止につとめたが、従来の例もあり、この上は大命を以てするか、あるいは何等か命令の形式によつて控束する外ないとの考えから、最後の手段として明治三十七、八年戦役当時の例にならつて、参謀総長に一部の命令権を委任拝受するの処置となつた。これが中央部当時の見解である。そして遂に十一月五日総長拝謁し、左記第一のように上奏、これが允裁を得、直ちに左記第二の通り総長から軍司令官に通報したのであつた。その頃嫩江北岸大興付近では大激戦展開中であつて、嫩江支隊はまさに危殆に瀕し、作戦指導中の石原参謀が戦局打開に苦心

惨憺しつつあつた。

第一　上奏文

関東軍司令官隷下及指揮下部隊ノ
行動ニ関シ細小事項御委任ノ件

関東軍司令官隷下部隊ノ作戦行動ニ関シテハ時々参謀総長ヨリ必要ノ指示ヲ与ヘ以テ準拠ヲ示シ来リタルモ軍ノ行動ハ事ノ性質上一ニ軍司令官ノ専行ニ委ネラレタリ然ルニ今ヤ軍ノ行動ヲシテ機微ナル内外ノ政略関係ト密接ナル協調ヲ保タシムルヲ緊要トスルニ至リ従テ適時軍ノ行動ヲ統制シ御スルヲ要スルニ当リ一々之ニ関シ上奏允裁ヲ仰キ奉ルハ啻ニ万機ノ御政務ヲ累シ奉ル虞アルノミナラス区処至急ヲ要スル場合ニ於テ或ハ機ヲ失スル事ナシトセス因テ先例ニ準シ今後時局終了スル迄関東軍司令官ニ対スル重要ナル命令ヲ除ク外細小ノ事項ハ之ヲ参謀総長ニ於テ決定命令スル等ヲ御委任アラセラレ事後適当ノ時機ニ於テ上聞ニ達スル如ク致シ度

謹而　奉仰允裁候也

第二　一一八号電

本時局終了ノ時機迄関東軍司令官隷下及指揮下部隊ノ行動ニ関シ其一部ヲ参謀総長ニ於テ決定スル如ク先例ニ準シテ御委任アラセラレタリ　右通報ス

右通報とともに下達された委任命令第一号は左記のように嫩江支隊（当時紛戦中）抑制に関するものであつた。

臨参委命第一号

命令

一、現下ニ於ケル内外ノ大局ニ鑑ミ北満ニ対スル積極的作戦行動ハ当分之ヲ実施セサル方針ナリ

二、嫩江橋梁修理掩護部隊ハ最小限度ニ其任務ヲ達成スルタメ其作戦行動ハ大興駅付近ヲ通スル線ヲ占領スルニ止メシムヘシ

十一月六日関東軍司令官は、嫩江方面苦戦の状況、兵力増加の決心処置等を報告した上関参第九九五号で「事態玆ニ至レルヲ以テ軍ハ仮令後方ニ若干ノ欠陥ヲ生スルコトアルモ許シ得ル兵力ヲ挙ケテ機ヲ失セス進ンテ黒竜江省ニ於ケル敵主力ニ一撃ヲ加フルノ外策ナク今之ヲ決行セハ最短期間ニ於テ其効ヲ奏シ得ヘシ希クハ本官以下関東軍将卒ノ微衷ニ信頼シ黒竜江軍ニ対スル作戦ハ軍機宜ノ処置ニ一任セラレ度特ニ意見ヲ具申ス」と要請した。しかし中央統帥部ではあくまでも北進阻止の主義を改めず、関東軍は依然臨参委命第一号の主旨に準拠すべきこと、更にその追撃は厳に新民屯（大興東北十四粁）、湯池、大不代の線に止め、爾後速に嫩江付近に部隊を集結するよう付加命令したのであつた。

右に関し統帥部記録は次のように弁明を加えている。

右第三項ハ極度ニ具体的ニシテ戦術的理論上ヨリスレハ総長命令トシテハ適当ナラサルコト自明ノ理ナルモ大興ヨリ僅カニ約一日行程ヲ隔テタル昂々渓若ハ東支線ニ軍ノ余威ヲ及ホサヽラシメントスル目下ノ必要上已ムヲ得サリシナリ

中央統帥部如何に北進関東軍の行動を抑制しても、当面の馬占山軍に大なる打撃を与えない以上現地の情況はますます逼迫するばかりであつて、馬占山は東支線南側に陣地を構築、ますます兵力を増強してわが軍を圧倒する勢いを示した。これに対する中央は、何とかして馬占山を懐柔して自発的に斉々哈爾以北に撤退せしめようと努力したが、遂に十一月十四日臨参委命第三号をもつて、馬占山軍にしてわが提議を受諾しない場合、また受諾しても実行しない場合関東軍の自主的行動を認めた。

しかるに斉々哈爾進出占領は、国内政治問題としてしかく簡単には解決せず、また兵力の増派も必要であつた。十六日閣議席上全閣僚の反対特に幣原外相の在巴里各大使の辞職および政党出身各大臣の連袂辞職等の表明によつて進退に窮した南陸相は、上原元帥の助力により十七日早朝若槻首相をその病床に訪い、「斉々哈爾に対する軍の行動は全く馬占山軍自体に対するものであつて、目的達成後は速に軍は後退せしめる」とのことで首相の諒解を得たような情況であつた。したがつて馬占山攻撃、斉々哈爾進出、次いで直ちに主力鄭家屯以東に集結の臨参委命第四号は、現実には十六日午後九時十分発令せられたが、上述の経緯により十七日午前十時十分発信に訂正方懇願の一幕となつた。またこの件は、熊本地方大演習に行幸中の天皇には、委任命令の乱用にならないかとの御下問ともなつた。

このような統帥部の内部事情もあり、右臨参委命第四号命令の徹底を期するためには、単に電報を以てする命令指示に期待することはできないとする作戦課長の判断を基礎にして、軍の実行を強要するため参謀次長を渡満せしめることになつた。そして同次長に与えられた訓令は次の通り。

訓令

一、貴官ハ速ニ満洲ニ至リ関東軍司令官ト連絡シ中央部ノ意図ヲ伝達シ同軍ノ行動其他ヲシテ中央部ノ意図ニ合致セシムル如ク之ヲ指導スヘシ

二、貴官ハ前項目的達成ノタメ要スレハ軍ノ行動ニ関スル本職ノ命令ヲ関東軍司令官ニ交付スヘシ

三、貴官ヲ輔佐スルタメ左ノ諸官ヲ付属ス

陸軍歩兵大佐　渡　久雄
陸軍歩兵中佐　根本　博
陸軍歩兵大尉　長谷川　務

四、貴官ハ関東軍司令官ノ行動ヲシテ中央部ノ意図ニ合致セシメタルコトヲ確認シタル後ナルヘク速ニ帰任スヘシ

昭和六年十一月十七日　参謀総長

昂々渓付近の総攻撃は十八日払暁開始され、敵陣を突破した第二師団は猛烈なる追撃戦を敢行して十九日斉々哈爾を占領した。

十一月二十日奉天に到着した二宮次長は、関東軍と連絡した結果を次のように報告した。

一、第二師団主力ハ軍ノ命令ニテ斉々哈爾ニ入城セス
二、軍ノ厳命ニヨリ東支鉄道ニハ絶対ニ其運行ヲ妨害シ又ハ物質的損害ヲ与ヘス
三、蘇軍ハ出動ノ模様ナシ
四、黒竜江省ハ張景恵ヲシテ治安維持ニ任セシムル軍ノ腹案ナリ
五、第二師団ノ戦斗行動ハ東支線上東西ニ波及スル虞ナシ

二宮次長は、二十二日さらに総長に対し、斉々：爾撤去は二週間位を目途として完了するよう努力中であり、自分もまた目下の状況では二週間位の猶予を与えることは已むを得ないと判断している旨の報告があつた。この電報内容は、作戦課でも予想していたものであつたが、内外に対する信義上黙認することも出来ず、一旦は是非とも撤収させねばならぬとの見地から、二十四日総長指示、二十五日臨参委命第五号をもつて「遅滞なく命令を服行すべき」ことを厳命したのである。この決意は、軍司令官以下の人事進退に関することを予期したものであつたが、たまたま二十六日夕天津において、再度の兵変勃発したため関東軍は、急遽斉々哈爾に歩兵二大隊を残置し、主力を挙げて奉天付近に集結を命令したことより、一先ずこの問題に終止符が打たれたのであつた。

右の関東軍司令官の処置は、十一月二十六日夜天津軍司令官から彼我交戦の通報とともに、増兵を要請された結果に基くものであつた。関東軍はかねてからの企図もあり、この機会を利用して一挙錦州政権覆滅、学良軍関内撤去を完遂しようとしたのである。これより先中央部はその必要を認めつつも、国際関係を顧慮し政謀略によつてその実効を期するため諸施策をめぐらしつつあつた関係上、これまた第二の委任命令権をめぐる危機を招来したわけである、即ち天津軍、関東軍、朝鮮軍三者の行動に関して事変当初のような緊張感をもたらした。

事実においては、天津事件は大したものではなく、朝鮮軍の増援も停止を命ぜられ、帰着するところは集中掩護のため遼河以西に進出した鈴木混成第四旅団の撤退に関する問題となつた。二十七日臨参委命第七号および第八号、二十八日同第九号をもつて：河以東への撤退を厳命するとともに、二宮次長に対し、二度にわたつて、「万一軍司令官ニシテ命令ニ服従セサル場合ニ於テハ重大ナル結果ヲ招来スルモノトシテ中央ニ於テモ大ナル決断的処置ヲ考究中ナリ」と打電し、関東軍の猛省を促すべく命令した。

関東軍では、斉々哈爾即時撤退の委任命令に関しては、軍司令官以下相当の決意の下に次の三案を研討した。

1、軍司令官の腹芸により命令を実行しないこと
2、断然辞表を捧呈すること
3、服行し幕僚を更新すること

右に関して参謀長が、第一、第二案について軍司令官に説得したが、軍司令官は第三案をとり、参謀長等に第二案をとる石原参謀を慰撫せしめようとした。このときの石原中佐の辞職

を前提とする請願休暇願が現存している。これ反し錦州攻撃中止、遼河以東への撤退問題については、つぎのように記録し、全く中央部の誤解と軽く片付けている。なおこの問題に関する新聞発表、中央部の声明等は関東軍の行動を正当化したのみならず、この頃の国内は、所謂幣原外相の軍機漏洩事件、あるいは参謀総長の統帥事項漏洩問題等で輿論喧騒となっていた。

石原参謀ハ此際ハ全般ノ状況上一挙撤退スルヲ得策トシ片倉ハ之ヲ参謀長ニ具申セリ天津軍ノ情勢ハ軍ノ急援スル程情況切迫セス軍亦現在ノ兵力ヲ以テセハ一挙ニ錦州ヲ抜ク能ハサルノ情態ニ在リ

尚本回ノ事変ニ於テ北京補佐官永津中佐ノ次長、次官、板垣参謀等ニ対シ発シタル天津軍謀略或ハ土肥原大佐ノ行為ニ対スル電報ハ中央当局ニ堪カラサル衝動ヲ与ヘタルモノノ如シ（筆者注・土肥原大佐は召還された）

又朝鮮軍ノ増援モ差止メラレ此ノ間第一部長ヨリ次長宛電報或ハ総長ヨリ次長ニ対シ総長ノ名ヲ以テ委任命令ヲ発シテ軍ニ撤退命令ノ服行ヲ強要スル等全ク中央部ハ軍カ中央部ノ統制ニ服セス其ノ裏ヲ搔クカノ加ク曲解セルモノノ如シ

本出動ハ要スルニ全ク天津軍ノ危急ヲ救フタメト最近錦州政府ノ暴状ニ鑑ミ事前ニ自衛ノ方策ヲ講シタルニ過キス

委任命令問題は、戦略上からも更に研究すべき多くの問題を含んでいると思われる。この意味で稍々詳細にわたつて述べたのであるが、先例に準じたという明治三十七年の御委任上奏は左記の通りであり、これは北清事変のときの例にならつたものであつた。内容において、日露の場合は正しく同一趣旨であつたと首肯できるが、今回の場合同一に論ずること自体が無理ではなかつたのか。

陸軍軍隊ノ進退ニ関シ細小事項御委任ノ件

陸軍軍隊ノ進退及増減ハ勿論総テ作戦ニ関スル事項ハ細大ヲ論セス悉ク奏上シテ允裁ヲ仰キ奉ルヲ以テ本旨トス然レトモ国事多端ノ日ニ方リ大綱ニ関シ既ニ允裁ヲ経タル事項ノ細目ニ就キ数々之ヲ奏上スルハ啻ニ尊厳ヲ冒シ万機ノ御政務ヲ累シ奉ルノ恐レアルノミナラス作戦ノ要求上至急ヲ要スル場合ニ方リテハ或ハ時機ヲ失スルノ憂ナシトセス因テ今後ハ軍隊ノ進退ニ関スル主要ノ作戦命令等ヲ除クノ外大綱ニ伴フ細少ノ事項ヲ参謀総長ノ決定実施ニ御委任アラセラレ他日適当ノ時ヲ以テ上聞ニ達スヘク御允裁アラセラレンコトヲ謹テ上聞ス

明治三十七年二月九日上聞

二月十日御手許ニ達シタルヲ承知

委任命令に対する関東軍の憤慨反撥の情況については概略すでに述べたが、各種電報応酬のうち参謀長以下の発電を紹介しておく。

関参第一五号

関参第九八四号電報ニ関シ未タ何等ノ返電ニ接セサルモ当

方トシテハ中央ノ意図ヲ忖度スルニ吝ナラス平時作戦計画ノ一部ト雖奉勅指示セラレアルニ拘ラス如何ニ政略ヲ加味セル作戦トハ云ヘ細部ニ亘リ命令指示セラルルハ常ニ戦機ヲ逸スルノミナラス機宜ノ方策ヲ講スル能ハス実ニ軍ノ不信任ヲ意味シ常ニ勉メテ中央ノ意図ヲ尊重セラレ居ル軍司令官ノ胸中ヲ察シ幕僚トシテ涙潸然タルモノアリ閫外ノ重責ヲ有スル軍司令官カ純然タル作戦用兵スラ其ノ細部ノ拘束ヲ受クルニ至リテハ満蒙経略ノ如キ国策ヲ伴フ行為ハ全ク実行不可能ニシテ寧ロ内外ノ情勢ニ明ルキ外務側ヲシテ当ラシムルヲ至当トスヘシ

軍ハ軍司令官以下熱烈ナル意気ヲ以テ国家皇軍ノ為メ微衷ヲ捧ケアリ曩ニ軍司令官ヨリ総長ニ懇望セラレタル今後ニ於ケル関東軍ノ一般任務及総長ニ与ヘラレタル特別権限ヲ明ニセル勅命ヲ拝誦シ更ニ微力ヲ尽シ当軍ノ行動ヲシテ貴方ノ意嚮ニ合致セシメ勇躍シテ任所ニ就キ国家重大ノ時局ニ善処センコトヲ切願シアリ事皇軍建軍ノ本義ニ関シ将来青史ニ残ル重大問題ト思惟スルカ故ニ再ヒ高教ヲ仰ク次第ナリ

参謀長以下参謀一同

委任命令問題を頂点として、中央・現地間のゴタゴタも大体おさまつた。そして十二月末錦州攻撃により学良軍政権を掃蕩し、つづいて翌年初春哈爾賓進出と戦局発展するとともに、建国構想も逐次成熟して三月満洲新国家誕生という経過をたどることになる。また「臨参委命」も十二月十五日の第十号（斉々哈爾駐留差支なし）で止むともなく発令をみなくなつた。

なお大命によつて任務を付与し、出動を命じたのは、昭和七年四月二日朝鮮軍の一部を間島地方に派遣して同地方の日本人保護に任ぜしめたことが最初の例であつた。そしてしばしば解説を加えたように、委任命令問題の根本と思われた関東軍に新任務を付与する件は、同年六月十六日になつて漸く実現をみた。

臨参命第二十五号

命　令

関東軍司令官ハ関東軍司令部条例ニ定ムル任務ニ服スル外満洲主要各地ノ防衛及帝国臣民ノ保護ニ任スヘシ

細項ニ関シテハ参謀総長ヲシテ指示セシム

なお兵力増強問題についてみるならば、大体において七年四、五月頃まで逐次増派の処置がとられ、かねて石原構想に描かれた如く概ね四コ師団基幹の関東軍となつた。かくて関東軍は、全満洲の治安維持に服するとともに対ソ防衛に任ずることになつた。

青年連盟の活躍

事変勃発後の青年連盟は、意気昇天盟友の多数が期せずして奉天に集まった。岡田猛馬、鯉沼忍など殆んど不眠不休関係方面の間を奔走尽力するとともに、各地に出張して輿論喚起に活躍、山口重次は専ら鉄道復旧作業にあたり小沢開策等と交通委員会をつくつた。また是安延利は鉱山および工場の復興作業、大羽、永江、結城、中西等は自治指導部、金井章次の奉天省政府入りなど、各方面において関東軍に協力した。

各支部もそれぞれ本部と一致して活動し、非常時在満邦人大会を各地に開き大変な勢いであった。即ち奉天、大連、鞍山、開原、旅順、長春、西部大連、安東、本渓湖、営口其他に市民大会を開き、いずれも決議文をもって政府当局に迫った。また国際連盟の認識不足に対しては、十月二十日大連新聞社後援の下に歌舞伎座で連盟反対の第一声をあげたのである。

しかし、何よりも先ず国論統一を図る必要があるとして、代表の第二回母国派遣を決定した。今回は、関東、東北、関西、中国、四国、九州の五班にわかれて全国的に遊説隊をおくることとなったのである。

中央班—岡田猛馬、井藤栄、大沼幹五郎、景山盛之助、奥村荘五郎

九州班—大田藤三郎、中尾優

中国四国班—関利重、榊原増郎、安藤武

関西班—紀井一、富田開助

東北班—小川雄増、美坂拡三

以上各班の面々は、檄文、声明を印刷して携行し、九月二十八日出発、十月十四日帰着まで二週間にわたって全国主要地を遊説して輿論喚起に大いに裨益するところがあった。中でも美坂代表は、仙台で演説中左翼に妨害され、憤激のあまり割腹した事件などもあったが、彼等の熱情は、聴衆に非常な感動を与えた。

さらに同年十一月、大連岡田猛馬、奉天鯉沼忍、満鉄八十沼丈夫の三名は第三回母国派遣代表として、まず十一月十四日芝公園の国民大会に出席、諸名士に伍して演説、軟弱外交を鞭撻したのであった。つづいて翌日から政府当局および諸名士訪問、東京各所の演説会、さらに京都、大阪等の講演会等三週間の活動をもって十一月二十八日帰満した。

十二月六日支那の排日に対する国策決定を促すため、上海で全支日本人大会が開かれた。満洲からは、時局後援会代表小沢太兵衛、満鉄社員会代表粟屋秀夫、在満在郷軍人会代表西川虎太郎、青年連盟代表小山貞知の四名が参加した。このとき小山代表は「神武東征以来の大業」と題して満蒙問題について演説した。

青年連盟は、関東軍と表裏一体となって、輿論喚起にまた建国の大業に参劃した。しかして翌年三月満洲国独立、同年七月二十五日満洲国協和会が設立せられるなど、その間尽すべき使命を果したというべきであった。そこで、十月二日奉天忠霊塔前での解散式をもって、前後五年間の活動の幕を閉じたのである。

錦州軍政権掃蕩

関東軍はすでに十月頃から錦州軍政権を覆滅すべく計画準備するところであったが、当時は至極簡単に掃蕩し得るものと判断していた。しかるに十一月末一部遼西進出の結果意外に強い

抵抗を受けたので以後真面目な研究準備にとりかかるような状況となつた。装備の増強はもちろん、例の奉天にあつた二十四榴の搬送据付まで本格的に準備した。

しかし、錦州問題は国際連盟の論議となり、一時は中立地帯設置案（学良軍関内撤退）など討議されて、作戦行動を積極的に展開することを抑制した。この間北支情勢の混迷もあり、遼西地区のみならず牛荘、営口付近まで百鬼夜行の観があつた。殊に先の錦州攻撃中止は彼に自信を深めさせたかに思われた。

一方中央部は、十二月五日錦州に対する方策を省部間で決定し、七日には関東軍に対し、政情の詳細と中央の意図とを伝えた。このため軍の攻撃準備は一段と促進されることとなつた。

錦州方面ニ対スル策案　昭和六年十二月五日 省部間決定

一、北平矢野参事官ノ交渉ニヨリ張学良カ錦州政権及兵力ノ撤退ヲ承認セハ朝鮮旅団ヲ帰還セシム

二、張学良右撤退ヲ承認セサル時ハ朝鮮ヨリ満洲ニ出動シアル旅団ヲ天津ニ派遣シ別ニ応急動員ニヨル一師団ヲ関東軍ニ増加シ錦州ノ政権及支那軍ヲ山海関以西ニ駆逐セシム

三、張学良撤退ヲ承諾シ朝鮮旅団ヲ帰還セシメタル後錦州政権及兵力撤退ヲ実現セサル時ハ新ニ混成一旅団ヲ天津ニ、応急動員ニヨル一師団ヲ関東軍ニ増加シ前項ニ準シ行動セシム

このような経過をたどりながら関東軍は、石原参謀が主任となつて錦州攻略要領の研究を進めていたが、十三日にはその成案を大臣、総長に献策した。全文は左記の通りであつた。

関参五四九号

錦州攻撃ニ対スル中央部ノ方針指示相成度右実行ニ関スル軍ノ意見次ノ如シ

一、政略上ノ関係之ヲ許サハ軍隊ノ徒労ヲ避クル為京奉線ニヨリ大凌河左岸ニ進出シテ攻撃ヲ実行ス

二、政略上ノ関係ヨリ右ノ如キ簡単ナル方法ヲ許サヽルニ於テハ

イ、牛荘西方地区ノ匪賊団カ遼河ノ結氷ニヨリ再ヒ満鉄沿線ヲ脅カサントシツツアルニ乗シ第二師団ノ主力ヲ遼中牛荘営口ノ線ヨリ盤山ニ向ヒ集中的ニ前進セシム

ロ、第二師団ノ前進ニ対シ支那正規軍カ盤山ニ増加シテ匪賊ヲ支援セントスル形勢アリトノ口実ノ下ニ混成第三十九旅団ヲ京奉線ニヨリ先ツ打虎山付近ニ向ヒ前進セシム

ハ、爾後更ニ口実ヲ求メテ前記諸隊ヲ大凌河左岸ニ進メテ敵陣地ヲ攻撃ス

ニ、第二師団行動開始ヨリ攻撃準備完了迄ニハ約二週間ヲ要スルモノト予定ス此ノ間適宜内地ヨリノ増援部隊ヲ戦場ニ到着セシムルヲ要ス

三、錦州ノ敵陣地ヲ攻撃スル為ニハ内地ヨリ約一師団ヲ増加セラルヽヲ至当トシ該師団ニハ若干ノ後方機関ノ外相当有力ナル重砲隊ヲ配属セラルヽヲ必要ト認ム

四、本作戦ニ最モ影響アル遼河及大凌河ノ結氷ハ一月上旬ト予想セシモ昨日来寒気特ニ甚シキ為数日後ニ於テハ歩兵ノ渡河可能トナル見込ナリ

右に対し十五日に参謀次長から返電があつた。その内容は、大要関東軍の意見を容認したものであるが、特に中央に於ても匪賊討伐の名義と平仄を合す方法を講ずるとともに、関東軍の行動も依然匪賊討伐ならびにその根拠地掃蕩の名義を以てせよということが強調されていた。これより先軍は、満洲一般の状勢に鑑みその態度を明らかにして、政権樹立運動に一道の光明を与え且錦州政府に対する将来の攻撃に際しての進歩を公明ならしめるため、公表文を発表することを企図し十二日起案した。しかしこれが公表は一応中央の意図を伺うべきであるとの軍司令官の配慮から、中央と電報往復の上十六日発表された。当時の満洲一般情勢を大観するには、好箇の資料と思うので左に全文掲記する。

関東軍司令部公表

昭和六年十二月十六日

黒竜江軍権ニ対シ軍ハ帝国政府ノ意ヲ体シテ隠忍自重一意和平ノ解決ニ努力セルカ自衛上已ムナク起テ嫩江河畔ニ之ヲ迎撃シ幸ニモ一挙之ヲ撃退シ中外ニ対シ皇軍ノ威武ヲ宣揚スルヲ得タリ

是レ一ニ上　皇威ノ然ラシムル所ナルト共ニ下将兵ノ忠烈勇武ニシテ衆庶ノ熱烈ナル後援アリシニ依ラスンハアラス

今ヤ奉天、吉林ノ両省各々自立ノ形態ヲ整ヘ旧政権ト絶チ黒竜江省其陣容ヲ更変シ熱河省竝内蒙亦恰モ之等ニ響応スルニ似タリ在満蒙三千万ノ民衆斉シク善政ヲ渇仰シ帰結スル何者カヲ庶幾シツツアリ。

（筆者注・十二月八日板垣大佐は海倫に馬占山を訪い軍事協定締結、爾後張景恵、馬占山の握手となつた。また十五日臧式毅出馬、奉天省長に就任した。）

憾ムラクハ未タ遼西ノ一角ニ蟠居シテ或ハ匪賊ヲ使嗾シ劫掠ヲ恣ニシ治安ヲ紊リ或ハ宣伝ヲ巧ニシテ曲ヲ掩ヒ安寧ヲ妨クルモノアリ庶民其患ヲ憂フルコト切ナリ

然レ共大局ヨリ之ヲ観レハ在満蒙諸民族ノ協力宜シキヲ得テ善後ノ諸経営日ニ月ニ面目ヲ一新シ来レルハ慶フヘキ現象ニシテ建設ノ機運到ル処溌剌トシテ躍動セルヲ看取シ得ルモノアリ

軍ハ以上ノ情勢ニ鑑ミ特ニ其進止ヲ公明ナラシメ諸般ノ協調ヲ緊密ニシ職トシテ治安維持ヲ全ウシ民心ノ安定ヲ図リ以テ向後ノ展開ヲ容易ナラシメ徐ニ大勢ノ帰趨ヲ静観セントス若シ夫レ軍ノ行動ヲ妨ゲ安寧秩序ヲ破壊スルモノアランカ断乎トシテ之ヲ排撃スルノ用意ニ遺憾ナカラシメアリ

この頃また日本国内では政変があつた。即ち内相安達謙蔵の投じた強力連立内閣説に端を発して閣内不統一を来し、若槻内閣は十三日に総辞職し代つて犬養政友内閣が十五日成立したのである。陸軍大臣には荒木貞夫中将が就任した。次いで二十二日には参謀総長金谷範三大将辞任、陸軍最長老の元帥閑院宮載

仁親王が難局を背負つてその任に就かれた。これらは何れも満蒙問題解決に一転期を劃する陣容刷新であつた。荒木大臣出現に関する軍内事情について、十二月十五日の機密作戦日誌は次のように記録している。

十二月十五ヴ（火）

十二月十三日若槻首相ヲ首班トスル内閣総辞職シ犬養首相ヲ首班トスル内閣成立ス

新内閣成立ノ前夜三長官及軍事参議官ハ後任陸相ノ選定ニ関シ意見ヲ交換シ左ノ如ク態度ヲ決ス

(1)、民政党ヲ主体トスル内閣ノ場合及所謂協力内閣ノ場合ニハ南陸相ハ留任ス

(2)、政友会ヲ主体トスル単独内閣ノ場合ニハ南陸相ハ留任セス荒木中将或ハ阿部中将ヲ推ス

次テ犬養首相ハ組閣ニ方リ南陸相ニ其留任ヲ希望シ来リタルモ其単独内閣ナルコトヲ知ルヤ之ヲ拒絶シ(a)阿部中将或ハ(b)荒木中将ヲ推セリ而シテ結局荒木中将ニ落チ付キ同中将ノ新任ヲ見ルニ至レリ

荒木中将陸相就任ニ方リ犬養総理ハ「満蒙問題ハ軍部ト相協力シテ積極的ニ之ヲ解決スヘキ」旨言明セリ

遼西区兵匪討伐戦即ち錦州政権掃蕩の序幕戦は、十二月十七日の関東軍命令によつて切つておとされた。独立守備隊（混成第三十九旅団配属）をもつて敵の前進部隊根拠地である昌図、法庫門附近の敵を掃蕩し、第二師団は適時一部隊をもつて遼中、牛荘、田庄台附近を占領して、主力の盤山方面に向う前進を準備することであつた。これら部隊の運動開始は二十日頃とし、引続き積極的討伐を開始し、年末には錦州陣地の攻撃に着手すべく予定した。また同日夜兵力増派に関する奉勅命令を受領したのである。この増加兵力は、関東軍に混成一師団（第十師団より）その他軍直の戦車、砲兵部隊および後方部隊であり、北支駐屯軍に臨時派遣隊（第五師団の歩兵二大隊基幹諸兵連合部隊）であつた。かくて翌十八日には、雄大なる軍の大凌河々畔に向う前進要領および錦州附近敵陣地攻撃計画が策定された。

ここで支那駐屯軍の策応問題について一言する必要があろう。事変勃発以来支那駐屯軍は、関東軍の行動施策を容易ならしめるため、最善の努力を惜しまなかつた。北支那における反張工作、親日新政権の樹立工作、あるいは溥儀脱出にからむ天津事件等みな駐屯軍に負うところ多大であつた。しかしながら関東軍にあつては、北支工作はあくまで補助工作であつて、企図する満蒙新国家にいささかでも累をおよぼすことがあつてはならぬということがその基調であつた。左記十一月四日電は端的にしかも明確な軍の意志表示とみることができよう。

次官、次長宛　関東軍参謀長

関参電第九九四号

目下北支那ニ於テ反張運動ノ醸成セラレアルハ喜フヘキ現象ナリト雖其構成ノ加何ニ依リテハ満洲ニ対スル影響少ナカ

ラサルモノアルニ鑑ミ右ニ関シ当部ノ意見ヲ具申ス

一、満蒙ニ於テハ全然独立セル新国家ノ成立ヲ目標トス

二、学良政権ノ倒壊ニ伴ヒ北支那ニ親日ノ新政権発生シ南方トノ間ニ緩衝地帯トナリ進ンテ此勢力ニ依リ南方ヲ傘下ニ収ムルコトハ最モ希望スルトコロナリ然レトモ満蒙新独立国家ノ成立ニ累ヲ及ホスカ如キ条件ハ断然排除セサルヘカラス例ヘハ満蒙北支那ヲ合併シテ北支那政権ノ支配下ニ置カントスル運動ノ如シ

三、如何ナル場合ニ於テモ関内軍隊ノ満洲ニ入ルコトヲ絶対ニ禁止ス

北平、天津、済南、上海スミ

さらに錦州問題具体化するとともに、張作相、張宗昌擁立の北支新政権工作が外務官憲まで加わつて騒然、関東軍に申入るものも少くなかつた。しかし、これらはすべて関東軍の拒否排撃にあつたものの、駐屯軍が関東軍の錦州攻撃に策応して積極的に学良軍を撃滅しようとの企図はなかなかに強烈であり、この件に関しては関東軍および中央との間にひんぱんな応酬が行われた。しかも臨時派遣隊増派の大命を受領してからは、駐屯軍主力をもつて、山海関方面関外に進出して、在錦州支那軍の退路を遮断し関東軍の攻撃と相俟つてこれを殲滅せんとする行動の認可を要請するにいたつたのである。

右に対し、十九日夜十二時参謀総長から臨命第二三号をもつて「貴官の方針は承認スルヲ得ス」との訓令および次長からつぎの細部指示が与えられた。

一、関東軍の行動ニ対シ貴軍ノ行動ハ臨命第二三号ノ如シ

二、関東軍ハ錦州攻撃ニ当リ在山海関ノ部隊ニシテ積極的行動ニ出ル時ハ支那軍ヲシテ退路ヲ遮断セラレタルノ感ヲ抱カシメ所謂窮鼠猫ヲ咬ムノ挙ニ出テ徒ラニ関東軍ノ犠牲ヲ大ナラシムルノ虞アリ且又同方面支那軍ヲシテ熱河ニ逃入セシメサル為ニモ退路ヲ開放シ其退却ヲ阻止セサルコト大局上必要ニ付山海関部隊ハ厳ニ其守地ヲ支持シ積極的行動ニ出テサルコト必要ナリ

三、臨時派遣隊ノ輸送地ハ変更セラルルコトナキモ山海関部隊守地固守ノ為一部ノ増兵ヲ行フハ素ヨリ貴司令官ノ判断ニ委セラルルモノナリ

四、之ヲ要スルニ幸東三省ノ大部已ニ我カ勢力ノ下ニ於テ治安ヲ整ヘントスル気運ニ入リ錦州問題ノ解決ニ就キ玆ニ完全ニ満蒙ノ事態治マリ将ニ建設的施設ヲ開始シ得ルノ情勢ニ到リアルヲ以テ今ヤ関内ノ情勢如何ハ斯ク大ナル波動ヲ東三省ニ及ホササルモノト判断シアリ

故ニ貴軍ノ積極的行動ハ満蒙問題ノ解決ヲ促進スルノ所以ニアラスシテ寧ロ事態ヲ紛糾拡大セシメ国際的威信ニ影響ヲ及ホシ却テ問題解決ニ支障ヲ来サシムルコトトナルヘキヲ以テ深ク考慮セラレタク……以下略

関東軍の意見も大体中央部と同様であつた。従来関東軍が平津地方に事件勃発し、支那駐屯軍の積極的行動を希望した理由

は、軍が遼西作戦を厳禁されていた状況の下で、錦州攻撃の名目を獲ようとの魂胆からであつた。しかし、内外の情勢は軍の錦州攻撃の当然性を認めるにいたつた今日では、平津地方の情勢は大なる問題ではない。かつ国力の全部を先ず満蒙に傾注するのが適当であつて、力を平津に割くことはかえつて不利である。なお全錦州軍が平津地方に撤退せば寧ろたちまち困難な軍費問題に直面することになり、蔣、張の政治的苦境と相俟つて学良は自然に没落するだろうと観察していたので、無理してまで平津に事態を拡大するは不同意の見解に立つていた。

連絡のため来奉した天津軍の川本芳太郎参謀との間でも種々懇談が重ねられた。二十日片倉日誌には「連絡のため来奉せる天津軍川本参謀の言を綜合するに、天津軍は此際何か一仕事せねば気拙しとの感なき能はずこれ重大なる誤りなり。然れども敗軍を熱河に入れずして京津に流入せしめんとするの意見一致せるは欣ぶべきことなり」と記載されている。さらに時期はあとのことになるが、錦州軍撤退の徴みえた十二月三十日には、平津方面に対する関東軍の方針要旨をつぎのように打電した。

一、軍ハ錦州軍カ関内ニ撤退スル限リ之ヲ引留メテ殲滅セントスル意志ナシ

二、錦州軍カ軍ノ攻撃ニ先ンシテ撤退セシ場合ト雖モ治安維持ヲ完ウスルタメ山海関迄ノ匪賊掃蕩ヲ敢行ス

三、錦州軍陣地ニ拠リ抵抗セハ之ヲ撃攘シ又ハ其赴援部隊アレハ之ヲ阻止スルタメ関外ノアラユル鉄道ヲ破壊ス

これによつても、少くも錦州軍政権掃蕩問題に関する限り、平津地方に対する考え方は首尾一貫しておつたとみていいのではないだろうか。

以上述べたように中央、現地とも着々準備を整えつつあつたが、いよいよ二十一日さきに命令された独立守備隊および混成第三十九旅団の昌図、法庫門附近の討伐ならびに第二師団の遼河河畔に向う前進が開始された。そして翌二十二日軍は、左記声明を発し自衛権に基く当然の掃蕩行動であることを明らかにしたのである。

南満洲一帯ニ活躍シツツアル匪賊ハ逐日猛威ヲ逞ウシ之ヲ大観スルニ南満線以西即チ遼西地帯一帯ノモノハ同線以東ノモノニ比シ漸次其数ヲ増加スルト共ニ之カ組織統制モ亦日ヲ経ルニ従ヒ整ヒツツアリ十一月下旬関東軍カ平和的顧念ヲ以テ新民方面ヨリ西進スル企図ヲ自制中止シ只管支那側ノ覚醒ヲ待チ匪勢ノ衰フルヲ期シ来レルカ事予期ニ反シ遼西一帯ハ惨忍兇暴ナル義勇軍別働隊正規軍公安隊竝純馬賊等合計十万強ノ武装団ノ蟠踞地帯ト化シ其勢漸次東進シテ底止スルトコロヲ知ラス

我軍ノ警備シアル長延ナル地帯ハ実ニ各所ニ於テ従来ニナキ危険ニ暴露スルニ至レリ軍ノ行動ハ隠忍ニ隠忍ヲ重ネ其発動スルヤ軌ヲ越ヘスシテ今日ニ及ヒタルモ状況既ニ斯クノ如クナルニ於テ尚忍フトキハ南満ノ治安ハ遂ニ根底ヨリ覆ルヘ

キニ鑑ミ軍ハ已ムナク遼西一帯匪賊ノ剿滅ニ着手スルニ至レリ若夫レ我カ討匪行為ヲ妨クルモノアルニ於テハ其何物タルヲ問ハス之ヲ除去スルニ毫モ躊躇スルモノニアラス

同日中央部も軍の声明と呼応し、討匪実行の已むなきを明らかにした。その後英仏からの抗議警告があつたが、政府は二十七日さらに声明を発表してわが態度を宣明ならしめるところがあつた。この日また臨参命第十号により、第二十師団司令部、混成旅団一（19D）および重爆一中隊の増派を受けた。いよいよ準備は万全となり、既定の通り二十八日遼河の線を進発するにいたつた。

遼西に向う第二師団の前進準備には、徒河点の選定等により若干軍との間に溝らしい感情の介在があつたが、石原参謀の現地指導よろしく、師団主力は二十七日遼河を渡河して田庄台に集結を了り、二十八日堂々盤山、溝帮子に向って進撃を開始した。そして二十九日盤山を占領したのである。しかして翌三十日には、京奉線に沿つて混成第三十九旅団が新民を出発、混成第八旅団がこれに続いて行動を開始した。目標は打虎山を経て溝帮子であつた。

しかし同日中に、駐屯軍参謀長（山海関守備隊長報告）より「二十九日午後六時ヨリ撤退開始、二時間ニ一列車」と通報あり、また軍の傍受電は、在錦州無電XTT機が三十日午前九時以来閉鎖したと報告した。次いで飛行機からは「午後二時頃錦州駅前ハ甚シク雑踏シ五六百ノ部隊及百輛ノ列車西進ノ姿勢ニアリ『ホーム』ニハ荷物山積ス」と報告された。同時頃北平駐在武官永津中佐からも、学良が政略的理由から二十八日栄臻を錦州に派遣して錦州撤退に着手したと報ぜられた。

三十一日朝来支那駐屯軍の通報、飛行機および第一線の報告等によつて、敵軍主力の撤退と判断したが、その退却速度に関しては、一日約十列車をもつて退却するものとせば、錦州附近撤退完了は一月五日頃と観察したのであつた。従つて今すぐ軽挙に一部をもつて大凌河右岸地区に進出するは危険であるのみならず、一日を争うて無益の犠牲を払う必要はない。しかも敵が抵抗もしないのに、進んで正規軍を攻撃するのは従来の軍の声明方針に反するので、依然従来の計画に基いて一先ず軍を大凌河々畔に集結することとした。即ち第二師団（混成第三十九旅団配属）をして、大凌河の線に前進、軍の石山站附近集中を掩護せしめ、第二十師団（師団長室中将）を以て先ず溝帮子に向い、次いで石山站附近に集結せしめた。

明けて昭和七年一月一日第二師団は溝帮子に集結して爾後の前進を準備しつつある態勢にあり、且つまた敵の撤退予想以上に迅速なること、矢野参事官等が中立地帯設置の言質を与えている疑もあり、さらには無警察状態の空白を生ぜしめない等の理由によつて、一転して錦州進撃の命令を下達した。これは第二十師団をして第二師団を超越して迅速に錦州を占領せしめ、第二師団は溝帮子附近に待機せしむるものであつた。同時に石原参謀は、森五六第二十師団参謀長に左記要旨の意図を示した。

錦州占領後ニ於ケル第二十師団ノ配置ハ素ヨリ状況ニ依ルモ兵力ノ関係上最初ヨリ錦州以西ニ過度ニ手ヲ伸シ兵力ヲ分散スルハ適当ナラス先ツ連山若ハ興城附近ニ一、二大隊ヲ配置スルヲ以テ満足スルヲ可トスヘシ

該地以西ノ向背ハ錦州附近ニ軍カ確乎タル地歩ヲ得ルニ於テハ自然ニ解決スヘキ問題ニシテ今速急ニ解決ノ要ナキモノト信ス

第二十師団は混成第三十九旅団を錦州に向い前進を続行せしめ、師団長は混成第三十八旅団とともに鉄道によつてこれに跟随し、敵の抵抗には直に両旅団を併列して攻撃する処置をとりながら前進した。二日第一線は大凌河に達し、師団長また多門第二師団長と溝撤子において相会した。軍は、この日正午頃、敵は最終列車をもつて撤退を完了したらしいことを知つた。

軍司令官は一月三日朝来錦州占領の吉報を待つていた。

本三日午前十時四十分無事錦州に到着ス

右電報を受領したのは午前十一時三十分であつた。敵の撤退と第二十師団の錦州到着とは問髪を容れないタイミングであつて、軍の希望に大体合致するものであつた。

ここにおいて、軍はかねて準備した軍命令を下達、第二十師団の関内および熱河方面に対する警戒ならびに：西地方の治安恢復、第二師団の帰還、南満沿線の治安維持等の新任務を附与するとともに、「奉天省治安恢復要領」を確定指示して、先ず迅速に奉天省の治安恢復をはかり、軍の企図する満蒙独立国家の基礎がためとした。

板垣参謀上京

錦州軍政権掃蕩が満蒙新国家建設促進の一転機をなしたが、その頃満洲はどういう状態であつたかを一瞥してみよう。

吉林省の熙治が独立宣言したのは事変勃発直後であつたが、同時頃出来た奉天地方維持委員会は、十一月七日にいたり、旧東北政権および国民政府との絶縁を宣言するとともに、遼寧省を奉天省と改称することを公表した。なお既述のように、その頃板垣大佐の決死的行動によつて馬占山、張景恵の握手も成立したのである。さらに十日には于沖漢が地方自治指導部長として出馬し、二十二、三日頃には于沖漢、闞朝璽、袁金鎧、金梁、張成箕などの会合で、連省自治の採用と四省代表会議の開催が決定採択された。また軟禁同様にあつた臧式毅が、十二月十五日奉天省々長に就任、奉天政府の威重を深めたのであつた。

関東軍内の建国構想の曲折については、すでに述べた通りである。十二月末にいたり、錦州攻撃開始前、軍内機構たる統治部部長駒井徳三を新設したばかりでなく、建国要領についての最終的研究を行なつた。板垣、石原、竹下、花谷、片倉各参謀および松木俠、金井章次、久保田忠吉三氏も出席した。主として松木案の研討であつたということである。

昭和七年一月三日錦州攻略を機として作戦に一段階を劃し、

今後の建設はさらに一段と中央、出先一致の歩調を以て善処するの必要を軍司令官以下痛感していたが、荒木新陸相もまたこれを緊要と考え、板垣参謀または石原参謀の上京を要求してきた。即ち板垣参謀上京のことに決定し、軍司令官室に参謀長、板垣、石原および竹下参謀、駒井、松木顧問会同して最終案をかためるとともに、これにもとづき左記要旨を軍司令官から板垣参謀に指示されたのであつた。当時内地の政情は、内閣交迭、リットン近く来訪等によりむしろ迅速なる新政権成立を期待していた。

板垣参謀上京ニ際シ与ヘシ指示

一、満蒙中央政府の設定

其ノ一　機構

逐次中央集権制トス之カ為省政府ハ努メテ簡潔ナルモノトスル希望ナリ

首脳者ニハ大統領等ノ適当ナル名称ヲ附シ復辟的傾向ヲ避クル如クス

各行政長官ニハ現在ノ各省々長等ヲ以テ之ニ充テ省長赴任執務シ難キトキハ代理者ヲ出ス如クス

（首脳者ニハ溥儀ヲ充ツルモノトス）

其ノ二　待機及準備

当所ハ各省ヨリ奉天ニ代表者ヲ出シ政務委員会ヲ設置シ主トシテ政府機構ノ研究準備ヲ為サシメ其成案ヲ得タル後各省ニ於テ民意機関ニ依リ首脳者ヲ推戴セシムル如クス政務委員会ヲ設置スル時機ハ板垣大佐東京ヨリ帰還セハ成ルヘク速ニス

政府設置ノ時機ハ概ネ二月中旬トシ遅クモ二月下旬乃至三月上旬ニ於テ着満スヘキ予定ナル国際連盟派遣員到達ノ時機迄ニハ建設スル如クス

其ノ三　首都

長春トス

但政務委員会ハ奉天ニ開設シ新政府設立ト共ニ遷都スルモノトス

其ノ四　参議府ノ設置

中央政府ニ参議府ヲ設ケ左ノ参議ヲ置キ政務ニ参議セシム

満洲人	一	蒙古人	一
漢　人	三	日本人	三

我帝国ノ意志希望等ハ当該日本人参議ヲ経テ満蒙中央政府ニ伝フルモノトス

其ノ五　中央政府ノ管轄地域

奉天省　吉林省　黒竜江省　熱河省　蒙古省

二、独立国家ト独立政権

独立政権ト為ストキハ支那中央政府主権ノ下ニ立ツモノナルカ故ニ動モスレハ満蒙ノ政権カ支那中央政府ニ復帰シ去ルノ嫌アリ又現在各省新政権者ハ前項ノ場合反逆者視セラルルカ故ニ常ニ不安ノ念ニ駆ラレ日本トノ合作竝新政権

者トシテノ執務モ積極ナル能ハス故ニ此際明瞭ニ支那本部ト離脱セシムル為名実共に独立国家トナスヲ要ス

九国条約ニ於テモ聯盟規約ニ於テモ日本カ支那本部ト分離セシメントスル直接行為ヲ敢テスルコトハ許ササルモ支那人自身カ内部的ニ分離スルハ右条約ノ精神ニ背馳セス又之等カ干与シ得ヘキ限リニアラス

此点ニ関シテハ各学者ノ意見モ亦一致セル処ナリ要ハ唯支那人自身ニ於テ分離独立セシムレハ足ルヘキモノニシテ日本及列国カ之ヲ承認スルト否トハ問フヘキ筋合ノモノニアラサルヘシ寧ロ承認セサレハ之ニ依テ国際関係ヲ収縮スルヲ可トセン

三、満蒙新国家ニ配置スヘキ兵力

右兵力ハ概ネ三ノ区分トス

(一) 警察軍（兵）

(二) 巡防軍（兵）

(三) 国防軍（兵）

警察兵ハ各省ニ属ス巡防兵ハ中央政府ニ隷属シ各省二乃至三混成旅ヲ限度トス

国防軍ハ日本軍ヲ以テ之ニ充テ現独立守備隊、駐剳師団ノ外更ニ一個ノ師団ヲ充ツレハ可ナリ

該国防軍ノ費用ハ満蒙中央政府ヨリ日本政府ニ対シ国防委託ノ代償トシテ献金セシム

四、満蒙ニ於ケル日本側官庁

従来ノ多頭政治ノ幣ヲ除去スル為都督又ハ総督等ノ政治ヲ適当ナリトスルモ実現不可能ノ場合ニハ関東軍ニ政務部ノ如キモノヲ設置シ産業及交通等ノコトヲ軍司令官直轄ノ下ニ掌理セシムルヲ可トス

五、満蒙問題解決ニ伴フ我対満政策ノ要機

其ノ一　将兵ノ奮闘努力と社会政策

将兵ノ今次事変ニ際スル奮闘努力ハ日清日露ニ勝ルトモ劣ラサルモノアリサリ乍ラ下士官兵ハ日露戦当時ト異ナリ労働運動乃至農民運動ヲ経過シ来リシモノ多数ヲ占ム故ニ彼等凱旋ノ後其郷里ノ経済状況カ出征前ヨリモ尚悲惨ナルモノアルヲ認メ且満洲ノ諸事業カ資本家利権屋乃至ハ政党者流ニ依テ壟断セラレタリトノ感ヲ与フルトキハ彼等ハ省ミテ何ノ為ノ奮闘殉難ナリシヤヲ云々スルニ至ルナキヲ保セス

若シ斯クノ如キアリトセハ我建軍ノ基礎ニ揺キナシトセス

又一面帝国ノ産業経済ハ殆ト行詰リアル事態ヲモ参照スルトキ今次満洲問題ノ解決ヲ契機トシ我社会政策ノ改善進歩ニ重大ナル考慮ヲ払フヘキ秋ナラサルヤヲ思ハシム即チ

(一) 満洲諸事業ノ有利ナル権利株ノ如キヲ国家保障ノ下ニ出征兵士ノ郷国就中東北地方ノ社会事業費乃至教育事業費又ハ共有金等ニ依リテ収得セシメ以テ満蒙ノ事業ハ我等ノ事業ナリトノ観念ヲ彼ニ与フルカ如キ

㈡ 満蒙ノ地ニ集団移民ノ方法ヲ講シ出征兵卒ニ其優先権ヲ与フルカ如キ

㈢ 満洲ノ廉価ナル石炭ヲ内地ニ輸入之ニ依リ火力発電ノミナラス水力電力ヲモ著シク其価格ヲ低下セシメ延テハ各種工芸品ヲ安価ナラシメ一般社会ヲシテ之ヲ利用セシムルト共ニ外国製品ニ拮抗セシメ又此機会に我国内ノ力ヲ国有トシ統制セシムルカ如キ

其他満洲ニ於ケル鉄肥料等諸種ノ安価ナルモノヲ輸入税ヲ低下シテ一般人ノ利益ヲ図ルカ加キ等

総ヘテ社会政策上大イニ考慮セラルヘキ問題ニシテ今回ノ満洲問題、彼等自ラ奮闘セシムルコトニ依リテ日本カ潤ヘリトノ感ヲ抱カシムルコト緊要ナリ

其ノ二 満洲問題ノ国家本位化

今回ノ事変ヲ契機トシテ満洲問題ハ国家本位ニセラレタシ

之レカ為政党干与シ党利党略ニ利用セラレサルコト最モ緊要ナリ

然ラスンハ今次事変ニ奮闘セル将兵ヲシテ我等ハ党利党略ニ利用セラレタリトノ感ヲ惹起セン

板垣大佐は、六日以来陸軍中央部と懇談をとげたが、即日陸、海、外協定案として左記「支那問題処理方針要綱」が示された。本案に依れば、連省統合の一政権から逐次一国家に誘導するもので、関東軍とはなお若干の隔たりはあるけれども、究極において独立国とすることでは一致していた。結局は具体的な実行問題ニ帰する。また日本人官吏の取扱い問題は、特に石原参謀の考えるところとは相当の違いがあるが、当面直接の問題としては余り論議されなかったようである。

しかしてこの方針要綱は、これまでの中央部の態度からすれば大転換とも称すべき策案であることは、すでに述べたところで明瞭と思うが、これが原案は、すでに十二月二十三日「時局処理要綱」として省部の成案となつていた。しかし陸、海、外どの程度の協定であつたかは、なお不明である。

支那問題処理方針要綱

昭和七年一月六日
陸、海、外協定案

根本方針

一、満蒙ニ付テハ帝国ノ威力下ニ該地ヲ政治、経済、国防、交通、通信等諸般ノ関係ニ於テ帝国ノ永遠的存立ノ重要々素タルノ性能ヲ顕現スルモノタラシムルコトヲ期ス

二、支那本部ニ付テハ門戸閉鎖的及内外人差別待遇的ノ法規竝制度ヲ排除シ特ニ排日排貨ノ禍根ヲ一掃センコトヲ期ス

要綱

右根本方針貫徹ノタメ処理要綱ヲ定ムルコト左ノ如シ

一、満蒙ハ之ヲ差当リ支那本部政権ヨリ分離独立セル一政権ノ統治支配地域トシ逐次一国家タルノ形態ヲ具有スル如ク誘導ス

右目的ノ為満蒙各省政権ノ迅速ナル確立安定ヲ計リ殊ニ従来ヨリモ一段積極的ニ之ヲ援助ス

成立セル各省政権ヲシテ逐次聯省統合セシメ且機ヲ見テ新統一政権ノ樹立ヲ宣言セシム

二、我国ノ満蒙ニ於ケル政治的支配力強化ノ一端トシテ該地ニ於ケル政治機構ニ我人的勢力ヲ扶植スル為中央地方ヲ通シ有為純正ナル帝国臣民ヲ顧問其ノ他ノ形式ニ於テ参加セシム右ノモノハ任免黜捗其他一切ノ服務ニ付帝国官吏ニ準ス

三、現下ニ於ケル満蒙ノ治安維持ハ主トシテ帝国之ニ任シ之カ障碍タルモノハ之ヲ排除ス将来ニ於ケル満蒙ノ治安維持及満鉄以外ノ鉄道保護ハ主トシテ支那ノ警察乃至警察的軍隊ヲシテ之ニ当ラシム右目的ノ為著々此等支那側治安維持機関ノ建設刷新ヲ図ラシメ特ニ邦人ヲ之カ指導的骨幹タラシム駐満帝国軍隊ハ前項ノ支那側治安維持乃至鉄道保護ノ核心タルヘク従テ保安警備上必要ナル軍行動ノ自由ヲ獲得ス

四、外部ニ対スル満蒙ノ防衛ハ帝国主トシテ之ニ任シ該地方ヲ以テ帝国ノ対露、対支国防ノ第一線トス右目的ノ為駐満帝国軍ノ兵力ヲ之ニ適応スル如ク陸軍ニ在リテハ少クモ三師団ニ増加シ又必要ナル海軍施設ヲ置キ支那正規軍ハ之カ存在ヲ許サス

五、満蒙ニ於ケル我権益ノ回復拡充ハ該地地方官民乃至新統一政権ヲ対手トシテ之ヲ行フ

六、以上各般ノ施措ノ実行ニ当リテハ努メテ国際法乃至国際条約牴触ヲ避ケ就中満蒙政権問題ニ関スル施措ハ九国条約等ノ関係上出来得ル限リ支那側ノ自主的発意ニ基クカ如キ形式ニ依ルヲ可トス

七、満蒙ニ於ケル経済的機構ニ徹底的改善ヲ加ヘ以テ門戸開放、機会均等ノ原則ヲ維持シツツ帝国ト該地トヲ共通経済体系タラシムヘク又該地ニ於ケル我権益ヲ一部資本家ノ壟断ニ委スルコトナク広ク一般ニ均霑セシムヘキコトヲ期ス

八、満蒙ニ関スル帝国ノ政策遂行ハ将来強力ナル一国家機関ノ統制ニ帰属セシムルヲ要スルモ差当リ軍ノ威力下ニ行フヲ要ス

九、支那本部政権ノ満蒙問題ニ対スル関係ニ付テハ該政権ヲシテ満蒙ニ対スル一切ノ主張ヲ自然ニ断念セシムル如ク仕向クルヲ以テ主旨トス従テ同問題ニ関スル支那本部政権トノ直接交渉ハ出来得ル限リ之ヲ遷延スルノ策ヲ執リ若シ近キ将来ニ於テ該政権ヨリ直接交渉ヲ提議シ来ル場合ニハ大正四年条約其他一切ノ条約、協約及協定等ノ再確認及排日排貨根絶ノ具現ヲ要求シテ之ニ対抗ス

一〇、支那本部ニ於ケル門戸閉鎖的及内外人差別待遇的法規竝制度ノ排除特ニ排日排貨ノ根絶ニ関シテハ適当ノ時期ニ更ニ厳重ナル要求ヲ提示シ之ヲ実行セサルニ於テハ必要有効ナル措置ヲ採ル

一一、支那本部ニ於ケル赤化運動竝反日軍閥及反日政党ノ覆滅ヲ期ス

一二、満蒙問題ニ関スル帝国ノ根本方針遂行ニ当リテハ聯盟及諸外国ノ関係ヲ激化セサルニ努ムルモ其ノ干渉ハ断乎之ヲ排撃ス

板垣参謀は、一月八日異例の拝謁をたまわり、関東軍に対する勅語をいただいて、同十三日帰奉した。爾後の関東軍は、直路建国へと努力を傾注するのであるが、前記陸海外三省協定の処理方針要綱が国家意志として閣議決定となったのは、さらにおくれて建国直後の三月十二日であった。追認の状態が依然として続いていたことを物語るものであろう。左記が閣議決定「満蒙問題処理方針要綱」の全文である。

満蒙問題処理方針要綱

昭和七年三月十二日　閣議決定

一、満蒙ニ付テハ帝国ノ支援ノ下ニ地該ヲ政治、経済、国防、交通、通信等諸般ノ関係ニ於テ帝国存立ノ重要素タルノ性能ヲ顕現スルモノタラシメムコトヲ期ス

二、満蒙ハ支那本部政権ヨリ分離独立セル一政権ノ統治支配地域トナレル現状ニ鑑ミ逐次一国家タルノ実質ヲ具有スル様誘導ス

三、現下ニ於ケル満蒙ノ治安維持ハ主トシテ帝国之ニ任ス

将来ニ於ケル満蒙ノ治安維持及満鉄以外ノ鉄道保護ハ主トシテ新国家ノ警察乃至警察的軍隊ヲシテ之ニ当ラシム右目的ノ為之等新国家側治安維持機関ノ建設刷新ヲ図ラシメ特ニ邦人ヲ之カ指導的骨幹タラシム

四、満蒙ノ地ヲ以テ帝国ノ対露対支国防ノ第一線トシ外部ヨリノ攪乱ハ之ヲ許サス右目的ノ為メ駐満帝国陸軍ノ兵力ヲ之ニ適応スル如ク増加シ又必要ナル海軍施設ヲナスヘシ新国家正規陸軍ハ之カ存在ヲ許サス

五、満蒙ニ於ケル我権益ノ回復拡充ハ新国家ヲ相手トシテ之ヲ行フ

六、以上各般ノ施措実行ニ当リテハ努メテ国際法乃至国際条約抵触ヲ避ケ就中満蒙政権問題ニ関スル施措ハ九国条約等ノ関係上出来得ル限リ新国家側ノ自主的発意ニ基クカ如キ形式ニ依ルヲ可トス

七、満蒙ニ関スル帝国ノ政策遂行ノ為メ速ニ統制機関ノ設置ヲ要ス但シ差当リ現状ヲ維持ス

本格的建国準備

板垣参謀が中央と懇談諒解をとげて十三日帰奉したことは既述の通りである。爾来新国家建設は軌道にのって着々その本格的準備が進められたのであった。即ち一月二十二日午後二時から参謀長、板垣、石原、松井、竹下、和知、片倉各参謀、土肥原大佐、花谷少佐会同して、松木侠起案の新満蒙国最高機関の問題、人権保護条例、交換覚書に関して研究、その大綱を決定した。主として論ぜられた事項は次のようなものであった。

一、満蒙自由国は飽くまで共存共栄住民一致融和融合して作り上げることを主眼とすること。即ち日本の領土的野心なるものを含有せしめない。

二、参議府の権限に依り国家の最高意志を抑制し諸官庁は技

術的のものを除き、日本人も内部へ飛び込んで仕事をする。

軍人ならびに技術者は、顧問等に応聘するも可、但し一般官吏は満洲国官吏として働くことを主義とする。

三、国防およびこれに関連する鉄道を日本に依り委託経営する。

四、立法院は形式的とし実際は独裁中央集権制とする。

但し地方自治体は、支那古来発達に係る特異自治を助成する。

五、国務院の権限を大にし、秘書庁に人事予算（主計局）を掌握し、これと実業庁には日本人を入れること。

六、監察制度を厳にし、官公吏の不正を弾圧する。

七、交換公文は一方的のものとして依頼の形とし国防およびこれに伴う鉄道管理権を獲得する。

これ将来紛糾に対する言質を与えないことが主眼である。

この軍高級幕僚会議の結果に基き、松木顧問は法制の研究準備を進め、板垣参謀また建設日程に関し、特に趙欣伯としばしば会見してその進捗を図った。そして同参謀は、一月二十七日湯崗子において次の建設順序要綱を策定した。

この頃陸軍大臣は、永田軍事課長を通じて過般来奉した田中新一少佐に托し、新国家は速かに樹立宣言するを得策とすること、さらに本月中旬以前を可とする旨を附加してきた。また陸軍次官からは「支那問題処理方針（筆者注前掲一月六日案）は、芳沢外相もその趣旨において全然同意」の旨通報し来り、暗に建国を督促するかのようであった。

板垣参謀は、旅順にいたり、溥儀に対して新国家樹立に関して説得するところあったが、二十九日帰奉した。かくして二月に入るとともにいよいよ建国準備が活発具体化するのである。

満蒙自由国建設順序　昭和七年一月二十七日

一、奉天、吉林、黒竜江ノ三省主席ヲ以テ中央政務委員会ヲ組織シ各省ノ連絡統制ニ関スル事項竝新国家ノ樹立ニ関スル一切ノ準備ヲ行ハシム

政務委員長　張景恵
政務委員　臧式毅
同　熙洽
同　馬占山
幹事長　熙洽
幹事若干名、幹事長之ヲ指定ス

二、政務委員会ノ成立ハ宣言ニ依ル
（宣言ハ中央ト分離独立スルコトヲ明ニスルコト）

三、政務委員会ハ随時必要ノ場所ニ開催シ且代表ヲ派遣スルコトヲ得

但シ新国家樹立ニ関スル準備ハ吉林ニ於テ之ヲ行フ

四、新国家樹立ノ為準備スヘキ事項左ノ如シ

国号

国　旗
宣　言
官　制（国家組織法、人権保証条例、中央官制、地方官制）
人選配当
首　府

五、準備完予セハ之ヲ政務委員会ノ議決ニ附ス
六、政務委員会ノ議決案ハ必要ニ応シ之ヲ各省毎ニ組織スル民意代表機関ニ移シ其ノ同意ヲ求ム
七、各省毎ニ大総統ヲ推挙ス
八、民意ノ表現ハ請願、推挙ノ形式ニ依ル
九、政務委員会ハ民意ノ帰趨ニ依リ中央政府ノ樹立ヲ決定ス
一〇、大総統ハ中央政府ヲ組織シ宣言ヲ発シ諸条例ヲ発布ス
一一、政務委員会ハ熱河及内蒙古ニ対シ代表ノ派遣ヲ求メ所要ノ議決ニ参与セシメ可成速ニ新国家ニ合流ヲ企図セシム

この間の事情をさらに明らかにするため、松木顧問の回想を要約して紹介しよう。

法制を担任した私は、法制と魂の問題に逢着して困つた。建国の理念にはどうしても哲学的基礎が必要であると思い、大川周明博士に聞くことを石原参謀に要請した。

「大川君が現地に来るのは困る。内地で考えて貰うのはかまわない。満洲の問題は国内革新とは関係がないのだ。大川君が来ると、〝それみたか〟ということになる。」

といわれたが、偶然入口で河本さんに会つたので、大川氏の件頼んだところ、「内地にいい土産ができた」と喜んで承諾してくれた。しかし実際の建国理念といわれるものは、石原中佐自身一月十一日大和ホテルの朝日新聞主催座談会席上における言明がそれであつた。

なおその頃石原さんが、松木に新国家と治外法権問題を提示し「関東州は直接新国家とは関係ないかも知れないが、建国の引出物として返還すべきだ。権益上の要求だけでは駄目だ」といわれた。以前から租界に疑問を持つていた私は、強い印象をうけたことをおぼえている。

つづいて一月十五日から「満蒙における法制及経済政策諮問会議」が、学者、財界、産業人を集めて開かれた。即ち権威を網羅して意見を聞くためであつた。私の属する法制部会には蠟山政道（当時京大教授）が委員として来られた。（筆者注・この諮問会議は、法制部門（自十五日至二十一日）、幣制及金融（同上期間）、関税税制及専売制（自十八日至二十四日）、産業（自二十三日至二十九日）に分れ、当時著名な人士を集めて行われた。）蠟山氏は「松木君の案は勇ましい。しかし実際やる人がいるのか。また国をつくらなければならぬ事情があるのか。結局は植民国家になる」などとの発言があつた。二日目からは同氏から何かを引出すことに努力したのであつたが、「総務庁制度を採用して人と物と金を握れ」と示されたことなど大変参考になつた。

なお松木回想の朝日新聞座談会は、一月十一日大和ホテルで

行われたが、出席者の主な顔触れは左の通りであつた。

中国側

奉天省政府地方自治指導部長	于冲漢
東北交通委員会委員長	丁鑑修
東三省官銀総弁	呉恩培
奉天市長	趙欣伯
奉天省政府財政庁長	趙鵬第

日本側

関東軍

関東軍参謀	石原莞爾中佐
関東軍新聞班長	松井太久郎中佐
関東軍参謀	片倉衷大尉
統治部長	駒井徳三

海軍及外務関係

海軍武官府	久保田久晴大佐
関東庁外事課長　奉天総領事館	河相達夫
領事	森島守人
副領事	呉闘煥

満鉄

理事	村上義一

奉天新聞社長その他六氏、主催者側は和田、大西、町田、大江、武内、平井その他特派員数氏

このとき、石原中佐が発言した二、三を摘記してみよう。その考え方は、諸記録から窺えることと変りないようであるが、独立国家樹立に踏切つた直後のものとしてはこれだけであることに意義がある。

○私は個人としては独立国家になる以上これは都督制とか何とかはやるべきではないと思う。それは今までの日本は暴戻なる支那軍閥のために附属地内に屏息させられていたのであるが、今度は日支両国民が新しい満洲を造るのだから日本人、支那人の区別はあるべきでない。従つて附属地関東州も全部返納してしまつて、関東長官は失業状態ですな。そして本当に一緒になつてやるのでなければならない。日本の機関は最小限度に縮少し、出来る新国家そのものに日本人も入り支那人も区別なく入つて行くがよろしいと思う。それが出来なければ満蒙新国家もなにもないと思います。

○つまり私が新国家に職を奉ずるならば新国家の連隊長に任命されるので、それでなければ結局日本のものにするか、支那のものにするかです。日本の軍隊を満洲に置かなければならぬというならば関東軍司令官は置かなければならぬし、日本と新国家の関係に領事が必要ならば領事を置く。なくていい融和的のものならば置かぬ。関東長官は絶対に失業、但し関東庁の役人は新国家の役人になりたい人はなればよい。于大人が大統領になれば于大人から辞令をもらえばよい。

○新国家に活動したい方はその国家に国籍を移すのですね。

哈爾賓進出

事変勃発当時吉林省首席兼東北辺防軍副司令官張作相は、学良の代理東北四省留守司令官として奉天におつた。そして参謀長熙洽を吉林省首席代理に任命したが、実際の省政は民政庁長誠允が担当していた。

九月二十一日第二師団の吉林入城とともに、熙洽は他省に率先して吉林新政権を樹立、学良および作相と絶縁した。しかし引続き哈爾賓進出を企図した軍の意嚮は中央に容れられず、遂に中止となつたがため、その威令は吉、長附近に止まり、その統一は容易でなかつた。特に張作相系軍閥は哈爾賓附近の国際的また地理的な利点を利用してひそかに一政権を樹立、反熙洽の態度を示すのみでなく学良、作相と絶えず連絡していた。

十月下旬東省特別区長官張景恵の斡旋により、その活動はいつたん停止したかにみえたが、十一月一日賓県（ハルピン東北約六十粁）に再び誠允を首席代理として吉林省仮政権を樹立し、馬占山英雄視されるにおよんで該政権また活動を開始したのであつた。次いで十一月中旬馬占山は斉々哈爾を追われたもののなお海倫に拠つて、北満の暗雲は容易に一掃されなかつた。この状況において、賓県政権もこれに関連して吉林新政権に帰服しなかつた。もちろん学良および作相は、極力この政権を操縦して自己勢力の保存拡大につとめ、且つ満洲国新独立政権の樹立を妨害した。

軍は中央部の意図にもとづいて穏便に北満経略の歩を進めようとして、種々平和的妥協をこころみたが結局成功せず、両者の関係はますます悪化し、これがため満蒙統一新政府樹立の一大癌となつてきた。この癌を除去するため、先ず干深璥を総司令とする吉林軍約九千の北伐となつたのである。その吉林附近進発は一月五日であつた。

時あたかも錦州占領の直後であつて、北満の情勢また一変し、馬占山は我に帰服し、張景恵と合作して黒竜江省の安定をみようとする形勢であつた。従つて吉林軍の北伐行動は、関東軍の無形的支援と飛行隊一部の協力をもつてせば、反吉林軍政権を圧倒解決し得るだろうと判断したのであつた。

はたして北伐開始後は張作相の意図（当時彼は一部の策士にかつがれ、学良に代り満蒙北支の政権をにぎり、あわよくは満洲帰還を夢見る）も加わり、哈爾賓特務機関、張景恵、丁超（護路軍司令）等の協力活動によつて妥協が成立するようであつた。しかし吉林側大迫顧問や熙洽の強硬論がわざわいして、迂余曲折があつたけれども一月二十四日にいたり、吉林軍は二十七日哈爾賓に入城して円満解決の段取りまでとりはこんだ。ところが二十六日朝在依蘭第二十四旅長李杜は、突如部下二営を率いて哈爾賓に進入、丁超部下軍隊の一部と合流して支那街傅家甸を占領するとともに掠奪を開始した。哈爾賓特別区は、張景恵の警備隊（約五百名）によつて厳重警戒せられたが、物情騒然となつてしまつた。この日土肥原大佐哈爾賓特務機関長として着任した。哈爾賓機関の強化充実であつた。

上述のように、関東軍は北満経略上熙洽の迅速なる北部吉林省統一を熱望したが、ソ連や列国に対する顧慮および熙洽、張景恵、関東軍の微妙な関係などから勉めて吉林省内の内政問題として片付けたかつた。が、状況によつては出兵しなければならぬ場合を顧慮して、長谷部第三旅団長に予め内意を示して準備することも怠らなかつたのである。

前述のような二十六日の騒擾につづいて、二十七日長春飛行隊清水大尉搭乗偵察機が、反吉林軍の射撃を受け、哈爾賓南郊に不時着後射殺された事件が起つた。これらに関し長谷部旅団、哈爾賓特務機関および居留民から再三の出兵要請があり、またこのまま放置しては吉林軍が敗退する、それでは軍の北満経略は根本的にくつがえるとともに、その危害はわが居留民に及ばざるを得ない。関東軍は哈爾賓出動の準備を命ずると同時に、大臣、総長宛出動認可を求めた。

次いで一月二十八日午後四時参謀次長から「北満ニ於ケル兵匪ノ跳梁ヲ顧慮シ在北満兵力増加ノ趣旨ニ於テ電報ノ兵力ヲ哈爾賓ニ派遣スルコトニ総長ノ承認アリ」との電報を受領した。よつて軍司令官は歩兵第三旅団長長谷部少将の指揮する歩兵約二大隊、砲兵一中隊を基幹とする部隊を哈爾賓に派遣し、哈爾賓の混乱を防止し北満経略の地歩を確実にするとともに内外居留民の保護に任ずることに決したのであつた。

ところが、東支鉄道側の妨害と反吉林軍の敵対態度とは、長谷部旅団の進出を阻止するところとなり、またソ連の進出も顧慮せられ、事態容易ならざるを思わしめた。即ちそこで二十八日夜から第二師団主力に出動準備を命じ、二十九日午後一時三十分にはその出動を下令した。この頃上海で日支軍衝突の報に接し、関東軍首脳部はますます日支開戦の公算増加したと判断、すこぶる苦心したのである。

第二師団長は午後六時軍司令部にいたり、軍司令官からその意図を下達された。これより先午後三時半には西山参謀が石原参謀と連絡するところがあつた。次はその連絡事項の要約であるが、当時の空気を窺知するに足るものであろう。

一、本派兵ノ目的ハ居留民保護ト兼ネテ政情ノ安定ニ在リ

二、丁超等反吉林軍ニ対シテハ現在軍ニ於テハ必スシモ敵意ヲ有スルモノニアラス然レトモ若我カ軍ノ哈爾賓入城ヲ妨害スルカ或ハ我ニ対シ誠意ヲ示ササル場合ニ於テハ断乎トシテ攻撃ス

丁超等ニシテ我カ軍ノ哈爾賓入城ヲ拒止セサル場合ニ於テハ師団ハ一部ヲ入城セシメ主力ハ後方ニ控置スルヲ適当トセン

三、万一哈爾賓攻略ニ際シテハ成ルヘク市街カ禍乱ニ陥ラサルノ注意ヲ望ム

四、師団ノ哈爾賓占領後ノ行動ハ素ヨリ状況ニ依ルモ成ルヘク速ニ兵力ヲ集結シ厳正ナル態度ヲ持シ居留民保護ニ任スルヲ本則トスヘシ又反吉林軍ニ対スル追撃ハ軍トシテ期待セス其宿営ニ関シテハ哈爾賓特務機関ニ於テ準備計画シア

ルヘキニ付之ト連絡シテ宿営設備ニ任シ兵営学校等ヲ利用シ地方人民特ニ露人ノ所有家屋ヲ利用セサルコト又哈爾賓進入後ノ警備ノ必要上要スレハ吉林軍ヲ指揮ニ入ルヘシ

日本軍ノ警備担任区域ハ駅埠頭区日本人集団地新市街要点方面ヲ可トスヘク其区域ハ努メテ狭小トスルノ注意ヲ望ム

五、東支鉄道ニ対シテハ中立ノ態度ヲ持シ特ニ其運行ヲ妨害セサルコトヲ主義トス

六、哈爾賓占拠後術工物ノ占領等ハ用兵宿営上已ムヲ得サルモノノ外ハ行ハス行政治安維持ハ支那側ニテ行フヲ本則トス

哈爾賓特務機関ニテ公安隊等ノ散逸ヲ極力防止シアル筈ナリ

七、師団ハ民心ノ安定ヲ計ル為飛行機又ハ哈爾賓特務機関ヲ利用シ伝単ヲ撒布シ且適時各国人特ニ露人ニ対シテハ赤系白系ノ別ナク一視同仁ニシテ帝国居留民ト同様保護スヘキコトヲ声明スルヲ可トセン

八、蘇軍ノ出兵ニ対シテハ軍ノ特ニ配慮シアルトコロニシテ蘇国カ我カ軍哈爾賓出兵ノ機会ニ於テ同シク居留民保護ヲ名トシ哈爾賓ニ進出スルノ公算相当大ナリ万一斯カル場合ニ於テノ軍ノ処置ハ事極メテ重大ニシテ実際ニ処シテハ頗ル微妙ナル問題ニ逢着スヘキコトヲ以テ特ニ慎重ナルヲ要ス

九、東支南線ハ我カ軍ニ於テ自由ニ使用シテ可ナリ

東支鉄道従業員ハ目下消極的ニ我カ軍ノ輸送ヲ妨害シ怠業状態ニ在リ軍ノ輸送ハ普通旅客輸送ニ依ルモノニシテ東支鉄道側カ何等ノ拒止スルノ理由ナシ若之ヲ拒止スルニ於テハ人道上ノ責任ヲ負フコトトナルヲ以テ此際日本軍カ自力ヲ以テ運行スルモ何等彼等カ之ヲ妨害スルノ理由ナキノミナラス斯クノ如クスル時ハ結局我カ軍ニ自ラ運行ノ口実ヲ提供スルノ機会ヲ与フルコトトナルヘキニ依リ我カ軍ノ態度強硬ナルトキハ間モナク解決スルモノト予想セラル

目下哈爾賓機関ニ於テ交渉中ナルモ恐ラク明三十日マテニ解決スルコト困難ナルヘシ

漸くにして出発し得た長谷部支隊は、二十九日午後五時頃その先頭列車が三岔河附近に到着したが、第二列車脱線転覆するなどの事故によって、事態容易ならざる状態におちいった。そのため関東軍では、二十九日中央部に東支線保障占領を具申し、翌三十日軌間改築して満鉄列車を乗入れることまで決意したが、いずれも中央部におさえられた。そこで第二段の処置として満鉄機関車の車幅改造に着手したのであった。

しかし、東支鉄道側は、三十日夕刻にいたり、ついに軍事輸送を認め、南部線各駅長に列車の運行開始を命令し、日本の要求にもとづきハルピンから車輛を南下させることになつた。危機を孕んだ対ソ関係も稍々緩和されたかのようであつた。

第二師団長は一月三十日朝長春に進出して長谷部支隊を掌握

したが、増援するにも手がなかつた。そこで三十一日夜おそく長春に到着した関東軍自動車隊で歩二九、工兵一小、通信隊、野戦病院の一部をとりあえず輸送することとし、二月一日朝長春を出発させた。なお三十一日未明砲を有する敵約二千が、双城の長谷部支隊を夜襲、彼我相当の損害を生じた。

ここにおよんでは関東軍も、断乎たる措置を採ることになり、哈爾賓特務機関を通じ、彼等に左記通告を交付した。

軍ハ吉林軍竝反吉林政権ノ内争ニ依リ禍乱哈爾賓市街ニ波及シ在留民危険に陥ルノ恐アリ在哈外務官憲在留民等ノ懇請ニ依リ出兵ヲ断行セリ

曩ニ屢々特務機関長ヲシテ軍出動ノ目的ヲ説明セシメ不測ノ事端ノ発生ヲ防遏セルニ何ソ計ラン本朝貴軍趙毅ノ部隊ハ進ンテ我ニ向ヒ攻撃ヲ行ヒ其期待ヲ裏切リタリ之明ニ我カ方ニ敵対スルモノナリ貴官等若恭順ノ意ヲ表セントセハ直ニ下野シテ誠意ヲ披瀝スヘシ

然ラスンハ断乎トシテ反吉林政府軍一切ヲ膺懲セントス

蘇国ハ既ニ我カ方出動ノ目的ヲ知リ「カラハン」ヨリ広田大使ヲ通シ日本軍ノ輸送ヲ妨ケサル旨声明シアリテ軍ニ於テモ東支鉄道ノ誠意ヲ諒トシ将ニ中正ノ態度ヲ持シツツ哈爾賓入市ヲ期シアリ貴官ハ大局ニ関シ充分ナル注意ヲ払ハンコトヲ勧告ス

第二師団主力は、二日午前二時前後長春を出発、双城に向つた。そして三日双城前面の敵に対し攻撃開始、翌四日哈爾賓南方に到達して同日午後病院街東西にわたる陣地を直ちに攻撃した。師団は同日夜さらに態勢を整えたのち、五日払暁攻撃を再開し、午後反吉林軍を撃破して哈爾賓を占領したのである。反吉林軍は賓県方面に逃走したが、その数は一万二、三千であつた。

この間の特異な事象は、吉林軍の不甲斐なさと、馬占山軍の動向とであつた。馬占山は一時動揺したことはあきらかで、彼の後日談によれば、丁超等は二月一、二日頃引切りなしに電話をもつて吉林軍の潰滅、日本軍の苦戦、蘇側の援助等を伝え、馬占山が今にして起たなければ、その運命また危しと、しきりに起蹶をすすめ、彼はその進退をいかにすべきかに懊悩した。しかし黒竜江軍の前進開始は万福麟系の勝手な命令によるということであつた。

事実黒竜江軍一万四千のうち馬占山の直系は約五千に過ぎなかつたのである。その馬占山は七日自ら来哈、第二師団長と会見し、大興以来今次戦闘にいたるまでの彼の立場を述べ、日本と徹底的に合作する以外に他意がないと釈明した。

満洲国誕生

前述のように、二月五日関東軍が哈爾賓に進出し、不徹底ながらも北満の癌を除いた。そこで板垣参謀は臧式毅と会見して、政務委員会組織の促進を促した結果、臧は三月十二日奉天省財政庁長兼秘書長趙鵬第を代表として、吉林、哈爾賓、斉々哈爾等に派遣するなど、ふたたび新国家建設運動は一段と活気をおびるにいたつた。

一方吉林軍の敗退とともにその態度を疑われた北満の雄、馬占山は、前述のように二月七日蒼皇として哈市に来り、多門第二師団長に従来に於ける自己の不明を謝し、絶対的心服を誓つた。

吉林軍は、その軍事行動は失敗に帰したものの、わが軍入城するや同軍また直ちに入城した。そして干深澂および郭恩林らは北満における諸権益を自派の手中に収めようとしたため、東省特別区長官張景恵これを快しとせず、かつ従来から吉林側の処置について、張景恵に同情してきた哈爾賓特務機関と大迫吉林軍顧問との間にやや意志の疎通を欠くにいたつた。馬占山また寧ろ張景恵に好意を持つており、すこぶる微妙な関係となつてきた。

軍司令官は、以上の紛糾が新国家の成立に障碍を与えることを憂慮し、二月十二日板垣参謀、駒井徳三特務部長を哈爾賓に派遣して、この間を斡旋させるとともに、哈爾賓特務機関、大迫顧問、林斉々哈爾特務機関、張景恵および馬占山を一堂に会し、国家組織に関して協議せしめた。この結果各方面の意見が一致したので、奉天では、片倉参謀が臧式毅、趙欣伯らと連絡し、行政委員会の組織、その宣言、議事進行の方法など万般の準備を整えた。

かくして吉林省長熙洽の十四日奉天到着をはじめとし、十五日張景恵は板垣参謀と同道着奉、ついで十六日馬占山が来奉した。同日午後四時四巨頭は相携えて軍司令部に本庄将軍を来訪したのであつた。まことに歴史的会見であつて、ここに東北新生の第一歩が印せられたのである。

次いで同日午後八時過から奉天省政府で、四巨頭相会して所謂建国会議をひらいた。議すること十七日午前三時におよんだ。軍からは板垣、和知両参謀および中島嘱託が列席した。そして十七日午後東北行政委員会の発会式を行い、張景恵を議長として議事を進め、建国に関する大綱を定め、馬占山を黒竜江省長に推挙し、翌十八日には左記要旨の独立宣言を発表した。

曩ニ東北四省一特別区及蒙古各旗王公ニ依リ一機関ヲ組織シ東北行政委員会ト命名ス本会ノ成立ト共ニ内外ニ通電シ党国政府トノ関係ヲ絶チ東北省区ハ完全ニ独立セリ

更ニ独立ノ精神ヲ以テ左ノ方針ニ依リ行政ノ改善ヲ図ラントス

一、王道ヲ布キ民衆ヲ安息セシメントス

二、排外ノ政策ヲ持タス茲ニ国際戦争ヲ戢メ更ニ門戸開放ト機会均等主義ヲ以テ世界民族ト共存共栄ヲ図ラントス

三、職業ヲ奨励振興シ発展セシメ社会ノ利益ニ均霑シ階級闘争ヲナカラシメ赤化ヲ防キ民生ノ安全ヲ期スヘシ

以上ノ三大使命ヲ完成センカ為張景恵等本会ヲ造ル同砲君子奮起シテ助ケヨ

東北行政委員は、張景恵を委員長とし、臧式毅、熙洽、馬占山、湯玉麟、凌陞、斉王等六名の委員から成つていた。まもな

く臧洽および馬占山は、省政をながく放置することが出来ない状況だつたので、それぞれ代表者を奉天に残置して帰任した。そして馬占山は二十二日斉々哈爾で、黒竜江省長ならびに同省警備司令官に就任したのである。

　爾来奉天においては、軍の内面的指道により、張景恵、臧式毅をはじめ、吉黒両省、蒙古代表ならびに宣統帝側の鄭孝胥、羅振玉等は、連日会議を開き、軍の起案した国家建設大綱にもとづいて協議するとともに板垣参謀はしばしば旅順に溥儀を訪問してその意嚮を確め、国家の大本を決定した。二月二十五日東北行政委員会は、新国家の組織大綱を次のように発表したのである。

国家名　満洲国
元首名　執　政
国　旗　新五色旗
年　号　大　同
首　都　新　京（長春）

　新政府の国務総理は、その識見力量において：式毅を妥当としたが、熙洽との関係で統制困難な事情があつた。むしろ先輩で温厚無難な鄭孝胥を可として漸次に鄭国務総理の空気を醸成した。その他主要役職の割当など各派の意見容易に一致しなかつたが、板垣参謀は二十九日旅順に溥儀を訪ね、おおむね決定をみるにいたつた。この日政府組織法および人権保障条例もきまり、新国家の基本体系が確定したが、また一方奉天における全満建国促進運動聯合大会（各省県市代表、蒙古代表、各地朝鮮人代表約七百名参加）では、新国家建設の宣言決議を発表するとともに、緊急動議をもつて溥儀を執政に推戴することを満場一致可決したのであつた。

　このように建国万般の準備は完了し、ついに三月一日午前九時張景恵邸において、東北行政委員会は満洲国政府の名をもつて、奉天、吉林、黒竜江、熱河、東省特別区、蒙古各旗盟（呼倫貝爾、哲里木、昭烏達、卓索図）は、即日中華民国との関係を離脱して満洲国を創立するなどの左記建国宣言、建国要綱を中外に示し、ここに待望の満洲は生れたのである。

一、満蒙ノ地ハ広ク民ハ淳朴ナリ
二、満洲国ハ崩壊シツツアル中華民国ト断然絶縁シテ玆ニ独立ス
三、満洲国ノ政治ハ民本主義ニ依リ在住民族ハ一視同仁毫モ差別ナシ
　最近軍閥跳梁シテ民生ハ塗炭ノ苦シミニ泣ク支那本土ハ国民党ノ悪政ニ毒セラレ崩壊ノ道ヲ辿リツツアリ
四、内政ハ先ツ法律ヲ改良シ自治ヲ促進シ実業ヲ開発スルコトニ努ム
五、対外政策ハ信義ヲ本トシ列国トノ親睦ヲ図リ既存ノ条約ハ国際慣例ニ依リテ之ヲ処理ス
　而シテ産業開発ノ為外国資本ヲモ歓迎シ機会均等主義ヲ主旨トス

さきに東北行政委員会および建国大会で新国家の執政に推戴された溥儀は、迎接使張景恵および鄭孝胥など側近者を従え、三月六日旅順を出発、途中湯崗子に二泊後、八日湯崗子から長春に向い、同日午後三時満洲国巨頭連に迎えられて長春に到着した。次いで翌九日午後三時本庄軍司令官、内田満鉄総裁、山岡関東長官等列席の下に執政就任式が行われ、さらに十日には、中央政府職員の任命、政府組織法、参議府官制、人権保障法等の根本法令を公布して、ここに新国家の形態を一応完整したのである。もちろん、この日のちの日満議定書の基礎をなした国防委任、交通管理、日本人参議任命等に関する執政溥儀の軍司令官宛書簡も署名捺印の上手交されたのであった。

しかしこの溥儀書簡は、実際には三月六日板垣参謀が湯崗子で、最後的人事の決定と同時に署名捺印されたものであった。

なお中央政府主要人事は次の通りにた命された。

参議府
議長　張景恵
副議長　湯玉麟
議員　袁金鎧　羅振玉　張海鵬　貴福
国務総理　鄭孝胥
民政総長　：式毅
軍政〃　馬占山
財政〃　熙洽
外交〃　謝介石
実業〃　張燕卿
司法〃　馮涵清
交通〃　丁鑑修
最高法院　林棨
立法院長　趙欣伯
監察院長　于冲漢

さらに十二日には、外交総長謝介石を名をもって、満州国内に領事を有する日本その他十六ヶ国政府に対し、新国家の設立および対外方針に関する宣言を送附して同国との正式外交関係の設定を要請した。その対外方針として示した要綱は次の通りである。

一、信義ヲ旨トシ睦誼親善ノ精神ニ依リ国際平和ノ維持増進ヲ期ス
二、国際正義ヲ尊重ス
三、国際法及国際慣例ニ照シ相続スヘキ旧条約上ノ義務ヲ履行ス
四、国内ニ於ケル外国人ノ既得権利生命財産ヲ侵害セス
五、各民族ヲ平等公正ニ待遇ス
六、列国トノ通商貿易ヲ容易ニス
七、門戸開放ノ主義ヲ遵守ス

松木俠によれば、法制審議は主として趙欣伯の主宰する調査会で行われ、和知参謀、松木顧問が常時出席した。もっとも論議されたのは政体に関するものであって、鄭孝胥が帝制を主張

したのに対し、謝介石、張燕卿などの吉林派これに同調、凌陞また賛成した。

一方馬占山代表ははつきり共和国論を唱え、奉天派これに賛成するありさまだつたが、三、四日ののち円満に共和国に落着き、二月二十九日料亭粋山での祝宴となつた。この席上新国旗が大阪から飛行機で到着、披露されたとのことである。また外交声明は、松木起案し、森島領事、片倉参謀協議修正したものであつた。

連盟調査員来満・馬占山背反

リットン卿一行の来満は既定の事実であり、またこれがあるため建国をいそいだ事情も既述の通りであつた。しかし連盟調査団来満は、諸列強の日本圧迫ともみられ、この機に乗ずる反満工作が活発化すること、また必然というべく、満州国内外郭地域の匪勢俄然さかんとなつた。なかでも軍政総長、黒竜江省長兼同省警備司令官におさまつた馬占山の背反が新政府に大きな衝撃を与えた。

彼は四月三日管下軍隊を巡視すると称して、ひそかに斉々哈爾を出発し、拝泉、訥河をへて七日黒河に出現、ふたたび反満抗日態度を表明したのである。その後反吉林軍と呼応して哈爾賓奪回を企図するもののようであつた。左記は、石原作戦主任のこれらの情勢に対処する満州定平方略であるが、北満黒竜江省を主とし、東満（東部吉林省）を含めて速にこれを平定して満州国の礎をかため、さらに対ソのため海拉爾に、対支のため熱河にそれぞれ布石せんとする整然たる方略が看取される。

満州平定方略

昭和七年四月二十四日
参謀部第一課

一、第十師団（混成第三十八旅団ノ主力ヲ属ス）ノ東部吉林省平定ハ五月中ニハ略々之レヲ終リ混成第三十八旅団主力ヲ寧古塔附近ニ歩兵一聯隊ヲ基幹トスル部隊ヲ三姓ニ主力ヲ哈市ニ集結ス
二、五月下旬乃至六月上旬ヨリ行動ヲ開始シ黒竜省ノ平定ヲ企図スコレカ為予定スル所次ノ如シ
1、第八師団ハ遼西方面ノ警備ヲ五月下旬第二師団と交代シテ斉々哈爾ニ集結ス
2、第八師団ハ適時行動ヲ起シ訥河、墨爾根附近ノ反軍（徐宝珍）ヲ撃破シテ墨爾根附近ニ進出シ拉哈站墨爾根間ニ軽便鉄道ヲ敷設ス
爾後成ルヘク速ニ黒河ニ向ヒ攻勢ヲ採リ敵ノ根拠ヲ覆滅ス
3、第十師団ハ少クモ歩兵一聯隊ヲ基幹トスル部隊ヲ海倫方面ニ進メ該方面ノ反軍（鄧団及金団）ヲ掃蕩シテ第八師団ニ策応セシム
4、独立守備隊司令官ニ第二師団ノ歩兵一大隊（長春）及第二師団ノ歩兵一大隊（奉天）ヲ与ヘ吉長警備隊及第二師団ノ警備区域ヲモ担任セシム
5、右作戦ノ為次ノ要求ヲナス
(イ)、五月下旬迄ニ騎兵一旅団ナシ得レハ混成一旅団ノ増

加
(ロ)、軽便鉄道ノ敷設許可
(ハ)、自動車隊ノ整備
(ニ)、泰安鎮海倫間鉄道ノ速成
三、対蘇国防ノ枢軸タル海拉爾附近ニ我軍ヲ進ムルコトハ尤モ必要ナルモ暫ク時期ノ到来ヲ待ツ
四、対支関係上熱河ノ領有ハ満州独立ノ為最モ重大ナル要件ナルモ今直ニ之レヲ断行スルノ力不充分ナルヲ以テ北支政変ノ機会ヲ利用ス
　而シテ熱河確保ノ為ニハ約二師団（目下錦州ニアル兵力ヲ合シ）ヲ使用シ得ル準備ト錦州又ハ開魯方面ヨリ赤峰ナシ得レハ更ニ熱河ニ向ヒ鉄道ノ敷設止ムナクハ良好ナル自動車道ノ開設ヲ必要トス

この間四月二十一日、連盟調査員一行が来奉した。左に軍司令官の説明と質疑応答録を掲記する。

連盟調査員に対する軍司令官の説明案

（片倉参謀起案）

予は貴委員一行が連日連夜周密なる注意と異常なる熱心とを以て国際平和の使徒として満州問題の解決に努力を払はれ再び帰奉会談するの栄を得たるを欣快とし且深甚の敬意を表する所とす

既に長春に於て閣下が執政に対し健全なる満州国の発達を祈る旨挨拶をせられたる歴史的会見と其印象とを想見し閣下の非凡なる洞察力に驚嘆すると共に玆に事変の渦中に在り且又多年支那に於て経験したる所に鑑み率直に披見を開陳し参考に供せんとす

即ち客観的立場に於て一言にして満州問題解決策を述ぶれば次の如し

「満州は満州国として独立せしめ最も利害関係を同じうす日本帝国と提携発展をせしむるを要す」

即ち其理由とする所左の如し

一、閣下等既に御承知の通り満州は政治上実質的に古来支那本土より分離し、其漢人の侵入せるは極めて近世なり、現に閣下の報告にもある如く中華民国の行政権は目下何物にも及びあらず
二、満州は地理的に支那本土と区別せられ、在住民族は本来満、蒙人鮮人等即ちツングス族なり日、露、漢人は共に後世進出せるものなり閣下等は長城の意義あるを充分吟味せられたるならん又在満漢人の大部は我日本人或は露国人と同じく別に本籍を本土に有するもの多し
三、近世満蒙の開発は特に我日本文化の伸展に負ふこと大にして日本の投資亦莫大なり、経済上よりするも日満関係の貿易量は最も大を示し日本製品の進出せるを調査せられたるならん
四、満州治安の紊乱は、隣邦の脅威となるは元より独り帝国のみに止らず従て速に之を恢復するは平和を愛する国民の

皆庶幾する所とす

幸にも現時満州国は我日本の協力を求め治安の恢復を勉めありて今之を助成するは刻下の急務なり又、日露戦役後よりの慣行なり即ち日本は絶対的国防上の関心を有する所にして之を他国に委ぬる能はざるは閣下に説明するの要なかるべし張作霖の覇業は日本軍部の力に依り対露国防を放棄し京津侵入を成就したるものとす

治安恢復の為中華民国官権の侵入は却て事態を紛糾せしむることは満州国が顧維鈞に対し執れる態度を正視せらるるも明なるべく予は閣下等の調査に便宜を与ふることに関し満州国に斡旋せるも一方治安維持は之と同一目的を有しある為不尠困惑を感じたるを告知せんとす　又財官の力に依り治安恢復をなすが如きは東洋の平和を攪乱する所にして北満の情勢乃至は中華民国近来の革命を見るも諒解せられたるならん此意味に於て尠くも現在程度の兵力は到底撤収不可能なり

五、満州事変を偶発的機会として満州国創建せられたり元より満州政府が満蒙の我国防上の要求を蹂躙し若くは治安を紊乱し排日行為をなすに於ては我方は自衛上絶対に其存在を許す能はざるも然らずんば毫末も排除するの要なし而して今次の建国の奥底を検するに支那全般に亘り所謂国民党の三民主義に嫌厭とし之を排撃の風多く支那の国体革命と見做しあり今次の建国は全く一の王道復古なり（王道復古と清朝復辟とは全く意義を異にす）即ち王道主義なる支那古来の政治上経済上の思想の是非は暫く措き、如何に支那民衆を支配しあるやを碩学鄭孝胥に就き閣下自ら聴取せられんことを懇望す如何に外力を加ふるも国民思想は短日月に破壊し得ざるは能く承知せらるる所ならん

されば満州国と中華民国とは建国の其根本観念に於て全く対立的にして同一ならざることを明瞭に承知し得らるべく能く西欧の学説習慣に依り国家成立を論断せられざるを希望す

又右主義を研究せらるれば統治に外人を利用するの矛盾にあらざるを感ぜらるるべし

六、以上に依り満蒙は結局一の分離せる政治団体として存立せしむるの要あるを感知せられたるならん

然れども之を永世中立国とするが如きは未だ満蒙の実相の把握充分なりと称し難し即ち満蒙周辺の隣強は日鮮中華民国にして、武力、国情、就中国家理念、思想皆異なり而も満蒙には之等人種雑居し其数と政治的立場経済利害とは必しも一致せず即ち単なる政治的均衡のみにては平和の維持困難にして結局最も現在の時局に利害休戚を同じくする隣強と提携せる国家を結成せしめざる可らずとの結論に帰着す

即ち日満両国は此の意味に於て提携するの要あり蘇露赤化の防止支那本部混乱よりの分離等日満共通の利害よりす

るも国防上日本国の当然責任を執るべき所なり

恐く国際管理とするも其実権は日本が掌握すべく之れ前述と同様の理由に依り不適当なり又日本の領土とするも漢人を同化するか全く圧迫せざる限り、平和を招来せざるべく不得策と信じあり

中華民国に宗主権を認むるが如きは前陳せる如く主権者の統治様式を異にしある現時に於て満、華両国の情勢よりするも又双方国民感情よりするも徒労なり中華民国が国体革命を還元せば問題は別なるも果して可能なりや

又中華民国が満州に如何に不完全宗主権を行使したるやは閣下の承知せらるる所なるべく条約履行すらなし得ざる中国進出は満蒙を再び混乱に導くべし

七、而して日本が国防上及経済上の要求を充足する為満蒙に於て採るべき施策は結局満州国の利益と共通する所にして之れを有利ならしむる為所要施設を行ひ或は兵力を駐屯せしむるは当然なり即ち主要交通の委任経営若くは産業統制を行ふ等之なり又文化の度進みあるに鑑み技術其他に亘り助力するは当然にして之れ先進国の責任なりと信ず

予は平和の使徒たる閣下等が予の説明に依り一日も速く平和を招来する為には満州国は日本と提携する独立国とし存立し未開の北方の開発には外資外国技術も充分取入るる如き境地を現出するを唯一の方策と信ぜられんこと切望す

関東軍司令部に於ける国際聯盟調査員の質議応答事項抜萃

（昭和七年四月三十日関東軍司令部）

秘（新聞其の他に発表禁止）

質議六　如何なる理由にて其の際現存せし地方行政機関を打倒せんと考へ且つ之が実行を決心されしや

質議七の二、又市の行政組織改編につき如何なる方策を採られしや

答　六及七の二、地方行政機関を打倒せんと考へ且つ之が実行を決心したることなし若し斯く信ぜられあるならばそれは甚だしい誤解である

抑も軍は居留民の保護若くは自衛権の発動の為め支那軍と戦闘を交へたりと雖も残存せる政治機関或は一般民衆に対しては好んで敵対行為を執りたるものは別とし其の他に対しては和親を旨とし就中民衆の福祉と幸福とを図ることに多大の努力を尽した

之に就ては少しく其の当時の状況を御話ししなければならぬ吉林や黒竜江は奉天と稍趣を異にするから後に御話しするが奉天に就て申せば其の市街は直接日支両軍の戦場となつた関係で事変勃発直後にて市街の巡察は総て銃を持たしたものを配し市中は日夜敗残兵や無頼漢の横行に依り絶えず銃声が聞え市民は非常な不安と脅威を感じ商行為を停止し戸を鎖ざして街路上には殆ど通行する者はない状況であつた、又支那側の要人の多く

は事変前已に学良に従て北平や天津に行って居た而して奉天に残って居た者も九月十八日の夜から其の殆ど大部は北寧線に依て北平、天津地方に逃れ極めて僅少の一部分奉天に残た者も暫くの間は姿を暗まして居た、こんな風で事変前行政に関与していた要人が逃亡したので行政機関が自然的に解散した事になったのである

右の次第であつて決して軍が行政機関の打倒を考へたのではないのである

当時はこんな風で行政機関は解消し一部分残つた支那人を探すことも当時の混乱せる情況に於ては殆ど不可能であつたさりとて行政は人民の日日の生活の為に一日も停止することが出来ない、玆に於て長らく奉天に住んで事情の克く判かつた日本人有力者を数名選定して奉天市の支那側行政に参与せしめ支那側下級職員を指導して一般民衆の利益を図つたのである此日本人の指導する市政公所が出来たので、不安であつた人心も頼り所を知り次第に市井も漸次安定した其の間軍としては一般民衆の幸福の為に治安を速に恢復せらるることに関し市政公所になし得る限りの援助を与へ又混乱から生じた支那側の貧民に対し糧秣等を与へて救恤した、次で十日十五日官銀号、辺業銀行の開業に依り一層人心に安定を与へた又其の他地方維持委員会も漸く其の基礎が鞏固となり責任を以て業務を為し得るに至つたから十月二十日に至り市政を全然支那側の地方維持委員会に引渡し九月二十日には任命した日本人は全部市政から手を引くこととなつた。

以上述ぶるが如く九月二十日から十月二十日迄一ヶ月間日本人の有力者数名を市の吏員にた命じ支那側行政に直接参与させたことは当時の情況上一般民衆の幸福のため真に已むを得なかつた又他に方法がなかつた為に執た一時的の弁法であつたことは以上の説明に依り十分御判りのことと思ふ

それであるから吉林や黒竜江の様に行政機関が現存した所は其の儘其の機関をして行政をやらせて日本軍としては何等之に手を触れなかつた

質議七の一　当時奉天に於ける電信、電話、電気、瓦斯、水道、鉄道の監理竝に銀行の監理（特に東三省官銀号、辺業銀行、中華銀行、交通銀行）に対し軍として如何なる方策を採られしや

答　是等の事業は一般民衆の利益に密接な関係を有するものであるが軍が管理したことはない、事変前に於ては夫々支那側の行政機関若くは自治団体等の統轄を受け且つ各責任当事者に依り事業を経営せられて居たのであるが九月十八日の事変後解消した行政機関及び自治団体が夫々新に組織せられ且つ責任当事者の決定せらるる迄一部の者は其の後に於ても軍は一般民衆の福祉のため及治安維持竝に軍の自衛の目的のために一時之に監視又は保護を加へたのである従て行政機関なり自治団体が新に組織せられ奉天市内の治安が恢復せらるるに従ひ保護、監視を加ふる必要がなくなつたものは逐次之を解たのである以下各

個々のものに就て若干説明を加へようと思ふ

(1) 電信、電話　事変前は交通委員会所管の電政管理局に属して居たが事変に依り従業員の逃亡と一部機械の破損とに依り有線無線共に其の機能を停止するに至つた、軍は此上無頼漢等に依りて破壊せらるることを防止せんがため短波無線電台等には一時的に小部隊を派遣して之を保護したこともある。

(2) 電気　電気は治安維持上竝に一般民衆の生活上一日も欠くべからざるものなるを以て軍としても当初より多大の関心を持ちたる処なるが事変勃発に依り一部下級従業員のみ残留しありたる如き状況なりしを以て軍は九月十九日一小部隊を出して発電所竝残留従業員を保護し次で取敢へず若干の日本人専門家を入れて従業員を指導したる結果一日も消燈することなくして済んだ

　十月二十二日支那側市政公所の管理に属することとなつた

(3) 瓦斯　従来支那側のものはなし

(4) 水道　支那側には一般公衆のものなし

(5) 鉄道　軍隊の輸送上必要なる場合兵力を以て警備をやつた様なことはあるが管理とか経営とかには何等関係してな居ない

　瀋海鉄道（奉天―海竜線）は九月十八日事変勃発に際し動乱の直接影響を受け従業員の逃亡等に依り運輸が停止せられた関係上他の鉄道とは稍趣を異にして居るが当時物資欠乏し在りし奉天市に之を供給することは民衆の生活上竝に軍の治安維持に関係し軍としてはなるべく速に交通の恢復を希望して居た際なりしを以て軍は瀋海線の従業員の不足を補ふ等のため瀋海線側と満鉄側との間に立ちて好意的に斡旋の労を執つたことはあるが開業竝に爾後の経営等に関しては軍として関与して居ない

(6) 銀行　旧東北政権に属した官有財産及軍閥巨頭の財産が北平等に流出することは軍が学良政権を事実上敵として軍事行動を採つている当時に於ては自衛上之れを防止することを必要としたことは申す迄もない

　この意味に於て軍は事変勃発の直後（九月二十三、二十四の両日）各銀行の残留責任者――銀行は事変勃発と同時に一般民家と同じく銀行側が自然的に戸を閉ぢ其の業務を停止して居た、これは日本軍が強制的に営業を停止せしめたのではない――の同意を得其の立会の許に官有財産及旧軍閥所有の財産につき銀行の帳簿及現金の検査を実行した、其の後官有財産及軍閥所有の財産に就てのみ各銀行に於て現状の儘監視し之が外部への流出を防止したが其の他の部分に関しては何等干渉しなかつた。

質議八　奉天に於て軍は私有財産の干渉例へば銀行預金引出し禁止等の如き方法を採られしや
又張学良及旧官憲の財産に就て特権の方策も執られしや

答　奉天に於て軍は私有財産の干渉例へば銀行預金引出し禁止等の如き方策を採りしことなし

軍としては関係はないことであるが事変後十月官銀号及辺業銀行の開業の際該銀行が其の取付防止の目的を以て暫く個人の預金引出に就ても制限を加へたとのことである——官銀号及辺業銀行は東三省に於ける中央銀行で発券、兌換の権利を以て居るので当時の如く学良政権が崩壊し混乱した状況に於ては再び開業するためには取付の危険が多分に有つたものの如く銀行の健全の存在と三千万民衆の福祉のために已むを得なかつたことと推察して居る——で銀行自体が其の健全のために預金引出しを制限したことが誤り伝へられたのではないかと思ふ

張学良及旧官憲の財産に関しては「質議七」に就て已に一部御話をしたが尚ほ若干附加しよう、学良の私邸にあつた家財等は全部事変勃発後本庄軍司令官の名を以て北平の張学良宛に送てやつた又学良以外の旧官憲の財産は事変勃発の当夜及其の後一両日の間——此問は日本軍は作戦のために兵力を他に用ふることは不可能であつた——に直接当該官憲が自ら携行したもの或は当該官憲の逃亡後其の使用人に依り外部に搬出せられたもの竝に混雑に乗じ無頼漢、敗残兵等が掠奪したものも少くなかつたと思ふ、其の後日本軍は軍の自衛上竝治安維持上必要と認むる若干の家屋に就ては兵力の許す限り保護の手段を講じたのである。

尚ほ軍の必要上旧軍憲等の家屋の一部を使用して居る

質議一一の一　地方維持委員会の設立に関する運動の経過を説明せられ度

又此委員会は何時設立されしや

答　地方維持委員会の設立は支那側の発意に依つたもので軍としてはよく解らないが我々の想像する所を御話しすれば次の通りである

支那の民衆は古来自治に慣れ革命や戦禍に依つて為政者を失ふときは通帯其の土地の有力者が集まつて委員会を組織し治安維持に任ずると云ふのが例である、今次の事変に於て成立した地方維持委員会は旧学良政権に関係少き地方の名望家が集まつて治安維持を目的として出来たものであつて其の成立は九月二十六日であつた

質議一一の二　満州国成立前に軍として何等か此委員会乃至一般各省政府及地方自治団体等に援助を与へられしや

答　1、地方維持委員会は昨年十二月十五日に現奉天省長臧式毅が省長に就任するに至つて解散したのであるが前已に述べたるが如く軍は其駐屯地に於ては治安の維持の完全を期する目的を以て暫く独立的政治運動をなすことは許さなかつたのであるが単に治安維持の目的を以て活動した本委員会に対しては積極的に援助はしなかつたが之に反対せず寧ろ好意を以て迎へたのである

2、一般各省政府及地方自治団体

満州国政府成立前軍は各省政府及地方自治団体に対し殊

更に援助を与へたことはない、唯当時は尚ほ一般民心が必ずしも安定せず政府吏員の如きも北平方面よりする学良の種々なる策動（便衣隊、義勇軍に依り或は人を派して説得せしめ或は文書に依る等）に依り少からず脅威を受けたるが如くなりしを以て各省政府所在地及主要なる自治団体の所在地に配置されていた日本軍隊は結果に於て彼等を保護し省政府又は地方自治団体が安んじて政治を行ひ得る様になつたのであるから其の点から言へば軍が間接に各省政府及地方自治団体を援助したとも言へよう、然し軍は政治の内容には全然干与しなかつたことは勿論である。

馬占山討伐戦は、主として第十師団が五月上旬から六月末にわたつて呼海線地域から克山、克東、拝泉附近におよぶ大機動作戦を展開した。そして六月二十七日から二十九日にかけて馬占山軍主力の殲滅戦をもつて完了した。しかし馬占山は遂に捕え得なかつた。この間日本内地では、所謂五・一五事件おこり、海軍青年士官に率いられた陸軍士官候補生等の襲撃によつて、犬養首相は斃れ、斉藤実海軍大将の超然内閣が成立した。陸軍首脳即ち総長閑院宮、次長真崎、陸相荒木は、依然そのままであつた。

さて建国はしたものの、満州国の育成強化はこれからが問題であつた。内政の整理、国民経済の安定、日満および対日関係の調整などいずれも困難な問題であり、また当面育成指導の責任者である日本、または関東軍の内部的問題でもあつた。ことにこれが指導方針および要領の明確化や、これに伴う日本の対満あるいは在満機構の整備をいかにするかなどは、満州国承認以前に廟議一決さるべき重要案件であつた。

第一章記述以来の跡をふりかえれば、大体において、満州国は石原構想の生成発展と断じて過言ではなかろう。従つて爾後の育成強化の方途も、石原構想の探求研討を主軸として、考えられて然るべきではなかつたか。左記のものは六月五日の石原構想である。

満洲経略方針　昭和七年六月五日

一、満州経略ノ目的ハ我国防ノ安固を期スルト共ニ対アングロサクソン世界争覇戦ノ為支那本部富源開発ノ準備を整フルニ在リ

二、右ノ目的ヲ達スル為満州経略ハ徒ニ眼前ノ少利ニ走リ政治的権力ニヨリ優先的経済活動ヲ策スルコトヲ避ケ真ニ日満協和ノ下ニ公明ナル発展ヲ期ス

三、我在満政治機関ハ必要ノ最小限度ニ縮少シ満鉄附属地ノ行政権ハ勿論関東州ヲモ新国家ニ贈与シ且速ニ治外法権ヲ撤去ス

四、新国家最高政策ハ当分軍直接之レカ指導ニ当ルモ特ニ力ヲ尽シテ満州協和会ノ順調ナル発展ヲ計リ速ニ之レヲシテ三千万大衆ノ支持ヲ獲得シテ政府ヲ指導スル位置ニ至ラシムルコト最モ肝要ナリ

五、内外ノ形勢ヨリ見テ一日モ速ニ我国ヲシテ新国家ヲ承認

セシム

六月下旬は馬占山討伐も大詰に近く、石原参謀は哈爾賓にあつて、作戦指導にあたつていた。その頃参謀次長真崎甚三郎中将や補任課長磯谷廉介大佐（同年二月同期の岡村大佐が上海派遣軍の参謀副長として出征のあとをうく）など中央の要人が続々来満した。

左掲五項目から成る手記は「昭和七年六月二十五日哈爾賓において補任課長磯谷大佐のために」と自筆明記されている。また次の「関東軍の人事ニ就テ」は、単に「昭七・六・二六」となつている。とにかく当面の問題を明快に断じ、しかも日支新関係の発展方向を指示している点注目に価するとともに、すでに関東軍内に発生しつつある権力思想を憂慮しての切言であつたか。

一、真相ヲ究メス局部的事件ヲ指摘シテ満蒙経略の失敗ヲ云々スルモノアルモ大勢ハ概シテ順当ニ進捗シツツアルヲ信ス長春政府ニ相当ノ動揺アリシモコレ寧ロ促成栽培的成立自然ノ結果ニシテ而モ長春政府ナルモノハ決シテ世人ノ信スルカ如ク最モ重大ナル位置ヲ占ムルモノニアラス

吾等ノ満蒙経略ハ之ヲ軍事的ニ対露作戦ノ基礎ヲ確立シ且速ニ治安ヲ恢復シテ富源ノ開発ヲナスニアリ

行政ノ細部ハ大体満州国人ヲシテ行ハシムヘキモノトス

長春政府ニ吾人ノ要望スル所ハ「安価ナル政治府」ト「日満官吏ノ融合協和」ノ二点ヲ主トスルノミ而シテ満蒙ハ国防上、軍事資源上ニ重大ナル価値アルハ勿論ナルモ日本民族ノ世界争覇戦ノ為ニハ資源ハ少クモ山西ノ石炭、河北ノ鉄、河南山東以南ノ棉ヲ利用スルヲ要ス

単ニ此資源的見地ヨリスルモ我満蒙問題解決ノ根本方針ハヨク日満協和ノ目的ヲ達シ真ニ日支共栄共存ノ可能性ト其利益ヲ実証スル点ニ重点ヲ置カサルヘカラス

二、日満融和、日支共存共栄即チ我対支政策ノ根本方針ハ要スルニ所謂支那要人ノ暴虐ヲ抑制シ支那大衆ノ幸福ヲ増進シテ其信頼ヲ博シツツ日本民族ノ発展ヲ期スルニアリ

専横飽ナキ彼等支那支配階級ヲ屈伏シテ大衆ノ幸福ヲ増進スル為ニハ之を我領土トシテ簡明ナル政治ヲ行フヲ以テ最モ適切ナル手段トスヘク我等カ十数年ニ亘リ満蒙領土論ヲ主張シ来レル所以ナリ

新国家成立シ日支両民族同一ノ立場ノ下ニ協同シテ国家ヲ造リ大衆ノ幸福ヲ増進セントスル今日ノ解決方策ハ領土的解決ニ此シ支那要人ト協同スル大難事ヲ控ヘ且独立国家トシテ政府ノ費用ハ到底簡明ナル総府督ノ費用ノ如ク僅少ナル能ハサル害アルモ一方此政治ニシテ成功センカ漢民族ノ自尊心を傷ケサル大利益ヲ有ス

前途ノ困難ハ固ヨリ十分覚悟セサルヘカラス然レトモ新国家既ニ成レリ吾人ハ全力ヲ尽シテ其健全ナル発達ヲ計ラサルヘカラス若シ此事業ニシテ失敗センカ初メテ次ノ手段ニ出ツヘキモノトス

1、若シ我等カ民衆ノ支持ヲ得ル見込十分ナルニ拘ラス支那要人ノ妨害アルナラハ断然之ヲ領土トス

2、若シ支那民衆ノ支持ヲ得難キ時ハ我等ハ自ラ其能力ナキモノトシテ満蒙ヨリ退却スルカ又ハ威力ニヨル弾圧ニヨリテ彼等ヲ搾取ス

三、新国家ハ日満両族融合国家ナリ而モ独立国家ナリ

故ニ主義トシテ日本政治機関ハ必要ナル最小限度ニ之ヲ縮少シ在満諸機関ハ渾然タル一体トナリテ一国家ノ機能ヲ発揮セサルヘカラス

即チ目下ニ於テハ主権者（君主、総督）ハ軍司令官ニシテ最高政策ヲ決定ス此ノ最高政策ノ決定ニハ軍事及政策トシテ幕僚参劃スル外経済開発ノ方策ハ特務部之ヲ司ル

軍司令官ノ決定セル最高政策ハ長春政府ヲシテ之ヲ実行セシム即チ国務総理（総務長官）ハ軍司令官ノ政務総監ナリ軍司令官長春政府間ニハ勿論何等法制的関係ナシト雖建国ノ歴史、軍ノ有スル威力及両者間ノ現状ハ何等無理ナク自然ニ某実ヲ挙ケアル所ニ妙味ヲ有スルモノトス

然レトモ永久ニ軍司令官ヲ満州国ノ主権者タラシムヘキニアラサルヲ以テナシ得ル限リ速ニ其後継者ヲ養成セサルヘカラス而シテ其後継者ハ専制君主タル溥儀カ然ラス自由主義ニヨル民衆ノ代表機関立法議会カ然ラス吾人ハ統制主義ニヨル民衆ノ代表機関タル一ノ政治的団体タルヘシト断セサルヲ得ス満州国協和会ハ実ニ此ノ目的ノ為ニ設立セラレタルモノナリ其堅実順調ナル発展ニヨリ該会カ三千万大衆ノ支持ヲ獲得シ得ルニ至リテ初メテ軍司令官ヨリ之ヲ譲リ該会ノ立案企劃セル最高政策ヲ政府之カ実行ニ当ルモノトス

軍ハ特務部ノ廃止ニヨリ満蒙ノ治安維持ニ専任スルモ協和会ハ自然其指導下ニアルヘシ

日本人ハ徒ニ国権ノ掩護ニヨリテ満州国ニ優越セル位置ヲ占メントスルコトヲ止メ裸一貫ニテ協和会ノ大業ニ馳セ参シ実力ニヨリ民族ノ指導者タル位置ヲ獲得シ三千万民衆ヲ掌握シテ満洲国ヲ理想ノ楽土タラシメ真ニ日満協和日支親善ノ実ヲ挙クヘクコレニヨリテノミ我日本民族ハ東亜ノ王者トシテ白人種ニ対シ最後ノ決勝戦ヲ試ミルヲ得ヘシ

満州事変直後設ケラレタル自治指導部ハ総督政治ヲ予想シアル時代ニ於テ民衆ノ蒙ヲ啓キ之ヲ指導シテ新政治ノ意義ヲ解セシムル為ニ軍司令官直属トシテ設ケタルモノナルカ新国家成立ト共ニ更ニ此事業ノ精神ヲ拡大シテ一国一党ノ理想ノ下ニ協和会成立セルモノナリ

四、所謂四頭政治統一問題ハヨク前述ノ事情ヲ洞察シテ決定スルヲ要ス

長春政府ノ外ニ更ニ日本最高機関内ニ政務総監ヲ置キ行政的活動ヲナサシムレハ日本側ノ四頭政治ハ統一セラレンモ満州国及日本国機関ノ対立トナリ満州国ノ独立性ヲ害スルノミナラス満州ノ微妙ナル現状ニ適セサルモノナリ

此際附属地行政権ハ勿論関東州ヲモ満州国ニ譲与スルコトハ単ニ政策的ニ最モ有利ナルノミナラス満蒙ニ於ケル政治機関ヲ単純化スル為ニモ緊要欠クヘカラサル所ナリ

満鉄会社ハ軍司令官ノ監督トシ軍司令部ニハ幕僚ノ外単ニ特務部ノミヲ置キテ満蒙開発ノ方針ヲ決定シ軍司令官ハ其満蒙開発計画ヲ長春政府及満鉄会社ヲシテ実行セシム此ノ如キ制度ハ固ヨリ法制上欠陥アランモ国民的支援ノ下ニ軍部ノ威力ヲ以テ之ヲ強行スルヲ得ハ満州ハ我政府ノ直接的監督外トナルヲ以テヨク内地ノ腐敗セル政治ノ束縛外ニ立チ以テ国内改造ヲ促進セシメ国運打開ノ為重大ナル役割ヲナスヲ得ヘシ

五、軍ハ右ノ如ク満蒙ニ於ケル中心統制力タリト雖事変後今日迄ノ如ク軍ノ威力ヲ直接政治ニ発揮スル時ハ徒ニ世人ノ反感ヲ買フノミナラス遂ニ軍ノ威信ヲ墜スニ至ル虞大ナリ即チ軍ハ本然ノ任務ニ立返リ経済ノ計画ハ特務部ニ政策ノ実行ハ長春政府ヲシテ独断処置セシムル如クシ世人ヲシテ満蒙ノ開発ハ真ニ国民共同ノ責任ナリト自覚セシムルコト急務ナリト信ス

昭和七年六月二六日

関東軍ノ人事ニ就テ

一、軍ハ満蒙経略ノ根本方針ノ確定（四頭政治統一問題ノ如キ）ニ努力スル以外政治問題ニ直接干渉ヲ停止スヘキ時期ニ到着セリト信スコレカ為政治的企図心旺ナル野心家ヲ満州ニ送ルハ頗ル危険ナリ

軍幕僚ノ人事ハ有機的一体タラシムルコト特ニ肝要ナリ近時軍司令部不統一ヲ云々セラルルハ時局ノ多岐ニ渉レル結果ナルモ半面人事行政稍適切ヲ欠キシニ原因ス

二、国軍ノ平時教育ハ支那問題解決ニ重点ヲ置カサリシ結果満蒙問題解決ノ核心タルヘキ軍隊中ニ其行動適切ヲ欠クモノ多シ満蒙ニ理解アル将校ヲ第一線ニ配当スルコト尤モ必要ナリ

関東軍主脳交迭

八月八日武藤信義大将が新たに関東軍司令官、特命全権大使および関東長官に親補され、そのほか小磯国昭中将が参謀長に、岡村寧次少将が参謀副長となり、関東軍の主要幕僚の陣容は一新した。事変前からの人で残ったのは板垣少将（軍司令部附、主として執政顧問）と後方主任の中野良次参謀の二人だけであった。石原大佐（進級）は、唯一人残る敬愛する板垣少将にすべてを託して満州を去ったのである。左記は、その要旨の自筆手記で、おそらく浄書後手交されたと思われる。

しかし板垣少将の地位は、今までとちがって軍参謀部内では強くない。もちろん盟友の岡村少将などがいるけれども、かつての主任、主務者のようには切廻し得なかったであろうことは当然想像されるところであった。ことに石原大佐の切言献策は大部分日本側特に関東軍内に関する事項であったのである。

昭和七年八月十三日

（板垣少将へ）

一、関東軍司令官ノ職責
1、満州国ヲ外敵（蘇支）ニ対スル防衛
2、満州国内ノ治安維持
右ノ外目下ニ於テハ軍司令官ハ日満協和ノ満州国ニ於ケル事実上ノ主権者タルヲ以テ
3、満州国ノ完成
4、満州国開発計画ノ決定及其実行
二、満州国ノ完成ニ就テ
1、日本ノ承認、米国及聯盟ノ反対突破
2、熱河、呼倫貝爾ノ確実ナル領有
3、日本政治機関ノ清算
満鉄附属地行政権（ナシ得レハ関東州モ）贈与ニヨリ関東長官ノ廃止
治外法権ノ撤廃ニヨル同権ノ解消
4、近キ将来ニ於ケル満州国ノ主権タルヘキ満州国協和会ノ立直シト堅実ナル発達
5、満州国政府ノ改善
軍ハ堅ク干渉ヲ避ケ其自然的発達ヲ期スルコト目下ノ急務ナリト雖「日満協和」ノ根本義ヨリ見テ日本人官吏ニツキ次ノ要望ヲナササルヲ得ス
イ、満州国ハ満州国ノ財政、満州国人ノ生活程度ヲ基礎トシテ正当ナル俸給ヲ決定ス
ロ、日本人ニシテ満州国ノ官吏タラントスルモノハ右ノ俸給ニ甘シ而モ自ラ満州国人タラントスルモノニ限ル
但特殊ノ技倆ヲ有シ満州国カ傭聘セントスル外国人（日本人）ハ顧問トシ相当ノ手当ヲ給スルハ固ヨリ不可ナシ
ハ、日本人ノ満州国政府内ニ占ムヘキ位置ヲ定ムルハ適当ナラス日満人間ニ何等ノ差別ナキ公正ナル適材適所主義ニヨルヘシ
三、満州国開発計画ノ決定及其実行ニ就テ
1、特務部ハ根本方針を決定シ経済調査会（関東長官ヨリ関東軍司令官ノ使用ニ供セシムルヲ要ス）ハ之ニ基キ計画立案
長春政府及満鉄ハ右計画ノ実行ニ任ス長春政府ノ計画ハ其実行ニ必要ナル範囲内トス
2、特務部ハ経済参謀部ニシテ特務部員ハ軍司令官ノ幕僚ナリ如何ニ知識アル者ト雖其行動幕僚ノ範囲ヲ越ユルヲ許サス
3、満州ノ開発ノ為日本人ニ優先的特権ヲ与フルハ不可ナリ日本カ特ニ管理権ヲ要スルモノアリトセハ国防ニ関係アルモノニ限リ之ニ関シテハ両国間ノ条約ニテ規定スルヲ可トス
4、幕僚ハ特務部ノ計画ニ対シ専門的事項ニツキ干渉スヘキ限リニアラサルモ「日満協和」等政策上ノ見地ヨリ必要ナル意見ハ隔意ナク開示スヘク又特務部、調査会、長

春政府間ノ連繋ヲ良好ナラシムルコトニツキ内面的努力ヲ要スルモノ大ナリ

ともあれ、武藤全権大使は、九月十五日国都新京において、満州国国務総理鄭孝胥と会見して、日満議定書に調印し、ここに日本は満州国を正式に承認したのであつた。その頃春夏にわたる作戦で、反満軍の勢力は次第に衰えたとはいうものの、各地に出没する兵匪を数えると、黒竜江省の徐景徳、鄧文、李海青、天照応、吉林省の丁超、李杜、王徳林、馮占海、奉天省の唐聚伍、鄧鉄海、劉景文らがあり、その兵力は二十一万にのぼつた。さらにホロンバイルには日和見の蘇炳文と張殿九がいた。

本庄日記《ほんじょうにっき》
［普及版］

●

2005年7月29日　第1刷

著者…………本庄《ほんじょう》 繁《しげる》

装幀者…………田口良明
本文印刷…………株式会社平河工業社
装幀印刷…………株式会社明光社印刷所
製本…………小高製本工業株式会社
発行者…………成瀬雅人
発行所…………株式会社原書房
〒160-0022 東京都新宿区新宿1-25-13
電話・代表03(3354)0685
http://www.harashobo.co.jp
振替・00150-6-151594
ISBN4-562-03949-3